U0142902

阿德里安・巴克利 (Adrian Buckley) 著
梁維仁 譯

金融風暴的第一本教科書

Financial Crisis Causes, Context and Consequences

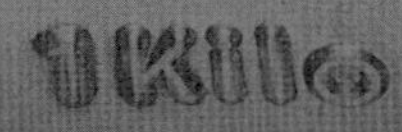

五南圖書出版公司 印行

作者序

本書完成於2010年6月。如同書名，本書討論發生在2007/08年間全球金融風暴的前因與後果。首先，由於涉及了龐大的金額，讀者需要掌握各計量單位「萬」、「億」（一萬個一萬）與「兆」（一萬個一億）之間的相對大小。

政府、銀行和監管單位的菁英們，一直試著將這次風暴的責任推到別人的身上，卻模糊了背後的真相。事實上，這次崩潰的主因正是來自於這些機構組織。這些金融界的菁英們不但沒有承擔責任、接受責難，反而努力逃避，將過錯推給了次級房屋信貸產業。無力償債的借款人當然是這場大屠殺故事中的一部分，卻不能忽略一個事實。2007年次級房屋信貸的總額度為1.3兆美元，而在這場災難中，所有金融機構的總損失卻超過了3兆美元。何況，並非所有的次級房屋貸款都成了呆帳。在接下來的章節中將解釋，如瘟疫般到處散播滋長的信用違約交換（credit default swap, CDS），才是造成崩潰的主因。金融業積極發展推廣的CDS，為銀行家們創造了驚人的獎金數字，成為他們最鍾愛的商品，也成為市場上的不定時炸彈。

2007年，市場上CDS合約總值達到60兆美元。其中70%也許是為了避險目的，仍有18兆美元的投機部位。政府對有關CDS的救市中，估算大約損失了2.4兆美元，但無法估計損失來自避險目的CDS的部分，占有多少比例。

證據顯示造成07/08年下挫的原因來自銀行，60兆美元的CDS大怪獸造成了毀滅性的後果。加上政府單純為了維持經濟榮景的努力，浮濫的資金與超低利率將小泡沫吹成了大氣球。政府不但不指出問題所在，還以持續成長的幻象來麻痺全體民眾，事實上也麻痺了政府自己、監管機構，以及荷包滿滿的銀行家們。

我的論點認為，政府、銀行以及監管單位的菁英們，一直嘗試將責任推給次貸市場，當然最終市場與銀行還是要承受責難。接下來的章節中包含了對這些爭論點的檢驗，我非常著迷於這些論證，希望對讀者來說也是很好的故事。

我相信民主，也相信資本主義，認為這些不是不好的東西。本書並非鼓吹摒棄資本主義，而是希望對07/08年所發生的事件，作出公平的評價，同時引發讀者的省思。所有對於歷史事件的解釋都無法做到完全客觀。十八世紀英國歷史學家愛德華・吉本（Edward Gibbon）認為，歷史是人類罪惡愚蠢與不幸的紀錄。寫這本書的同時，我一直謹記著他的話。

Adrian Buckley

譯者導讀

2012年9月14日，美國聯準會主席伯南克宣布了第三輪量化寬鬆QE3計畫。不同於之前的兩次QE，QE3被暱稱為QE無限大，以每個月400億美元的額度，購買房貸抵押擔保債券MBS，「直到」美國經濟進入正常發展軌道，並維持超低利率水準至2015年。一個星期之前的9月6日，歐洲央行也才宣布政策猛藥OMT，實施無限量購債行動，在次級市場集中購買三年以下短期債券。2008年全球金融風暴的最高潮，是9月間美國五大投資銀行之一雷曼兄弟的倒閉。四年前發生的金融風暴，還在持續地肆虐全球。蕭條的陰影揮之不去，美國歐洲和全球各地，都不得不絞盡腦汁，平息風暴所引發的不利因素。

弔詭的是，宣布QE3之時，正當雷曼倒閉滿四周年的2012年9月，道瓊指數再度接近2007年10月1萬4千點的歷史高位。同時間，國際黃金價格也越過每盎司1,700美元，接近2011年1900美元高點，也遠遠高過金融風暴期間低於1,000美元的價位。美國國債殖利率的新低，同樣代表著債券價格的高漲。不只國債，公司債市場也是如此，臺港中樓市不斷的熱浪，更是令政府絞盡腦汁期望壓抑持續的升溫。QE3的推出，令香港中小型低價樓樓價再度暴升，升高了社會階級衝突的種子。國際資本市場的行情，看似正處於一種朦朧的榮景。在資產價格高漲的同時宣布推出QE3，頓時令人覺得異常突兀。

美國聯準會將失業率作為QE3推出的單一目標，以購買MBS為工具手段，拉抬美國房價，鼓勵銀行增加房屋貸款，藉著拉抬房市來壓低失業率。這種手段做法，有機會解決美國國內問題，卻引發了全球極大的反彈聲浪。認為美國以鄰為壑，操縱美元貨幣貶值，同時將自身的債務，以通膨的方式向全球輸出。美元作為全球貿易結算的媒介，狂印美鈔的做法，導致全世界物價繼續攀升，美國應負債務得以稀釋，同時犧牲全球各國低中階級的實質可支配所得，換取經濟上喘息的空間。知名評論家還認為QE3的做法充滿著為現任總統鋪平連任道路的強烈政治性。

回到亞洲。1990年代在歐美興起的衍生性證券，由於提供發行商豐厚獲利，也提供投資人高槓桿投資機會，需求供給兩廂情願之下，金融創新逐漸往亞洲流行。十數年來，金融機構積極進取拓展市場，推出各類首次在亞洲出現的新產品。同時期，亞洲經濟也歷經了1997年亞洲金融風暴、2000年全球科網股破滅、2001年美國911事件、2003年SARS病症蔓延、2004年臺灣政治風潮、2008年全球金融危機等大型事件。無一不是對臺灣、亞洲、或是全球整體金融市場走勢，帶來不同程度的影響，期間更是發生了無以計數的小型風暴。相信對於本書有興趣的讀者，都曾受到金融風暴在不同方面和程度上的影響。

本書作者以2007/08年金融風暴為主題，詳述了此次風暴的來龍去脈，主要分為幾個部分。

一，首先鋪陳了基本銀行業務，金融環境，政府對銀行的監管，個人對銀行的資金需求，銀行對風險的管理與態度，以及一般與風暴醞釀期間特定金融與經濟市場的特性。

二，接著詳述了事情發生的經過，依各國與各金融機構情況的不同，抽絲剝繭邏輯排列後，對一般大眾咸認可能的原因，做了一番探討，並加上作者個人對於發生原因的獨特見解。

三，檢視經濟與金融理論，顯示過度簡化與理想化的紙上理論，雖然大多數時間符合現實市場的狀態，卻在極端情況發生時，極度偏離市場可能的走勢，甚至誤導金融機構與政府單位處理個別及系統風險的態度。

四，最後檢視風暴發生的原因，比較歷史上1930年代的大蕭條，為政府、金融機構、監管單位、一般家戶、與學術界，提出由積極到消極的各類相關具體建議方案，以避免下一次風暴的形成與發生。

譯者自1990年代中期開始，以財務工程的教育背景，於香港從事第一線衍生性商品自營與客戶交易。在外資金融機構涉險交易的積極商業文化中，金融交易員既要滿足公司在交易損益上極度進取的要求，又要符合公司交易風險管理上的保守限制。儘管市面上已經充斥了許多對於2008年金融風暴的各類著作，而譯者十多年間浸潤於外資交易圈的獨特文化中，偶然讀到了作者巴克利（Adrian Buckley）這本著作，不禁有戚戚焉之同感。於是毛遂自薦，並獲得業界重量級五南圖書出版公司的支持，將全文以中文譯出。讓對於金融危機、金融專業、與金融圈文化生態有興趣的一般及專業讀者，藉由熟悉的語言，更容易吸收得到本書的精髓。

在翻譯的過程中，譯者儘量維持作者著作上的原汁原味，將原文通順轉換為中文文法的閱讀習慣，增加可讀性。然而由於中英文文化背景上無可避免的差異，為延續讀者對本書的可讀性，也極少量捨棄了原作者在文學素養上精湛的陳述。具體來說，所捨棄的部分，就如同中文金融專業著作中，以喬峰的聚賢莊之戰類比於雷曼的富爾德和財政部長保爾森受到眾人圍攻。喬峰與聚賢莊若要翻譯成英文，恐怕對於大多數外國讀者來說，是無法了解喬峰和聚賢莊背後所代表的意義。當然這裡是譯者戲謔式的類比，稱不上是嚴謹的筆法。而作者在原文中所使用的珠璣類比，則顯得出神入化。對中文讀者而言，卻難免有文化上的隔閡。總之，原文中所捨棄的，是屬於文學上的造詣，並不影響專業上的陳述。

在專業譯文方面，儘量採取我國中央銀行所提供的中英文名詞對照表，次之則採取一般新聞報章書籍網路等已使用的專業翻譯名詞。人名與金融機構譯名上，同樣提供新聞報章書籍網路已使用的一般翻譯名詞，並附上原文以茲對照。對於本書中常見的金融商品例如CDS等，絕大多數以CDS表示，不再屢次以「信用違約交換」來陳述，以免顯得拖泥帶水。事實上金融界中的共同語言，也都是以CDS簡稱表示。這種敘述方式對金融專業的讀者而言，看來會比較習慣，本書也比較像是金融專書，一般讀者也應該可以很容易適應。何況如CDS和MBS等字眼，在本書中出現了應該不下數十次，看多就習慣了。同樣的情況也適用於UBS和RBS等國際知名金融機構上。但由於出現次數較少，有時以蘇格蘭皇家銀行表示，有時則稱RBS，儘量以通順易讀為原則。本書最後附有中英文對照表，可以隨時參考。

2012年10月初，響應美國「占領華爾街」運動而盤據香港匯豐總行廣場的「占領中環」行動參與者，正式由香港高等法院批准匯豐銀行進行清場驅離。2008年危機所造成的市場暴跌，隨即而來的是政府積極救市所造成的市場暴升。除了股市外匯波動所造成的短期財富損益，2008年之前所一直醞釀的經濟危急情勢，並不隨著「占領中環」行動的落幕而告一段落。政府不得不救，銀行大到不能倒，危機看似平息，道德風險卻高漲到前所未有的地步。貨幣供給的急劇增高，通膨的結果令中下階層民眾承受了更大的負擔，普羅大眾只得自求多福。

2012年底全球各大經濟體出現了政治上的變動。美國民主黨歐巴馬總統在大選中順利擊敗共和黨候選人羅姆尼，歐巴馬成功連任。歐巴馬最緊迫的任務是重振美國經濟，儘快走出衰退的泥淖。日本的安倍晉三回鍋擔任首相，2013年初積極推出各項財政刺激措施，期待將日本自泡沫經濟爆破以來長久停滯的經濟恢復成長。在市場的預期心理之下，日圓迅速貶值了超過10%。中國十八大後新領導階層的習李體制，則面臨社會上愈來愈嚴重的貧富差距及衝突，必須在經濟發展與社會矛盾中取得平衡點。而歐洲各國所面臨的經濟困境比起其他地方，則因歐元區特殊的聯盟體制，顯得更加複雜而脆弱。

美歐中日各大經濟體都有急待解決的問題，臺灣也有需要面對的政治、經濟、與社會問題。局勢發展仍在持續進行中，危機的殷鑑不遠，對你我所關心的問題，相信從本書可以得到一定的啟發。

梁維仁（William Liang）
現任輔仁大學兼任副教授
曾任元大證券香港區總經理
花旗環球證券臺灣區總經理

目　錄

第一章 2007/08年金融危機概述

本章內容

簡介

依照時間順序，列出2007/08年兩個動盪的年度所發生的事件，似乎是概略呈現2007/08年金融危機的一個合理方式。雖然我們一度想採取這種方式，卻感覺到這種方式將無法完整呈現這兩年間所發生的複雜情勢。實際上，危機的發生起因於之前數年的醞釀。在這種背景下，我們將2007年開始的事件列表，放到本章的最後。

過去的美好時光

風暴的根源是由2007年之前的十年間所醞釀的。在這十年之間，實質利率（市場上實際報價的利率減去通膨率）維持在非常低的水準，公共開支快速增長。我們很快地瀏覽一下表2.1，二十一世紀開始的七年中，美國的實質利率有三年呈現負值，有一年是零。低實質利率不獨是美國經濟的特點，也是全球經濟大致的現象。顯示出全球各地政府的共識，營造出低利的環境。這些共識的產生，有可能在G6/G8/G20等各大國際高峰會中進行，以確定不會有個別國家破壞這個低利共識。低利環境為美國、英國、與其他地區房地產價格，創造了繁榮與泡沫。銀行也藉低利而增加債務水準。由於借債成本不高，借債被視為提高營運效能的做法。但由於債息的配發優先於股息，公司清算時債務的償還也優先於股東權益。以股東的立場來看，借債籌資的風險還是要比股票籌資的方式來得高。戰後的數據顯示，銀行業的債務股本比率（debt to equity ratio），由10：1上升到了接近25：1，部分銀行更高達33：1。以後者33：1為例，只要銀行資產有僅僅3%的下跌，銀行的股東權益就會完全消失，由此可見風險有多大。一般的公司營運視1：2的債務股本比為合理數字，一些銀行竟然有著33：1的債務股本比。當然各行各業有不同的比例標準這裡指出的簡單了一點，銀行業的債務急速增長，過多的債務也代表過多的風險。

低利環境助長了美英兩國消費再消費的主流思想。美國的消費熱潮大部分集中在中國製造的商品上，影響了中國政府的政策。中國的出口商出口貨品到美國並收到美元，中國的央行（中國人民銀行）由中國的出口商手中買入美元，中國的央行再以手中的美元買入美國政府公債。假如中國賣出美元買入自家的人民幣，美元將會貶值，人民幣將會升值，此舉會降低中國出口的競爭力。既然中國僅僅將收到的美元重新投資在美國政府公債，就不會對出口商造成不利。

中國特意買入以兆計的美國國債，美國以較為便宜的方式重新獲得資金來平衡赤字。透過這個方式令大家都能滿意。美國得以維持低利率，中國得以維持出口競爭力，美國國民得以繼續享受低利率，以及來自中國的廉價產品。

毫無疑問，美國與歐洲政府受到了遊說團體的影響，努力維持著經濟的榮景。遊說團體也是加速政府放鬆銀行體系管制的主要力量。各國政府與愉快的消費者（也會是愉快的選民）一起享受經濟的繁榮，愉快的消費者靠著借錢，買進過去所買不起的房子，享受著似乎永遠不會結束的消費浪潮。各國總統和財政部長們有了新的口號——「我們終於征服了繁榮與蕭條的景氣循環」。

先來看看圖3.1所示，房屋貸款占可支配所得百分比增加的幅度，圖3.2為美國房屋貸款總額，圖3.3及圖3.4為英國與美國平均房屋單價的竄升，圖3.5為年化平均房價實質增長率（即為名目房價增長率減去該國的通膨率）。泡沫明顯地被吹脹。事實上，泡沫已經快速地變成了氣球。

貸款業務新形態

1990年代中期以來，美國政府透過成立不同機構來鼓勵置產，銀行房貸性質的改變也有助達成這個目的。銀行房貸由傳統的貸款留置模式（originate-to-hold），轉變為新的貸款出售模式（originate-to-distribute）。在傳統的模式下，銀行以房屋作為擔保放出房貸，將債權留在手中，按期向債務人收取利息以及本金還款。在新的貸款出售模式下，情形有些不同，銀行仍以房屋作為擔保放出房貸，但是並不將債權留在手中，而是將債權賣給其他銀行，或是賣給專業的金融機構。這個專業的金融機構，從不同的銀行手中買入債權，將相類似的債權重新包裝成為房貸抵押擔保債券（mortgage backed security, MBS），再賣出去給其他投資人。專業金融機構也可以採取不同的做法，將買入的房貸債權與其他債權混合（例如車貸、信用卡債權、公司借款或其他債權），重新包裝成為擔保債權憑證（collateralised debt obligation, CDO）。這個包裝的過程稱之為證券化（securitisation）。明顯地，如果銀行採用傳統的貸款留置模式，將債權持有二十或二十五年，銀行會比較小心謹慎並認真評估借款人的還款能力。然而，在新的貸款出售模式中，我們猜想銀行並不會這麼謹慎，而事實正是如此。

並不是只有房貸銀行可以將債權賣出重新包裝，一般商業銀行（接受客戶存款，並將存款轉放貸給其他客戶），也同樣可以將對公司放款的債權及信用卡債權賣出去作重新包裝。所有的一切，導致了銀行拋棄了信用分析的嚴格標準與程序，這些原則可都是花了幾個世代辛苦建立起來的。

房屋貸款以貸款出售模式，賣給第三方作證券化的處理。在這樣的背景下，特別在美國，房貸銀行更傾向響應政府的誘騙，將更多的貸款借出去給還款能力不佳的客戶。畢竟，銀行隨即將持有的債權售出，並不在資產負債表上持有這些次級貸款（subprime lending）。在政府的加油鼓勵及證券化浪潮下，次級貸款如脫韁野馬。

在新的貸款出售模式下，放款銀行寬鬆的信用考核程序也意味著更多可疑的交易。例如，有些詐騙案是房貸經紀與建商勾結，有時還有律師加入，向放款銀行騙取超過房屋市場價值的貸款。這些房產經常是專門為了買入放租的物業及預售屋，詐騙的方式是以一個虛構的成交價，向房貸放款銀行偽稱為市場合理價值，以此虛假價值借入超額貸款。另一種骯髒的技倆是買家偽稱購買房屋是為了自住，而實際上卻是用來放租或是進行投機交易。此外，有些房貸經紀還會幫助借款人偽造虛假的就業和所得資料，而一些放款銀行甚至接受借款人自己填寫收入資料。這算是哪門子的查核？

傳統上房屋貸款金額的標準，是借款人年收入的三倍，或是房屋抵押價值的九成到九成五，這個標準一直持續被放大。有一些銀行提供超過十成房價的放款，一家英國承作房貸的銀行北岩銀行（Northern Rock），透過共有的品牌，提供125%房價的放貸，其中包含九成五房價，加上依照收入六倍計算的三成無擔保貸款。

倒數計時的定時炸彈

另一種新產品是信用違約交換（credit default swap, CDS），假設兩個交易對手A與B訂定CDS契約，A每隔一段時間便支付B一個類似保險的費用，以換取B在特定情況發生時，B會補償A的損失。這個特定情況發生在CDS契約中所約定的信用工具有違約情況發生時，B將支付A一個約定的金額。這個信用工具可以是某公司C發行的債券或是借款。觸發B向A支付約定金額的信用違約事件，通常是C公司對自己發行的債券或借款，無法按時支付利息，或到期時債權人無法取回全部本金。

假如C公司沒有違約，則A將持續支付B一系列的金額，直到CDS到期為止。圖6.1有助於理解CDS合約的結構。CDS也有次級市場可以交易，次級市場是已發行股票或其他金融證券交易的市場，例如股票交易所就是次級市場的一種。CDS合約非常類似一種保險，但與保險還是有所不同。目前這個階段需要了解的差異如下：任何CDS交易合約的參與者並不一定實際持有CDS合約所訂定的信用工具（例如C公司發行的債券或借款），因此無論CDS的買家或賣家在信用違約事件發生時，也不一定會由於債券或借款的違約而受到損失，這部分與保險有所不同。對於保險，投保人必須在保險契約下，提出蒙受損失的證明以索取賠償金額。所以讀者可以看到，保險是用來規避風險，而CDS不但可以用來規避風險（當持有債券或借款時），也可以只是單純賭博。

CDS所訂定的信用工具，可以是公司債務、國家公債、房貸抵押擔保債券（MBS）、或擔保債權憑證（CDO）。CDS與保險還有一點不同，法律並沒有規定針對所訂定的信用工具特定風險，CDS合約發行量的限制。所以儘管C公司僅有50億美元的負債，市場上C公司流通的CDS，可以達到1,000億美元，甚至1兆美元。

回到我們驚人的故事，MBS和CDO是如何將充斥垃圾等級的次級房貸（subprime mortgage），轉變為信用評等中最高的AAA等級。大多數人認為，童話中青蛙變成王子是因為公主的深情一吻。事實上格林童話原來的故事中，青蛙之所以變成王子，是因為這位國王的女兒把青蛙往牆上奮力一丟而造成的。我們寧可幻想這是MBS、CDO、CDS更為適當的命運。無論如何，青蛙變王子只是童話，而次級房貸變成AAA評級卻是事實。這個魔幻變身是如何造成的呢？

兩種方式。參見圖5.1，MBS包含了許多具有風險的房貸債權，將整個MBS切分為由低至高的幾個部分，整個MBS最先發生的損失（債權違約）先歸在最低的部分中（信用評等可能是B），直到最低的部分吸收了全數損失，再來發生的損失就歸在次低的部分中（信評BB），一直下去直到信評為AAA的最後部分開始需要吸收損失。表5.1列出債券的信評等級分類與意義。煉金術的第二部分來自於李祥林（David X Li）的一篇敘述成理又極具影響力的文章，有關細節必須等到第六章才能進一步說明。將普通金屬轉化為黃金，完全符合華爾街的理念，以至於李祥林論文中的缺陷，在很長的一段時間內都沒有被點出。

CDS的發行是以MBS與CDO作為基礎，甚至與債務包裹綑綁在一起。金融市場的惡化是由次級房貸開始，而主要的原因卻是CDS。次級房貸市場債務總值最高達到1.3兆美元，而CDS最高峰時的合約總值卻達到60兆美元。假如所有的次級房貸都違約，儘管傷害還是很大，市場卻絕對可以包容所有的損失。雖然無法完全確定這個數字，2010年4月，國際貨幣基金（International Monetary Fund, IMF）在全球金融穩定報告中指出，這個部分的總救助金額大約為2.3兆美元。這是一個大數目，但比較美國2009年14兆美元的年度總收入，還是可以容忍。

當違約開始發生，MBS這個已變身的王子又變回了青蛙，對CDS造成了負面影響。在沒有或很低的違約機率下，賣出CDS可以收到如同保險一般的保費，價值超過預期違約的賠償。但當信用變差違約增加時，賠償違約的機會大幅增加，CDS賣家就可能會蒙受大額損失。這個定時炸彈真的爆炸了，毀滅了雷曼兄弟（Lehman Brothers）。如果不是政府的介入，也同樣會毀滅HBOS集團及蘇格蘭皇家銀行（Royal Bank of Scotland, RBS）。

定時炸彈終於爆炸

CDS的賣方為銀行與金融機構，買方為其他的銀行與金融機構。有許多的CDS在MBS及CDO的基礎上交易，房屋市場的下跌，大幅加大了各類證券與金融商品價值的下滑。大家可別忘了100億美元的房貸證券化債券，卻可能有5,000億美元或更多的CDS以此為基礎發出。在擴大效應下，不利的影響不只在虧損上面顯現，市場上的流動性也容易變得完全乾涸。

這真的發生了。美國聯邦準備基金（Federal Reserve Funds）利率在2005年時為1%，到了2007年跳升到5%。當房屋市場向下，法拍屋充斥市面，債務人付不出房貸利息與本金還款，而利息與本金卻是MBS、CDO與其他相類似產品的預期收入。沒了預期收入，這些金融商品的市場價值一開始慢慢下跌，接著速度愈來愈快，終於成了風暴。一點也不誇張，沒有人想碰這些商品，流動性完全停滯。

整個2007年，成屋銷售的下跌是自1989年以來最嚴峻的。2007年第一季比較去年同季度，得到S&P/Case-Schiller全國住宅價格指數自1991年以來的首次下跌。參見圖16.1，利率飆高到頂，次貸業務崩潰，法拍屋大幅增加。

經濟學教科書中的模型，總是假設市場上存有流動性，價格的下跌吸引了買家，再將價格往上推升。2007年下半年所發生的事實，並不像教科書所描述的一般。

在流動性的壓力下，市場的參與者開始互相懷疑對方是否有大量CDS所衍生的潛在損失（圖6.1），市場因而停滯，銀行間停止交易這類商品。更糟的是，銀行間互相停止借出款項，銀行間同業市場凍結。同業市場是銀行業務必須的一環，讓每個金融機構平衡每日現金的進出。2008年季夏，害怕與恐慌成了華爾街、倫敦金融城、與其他各地銀行的共同特色，股市也遭受波及。

怎麼就沒有人預見？

美國的利率已經有段時間持續向上，為什麼銀行沒有預見這個後果？這個問題的答案可能在於銀行的風險管理系統上，這個系統對金融市場的波動預期假設為常態分布（normal distribution）。這個過度簡化的假設在大多數的情況下是正確的，卻忽略了真實市場機率分布的肥尾（fat tail，圖10.1）現象，兩端大好或大壞發生的機率要比常態分布所預估要高的多。銀行的風險管理系統是該加強各種不同虛擬情形發生下的後果分析，圖16.1利率的攀升就已經是問題的先兆。

真實市場偏離常態分布是明顯而且巨大的。在第十章中的一篇先驅報告中指出，假設市場波動是常態分布，那麼在1996年到2003年間，道瓊工業股價指數單日漲跌幅超過4.5%的天數，應該不超過六天。然而事實上，卻發生了有366次之多。

對銀行與金融機構的監管也有所不足。例如在之後章節會討論到的案例，馬多夫（Bernard Madoff）的大規模詐欺案受到金融分析師的質疑，銀行風險管理師與監管機關討論他們的擔憂。然而缺乏彈性的監管機關、慢吞吞又充滿瑕疵的反應，讓事情更加惡化。只要維持低利率環境就能持續房地產榮景的集體思維，也是監管機關的罪過。銀行、政府、消費者，同時陷入這種天真的思考框架。

儘管市場看來開始出現問題，銀行的大筆獎金仍然持續吸引各金融機構，追逐CDS及相關商品的交易（圖16.1及6.1）。圖6.1指出作為CDS賣家的銀行，年復一年收取類似保費的現金，當所約定的信用工具違約時，最終卻將支付CDS買家大額賠償。銀行交易員在賣出CDS時得到大筆獎金，自己擁有了豪宅與物業，卻留給銀行大量的風險。獎金年年發放，當銀行最後結算產生虧損時，卻不會對已發放的獎金有任何扣減。

逃難

經濟學家對金融危機千篇一律的招數是「先對著問題丟錢進去，之後再做清理」。部分銀行破產，在害怕銀行體系中交易對手消失的恐懼氣氛下，政府確實採取了這種方法，藉著投入大筆資金救活了一些銀行。一些銀行直接被國有化；一些銀行接受政府的大額注資，政府成了股東之一；一些銀行接受了來自政府的保證；而一些銀行被允許宣告破產。政府藉著借給銀行的極低利款項，將資金投入經濟體系，並鼓勵銀行放貸出去，或至少不要冷眼旁觀。政府一方面也藉著降低增值稅，將資金投入市場。這些作為都避免了下一個大蕭條的發生機率，但這個掃蕩行動卻令某些人的生活更艱難，造成其他人勒緊褲帶的艱難時刻。

本章到目前的討論已經指出了2007/8年金融危機的關鍵問題，這些問題將在接下來的幾章中作詳細的分析。許多問題也在阿闍黎與理察森[1]（Acharya and Richardson）的《回復金融穩定》一書中得到詳細的討論。隨著討論主題的進展，也將進一步參考一系列的專書。梅森[2]（Paul Mason）與凱博[3]（Vince Cable）的著作，提供了針對一般讀者的內容。

表1.1中，我們以十六個關鍵要點，摘要出金融危機的主要特徵。表1.2中，我們列出2007/8年危機發生前後西方國家重要的人物，也列出了他們的職務與在職時間。在閱讀這本書的其他部分時，可以隨時回來參考這些經常出現的名字。

以下所列出的時間表，總結了金融風暴關鍵事件的里程碑，最重要的事件以粗體字呈現。

2007/8年金融風暴事件列表

序曲
• 各國的低利率與房地產榮景，特別是美國與英國。
• 各金融機構大量增加債務，債務股本比上升到高危險的水平。
• 美國政府機構成功鼓勵窮人置產。
• 美國家庭自置居所比例上升。

2007/8年金融風暴事件列表（續）

- MBS、CDO、CDS的金融創新。
- 包括了席勒（Robert Shiller）、拉江（Raghuram Rajan），以及魯比尼（Nouriel Roubini）在內的一流美國學者，警告房地產泡沫、CDS，以及兩者對金融體系的潛在影響。在英國，有波陀（Roger Bootle）持續對泡沫發出警告，但都沒有受到英美兩國政府太多的注意。
- 2006年秋：與上一年度相比，美國房屋建築數量大幅回落。

2007

- 全年：美國房屋銷售下降；與上一年度相比，美國房價自1991年以來首次下跌；次級房貸業務崩潰；與2006年相比，法拍屋的數量增倍；利率上升。
- 2月與3月：包括認可家園房貸控股（Accredited Home Lender Holdings）、新世紀金融（New Century Financial）、全國金融（Countrywide Financial）等的一些次級房貸公司宣布虧損。
- 3月5日：匯豐銀行公告，一個買來的次貸投資組合的實際拖欠率，比這些產品定價模型所計算出來的結果要高。
- 3月6日：美國聯準會主席伯南克警告，政府資助機構房利美（Fannie Mae）與房地美（Freddie Mac）成為系統性風險的來源，建議立法以抵禦潛在危機。
- 4月2日：美國最大次貸公司之一的新世紀金融申請破產。
- 4月3日：CNN報導，次級房屋貸款有13%的拖欠率，是最高信用等級房貸借款人拖欠率的五倍。
- 6月7日：貝爾斯登（Bear Stearns）宣布旗下兩個基金暫停投資人的贖回申請。
- 7月19日：美國道瓊指數首次收在14,000點以上。
- 8月9日：歐洲的法國巴黎銀行（BNP Paribas）暫停旗下三個擁有次貸部位的貨幣市場基金，資產價值的計算，並暫停投資人的贖回。
- 8月9日：歐洲央行（ECB）注資950億歐元到隔夜拆款市場以增加流動性，其他央行亦個別注資。
- 8月15日：美國最大次貸公司之一的全國金融，公告拖欠率達到了自2002年以來最高的水準，股價下跌13%。
- 8月16日：瀕臨破產的全國金融，得到銀行團110億美元的緊急貸款。
- 8月17日：美國聯準會降低貼現率0.5%，由6.25%降至5.75%，試圖穩定金融市場。
- 8月31日：曾是美國最大的次貸公司Ameriquest熄燈歇業。

2007/8年金融風暴事件列表（續）

- 9月4日：英鎊LIBOR（倫敦銀行同業拆款利率）升至6.7975%，是自1998年12月以來的最高水準，同時間英格蘭銀行（Bank of England）的基準利率為5.75%。
- 9月10日：英國房貸公司，維多利亞房貸融資（Victoria Mortgage Funding）破產。
- 9月14日：英格蘭銀行宣布提供流動資金支持北岩銀行。
- **9月17日：出現銀行擠兌，英國財政大臣宣布政府擔保存放在北岩銀行內的存款。**
- 9月18日：美國聯準會降低利率0.5%。
- 9月19日：英格蘭銀行宣布對包括房貸抵押品在內的各類抵押品，進行為期三個月的一系列拍賣。
- 10月：花旗（Citigroup）、美林（Merrill Lynch）與瑞士銀行（UBS）公布大額虧損。
- 10月15-17日：由美國政府支持的美國銀行團，宣布以1,000億美元基金，買進因次貸崩潰而暴跌的MBS。聯準會主席伯南克與財政部長保爾森，警示房產泡沫爆破所帶來的危險。
- 10月31日：美國聯準會降低0.25%利率到4.5%。
- **11月1日：美國聯準會讓銀行以低利借入410億美元，是自2001年以來最大的單一注資。**
- 11月20日：房利美宣布2007年第三季虧損，削減股利並增資。
- 12月6日：美國總統布希宣布了一項計畫，凍結部分房貸債務人持有可調利率房貸（adjustable rate mortgage, ARM）。
- **12月12日：包括美國聯準會、英格蘭銀行、歐洲央行、瑞士國家銀行、加拿大銀行的各國央行，宣布措施以處理短期融資市場的壓力。**

2008

- 1月：花旗與美林公布第四季大額虧損。
- 1月11日：美國銀行（Bank of America）確定買下破產的次貸公司全國金融。
- 1月15日：花旗公布籌集145億美元新資本。
- **2月11日：美國國際集團AIG宣布，稽核師發現CDS投資組合估值的內控，存有重大缺陷。**
- **2月17日：英國政府宣布暫時將北岩銀行國有化。**

2007/8年金融風暴事件列表（續）

- 2月19日：瑞士信貸（Credit Suisse）宣布，少數交易員的定價有錯誤。
- 3月10日：道瓊指數由五個月前2006年10月的高點，下滑了超過20%。
- 3月11日：美國聯準會宣布推出長期證券融資措施，英格蘭銀行宣布維持以高品質抵押品的擴大融資措施。
- **3月14日：在紐約聯邦準備銀行的協助下，摩根大通（J. P. Morgan Chase）宣布同意提供貝爾斯登最多28天的擔保資金。**
- **3月16日：摩根大通同意收購貝爾斯登，由聯準會提供300億美元資金。**
- 4月21日：英格蘭銀行推出特殊流動性計畫（Special Liquidity Scheme, SLS），允許銀行以高品質MBS和其他債券換取英國國庫券。
- 4月22日：蘇格蘭皇家銀行（RBS）宣布120億英鎊現金增資。
- 4月29日：HBOS宣布40億英鎊現金增資。
- 5月2日：美國聯準會、歐洲央行、瑞士國家銀行宣布注入更多流動資金。
- **6月16日：雷曼兄弟證實第二季28億美元淨損。**
- 6月18日：摩根史坦利（Morgan Stanley）宣布來自MBS交易與壞帳的虧損。
- 6月25日：巴克萊銀行（Barclays）宣布股票發行計畫，以籌資45億英鎊。
- **7月11日：美國房貸銀行IndyMac被接管。**
- **7月13日：美國財政部宣布對房利美和房地美的救援計畫。**
- **9月7日：房利美和房地美接受保護（而非接管）。**
- **9月14日：美林出售給美國銀行，雷曼兄弟倒閉。**
- **9月15日：雷曼兄弟申請破產。**
- 9月16日：美國政府提供AIG 850億美元緊急貸款，取得79.9%股份，並否決支付股利。
- 9月18日：美國財政部長保爾森和聯準會主席伯南克，提議7,000億美元緊急救助以購買不良資產。
- **9月18日：駿懋（Lloyds TSB）與HBOS宣布合併。**
- 9月18日：金融服務管理局（Financial Services Authority, FSA）宣布暫時停止金融股的賣空。
- 9月19日：美國援助計畫曝光，接下來的一周股市動盪。
- 9月19日：美國證券交易委員會（Securities and Exchange Commission, SEC）禁止金融股的賣空。

2007/8年金融風暴事件列表（續）

- 9月20日：美國財政部公布7,000億美元問題資產救助計畫（Troubled Asset Relief Program, TARP）草案。
- 9月25日：摩根大通收購破產華盛頓互惠銀行（Washington Mutual Bank）的存款、資產及部分負債。
- 9月29日：英國房貸銀行Bradford and Bingley被英國政府國有化，西班牙房貸銀行桑坦德（Santander）買下他的分行及存款資產。
- 9月29日：冰島政府買入Glitnir銀行股權，作為救援的一部分。
- 9月29日：比利時、荷蘭、盧森堡政府投資富通銀行（Fortis）112億歐元。
- 9月29日：花旗宣布有意收購美聯銀行（Wachovia）的銀行業務。美國聯邦存款保險公司（Federal Deposit Insurance Corporation, FDIC）將保障所有經手的存款。
- 9月30日：愛爾蘭政府宣布100%銀行存款擔保，其他各國政府延長他們對銀行存款的擔保。
- 10月3日：美國眾議院通過新版TARP，舊版在9月29日被駁回。
- 10月3日：荷蘭政府收購了富通銀行在荷蘭的業務。
- 10月6-10日：75年來股市最差的一周表現。道瓊指數下挫了22.1%，是有史以來最差的單周表現，自2007年10月9日14,164.53的高點，下跌了40.3%。
- 10月06日：德國政府宣布援助Hypo房貸銀行的方案。
- 10月06日：法國巴黎銀行宣布收購富通銀行在比利時及盧森堡的業務，以及國際銀行部門。
- 10月6日：美國聯準會宣布將提供各銀行9,000億美元短期融資。
- 10月7日：冰島政府接管擁有Icesave的Glitnir及國民銀行（Landsbanki）兩家銀行。
- 10月7日：美國聯準會採取緊急措施，借出1.3兆美元給非金融機構。
- 10月8日：美、英、中、加、瑞典、瑞士、歐洲央行共同協商調降利率0.5%，以避免市場崩潰。
- 10月11日：道瓊指數112年的歷史中，最高的單日市場波動。
- 10月13日：歐元區宣布提供銀行資金的措施。
- 10月14日：美國政府公布最多2,500億美元的資本購買計畫（Capital Purchase Program, CPP），買入銀行的股權。
- 10月19日：荷蘭政府100億歐元注資ING。

2007/8年金融風暴事件列表（續）

- 10月21日：美國聯準會宣布將斥資5,400億美元，向貨幣市場共同基金買入短債，以解凍信貸市場。
- 10月31日：巴克萊銀行宣布73億英鎊增資計畫，其中的58億來自阿布達比與卡達的投資人。
- 11月3日：英國財政部宣布，有關政府的銀行持股，將在商業基礎下，由英國政府全資擁有的英國金融投資公司（UK Financial Investments Limited）管理。
- **11月6日：英格蘭銀行調降1.5%的銀行利率，由4.5%降到3.0%。**
- 11月6日：IMF批准對匈牙利的157億美元的備用貸款（stand-by loan）。
- **11月12日：美國財政部長保爾森中止7,000億美元TARP買進問題資產計畫，餘下的4,100億美元會用在對金融公司的資本重組。**
- 11月23日：花旗向美國財政部及聯邦存款保險公司發行優先股，以換取兩者對其總額3,060億美元的持有放款與證券組合可能發生異常大額損失的保護。財政部在TARP下，將額外投資200億，令總額達到450億美元。
- 11月24日：英國政府宣布暫時將加值稅由17.5%減到15%。
- **11月25日：美國聯準會承諾增加投入8,000億美元到金融體系，其中的6,000億將用在購買房利美、房地美及聯邦房貸（Federal Home Loan）發出或保證的房貸債券。**
- 11月26日：美國聯準會批准美國銀行收購美林證券。
- **12月4日：英格蘭銀行調降1%的銀行利率，由3.0%降到2.0%。**
- **12月16日：美國聯準會確立聯邦利率0%到0.25%的目標區間。**
- 12月23日：IMF批准對拉脫維亞235億美元貸款。

2009

- 1月8日：英格蘭銀行調降0.5%的銀行利率，由2.0%降到1.5%。
- 1月15日：愛爾蘭政府宣布盎格魯愛爾蘭銀行（Anglo Irish Bank）的國有化。
- **1月19日：英國政府宣布資產保護計畫（Asset Protection Scheme, APS），以保護金融機構在特定資產組合中，未來異常信用虧損的風險曝露。**
- 1月19日：金融服務管理局FSA發出聲明，指出銀行需要維持4%的一級核心資本，並表達了採取對抗循環週期措施的偏好。
- 2月05日：英格蘭銀行調降0.5%的銀行利率，由1.5%降到1.0%。

2007/8年金融風暴事件列表（續）

- 2月10日：美國財政部宣布金融穩定計畫（Financial Stability Plan），包括銀行的壓力測試、成立公私營投資基金收購金融機構問題貸款、擴大及創立一些基金對抗法拍，以及協助小型企業貸款。
- 2月26日：蘇格蘭皇家銀行RBS宣布241億英鎊的虧損。英國政府宣布資產保護計畫APS的細節以及RBS參與APS的一般協議。
- 2月27日：由駿懋Lloyds TSB收購HBOS而成立的駿懋Lloyds銀行集團宣布財務結果，包括HBOS 108億英鎊的稅前損失。
- 3月2日：美國當局宣布對AIG援助的重整。根據這項計畫，AIG將收到最多300億美元的額外資金。
- 3月2日：匯豐銀行宣布125億英鎊現金增資計畫。
- 3月5日：英格蘭銀行調降0.5%的銀行利率，由1.0%降到0.5%，並宣布750億英鎊資產購買計畫。
- 3月7日：英國政府宣布駿懋銀行集團參與APS的一般協議。
- 3月18日：美國聯準會維持聯邦利率0%到0.25%的目標區間，並宣布今年內超過1兆美元的擴大資產購買計畫。
- 3月30日：英格蘭銀行宣布，蘇格蘭最大的房貸銀行鄧弗姆林建房互助會（Dunfermline Building Society）的主要部分，預估總額10億英鎊的商業貸款與較差品質房貸，已經轉移給全國建房互助會（Nationwide Building Society）。
- 4月7日：愛爾蘭政府宣布國家資產管理機構（National Asset Management Agency）計畫，以管理愛爾蘭銀行中最差表現的土地與開發貸款。
- 4月9日：德國政府開始進行接管Hypo 房貸銀行的程序。
- 4月22日：英國政府推出資產擔保證券保證計畫（Asset-backed Securities Guarantee Scheme），財政部將對英國銀行所發出的剩餘MBS，提供信用與流動性保證。
- 5月6日：IMF批准對波蘭206億美元貸款。
- 5月7日：美國聯準會宣布美國19家最大銀行的壓力測試結果發現，如果在經濟更為不利的情況下，2009/2010年期間19家銀行的可能損失達到5,000億美元，其中10家需要增加總額1,850億美元的資本，以維持足夠的資本適足。
- 5月7日：歐洲央行ECB宣布繼3月的0.5%及4月的0.25%，再調降銀行利率1%。

2007/8年金融風暴事件列表（續）

之後
• 在政府向銀行注資後，許多銀行已經還款，現在的主要問題集中在歐元區。其單一匯率避免了區內高通膨國家貨幣的貶值，如希臘、西班牙、葡萄牙等。在寫作這本書時，已經建立了一個基金以幫助這些國家。只是能否長期維持單一匯率，仍屬未知。

表1.1 2007/8年金融危機與序曲的重要特徵

2007年之前
• 信用擴張，家庭債務達到極高水平。
• CDS、CDO、MBS及其他危險的債務商品出現，錯誤選擇持有商品的其中一邊，令銀行風險更高。
• 信用違約交換（CDS）的泡沫。
• 銀行資產負債表持續增加的債務比率，令銀行風險更高。
• 極低利率有時造成實際負面影響。
• 購物大道上的消費熱潮。
• 公共部門支出快速上升。
• 實質收入提高。
• 政府為贏得支持率與選票，協助並鼓勵次級房貸的大幅增加。
• 房地產榮景達到了泡沫的規模。
• 房價開始走弱，對系統產生衝擊。
2007年之後
• 次級房貸市場崩潰。
• CDS、CDO、MBS市場的崩潰造成銀行資產負債表的危機，並持續惡化。
• 一些銀行倒閉，一些接受政府救助。
• 政府投入金錢以避免經濟蕭條。
• 寬鬆貨幣供給以避免通貨緊縮、經濟衰退以及經濟蕭條。
• 失業率上升，但未到癱瘓的地步。

表1.2 風暴前後西方國家重要的在職公職人員

國家元首			
美國 —— 總統	柯林頓	Bill Clinton	20 Jan 1993–20 Jan 2001
	布希	George W. Bush	20 Jan 2001–20 Jan 2009
	歐巴馬	Barack Obama	20 Jan 2009–
英國 —— 首相	布萊爾	Tony Blair	2 May 1997–27 June 2007
	布朗	Gordon Brown	27 June 2007–11 May 2010
	卡麥隆	David Cameron	11 May 2010–
德國 —— 總理	施羅德	Gerhard Schroder	27 Oct 1998–22 Nov 2005
	梅克爾	Angela Merkel	22 Nov 2005–
法國 —— 總統	席哈克	Jacques Chirac	17 May 1995–16 May 2007
	薩科齊	Nicolas Sarkozy	16 May 2007–
財政部長			
美國 —— 財政部長	史諾	John W Snow	3 Feb 2003–30 Jun 2006
	保爾森	Henry (Hank) Paulson	10 Jul 2006–20 Jan 2009
	蓋特納	Tim Geithner	26 Jan 2009–
英國 —— 財政大臣	布朗	Gordon Brown	2 May 1997–27 Jun 2007
	達林	Alistair Darling	27 Jun 2007–11 May 2010
	歐思邦	George Osborne	11 May 2010–
德國 —— 財政部長	艾歇爾	Hans Eichel	1995–2005
	施泰因布呂克	Peer Steinbruck	2005–2009
	朔伊布勒	Wolfgang Schauble	2009–
法國 —— 財政部長	拉加德	Christine Lagarde	19 Jun 2007–
Central bankers			
美國 —— 聯準會主席	葛林斯班	Alan Greenspan	11 Aug 1987–31 Jan 2006
	伯南克	Ben Bernanke	1 Feb 2006–
英國 —— 英格蘭銀行行長	喬治爵士	Sir Edward George	30 Jun 1993–30 Jun 2003
	金默文	Mervyn King	1 Jul 2003–
歐洲央行 —— 總裁	杜森伯格	Wim Duisenberg	1 Jul 1998–30 Oct 2003
	特里榭	Jean-Claude Trichet	1 Nov 2003–

第二章 政府與金融危機

簡介

本章中指出，政府是2007/8年金融危機的始作俑者。第十六章才會討論到，危機之後經濟由巨大問題脫困過程中，政府所扮演的角色。我們由政府的合法性開始，接著討論外部性、監管、對經濟的干預，然後是政府赤字與需求管理，也簡短討論財政政策及貨幣政策這兩個政府主要的經濟政策工具。事實上，僅僅這些主題就可以塞滿一整本書，有興趣的讀者可以找到一大堆相關書籍，這裡我們只會重點討論。本章以遊說的簡短探討作為結論。

政府是一個組織或機構，透過政治單位行使權力、管理公共政策、指揮控制其成員與事務的行動。一般而言，這個名詞指的是文官政府或國家，但政府可以是地方、國家或國際政府。政府的性質也可以很廣，由獨裁統治、君主政體、憲政共和國、寡頭政治、民主政治、極權主義，甚至無政府狀態。

合法性的概念是研究政府的重心，已有許多嘗試來合理化以及辯解政府或國家的控制。例如哲學家霍布斯[1]（Thomas Hobbes）認為人是

本章內容

理性的，將權力交給政府，要比無政府狀態要好。社區中的人們成立政府並賦予權力，以建立對大家都好的安全與公共秩序。如霍布斯[2]與盧梭[3]（Jean-Jacques Rousseau）的社會契約理論認為，人民降低了自由與權力，以換取政府保護人民及維持秩序。許多人質疑，人民是真的甘願放棄自由來作這種交換，還是人民順應統治集團潛在脅迫所作出的反應。有些人反對社會契約理論，認為同意將權力交給政府，並不牽涉國家與個人，也不認同基於務實與實用而賦予政府合法性的解讀角度。但這不是我們討論的中心主題，充斥的文學與政治哲學可以滿足好奇的讀者在這方面的需求。

世界上愈來愈多的地方，以分工與供需原則下商品勞務價格的市場經濟型態運行。現實中，政府對經濟不同程度的監管，對不受約束的市場力量做了某種程度的改變，完全純粹的市場經濟形式並不存在。

對於在指導市場經濟上以及應對市場可能產生的不公平，政府應當扮演多少角色，各有不同的意見，對社會福利以及監管也沒有一般性的看法。

市場經濟的支持者不見得是經濟自由主義者。總的來說，經濟自由主義是經濟層面的古典自由主義，是支持並促進放任經濟的經濟哲學。自由主義中的經濟自由不能與政治自由和社會自由分割，哲學的論述被用來提倡自由主義，並提供經濟自由主義與自由市場的正當性。這個論點反對政府對自由市場的干預，並支持最大程度的自由貿易與自由競爭。雖然經濟自由主義主張不受約束的市場，卻仍認同國家在提供公共財上的合法地位。何謂公共財？舉例來說，國家必須提供道路、學校、橋梁等無法有效由私人提供的建設。這些建設也許依比例原則由使用者付費，例如道路與橋梁的過路費，然而卻絕對不適用於學校。窮苦家庭的小孩如果得不到適當的教育，將剝奪了他們進步、盡己所能、發展才能，並在社會各階層間流動的機會。簡言之，一個純粹以市場為基礎的教育體系，將排斥社會中最窮苦階層民眾的生存機會。

資本主義制度下，政府在日常生活的經濟中扮演重要的角色，例如發行貨幣、監督某些行業、確定私人契約的執行、確保反壟斷的競爭法律，以避免利益壟斷集團（卡特爾）的形成。在許多國家中，由於私人機構可能無法提供充足資金以達成高度規模經濟，因而允許政府在規管下對公共事業機構的壟斷。政府機構監管許多行業，例如航空公司、廣播事業以及金融機構。

外部性

外部性可以被定義為，透過成本所產生的福利，不完全反應在成本的價格上。福利可以是個人或社會所享有的福利狀態。外部性的概念有些複雜，我們先來看看交通阻塞與工廠汙染的例子。某家工廠的汙染會降低住在工廠附近人們的福利，鄰近的工廠也許被迫增加淨化用水的成本。由於這些受到影響的第三方，沒有收到來自製造汙染工廠的補償，對於製造汙染的工廠，也就沒有將這部分列入成本之中。這些外部性被稱為負面外部性或外部不經濟。上例的負面外部性發生在消費面（也可以在生產面），其他的例子例如留在人行道上外賣食物的包裝垃圾，以及吸菸者的二手菸汙染了空氣。

但外部性也可以是正面的，稱為正面外部性或外部經濟。消費面外部經濟的例子包括自家房子前面漂亮的私人花園，讓自己和所有經過的行人都感到愉悅，同時也增加了鄰近房屋的價值。國防與其他公共支出所獲得的研究成果，可能促進了最終對所有人都有用的新科技。外溢效應，是外部性的另一個術語。

有兩種方式可以應付外部性。首先，稅務與補貼的結構，可以被設計用來解決外部性，以確定所有生產的成本或利益，反應在所收取的價格中。例如，一家製造汙染的工廠，只要適當地補償對社會造成的損失，就可以繼續生產。第二，可以限制不符社會利益的特定活動，同時強制符合社會利益的某些活動。由於某些負面外部性的經濟活動對社會所帶來的利益，仍然超過了限制這些行為對社會的利益，第二種作法經常不如稅務與補貼的方式有效。政府要求位在首都的房地產開發商，在申請一塊土地的開發許可時，需要將護士、教師、消防員的社會福利住房單位計畫包括在內。這種作法是以第二種方式來補償外部性成本的例子。

總結來說，負面外部性是將社會成本的負面效應加在第三方的一種行為。許多負面外部性（亦稱外部成本或外部不經濟）和生產與使用對環境造成的後果有關，包括以下的例子：

- 工業汙染水源，傷害人類及動植物；
- 車主使用道路，將堵車成本強加給其他使用者；
- 銀行系統執行金融業務所帶來的風險，對全體經濟造成系統性風險。銀行倒閉對存款者造成的私人成本，也許還比不上對社會大眾所造成的社會成本（銀行撤出服務、減少貸款業務、對其他銀行和一般企業造成可能的瓦解）。

正面外部性（又稱為有益外部性、外部利益、外部經濟）的例子包括：

- 養蜂人飼養蜜蜂是為了取得蜂蜜，但飼養的蜜蜂對附近農作物授粉所產生的價值，可能比蜂蜜的採集更為重要；
- 住戶享受美麗的庭院花園，也對住在附近的人造成好處，包括對附近房屋業主增加了房地產的實質價值；
- 發明與資訊的知識外溢性。一旦新發明或新資訊變得容易取得，其他人藉著利用發明或新資訊，而創造更多福利。版權、專利權及其他智慧財產權的法律，允許發明者與創造者由國家保護的暫時獨占權來獲取利益，以交換將知識與資訊透過出版或其他方式傳播出去。

明顯地，要令外部性的定價政策有效，就必須是政府的職能。

政府監管

政府監管是政府為了經濟效率、公平性、健康、安全等原因，對私人企業經濟活動所作的監督與控管。這種監管有著極長久的歷史以及許多不同的形式。例如噪音及汙染的外部性，是監管道路和航空運輸必要的一部分。生產者之間的串謀以及壟斷（或寡占）利益的誘惑，也需要政府的介入干預。其他形式的監管包括對勞工權益的保障，對工會、金融體系、個人隱私（透過資料保護法）、工作上的健康與安全、街頭小販的牌照，以及計程車司機的規管。金融服務也被廣泛地監理。

監管可以只是簡單地由幾類方式進行，例如藉著制定法律並透過法律的正常程序來監督，藉著特別監管機構的設立，藉著鼓勵自我監管，或將監管的權力放給志願團體。雖然為了避免壟斷的濫用、調控外部性或其他市場失靈，監管被認為是必要的，卻仍然存在著一種風險。也就是法規遵循的成本與監管的相關支出，超過了監管所帶來的社會效益。這些監管相關支出包括政府或監管機構行政費用的超額負擔。監管的增加，帶來了對總體成本的關注，也導致改革監管的不同聲音，甚至要求取消監管的管制放鬆。這種聲音或許來自遊說團體，或是毫無偏見的其他組織，但這是一個政府隨時要質疑的問題。

經濟干預

經濟干預是政府對市場經濟或是混合經濟所採取的行動，超越了對詐欺或契約執行的基本監管，而是以行動來影響自身經濟。經濟干預可以針對不同的政治或經濟目標，例如提振經濟成長、增加就業、提高薪資所得、控制物價、促進平等、管理貨幣供給及利率、增加利潤、或解決市場失靈。由於監管可能持續增加、法律制定可能帶來意想不到的後果，以及自身思想對監管的反感，自由市場與放任經濟的提倡者傾向認為政府對經濟的干預是有害的。

政府赤字

對政府的觀察提醒了我們政府持續成長的趨勢，這個趨勢反映在財政赤字的增長，政府的借款似乎愈來愈多。自從二次大戰以來，美國政府幾乎每一年都是赤字預算，表示政府的稅收比支出要少，政府不得不借錢來平衡差額。美國政府不是唯一，英國政府也有一連串的赤字預算，但相對上這是最近的現象。美英兩國大部分的歷史都維持著預算的平衡，只有在戰爭及經濟衰退時，才會變成赤字預算。

也有許多國家長期保持預算盈餘，例如挪威（由於石油蘊藏），以及澳洲（由於金屬礦產）。自從政府開始提供廣泛的社會福利系統後，政府持續赤字預算的時代來臨。社會福利牽涉到對醫療、失業保險，以及教育開支的龐大金額，這些開支在久遠的過去，是由私營部門或慈善信託機構所處理。

很快地回顧一下2008年的美國聯邦預算，21%的支出用在社會福利上（主要用於老年人），21%用在國防（人員的薪資，以及從航空母艦到槍枝等設備的開支），收入保障占了13%（對窮困家庭的支出），醫療及健康支出占了22%（政府對老人及窮人的醫療開支），政府對過去債務的利息支出占了9%。餘下的支出包括例如法院系統的聯邦機構，以及對農民、退伍軍人、其他人員的支持。這種支出的模式，廣泛地複製在英國及其他多數的西方國家中。

2008年美國政府的支出超過稅收，必須借入4,100億美元來平衡差額。此外，由於美國的聯邦體系，各州都有自己的預算（以及稅收），大部分用於教育及公路等地方基礎建設。來自特定州的國會代表，又將昂貴的地方項目，加到了聯邦支出上。這些被稱為豬肉桶（pork barrel）的分贓政治，當時的布希總統特別不願意行使總統權力去否決這些法案。

經常性的預算赤字，導致一個國家產生各種不同的經濟問題。在赤字下，債務國容易藉由通貨膨脹（創造更多貨幣）來擺脫過度舉債的困境。在其他因素不變下，比較貿易夥伴更高的通貨膨脹率，會造成本國貨幣的貶值壓力，投資人要求更高的回報來補償相應的風險。這樣一來，造成了政府必須為債務付出更高的利息，也令未來的舉債更加昂貴。當然如果是以本國貨幣舉債，本國貨幣的貶值，會令還債變得容易些。

最重要的是沉重舉債的長期後果。實際上，既然額外借來的金額必須在將來返還，政府所借來的其實是將來的稅收。如果借來的錢是用在增強未來的成長與下一代的福祉，例如投資在新的優質學校上，那就不會是大問題。但如果只是用在滿足公部門的貪婪胃口，就真的令人憂慮。換句話說，如果是為了未來的福祉，這個問題是可以被接受的。圖2.1是美國經常帳餘額的最近數字，顯示出

圖 2.1 美國經常帳占GDP的百分比

來源：經濟分析局（Bureau of Economic Analysis）。

美國的進口超過出口，而且失衡持續惡化。這個失衡如何可以持續這麼久？這個數字，一部分被中國的反向失衡數字所抵銷。

如同下一章所描述，美國歷經了低利率、房地產市場榮景、強勁消費支出，特別在2002年到2005年的一段時期。許多美國消費者花費在中國製的商品上，由2002年到2005年，中國出口到美國的商品，占美國非汽車的零售銷售，由4%上升到11%，這也影響了中國政府的政策。中國的央行（中國人民銀行）由中國出口者手中買入美元，再以這些美元買入美國國債，造成美元對人民幣匯率維持在較小的波動，而中國也在短時間內累積了數以兆計的美國國債。由於中國有意願地買入美國國債，也令美國足以維持國內低利率環境，同時也有助維持低房貸利率。

上述這些因素維持了美元人民幣匯率穩定，與美國的低利率環境。值得注意的是，如果中國央行不是以收回的美元買入美國國債，而是以美元買入人民幣，效果將會是美元的貶值以及人民幣的升值，理論上造成中國出口競爭力的下降。這樣一來，美國勢必必須以較高的利率借入資金來平衡赤字。

除了實際的公共支出，經濟學家也同樣關注公共支出的正當性原則、分配的機制，以及負責分配的權力機關。西方大多數國家的公共支出，大約占了國內生產總值（Gross Domestic Product, GDP）的40%到50%。英國與大多數歐盟國家在範圍中的高端，而美國在範圍內的低端。大約有半數的公共支出，以補貼及社會保障福利的形式，轉到了私營部門。

金融危機增加了政府的債務問題，金德爾伯格[4]（Kindleberger）提到，經濟學家認為他們「知道如何解決金融危機：投入大筆金錢，待危機解除後再將其收回。」羅格夫[5]（Rogoff）警告，「過去國際金融風暴發生後，主權債務危機隨之而來。」如同第十六章所描述的，這一次也不例外。

需求管理

經濟學中，需求管理指的是政府控制經濟需求、創造成長、避免衰退等嘗試。政府主要使用利率、稅務、公共支出等工具，來改變如消費、投資、貿易平衡、公共部門舉債等關鍵的經濟決定，目標在平穩景氣的循環。我們將在第九章中討論景氣循環。

傳統上，政府應該要平衡預算，不是針對每一年度，而是在一個景氣循環內要儘量維持平衡。根據這個傳統智慧，政府在景氣繁榮時應採取預算盈餘以抑制擴張，在衰退的時候採取預算赤字來抗拒經濟放緩。

這個以政府預算來對抗景氣循環的傳統智慧，屈從於政治上的誘惑，令赤字看來變成如圖2.1的永久赤字。對政府的一些觀察中認為，無論是反映在意識形態上對政府的反感，或是根據一流的研究計畫，政府對需求管理的努力已經失敗。在調控經濟的總體需求方面，政府有貨幣政策與財政政策兩個主要工具，我們先把目光放在前者。

貨幣政策

貨幣政策涵蓋政府相關的策略與手段，控制經濟體中的貨幣數量、利率、匯率。貨幣政策有擴大或收縮經濟的效果。其他因素保持不變，提高貨幣供給，將容易擴大經濟發展；而降低貨幣供給，則將減緩經濟。降低利率容易擴大經濟發展；反之則會對經濟降溫。擴張性政策在衰退中用來對抗失業；而收縮政策則在對抗通貨膨脹或避免景氣過熱。貨幣政策與財政政策不同，後者牽涉到稅收、政府的開支與舉債。

貨幣政策常被分類為寬鬆、中性、或緊縮的貨幣政策。寬鬆貨幣政策指的是，貨幣決策當局為了創造經濟成長而設定低利率；中性貨幣政策既不創造成長、也不打擊通膨；緊縮的貨幣政策是為了降低通膨或是冷卻經濟。

在最發達國家中，會有如美國聯準會、英格蘭銀行、歐洲央行、日本銀行等機構，來執行政府的貨幣政策。一般而言，這些機構被稱為中央銀行，同時負有管理國內金融機構平穩營運的責任。中央銀行通常被認為是獨立行使職權，但如果認為政府對央行毫無影響力，會是絕對的錯誤。

貨幣政策的主要工具是公開市場操作，透過買賣如國庫券、債券、外幣等不同金融工具，來控制市場中貨幣的流通量。這些買賣交易造成更多的貨幣進入流通市場、或抽離貨幣離開流通市場。

通常情況下，公開市場操作的短期目的是達成短期利率目標。其他情況下，貨幣政策也可能以設定與其他外幣的特定匯率目標。在美國，聯準會設定聯邦利率目標，聯邦利率是聯準會會員銀行之間的隔夜拆款利率。中國的貨幣政策，設定人民幣與其他國家一籃子貨幣的交換匯率為目標。明顯地，貨幣政策倚賴於經濟體利率與貨幣總供給量的關係。

貨幣政策亦牽涉到通膨目標與貨幣總量目標，目的是維持通膨在一個特定的範圍內。通膨數字以特殊的指數來定義，例如消費者物價指數（Consumer Price Index, CPI）。通膨目標透過央行定期調整利率來達成，這個利率通常指的是銀行間隔夜拆款利率，而利率目標的達成需要透過公開市場操作來維持，並由政策委員會每月或每季定期檢討。利率的改變由不同的市場指標來決定。

貨幣總量透過固定（或訂定）貨幣供給成長的途徑來達成。到目前為止，我們還沒有提到貨幣供給的定義。貨幣供給的定義到底是什麼？不幸地，貨幣供給有M0、MB、M1、M2、M3、M4及其他各種不同的定義，各有不同的含義，而且全都可以定義貨幣供給。我們只對M0與M4作說明，如果讀者有興趣了解其他貨幣供給的定義，有大量經濟書籍來滿足大家的求知慾。以英國為例，M0被定義為流通的紙鈔與硬幣，加上各銀行在英格蘭銀行的存款。M4的包含較為廣泛，包括紙幣、硬幣，以及個人與公司存在英國各銀行與建房互助會帳戶的總值。

貨幣政策工具，包括了調整貨幣基礎、存款準備金比例，以及貼現窗口融資。貨幣政策可以透過調整貨幣基礎，直接改變市場流通的貨幣數量。中央銀行可以透過公開市場操作來改變貨幣基礎，央行買賣債券涉及金錢的交換。當央行買入債券，就將貨幣投入市場流通之中；反之，央行賣出債券，則將貨幣抽離市場流通。

政府對銀行進行監控管制，改變銀行資產存入央行的比例規定，也是貨幣政策的一項工具。藉著改變銀行現金資產持有的數額，央行可以控制銀行可貸出的資金額度，也改變了貨幣的供給。一般而言，央行不會經常改變銀行存款準備金比例。

許多國家的央行有權對國內銀行放款，央行藉著要求收回借出的放款、或增加新的放款，貨幣當局可以直接降低或增加貨幣供給。這種貨幣政策稱之為貼現窗口融資。

現在簡要介紹貨幣數量理論，概念是貨幣供給量與物價水準之間的直接關係。很抱歉在這裡要提出一個公式，簡化的貨幣數量理論是：

$$MV = PT$$

其中

- M是在特定期間中，經濟體中流通貨幣的平均總額。
- V是貨幣的交易流通速度，也就是一段時間中，每單位貨幣交易流通的頻率。換句話說，它可以度量人們有多快交易出手中持有的貨幣。
- P是在特定期間中，經濟體內的價格水準。
- T是交易總額的實質（扣除通貨膨脹）價值指數。

相當簡單的模型，如果V與T維持不變，通膨率（也就是P的改變量）將完全等於貨幣供給成長率（M的改變量）。然而，在繁榮與蕭條時期，貨幣流通速度以及交易總值（國民收入）會有所變化，意味著貨幣供給並非以一成不變的方式影響物價水準。事實上，這是一個令人目眩神往的研究領域，在這裡我們僅僅做表面探討。再者，讀者也可以從大量作品中，進行更詳細的研修。

如同我們之前的說明，貨幣政策可能涉及通膨目標以及貨幣總量目標。在過去的十年間，最令人震驚的是實質利率（無風險的美國聯邦利率或英格蘭銀行基礎利率，減去實質通貨膨脹率）維持在如此低的水準，有時甚至是負值，參見表2.1。當然這只是其中一種決定實質利率的方式，另一種方式是參考保證實質收益率的指數連結政府債券。以後者為基礎的統計顯示，過去十年間的實質利率大約在2%，比表2.1列出的絕大部分數據都要高。順便說一下，通貨膨脹的不同定義，也會在計算實質利率時，造成略為不同的數據結果。

比較2%到3%基準數字，如此低的實質利率所造成的結果，就不令人驚訝地造就了購物大街上的瘋狂消費，以及發生在美英及其他國家的房地產榮景。確實，長期過低的利率造成了信貸的過分寬鬆，不需要太長的時間，就會有許多結果發生，包括：

- 藉由提高原有房屋貸款額度、或換成更大的房屋，取得更多的房屋貸款；
- 房屋價格一連串飛漲；
- 消費者決定以隨手可得的廉價信用來消費；
- 消費者債務增加；
- 企業債務增加；
- 廣泛而容易取得的信用，造成金融上歡欣愉快的感覺。

表2.1　美國與英國實質利率

Year	美國 (%)	英國 (%)
2000	1½	3.1
2001	3	3.2
2002	1½	2.3
2003	－ ½	0.7
2004	－ ¾	1.5
2005	－ 1	1.7
2006	0	1.5
2007	1	1.2
2008	1	0.5
2009	½	0.5

所有上述這些要點，都可以部分歸因於國際協調政策下，維持得過久過低的實質利率。實際上，無論G6、G10、G20會議，都沒有解決任何問題。實際上，聚在一起只是個歌詠昇平的聯歡會，所歌頌的就是繼續維持很低、非常低的利率。

為了完整起見，圖2.2以及圖2.3顯示了美國與英國自1993年到2007年，平均收入年增長率。這些數字是名目數字，包含通貨的膨脹率。

接下來，我們來到政府的第二種關鍵經濟政策，稱為財政政策。

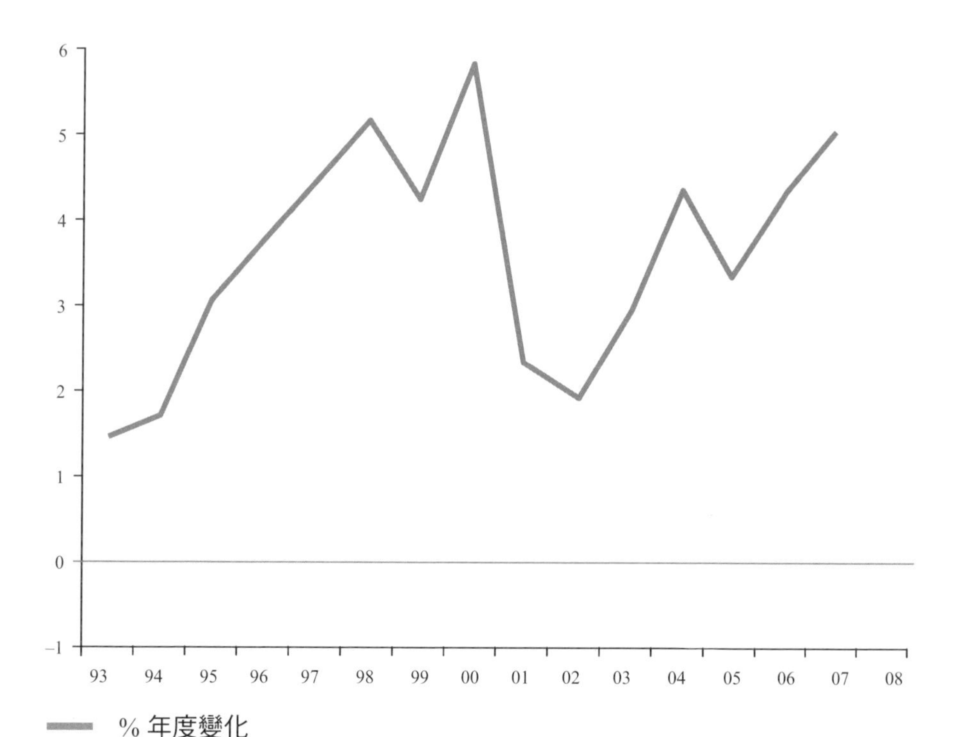

圖2.2　美國平均收入（% 比較上年度之變化）

來源：勞工統計局（Bureau of Labour Statistics）。

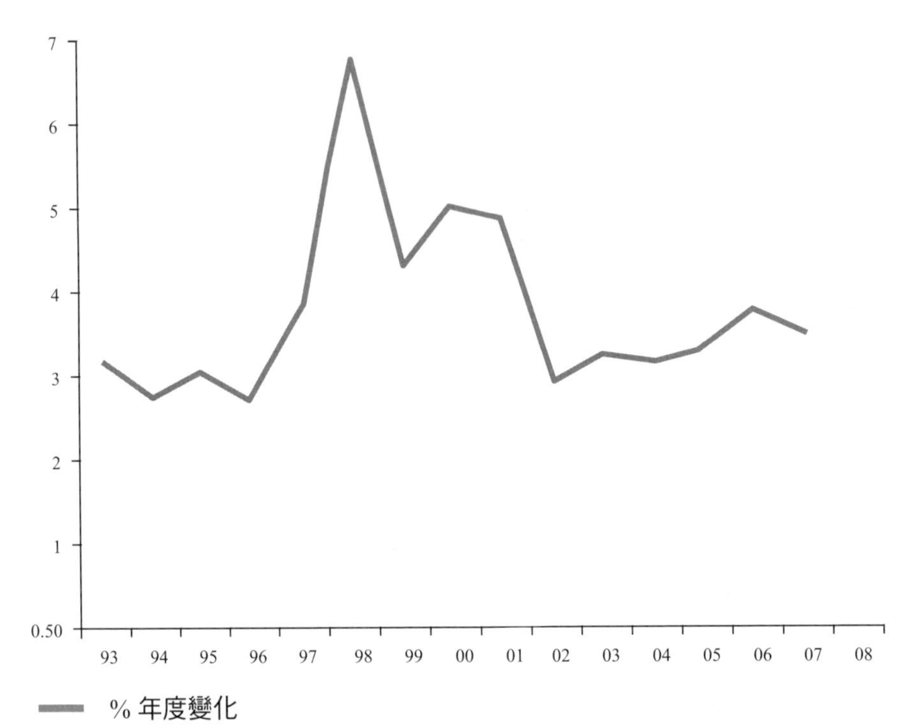

圖2.3　英國平均收入（% 比較上年度之變化）

來源：國家統計局（Office of National Statistics）。

財政政策

財政政策的兩個主要工具是政府開支以及稅收。財政政策可以是中性的、擴張的，也可以造成經濟的萎縮。中性的財政政策意味著政府開支等於稅項收入的平衡預算，或是

$$G = T$$

其中G表示政府開支，而T表示稅項的收入。也就是政府開支完全由稅項收入支應，整體結果對經濟活動的影響效果大多是中性的。相反地，擴張性財政政策就牽涉政府開支超過稅項收入。

$$G > T$$

擴張性財政政策通常與預算赤字有關。而政府開支低於稅項收入的財政政策對經濟有緊縮的效果，在這種情況下的財政政策與預

算盈餘有關。

政府運用財政政策來影響市場的總體需求，以達到維持價格穩定、充分就業、經濟成長等目標。總結來說，寬鬆的財政政策含蓋降低稅率或增加公共支出的決定，以利刺激總體需求。在2007/8年金融危機升高的其中一個最顯著的特點，就是公共支出占GDP百分比的大幅增加。據2000年到2009年的官方數據顯示，美國以及英國幾乎是以一直線增加。美國由32%增加到43%，而英國由35%增加到45%。在如此激進的預算赤字下，經濟幾乎肯定會呈現過熱的情況。

遊說

遊說的對象是中央政府與地方當局。在美國，遊說主要影響眾議院代表及各州的立法機關，在英國主要影響上下議會議員，以及較低階的地方當局。遊說團體代表客戶機構，與中央及地方政府打交道。2007年，有報導指出共有17,000名聯邦遊說人員駐紮在華盛頓特區，遊說的支出由金融、保險、與房地產利益相關類別占多數。由1998年到2006年，不包括競選經費捐款的遊說總支出，總金額超過了25億美元。剪報2.1更新了這些數據資料，並提供其他有趣的相關內容。

美國的銀行可能是世界上最嫻熟遊說影響力的團體，強生[6]（Johnson）認為，「美國金融業藉著累積一種文化資本、一種信仰系統，來獲取政治上的權力。或許過去曾有一度的確對通用汽車有利的，就是對國家也有利。在過去十年間，金融業建立了對華爾街有利就是對國家有利的文化態度。銀行與證券業已經成為政治競選中最大的捐助者，站在影響力的制高點，不需要刻意再付錢去交換幫助……相反地，金融業已經受益於一個事實，這個事實就是華盛頓內部人士已經相信大型金融機構以及自由流動的資本市場，對美國在全球的地位至關重要。」強生所指出的華爾街－華盛頓通道，就證明了他所觀察到的，「影響力來源的一個管道，當然是華爾街與華盛頓之間的人員流動。例如曾經是高盛（Goldman Sachs）共同主席的魯賓（Robert Rubin），在柯林頓政府下擔任財政部長，隨後成為花旗集團執行委員會主席。高盛的CEO保爾森，在長期經濟熱潮下，成為小布希總統的財政部長。保爾森的前任財政部長史諾（John Snow），離開財政部後成為一家大型私募基金投資公司，博龍資產管理公司（Cerberus Capital Management）的主席。這家公司也將老布希擔任總統期間的副總統奎爾（Dan Quayle），納為管理高層的一員。葛林斯班在離開聯準會之後，成為PIMCO的顧問（太平洋投資管理公司PIMCO，可能是國際債券市場最大的參與者）。這些人脈關係，在過去三位總統的政權期間，成長最少以數倍計，加強了華盛頓與華爾街的聯繫。」

剪報 2.1 《金融時報》，2009年9月30日 FT

一位國會議員，五名金融遊說人員

政府與監管機關，藉著遏止大銀行的行為以加強保護投資人的努力，將受到來自金融業強大遊說力量的抵抗。

值得注意的是，在美國，權力來自口袋的深度。

在1998年到2008年間，華爾街投資銀行、商業銀行、避險基金、房地產業者、保險財團，共付出了大約17億美元的政治獻金，另外在遊說方面支出了34億美元。這些數字來自於兩家非營利組織，必要訊息（Essential Information）以及消費者教育基金會（Consumer Education Foundation）的報告。他們的研究顯示，在2007年，金融業僱用了將近3,000名的遊說人員來影響政策制定者，相當於每位國會議員有五名遊說人員。

如此大規模對政治影響力的採購，相信是用來協助華爾街，推動廢除禁止商業銀行與投資銀行合併的格拉斯－斯蒂格爾法案（Glass-Steagall Act），以及取消期貨交易管理委員會（CFTC），在柯林頓政府時期對金融衍生性商品的規管。

前IMF首席經濟學家強生（Simon Johnson）曾說，「在過去的三十年間，金融業由『文化塑造』的過程中受益，監管機構、政界人士、獨立分析師，咸認金融業有大而穩定的技術專長。政府官員至今仍然令人驚訝地認為，大銀行擁有必要的專業知識來管理自己的風險，避免系統性風險，並指導公共政策。」

強生與郭[7]（Johnson and Kwak）認為，華爾街的政治勢力，來自於將自己人放到華盛頓擔任重要職位的能力。當大銀行變得更有錢，更多的華爾街高層人員有能力成為一流的募款人員，足以勝任政府的管理工作。更重要的是，當金融的世界變得愈來愈複雜，也愈成為經濟的中心，聯邦政府就必須更加依賴具有現代金融專業的人員，也就是出身大銀行以及從事最尖端業務的金融人員。這個由華爾街轉到華盛頓的穩定人才流動管道，也確認了重要的決定是由特殊的政府官員所下，這些政府官員吸收了世界金融界的看法，以及對政府政策的觀察角度。而且這些官員把他們未來的生涯規劃放在華爾街，而不是華盛頓。

強生與郭[8]作了進一步的說明。他們認為，華爾街是寡頭政治（oligarchy），由一小部分銀行菁英所組成的小團體，由於經濟實力並將隨後得來的政治權力用在自身利益上，因而獲取了更多的政治權力。與新興經濟體的寡頭政治不同，華爾街的權力集團不需要用到賄賂或勒索等手段，華爾街所使用的工具比較精緻，用的是競選資金捐款、由政府職務轉為華爾街董事的旋轉門，以及創造「對華爾街好就是對美國好」的文化信仰。美國歷史上充斥著對金融寡頭政治的懷疑，強生[9]認為，僅僅在過去十年間，在競選資金、人際聯繫以及意識形態上，銀行的遊說是如此成功，造成令人訝異的一長串管制鬆綁，包括：

- 跨境資金自由流動的堅持；
- 廢除大蕭條時期商業銀行與投資銀行業務分離的管制；
- 對信用違約交換（CDS）監管規定的國會禁令；
- 大幅增加投資銀行被允許的槓桿額度；
- 伸入一點點（或是無形）的手進入證券交易委員會（SEC）的監管執法；
- 允許銀行自行衡量風險的國際協議；
- 以及刻意破壞為了跟上大幅金融創新腳步所作的監管現代化的努力。

在華盛頓，伴隨著這些措施的氣氛，似乎是擺盪在冷淡與狂歡之間：金融的放鬆管制被認為將持續推動經濟到更高的境界。

強生與郭認為，藉由說服力以及對亞當斯密古典經濟學中儘量減少政府干預論點的明顯偏好，華爾街成功地影響政府減少管制。然而，這個經濟學論點是由銀行菁英們斷章取義式的兜售。銀行菁英們還同樣建議，公平市場價格的效率市場假說，是可以引用的論文，來證明監管機構不必參與干預。畢竟，如果市場可以大致上立即達到公平價格，至少根據效率市場假說，監管所關心的泡沫平抑就幾乎不需要。第十章將介紹更多有關效率市場的論點。

強生引述美國聯準會主席伯南克在2006年的話：「市場與信用風險的管理已經變得愈來愈複雜……過去二十年間，各種不同規模的銀行組織在衡量與管理風險上，有著實質的進步。當然這幾乎是一種錯覺，監管機構、立法機關、專家學者，幾乎都認為銀行經理知道他們在做什麼。回想起來，銀行經理們其實並不知道。」

為了避免遊說被總結為十惡不赦的藝術，也必須提到有許多政治人物不是那麼傾向接受來自遊說人員的禮物，因而提供給他們的禮物也隨之愈來愈少。華爾街－華盛頓之間旋轉門的轉動，在於銀行家與政治人物都相當喜歡它的轉動。一個巴掌是拍不響的。

總結

政府將一部分的決定權交給監管機構，第八章將對管制再作說明。以美英歐盟為例，利率政策通常授權給中央銀行，藉由對利率的管理來達成政府設定的通膨目標。隨各國情況不同，對金融市場的管制也授權給不同的機構。

儘管中央銀行被認為是獨立的，中央政府毫無疑問地影響所有的政策，通膨、利率、金融市場等的最終責任，還是會落在政府身上。一旦監管失靈、通膨失控、利率設定太低、市場產生泡沫、公共開支過高、經濟成長過速或過緩，政府都將是最終受責備的一方。無從否認，責任也無法再往上推。

本章兩個主要重點，一是實質利率在金融危機的過去十年間實在是相當的低，另一是公共開支占GDP百分比明顯大幅增加。這些特質助長了美英及其他國家的房地產泡沫，相當程度上，也造成各國財政赤字相對於GDP的惡化現象。如同本書隨後的介紹，房地產與赤字問題對金融危機造成了重大影響。美英與各國政府毫無疑問地受到了遊說團體的影響，放鬆管制以持續榮景。政府在經濟成長的榮光中取暖，消費者用借來的錢狂歡、買進過去買不起的物業、享受似乎永遠不會結束的繁榮。消費者被負責金融的政府部門告知，「我們已經克服了經濟繁榮與蕭條的循環」。這是個負責任的政府？我們不這麼認為。

第三章 個人金融、住房與金融危機

本章內容

簡介

家戶單位在消費與儲蓄之間分配他們的收入。儲蓄被視為延遲消費的一種，區分的重點在於時機，是現在消費或是在將來消費。

儲蓄比例指的是儲蓄占家戶收入的比例，通常以儲蓄占家庭總可支配收入的百分比來表達。家庭總可支配收入指的是，家庭總收入扣除社會保險及所得稅的支出。

美英兩國的儲蓄比例比大多數的已開發國家要低。在美國，儲蓄比例由1970年代的10%到1990年代的7%，到了2007年變成零。在英國，儲蓄比例由1997年的10%到2007年的3%，然後到2008年的1.7%。對比一個較為貧窮的國家－中國，中國的儲蓄比例遠遠高過美英兩國的數字。

積穀防饑的建議發生在不景氣及信心低落時。換句話說，當大部分人預期下雨，就會傾向有更多的儲蓄以及較少的花費。這表示整體經濟在需要大家維持，或甚至增加消費的時候，個人的消費會傾向減少。

政府通常鼓勵消費，而非鼓勵儲蓄。當經

濟景氣以及消費盛行時，政府的工作也來得容易些。此外，政府總是試圖保持有利借貸者與消費的低利率環境，同時懲罰儲蓄者。難怪儲蓄率大幅下降，也難怪消費熱潮墊高了金融危機。

二次大戰結束後到了1960年以及1970年代，當人們想要購買東西時，會先儲蓄然後購買。現代社會已經變得不同，「我想要就馬上要」的態度已經根深蒂固，造成大家為了買不起的東西而承擔債務，甚至是短期內不需要的東西。銀行與其他放貸業者鼓勵這種態度，有些人也和作者一樣使用信用卡，但只是簡單地因為方便，將所有帳單集中一起，固定每一個月一次付清。其他有些人不管卡債欠款的高利率，只要還被允許，每個月仍然增加信用卡債。在接近信用額度時，這些人選擇增加額度，或另外取得其他信用卡。只要看看信用卡債欠債務的利率收費就知道，允許卡債的膨脹實在不是一個聰明的想法。

許多英美家戶的借款已經超過了他們所能負擔的，他們把錢用在房子和汽車上，或只是藉著信用卡比別人更享受。在1989年到2000年間，英國家戶債務穩定維持在年度可支配所得的100%。到了2007年，這個數字大幅上升到170%。同時間，美國家戶債務由1997年的100%上升到2007年的140%。在如此短的時間內，這樣的增幅顯然是相當巨大的。圖3.1顯示了家戶債務的擴大，以及由2001年到2007年，日本、德國、義大利、加拿大、美國、法國、英國房屋貸款與其他家戶債務的詳細數據。對個別國家，左手邊的長條顯示2001年債務占名目可支配收入的百分比，右手邊長條顯示在2007年的相同數據。北美、法國、英國債務的墊高，要比日本與德國相對嚴重許多，而英國在房貸上的大幅增加顯得超乎尋常。圖3.2顯示了1975年到2008年，美國家戶的債務總額，到達了一個完全無法維持的債務水準。默許這種情況的政府以及放縱的銀行家們是應該遭受指責，但是個人也有應該負的責任。接下來是有關住房的主題。

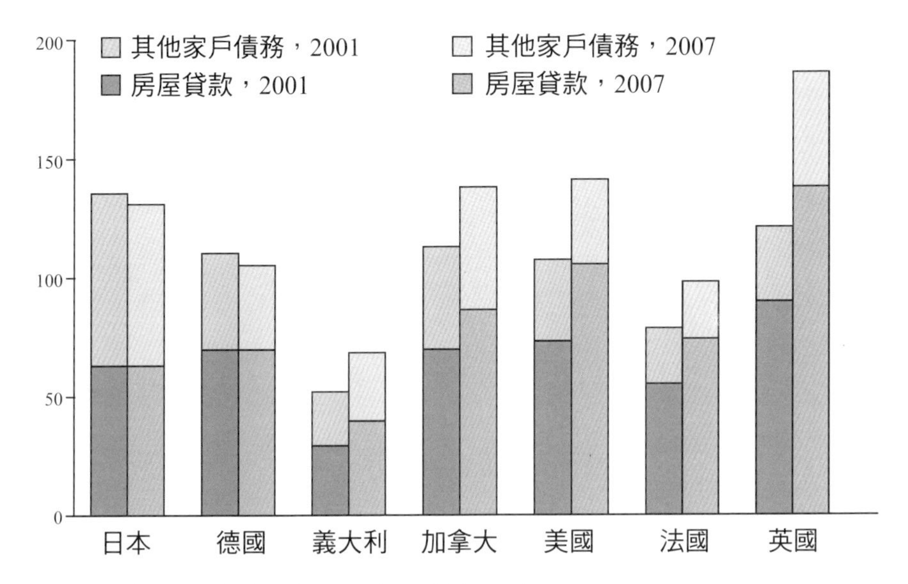

圖3.1　家戶負債（占名目可支配所得 %）

來源：DataStream, OECD.

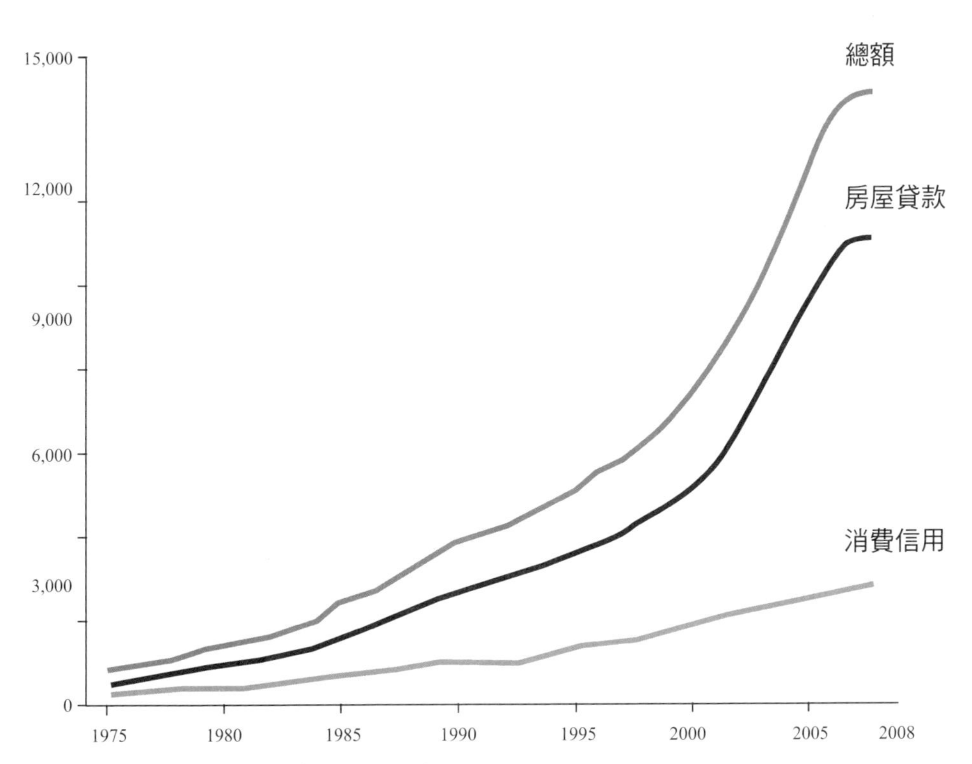

圖3.2　美國家戶債務（10億美元）

- 利率水準；
- 借款人的貸款成數，以及收入所得的倍數；
- 由於出生死亡移出移入等原因所造成的總人口數改變；
- 由於收入與財富的變化、工作改變、下一代離家、退休等原因所造成的地區之間人員流動；
- 部分由於離婚率的增加以及生活型態改變等原因，造成家庭人口數減少的趨勢；
- 隨著愈來愈富裕，而產生對第二個居所的需求渴望。

由於二手房屋業主之間的買賣會互相抵消，在討論總體統計數字時，通常只會考慮新需求的淨額。

很少人在買人生第一棟房子時，不需要房屋貸款。對房屋需求的重要影響，包括房價水準、稅後成本，以及房貸的可取得性。大部分英國的房貸以浮動利率計息，當利率變動時，對定期繳交的房貸利息有立即的影響。當利率變化時，對房屋的需求也可能會有急遽的變動。基於這個原因，英國房屋市場變動的因素，多在於英國本身，而非來自其他國家。危機過後對利率的削減，為房貸借款人大幅節省了每個月房貸的利息還款。

在1950年代早期，英國達成了每年建成三十萬戶新屋的水準，大部分新屋由公共部門的地方政府規劃興建。現在，可以說所有的新屋都由私營部門提供。英國有綠化帶與「別在我家後院」的壓力，規劃新成屋建成的限制，限制新成屋的地點，特別在有大量需求的英國東南一帶。這個對新成屋供給的限制，對現有房屋產生價格上漲的壓力，也令供給減緩而造成需求面引起的房價上漲。

同樣也發生在其他國家，在英國與澳洲，計畫控制相當嚴格，導致現在的實質房價比在1970年的價格，高出二到三倍。但是德國與瑞士願意提供土地給居民建造新屋，房價在去除通膨因素後，與1970年的水準相近。同樣在美國，一些區域被嚴格限制新屋建造，特別是沿海城市。然而，美國的內陸城市隨時可以向外擴張，提供土地與新屋，平抑房屋價格。

當房屋價格上漲，人們也許預期需求將下跌。然而在房屋泡沫中，房價的上漲可能反而導致需求的上升。在泡沫時期，人們經常臆測，房價將會如同不久的過去一樣，維持持續的上升。

在1997年到2007年期間，英國平均房價相對平均收入的比例，由三・五倍增加到超過七倍。也許由於房貸借款人與放款人的過度樂觀，平均房價在十年內變為三倍，同時期的美國房價也增加超過一倍。圖3.3與3.4分別顯示英國與美國的數據。許多當時的買家，特別是首次置產者，還沒有經歷過房價下跌的個人經驗。

到2007年的十年間，英國房價上漲了200%、愛爾蘭上漲250%、西班牙180%，美國平均上漲125%，由加州的超過200%到芝加哥和底特律的不足100%。這些數字以名目數據呈現，也就是不扣除一般通膨率。將通膨由名目數字扣除，就會得到實質數字。圖3.5顯示了各國實質平均房價漲跌的比較，比較了1996年到2006年間，實質房價的平均年化增長率。令人吃驚的是，英國的數據顯示，實質數據接近每年增長10%，相對同時期美國的接近5%，德

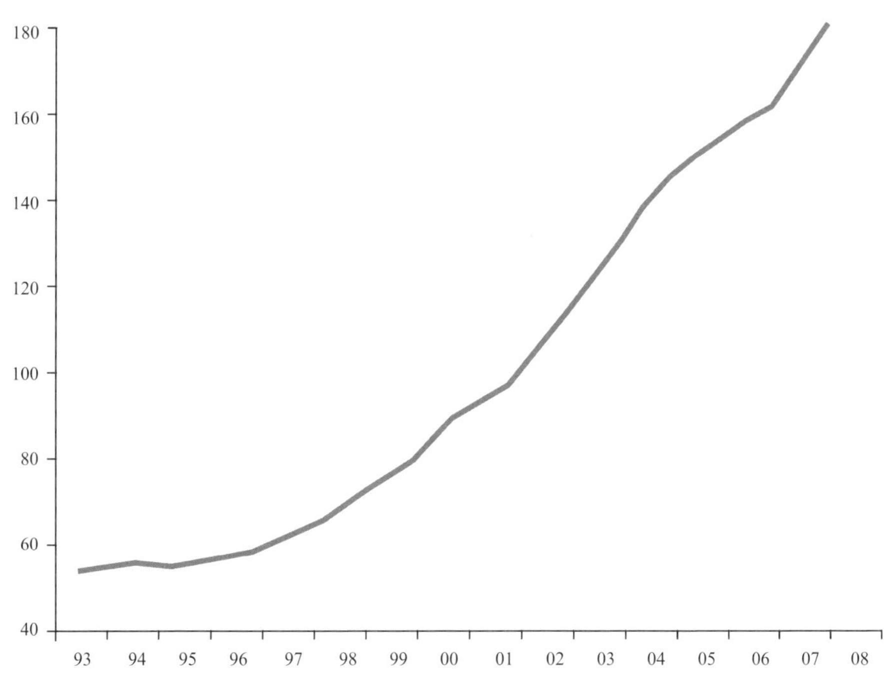

圖3.3　英國房價指數

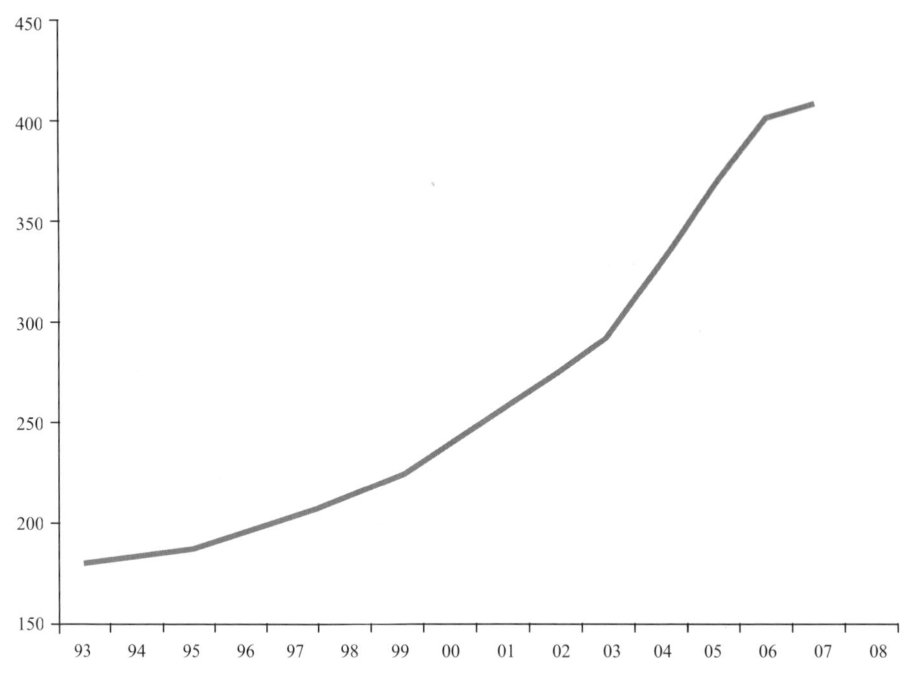

圖3.4 美國房價指數

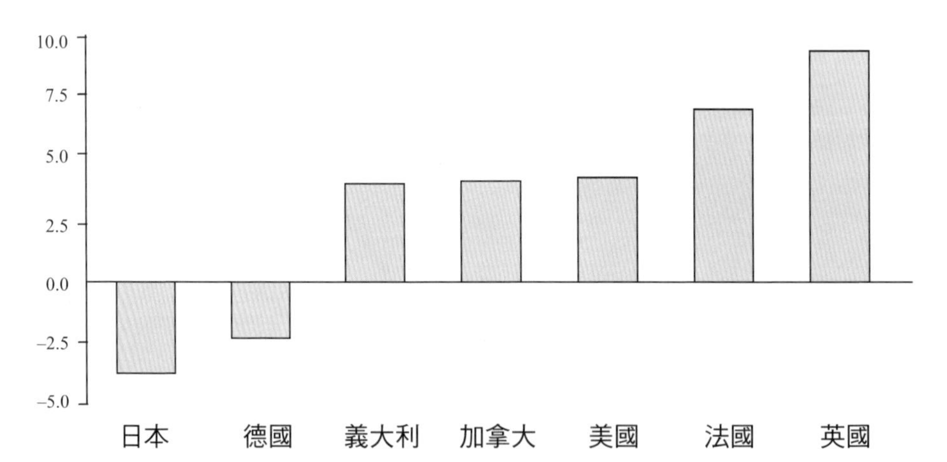

圖3.5 實質房價增長（到2006年之前的十年間，平均年化增長）

來源：OECD.

國和日本的實質房價是下跌的。

許多國家增加了自住房屋的交易，通常房貸數目也同時增加，擁有第二棟房子也變得比以前都要受歡迎。在美國，收入微薄的人們受到鼓勵去借款置產，政府實際上也透過不同的計畫來鼓勵銀行借錢給他們。圖3.6顯示美國民眾自有房屋的比例，明顯跳升到超過69%。大部分人似乎認為房價一定會持續上漲，買屋出租的大量擴張也助長了價格的上揚。涉及買屋出租的房貸在2000年只占了2%，到了2008年已經占了美國整體房貸市場的11%。

圖 3.6　美國房屋自有率占人口百分比

來源：商務部（Department of Commerce）。

在英國，住宅價格由2007年10月開始下跌，比美國晚了約十五個月。住宅房價到了2009年4月平均下跌了近20%，而商業房產由2007年6月的高點到2009年4月，平均下跌了40%。回顧圖3.1，家戶借貸的主要部分是房屋貸款，這是我們下一個主題。

房屋貸款

銀行評估房屋貸款申請所使用的主要標準有：

- 貸款總額占物業價值的百分比，又稱貸款成數LTV（loan to value），也可算出頭期自備款占物業價值的比例；
- 貸款總額與借款人年收入比例，或是借款人的債務收入比（debt to income）；
- 還款期間，在美國通常是三十年、英國是二十五年；
- 還款期間的本金還款模式；
- 貸款還款占收入的比例，又稱為PTI（payment to income）；
- 固定利率還是浮動利率；
- 借款人的信用評等。

一些國家提供房貸的稅務優惠，房貸利息支出可以當成所得的扣抵項。一般而言，這是政府為了鼓勵自置居所提供的誘因。另一個相關因素是房貸的基準貨幣，如果某人的所得是以貨幣X為基準，則他的房貸也同樣以貨幣X會比較合理，如此可以減少房貸的外匯風險。對於多數人而言，我們強烈不鼓勵他們由貸款而承受外匯風險。

在房屋貸款中，有四個非常重要的C，指的是抵押品（collateral）、能力（capacity）、個性（character）與信用（credit）。抵押品指的是用來擔保債務的房屋價值；能力指的是借款人對於貸款的還款能力；個性指的是借款人的誠信與態度，會不會信守還款的承諾；最後一項信用指的是借款人顯示在信用評分中的還款歷史。在美國，信用評分的範圍由300（糟糕）到850（優良），500到620的分數是次等的（subprime），低過500分是差過次等（poor subprime），超過620稱之為良好（prime）。

房貸相對於房屋的價值的比率通常很大，有時高達100%或更高。堅持下去的讀者會看到，在北岩銀行的案例中，這家銀行借出的房貸達到房屋價值的125%。北岩銀行以共同品牌行銷房貸，我們認為一個比較適當的品牌名字會是「瘋狂房貸」。由北岩銀行股東的眼光來看，這個比例真是瘋狂。就算這個比例回到100%，還是一個極高的放貸水準，是一個債務的槓桿交易。就算房貸僅僅占了90%，也還是只有10%的自備款，對放款人及借貸人都是明顯的風險。只要房屋價格下跌十分之一，房屋所有人所擁有的房屋權益就會完全消失。

槓桿效果可以發揮在兩個方向，先考慮第一種情況。假定某人貸款80%買了價值10萬的房子，20%自備頭期款。假如房價隔年上漲15%，房屋所有人持有部位與損益載於表3.1，為了簡化起見，房貸總額在年底仍為80。房價上漲15%，房屋所有人所擁有的房屋權益，由20增加到35，相當於權益收益率75%。當然，如果房屋所有人還沒有以上漲15%的房價賣出，這個收益仍只是虛幻的。我們試著解釋的重點在於，當價格上漲的時候，槓桿可能或是事實上看起來很棒；而當下跌的時候，槓桿就帶往不好的另外一邊。在我們的例子中，15%的房價上漲，由於貸款而造成了75%的權益收益。

現在考慮房價隔年下跌15%的情形，其他因素如同上例不變。在表3.2中，15%的下跌造成房屋所有人75%的權益損失，房屋所有人擁有的房屋權益由20掉到只剩下5。

明顯地，當價格上升時，槓桿加大了借款人的正面效果；當價格下跌也加大了負面效果。這個對槓桿效果的說法也適用於企業與銀行。也如同我們隨後在書中展示的，銀行的槓桿也達到了極高的水準。以雷曼兄弟為例，達到了97%的債務相對於3%的股東權

表 3.1　家戶房屋貸款的舉例——房屋價格上漲15%

	開始	結束	價值增加百分比
房屋價格	100	115	15
房屋貸款	80	80	
家戶擁有房屋權益	20	35	75

表3.2　家戶房屋貸款的舉例——房屋價格下跌15%

	開始	結束	價值增加百分比
房屋價格	100	85	-15
房屋貸款	80	80	
家戶擁有房屋權益	20	5	-75

益。聽起來風險很高吧？一次僅僅3%資產價值的下跌，就可以一舉完全掃光所有的股東權益。

回顧英國房價的統計數字，由1997年到2007年平均漲到三倍之多，樂觀的人被吸引而置產是可以理解的。也有許多公司型態的投資組合以大量槓桿買進房地產來放租，風險其實相當的高。對於1997年就進場的人來說，這個投機行為做得漂亮。但對於2007年才置產的人，所面對的風險顯然不同。儘管如此，許多在1997年開始買進房地產放租的人，隨著時間推移還是持續買進。到了2007年，房地產投資組合大多還是最近才買進的物業。因此，對於1997年就進場，但還是持續年年加碼的投資者來說，在2007年的市場中，還是隨時可能被市場掃掉。真正成功的玩家不會永遠留在市場中，他們隨時準備在最佳的時機進入市場，也準備隨時賣掉所有的部位，然後再繼續等待下一個進場的機會。這種遊戲對他們來說，重點完全是「時機」，何時該進場、何時該出場。

對於只擁有一個房貸物業的本國家庭而言，他們的理財方式會是，當市場上漲時經常會將房子賣掉，付掉貸款之後還有盈餘。最壞最壞的情況是，借款人無法付出固定的還款。但就算是這樣的情況發生，房貸放款人還是會認定用來擔保貸款的房屋，其價值超過放出去的貸款。

一個重要的問題是，放貸人是否有權力追索借款人例如汽車、股票等的其他資產。在美國，這個答案是否定的。如果不行的話，當房屋價值下跌到負資產的情況，借款人有更大的誘因去逃避房屋債務。這種傾向不常發生在放貸人對其他資產有追索權的歐洲。

當房屋價值低於房貸總額的負資產情況發生時，並不表示房屋所有人會失去他們的房子。只要他們能夠繼續支付貸款利息，就能繼續持有房子。如果房屋所有人沒有出售的意願，他們可以繼續住在這棟房子內，房價可能在將來回復到原來的價位。

1990年代，銀行會保有放出去的房屋貸款債權直到到期為止。在英國通常是二十五年、美國是三十年。每年銀行會收取利息以及一部分的本金還款。如果房貸借款人違約，銀行本身會承受虧損，所以銀行會對放款對象小心篩選。一個沒有太多收入以及過去信用紀錄不佳的次級借款人，將不太有機會拿到貸款。凡是放款人放出房貸並持有債權直到房貸到期，我們稱之為貸款留置模式（originate-to-hold）的貸款。

當一家銀行採取貸款出售模式（originate-to-distribute），承做了房貸之後就希望把債權出售出去，將嚴重削弱銀行對借款人努力作出全面信用調查的誘因。在貸款出售模式中，房貸借款人的違約，對銀行不會產生利害關係，銀行只關心如何將債權轉賣給另一方。這個由貸款留置模式轉變為貸款出售模式的房貸業務性質改變，成了金融危機醞釀期間的特質之一。這種轉變不只發生在房屋貸款上，也同樣發生在信用卡債務、汽車貸款、私人股權債務，以及其他上市公司的債務上。銀行放款標準下降、銀行信用分析程序品質的快速惡化。銀行承做貸款、重新包裝，再出售給其他人的過程，是證券化的一個例子，也是我們第五及第六章的主題。

一些三無人士（無收入、無工作、無資產）在經濟榮景時也會尋求貸款。對於許多所謂的騙子貸款（liar loan），就經常缺少借款人相關所得資料作為佐證。如果借款人無法繼續維持他們房貸的固定還款，放款人可能會將作為抵押品的房屋拍賣，也就是取得房屋的所有權並出售，取回放出的貸款。這種強迫性的賣出當然會對房價造成向下的壓力。

在英國，大部分的房貸利率是浮動利率，還款金額隨著利率變動。2008年第二季利率的大幅下跌，對浮動利率的還款人來說是有很大的幫助。但是當經濟復甦、利率重新上揚，他們將有相反的感受。

在金融危機的醞釀期，美國當局實際鼓勵次級貸款。1977年卡特總統推出社區再投資法案（Community Reinvestment Act），1995年克林頓總統加強了這個法案。由1992年起，政府資助機構的房利美與房地美（見本書242頁案例12.4案例研究），在政府的鼓動下也增加了對中低收入借款人的房屋貸款。1996年，美國住房與城市發展部（Department of Housing and Urban Development），對房利美與房地美發出了目標指引：42%的房屋貸款要借給低於所得中位數的借款人、2000年目標增至50%、2005年52%。在1996年，放貸給低於所得中位數60%人士的特殊負擔放貸，房利美與房地美的目標是要占到12%，2000年增加到20%、2005年為22%。

在美國，2007年第一季證券化的房貸中，大約有三分之一的房貸是只付利息。另有7.5%是負攤銷（negative amortization）貸款，又稱為NegAm貸款。指的是在任何一個時期的利息加本金的還款，低於這段期間的應付利息，導致了貸款餘額的增加。

特別在美國，2000年代早期的低利率，房貸的還款只占了家戶所得的一小部分。在低利率與寬鬆的借貸環境、騙子貸款（liar loan）、負攤銷貸款（NegAm）以及過多的工具下，甚至對僅有最弱信用程度的人而言，房貸也變得唾手可得。許多美國公民踏上美國夢電梯的第一步，一個他們從未想過會踏出的一步。拉江[1]（Rajan）認為，美國勞動力中較為缺乏技能的一部分人，自覺被全球化了的世界所遺忘。讓他們在信用不佳的情況下輕易地得到貸款，只是提供無謂的安慰，卻可以贏得他們的選票。

信用卡與其他個人借貸

現在來看看信用卡債，許多消費者在他們的信用卡上大量負債。他們僅僅支付每個月的最低還款額，讓債務餘額隨著時間增加，掩蓋了聯繫購買與付款之間合乎邏輯的效果。在英國，大約一成的人每個月只支付信用卡最低還款額，也就是2到2.5%的欠款總額。英國平均實質信用卡債務由1999年的900英鎊、2004年的1,250英鎊、到2009年的2,300英鎊，增加了150%，或是十年中每年有接近10%的複合成長率。2009年信用卡總負債餘額達530億英鎊。在美國，同一個十年期間的信用卡債務增長率，比英國低很多，大約只有50%，但是2007年信用卡總負債餘額卻高達9,150億美元。

退休年金

退休金是本章有關個人金融的最後一個重點。在過去的十二年中，退休金吸引了極大的關注。1997年，英國也許是全世界擁有最佳退休金部位的國家，大部分的負債都有足夠的資金應付，代表當債務到期時，都會有足夠的資金和投資來應付應償債務。但問題也在不遠處，1997年新的工黨政府在第一次選舉後的預算中，推出了對退休金制度不利的稅務規劃。同時，公司開始採取退休金假期，當退休金計畫中有足夠的資金來應付所有債務，公司就不再提撥退休金準備。這樣一來增加了公司的每股收益（EPS），也增加了高層的行政獎金。但是當股票市場下跌，降低了退休金計畫中資產的價值，退休金計畫變得資金不足，債務超過了資產。而且，公司也經常不會補足退休金計畫，僅僅對退休金帳戶資金不足的情況作出報告。結果造成今日許多確定給付制退休金計畫（defined benefit pension scheme）不對新成員開放，許多計畫甚至全部關閉。確定給付制退休金計畫受益成員的人數，由1990年的550萬人，降到2009年的250萬人。確定給付制退休金計畫，指的是退休人士有資格在退休後，收到他們退休前最後薪資的特定百分比，或是根據退休前總收益在退休收到退休金的類似公式。確定提撥制退休金計畫（defined contribution pension scheme）指的是契約上有特定的實質繳款，但是退休人士的退休金收益，會根據退休時的市場情況決定。

人口統計數字也為退休金創造了新的問題。五十年前人們的平均壽命為72歲、在65歲退休，等於以五十年累積工作（由15歲到65歲）的貢獻，來資助七年的退休生活。現在，人們平均由18歲工作到58歲，平均壽命達到80歲，也就是以四十年的工作貢獻來資助二十二年的退休生活。工作年數相對退休年數的比例，由超過7到不足2。如果可以將平均退休年齡由58歲延長到65歲，這個比例可以增加到超過3。如果平均退休年齡達到70歲，這個比例更可以增加到超過5。但記住，這只是平均退休年齡。現在人們平均在58歲退休，把它稱之為「問題」其實是低估了這件事的嚴重性。

房貸市場的反撲

美國房屋市場在2005年達到頂峰，四成購入的住宅不是為了購買人的永久居住，而是用來出租或當成週末度假屋。建築熱潮造成房屋過剩，一些房屋的品質相當低劣，超級豪宅的名詞也從2005年開始出現。房貸市場中有20%是次級房貸，房價正處在無法持續的高位。美國住宅的平均價格，由二十年前平均工資的三倍，上升到了平均工資的四・六倍。

在債務支撐下的美國經濟得以維持平衡。一些債務是房屋貸款、一些是信用卡債、汽車貸款以及學生貸款。從1980年到2000年，美國消費者債務（包括房貸）由可支配所得的80%增加到96%，到2005年平均占到了127%。每一個美國人平均持有九張信用卡，每張卡的平均債務達到5,000美元。好消息是，在低利環境下，維持個人債務的成本只是緩慢上升。此外，得益於來自中國的超廉價商品，其他的家戶支出實際下降。

2004年，極廉價中國進口商品的通貨緊縮效應開始消失，油價開始上揚。由2003年到2005年，油價由每桶30美元漲到每桶60美元，主要來自中國自身經濟成長的推動，追隨之前鬆懈的西方政府鼓勵本國經濟繁榮的腳步。通膨上升，美英與歐元區利率也開始上揚，美國利率在2006/7年間，由2.5%上升到4.5%。隨著利率上升，房屋市場開始降溫。2007年前期，美國次級房貸市場的違約率逐步上升，這是我們故事中一個決定性的時刻。

第四章 銀行業務

本章內容

簡介

本書同時針對一般讀者以及金融專家，擁有房屋的業主、讀書為樂的雅士、政府公務人員、金融從業人員，以及一般大學及商學院學生，希望都覺得本書有可讀性。基於廣泛的目標，本章介紹一些基本定義與概念，為本書許多非專業讀者提供基礎知識，也對不同階層的讀者提供了值得參考的知識架構。資深專業人員可以依照標題來取捨。

本章由銀行業務的基本事實開始，涵蓋商業銀行與投資銀行。接著簡短介紹美國的格拉斯－斯蒂格爾法案（Glass-Steagall Act）以及中央銀行。在討論銀行的獎金文化之前，先討論資產負債的匹配性，然後以影子銀行系統（shadow banking system）來結束這一章。

銀行的一般性介紹

銀行是由政府發與執照的金融機構，以接受存款以及放出貸款為主要業務。不同國家的政府對銀行監管的差異相當大，美國與英國對銀行的監管相對比較鬆。例如中國的有些國家，嚴密規定準備金以及銀行資本與存放款的關係，對銀行的監管相當嚴格。

銀行的英文「bank」是由銀行的義大利文「banco」所演變而來，原意是桌子或板凳。這個字可以回溯到古羅馬帝國時期，放債的生意人把他們的攤位設置在中庭（義大利文marcella）的長板凳上（義大利文bancu），於是就有了「banco」的說法。

公元前四世紀一個黑海城市Trapezus的硬幣上，描繪了貨幣兌換的活動，這個城市現在稱為特拉布宗（Trabzon）。銀行家的桌子被稱為trapeze明顯是由這個城市名稱演變而來。現代希臘，trapeza同時代表桌子以及銀行。

根據英國法律，銀行家被定義為執行銀行業務的人，也就是：

- 為客戶處理支票帳戶；
- 承兌客戶以支票帳戶所開立的支票；以及
- 為客戶收受支票。

再次強調在大多數的國家中，銀行由政府監管，並且需要特別的執照以進行營運。

銀行以接受支票存款與儲蓄存款的方式，借入客戶資金。客戶可以隨時要求提回活期存款，定期存款則是一定時間後客戶才可以提取。銀行也可以放出貸款給客戶，貸款同樣可以是短期或是長期的。

根據過去經驗，假定銀行家估計在任何時間，最多只有一成的存款會被提領，銀行可以審慎地放貸出去最多九成的存款。當銀行收到更多的存款，在類似的基礎下同樣可以放出更多的貸款。存放在銀行的存款大多是短期存款，假如銀行借出與短期存款完全相同期間的貸款，銀行風險將會最低，而且利潤會是放款利率與存款利率之間的差額。通常情況下，支票存款的利率為零。

假定由個人客戶存放在銀行支票帳戶中的存款，可以依客戶要求隨時提款。再假定銀行借出期間較長的放款給企業，以應付例如營運資金的長期需求。在這種情況下，銀行會有存款與放款期間不一致的風險，但是不一致的期間其實是銀行營運的本質。長期放貸帶給銀行的利潤，通常要高過支付短期存款的利息。這個營運方式必須依賴存款人對期間的不一致不會感到擔憂。換句話說，有關存放款期間的不一致以及企業借款人的素質，存款人對銀行的信心是非常重要的。沒有了信心，存款人會對期間的不一致以及銀行放款素質感到擔憂，導致存款人隨時將活期存款從銀行中提回。信心，是銀行業務最為關鍵重要的基石。

銀行傳統上的利潤，由支付存款及其他資金的利息，以及放款所收取的利息之間的差額而來。這個被稱之為利差（spread）的差額，是資金成本與放款利率之間的差額。隨著客戶對商業週期敏感度的不同，放貸收息獲利的變化相當大。銀行意識到這點，於是尋求更穩定的收入來源，把更多的業務重心放在貸款費用、配套工作（國際銀行、外匯、保險、投資、金融諮詢等）等服務，以及安排貸款的收費。然而，放貸活動仍然是商業銀行收入的支柱。

銀行總是有各種不同型態的風險曝露，包括流動性風險（存款人要求取回的資金超過銀行目前所持有的現金）、信用風險（企業借款人還不出錢給銀行的機率），以及利率風險（利息變化時銀行變得不賺錢的可能性，例如利率上升導致銀行必須支付給存款人更高的利息，超過了放款所能收到的利息）。由於一家銀行實際發生的風險，其他許多銀行也可能同時受到類似風險的影響，因而撼動大部分的銀行系統，引發銀行的系統性風險。

銀行的業務大致可以區分為：

- 客戶為個人與小型企業的消費金融業務，或稱為零售銀行業務（retail banking）；
- 為中型企業提供服務的中型企業銀行業務（business banking）；
- 服務大型企業的大型企業銀行業務（corporate banking）；

- 提供高所得個人與家庭資產管理服務的私人銀行（private banking）；以及
- 與金融市場相關的投資銀行業務（investment banking）。

大多數銀行是以營利為目的的私人企業。在一些國家中，銀行由政府所擁有，也有可能是非營利機構。中央銀行通常為政府所擁有，並承擔銀行業的監管責任，例如監督商業銀行或者調控利率。在中央政府的指示下，央行通常也儲存國家所擁有的黃金以及外匯儲備，藉由買賣本國與外國貨幣，使得本國貨幣升值或貶值來干預外匯市場。

現在來看看商業銀行、投資銀行、中央銀行的詳細區分。

商業銀行

在之前有關銀行業務的列表中，商業銀行涵蓋消費金融、中型與大型企業銀行業務。後兩者有時候也稱為企業金融，或稱批發銀行業務（wholesale banking）。

在美國的大蕭條之後，美國法律限制銀行只可以在商業銀行業務或是投資銀行業務上兩者擇一。接下來很快會介紹，投資銀行限於資本市場活動的業務。這個限制原先規定在格拉斯－斯蒂格爾法案（Glass-Steagall Act）中，隨著1999年對法案的最終廢除，這個限制已經不是美國法律的一部分。其他發達國家沒有採取類似格拉斯－斯蒂格爾法案的法律，沒有要求商業銀行業務與投資銀行業務的分割。儘管如此，商業銀行與投資銀行、消費金融與企業金融的名詞仍被廣泛使用。

投資銀行

頂尖銀行家是精英中的精英。拜倫（Byron）在《唐璜（*Don Juan*）》一書中提到，羅斯柴爾德（Rothschild）與霸菱（Barings）才是歐洲真正的領主。歐格[1]（Philip Auger）對投資銀行的敏銳觀察，他回憶到在某個退休餐會中，一位投資銀行的退休人員認為，投資銀行是全世界最棒的生意。約翰．凱[2]（John Kay）指出，「如果想要了解倫敦金融城如何在英國的經濟與政治中扮演核心的角色……就一定要了解……投資銀行在現代政治與政策上的影響力。」那麼，投資銀行的業務是什麼？

投資銀行是金融機構的一種，主要業務包括為企業客戶募集資金，為客戶與銀行自身經紀與交易證券，以及提供企業有關合併與收購的諮詢意見。投資銀行透過股票和債券市場銷售證券，為企業與政府募集資金，並賺取承銷費用；為客戶與自己買賣金融工具；也對企業提供金融交易諮詢服務，例如資本市場中的企業併購、庫藏股買回與流通，並收取諮詢費用。大部分的投資銀行也提供撤資、重組，以及其他有關外匯、商品、衍生性證券的企業金融諮詢服務。在多數國家中，這些業務需要營運執照並接受政府監管。

1999年格拉斯－斯蒂格爾法案的最後廢除，對投資銀行業務是一大鼓舞。本章稍後會再介紹格拉斯－斯蒂格爾法案，在這裡我們只簡單提到，這個法案在美國大蕭條時期制定，限制了一般商業銀行與投資銀行，互不涉及互相的業務。

也有其他因素助長了1990年代投資銀行的發展，其中資訊科技是主要因素。銀行發展了相當具有規模的專用電腦系統，每一家銀行都擁有了全球資訊網路，加速系統內金流以及資訊流的處理，形成有利於投資銀行業務的短期不對稱資訊。資訊科技愈來愈重要、銀行與交易所都變得電腦化。雖然仍非完全的電腦化，但也逐漸遠離傳統面對面的銀行與客戶關係。市場決策變得更依賴計價模型，但也不是完全依賴計價模型。

另一個有利於投資銀行興起的驅動力，是全世界國有企業的私有化浪潮。任何一個私有化案件，都由投資銀行團隊所管理。由1980年的零，全球私有化的數目到達了675件，總額7,000億美元。十八個最大的初次公開發行（IPO）申請案件，都是國有企業經由IPO而私有化。股市由幾乎休眠的狀況開始轉型，變得更大更具有流動性。投資銀行家以及他們的股東也是得益甚多。

外匯市場也同樣地推動了成長擴張。外匯交易的管制逐漸減少，電腦科技逐漸興起，外匯市場交易量由1980年代早期的每日700億美元，1988年的5,000億，到2007年的每日交易超過3兆美元。交易的成長一部分來自企業的避險需求，但是國際貿易服務只占了大約2%的外匯交易總量，銀行自行建立的部位占了其中的絕大部分。銀行經常談到部位的持有，卻鮮少用到投機的字眼（除了在銀行機構的內部中），而我們卻不覺得兩者之間有何分別。

最後，大規模出現的衍生性商品市場，是另一個投資銀行興起的推動力。衍生性商品市場在一世紀之前開始成長，農夫們利用期貨市場來提前保證他們所生產農產品的價格。當然衍生性商品在今日變得更加複雜，總額也達到了596兆美元，全球GDP的八倍，這是個驚人的數字。過去二十年，金融經濟的市場價值，要比金融經濟基礎的世界經濟價值還要大，而且要大得多。

藉由持有相反風險部位的衍生性商品，衍生性商品可以用來降低銀行的金融風險曝露。或者，銀行也可建立原本所沒有的風險部位，可以使用衍生性商品進行投機。衍生性商品可以避險，也可以增加風險。因此，衍生性商品令金融系統更加安全，或是變得更加危險？以後者而言，巴菲特（Warren Buffett）曾形容衍生性商品是「金融的大規模毀滅性武器，所帶來的危險可以是致命的。」

投資銀行其中一個主要業務，是為自己或者是為客戶買賣投資產品。由於投資銀行的確以自己銀行的資金和帳戶來進行交易買賣，這部分的營運被輕蔑地稱為是銀行的賭場業務。

投資銀行內部人員的職務範圍，可以區分為前台、中台、後台，現在就來談談這些部門的區別。

前台的職務包括：

- 為企業或政府客戶提供服務，幫他們在資本市場籌集資金，也為併購提供諮詢服務；
- 客戶的證券（例如股票、債券、不動產）投資管理。這些客戶可以是機構（保險公司、退休基金）或私人投資者；
- 企業金融（corporate finance）業務；
- 外匯、股票、債券、商品（commodity），及各類衍生性產品的交易與經紀；
- 商人銀行業務是投資銀行的舊稱，包括客戶的國際貿易業務；
- 股票推估值或其他企業投資的研究。

由於企業金融業務會接觸到客戶的內幕消息，在上述最後一點所提到的研究業務，在銀行內部產生一個明顯的利益衝突。研究部與投資銀行其他部門的關係，需要高度規管並要求設立兩者之間的防火牆。

中台人員職務包括：

- 風險管理，包含針對銀行交易員為執行業務所持有部位，而作出市場與信用風險的控制與分析。牽涉到設定與監控交易員所允許使用的資金額度與風險部位限制。
- 財務管理，這裡指的是銀行的資金管理與財務風險監控。涵蓋了銀行的全球風險曝露與獲利率分析。這項工作是複雜艱鉅，而且非常重要；
- 法律遵循，關注銀行每日營運以及銀行人員的個人投資活動，確保一切合乎政府監管規定、市場規則，以及內部規章制度。

後台人員職責所關注的是：

- 在營運面上檢查已成交的交易，確保所有交易的正確性以及所需要的文件工作。交易必須在銀行的書面規定內，與預先許可的交易對手交易。在時間壓力下，工作可能累積到極大量；
- 營運面上的內部稽核，包括所有上面提到的各項；
- 電腦技術，所有的銀行都有大量的銀行內部專用軟體與技術支援，重要性不容輕忽。

其實並不難猜到，後台人員由於前台業務的成長而逐漸不堪負荷。此外，根據投資銀行的等級制度，前台被視為明星演員的舞臺，明星演員是銀行中的菁英。當後台人員向前台人員查詢有關交易，前台人員總以「好的，所有事情都OK，沒有問題，交易完全如同之前講的一樣，別擔心。文書工作也OK，與交易細節沒有分別」來結束相關的查詢。在對風險管理的簡要概述後，第七章會再詳細討論投資銀行的風險管理。

銀行控股公司

銀行控股公司適用於混合商業銀行與投資銀行的金融機構。對只經營投資銀行業務的銀行，則被稱為是影子銀行系統（shadow banking system）的一部分，請參看本章稍後。

格拉斯－斯蒂格爾法案

格拉斯－斯蒂格爾法案（Glass-Steagall）是兩個獨立的美國法律。第一部分在1932年獲得通過，第二部分在1933年通過。在大蕭條時期，國會審視了1920年代商業銀行與投資銀行的混業經營，在聽證會中揭露了兩者之間的利益衝突，甚至一些銀行機構的證券業務有詐欺的行為。格拉斯－斯蒂格爾法案在美國禁止了兩者之間業務的混合，也同樣影響了全世界。例如中國將商業銀行業務與證券業務分開。較早期的麥法登法案（McFadden Act），禁止了商業銀行的跨州活動，限制了美國各州銀行在地理上的業務擴大。

銀行業在1994年串聯，成功遊說以Riegle-Neal跨州銀行與分行效率法案（Riegle-Neal Interstate Banking and Branching Efficiency Act）廢止了麥法登法案之後，銀行業也著手尋求格拉斯－斯蒂格爾法案的廢除。事實上在1987年，國會提交了一份報告探討這個法案的優點與缺點。聯準會更改了格拉斯－斯蒂格爾法案的規定，在投資銀行業務不超過營業額5%的情形下，允許商業銀行從事投資銀行業務。到了1996年，這個數字進一步變為25%。

在這個法案最終廢除之前，擁有投資銀行所羅門兄弟的保險業者旅行者（Travelers），與花旗（Citicorp）的850億美元合併案在1998年批准，創造了世界最大的金融企業花旗集團（Citigroup）。美國財政部長魯賓（Robert Rubin），在格拉斯－斯蒂格爾法案廢除前，同意了這項合併案得以豁免法案。魯賓本人在1999年10月成為花旗集團的共同執行長（Co-CEO）。最終，在持續不斷的銀行遊說下，該法案在Gramm-Leach-Bliley法案下被廢止，允許商業銀行進行證券承銷、交易金融商品及各類衍生性產品。

為了避免2007/8年金融風暴的再次發生，政府考慮重新提出類似格拉斯－斯蒂格爾法案的限制，列為解決方案之一，而這項考慮被銀行家們激昂強烈地抵制。如果投資銀行與商業銀行的混業，對銀行體系的誠信與延續的確造成問題，我們當然支持這樣的改變。而這裡的關鍵因素在於，銀行混業經營造成銀行業崩潰的程度，以及造成下一場金融危機的可能性。

中央銀行

中央銀行（也被稱為準備銀行或金融管理局）負責一個國家、一群國家、或各州貨幣政策的組織，職責各有不同，但通常含括：

- 執行貨幣政策；
- 控制國家貨幣供應；
- 擔任政府銀行以及銀行的銀行（最終貸款人，見本章稍後）；
- 管理國家外匯及黃金儲備，政府債券登記；
- 規管與監督銀行業；
- 設定官方利率（管理通貨膨脹與國家貨幣匯率）。

現今許多國家號稱有獨立的中央銀行以避免政治干預，例如歐洲央行（ECB）和英格蘭銀行。在這些國家中，中央銀行是國有的。在其他國家，央行卻可能是私有的。事實上，以特許股份公司制於1694年成立的英格蘭銀行，一直到1946年才轉為國有。而國有化只是將存在多年的事實正式化，銀行的營運方式並沒有改變。

所有銀行的資本，都被要求至少要高於銀行資產的特定百分比，比例由中央銀行或其他銀行監管機構訂定。國際銀行的資本最低需求，是風險調整後總資產的8%（risk-adjusted assets，例如在計算資本適足時，政府公債被認為比其他資產有較低的風險，這就是風險調整程序）。

在銀行監管方面，中央銀行通常會設定一般銀行的準備金需求。例如，央行要求銀行債務的一定比率，銀行必須以現金形式持有資產，或存放在中央銀行中。這種準備金的要求由十九世紀中開始，以避免銀行過度放款，當銀行發生擠兌時，導致對其他銀行的連鎖反應。

在英國，銀行的監管由英國財政部、英格蘭銀行與英國金融服務局負責。通過查核銀行資產負債表與銀行在市場的行為與政策，來達成對銀行的控管與監督。由於三方控管機制未能指出2007年發生的問題，再加上三方控管本身的複雜性，監管機構的權責明顯有重組的需要。1997年之前，監管責任在英格蘭銀行手中。

資產負債不匹配

資產與負債不相符合的金融名詞稱為資產負債不匹配（asset-liability mismatch），有不同的形式。銀行也許有大量的長期資產，例如對客戶放出的長期貸款，但是卻有短期的負債，例如其他客戶的活期存款。兩者之間的差異造成了期間的不匹配。或是銀行對銀行負債以浮動利率計算利息，但銀行資產的利息收入卻以固定利息計算。另一個例子是，銀行借入美元款項，卻以歐元貨幣借出，也就是美元負債與歐元資產，造成了貨幣上的不匹配。如果歐元價值大幅下跌，銀行將有外匯損失。這些種類的資產負債不匹配，可以用避險工具來管理。

平均短期存款低於平均長期貸款期間上不匹配的控制，以及利率上不匹配的控制調整，以增加銀行獲利，是商業銀行業務經營的本質。

資產負債不匹配也發生在保險與退休金管理上，兩者的長期負債（所承諾的保險費或退休金的給付）不完全對應資產的到期與價值。金融資產與負債適當的對應匹配，對這些企業的營運非常重要。

投資在廠房、土地、設備的商業投資，一般在未來的數年中會產生愈來愈多的現金，最初的現金流經常不足以提供短期本金借款的還款。因此，投資用途的商業借貸偏好較為長期的貸款。相反地，個人儲蓄經常來自家庭或小型企業，有時會有不可預期的開支，因而對現金有不可預期的需要。於是，他們偏好高流動性的戶頭，允許他們可以隨時拿回存款，稱為短期儲蓄帳戶。在這樣的背景下，銀行接受個人存款轉借給需要資金的企業，為雙方提供具有商業價值的服務。既然銀行對雙方提供服務，提供長期借款給企業，並提供短期帳戶給存款人使用，銀行從這些活動中賺取利潤。

在一般情況下，多數人對現金的不預期需求不太可能在同一時間發生。既然銀行由不同個人手中接收存款，儘管所有的存款人都可以隨時提回銀行存款，銀行預期在短時間內，只會有小部分的提款需求。因此，銀行可以放出長期貸款，只需要保留相對少數現金在手中，以應付提款的要求。鑒於個人開支是互不相關的，銀行預期一天內只有少數的大額提款。現在來談談銀行的獎金文化，這個話題在金融危機之後被廣泛討論。

銀行的獎金文化

對於商業銀行中銀行家傳統刻板印象的描述，可能是樂於助人、機智、保守、不激進、考慮銀行客戶的最佳利益、有些孤傲，還有點無聊。自1980年代以來美國與歐洲投資銀行業務的增長，傳統刻板印象發生了巨大變化。現在銀行家的形象變得不再保守而且衝勁十足，關心銀行（以及自己的）利益，客戶利益的重要性低於銀行以及自己的利益，形象不再穩重。我們看到高所得高支出銀行高階管理層的精英們，在各類運動賽事、歌劇表演、電影首映中，享受著最好的座位。形象搖身變為既風趣又豐富（而且有一種不在乎讓人知道的高調態度），這種形象在電影中透過不同的鏡頭向大眾展示強調，大量的例子出現在帕特洛伊[3]（Frank Partnoy）與安德森[4]（Geraint Anderson）的書中。這個銀行家形象的改變，伴隨著銀行利潤由令人滿意的結果，變成龐大的年度結算數字，提高了銀行獎金的發放，數百萬英鎊的獎金已經成為銀行業的常例。這種薪酬制度最大的問題在於，今年度成交的交易支持了今年度獎金的發放，但最終交易損益的結算卻在幾年後的未來，等到交易真正到期結算之後才會揭曉。眾所周知，銀行在危機的醞釀期取得許多不良資產，原本看來是獲利的交易，最終卻發現這些交易造成了銀行的大量虧損。當然，獎金在交易成交的當年度已經支付了出去，交易到期時有些交易員早已離開了銀行，甚至在35歲就退休了。不但很富有，而且一輩子都不再需要工作。

顯然，由銀行股東的立場來看，獎金的發放應該在交易到期並完成損益結算之後才合理，時間也許在交易成交的四、五年之後。而由銀行家的立場來看，現行的制度比較符合他們的利益。我們相信比較實在的做法是承諾以股票支付獎金，並在交易到期損益結算之後，才允許銀行家實質擁有股票，可以將股票賣出轉為現金。除此之外，如果交易損益在結算後不如預期，還應該有某種形式的倒扣。第十一章中，我們將再次回到這個話題，看看幾個獎金發放的例子，以銀行股東的角度來看是不正常的，但是對銀行家自己來說是有利的。

瑞士銀行（UBS）試用了一種很有意思的獎金辦法，以獎金鼓勵成功的交易，如果交易最終產生損失，在交易到期之後對獎金作出相應的調整作為一種懲處。然而在仔細研究這種辦法後，這種方式還是相當大方。為何？來看看這個獎懲辦法如何運作。在瑞士銀行的系統下，獎金包含固定以及變動兩部分，變動的部分連結到長期風險調整後的價值，以反映獲利能力是否是可持續的。這種方式包括：

- 固定的本薪；
- 變動的現金獎金，最多達到總獎金的三分之一。如果UBS財務表現不佳，這部分可能降低或完全消失。如果有違反法令或涉入超高風險交易，降低的部分可以視為懲罰；
- 變動的股票獎勵，股票獎勵在三年後才真正持有可以脫手賣出，股票獎勵考慮對公司長期價值創造的貢獻。對公司最資深的高階經理，鎖定期可以超過三年。

上述的公式適用在主要管理人員以及風險部位的交易人員，其他一般員工仍然按照過往的獎金辦法。

經濟艱難時刻，UBS高層管理人員要求更高的薪資以補償獎金的減少。隨著情況變化，也許還會將高額本薪轉化為高額獎金。這個制度所預期不到的後果，可能在經濟繁榮時期，成為交易員隱藏損失減少避險的誘因。

事實上，高額獎金並不只是銀行業的特質，對一般公司的許多高層人士而言，早已視高額獎金為正常生活的一部分。也許有人會說，無法察覺這種過分的放縱是銀行股東的責任，畢竟銀行股東必須對公司薪酬委員會的建議進行同意表決。然而銀行股權大多在退休基金與其他金融機構的手中，他們不太可能過分熱心地阻止高額獎金的發放。原因在於這些機構管理者的薪酬，也會與銀行和其他企業高層的薪酬看齊。通常情況下，銀行股東們會很高興地同意公司薪酬委員會的建議，並且毫無疑問地從中產生滿足感，因為這樣的薪酬水準將會同時反映在自己個人的銀行帳戶中。

在非金融業的獎金文化中，也有同樣不對稱的角度。當公司發生虧損時，早前支付了的獎金同樣不會回吐出來。看看2008年銀行的崩潰、看看英國電子公司馬可尼（Marconi）。儘管公司垮了，董事們的銀行帳戶和退休金收入還是一樣表現強勁。這是高層只顧自己的自我膨脹症狀。

在觀察了銀行與其他企業獎金文化的負面作用之後，我們想到了馬利斯（Robin Marris）的管理資本主義理論[5]。他認為[6]，「對於只擁有少量或沒有公司股權的高層管理人員而言，有三種自我驅動的動機：（1）成長，成長提供對工作的滿足感、職權擴張、高薪水、高獎金與高聲望；（2）任職的連續性，也就是對整體管理團隊而言，避免被其他公司敵意收購；（3）股東合理的對待以及保持與金融市場良好的關係。」我們需要更新管理資本主義的行為理論，對於只擁有少量或沒有公司股權的高層管理人員而言，有另外三種自我驅動的動機：（1）龐大的報酬、退休金、津貼、獎金、福利、權力、工作滿足感、聲望，以及持續的僱用契約；（2）任職的連續性，無論任何原因而被解職，銀行都要賠償大額的離職金以及更多的退休金；和（3）與金融界維持良好關係以及來自股東相當合理的對待（要比其他更為合理）。讀者可能會覺得我們一面說理，一面冷嘲熱諷，我們相信決策者與讀者都應該好好想想這個新的管理資本主義行為理論，這種現象已是隨處可見，而且急需被遏制。

在我們離開獎金文化的話題之前，交易室文化同樣值得有簡短的討論。交易室是交易員買賣金融商品的辦公場所，交易室之所以被稱為叢林不是沒有理由的，不同的作者以同樣的說服力揭露了交易室的粗俗、貪婪、欺騙與揮霍。例如帕特洛伊（Frank

Partnoy）的《*F.I.A.S.C.O.*[7]》、劉易斯（Michael Lewis）《老千騙局[8]（*Liar's Poker*）》、安德森（Geraint Anderson）的《城市男孩[9]（*Cityboy*）》、費里曼（Seth Freeman）的《交易狂歡[10]（*Binge Trading*）》，以及石川哲也（Tetsuya Ishikawa）的《超級交易員[11]（*How I Caused the Credit Crunch*）》。在閱讀了這些作者以第一人稱的陳述，我們一直問自己，這些交易員是如何可以肆無忌憚地在這些高風險及潛在破壞性的金融商品中，持續出售其中破壞性最強的證券？「貪婪」這個答案立即浮現，以及建築在貪婪之上的「獎金」也同時浮現。但是相同的問題一樣適用於商品的買家身上，這些買家何以如此短視去購買這些問題商品？也許答案一樣是貪婪與獎金，這些買家同樣想著將這些問題商品轉售給其他買家，只要不成為最後一隻老鼠。

當然行為本身也具有適應性，人們會隨著所處的環境與文化，來調整自己的行為。對交易室適用、對高汀（William Golding）《蒼蠅王[12]（*Lord of the Flies*）》一書中所描述的學生、對第三帝國納粹主義的興起，同樣適用。

銀行的獎金文化與標準的下降

銀行由傳統上注重公司企業與投資諮詢業務轉向交易業務，內部的權力也由投資銀行家轉向交易員。在上世紀末之前，許多銀行的交易收入遠遠超過傳統業務的收入。對雷曼兄弟之類的投資銀行是個事實，對一些例如花旗和摩根大通的商業銀行也是如此。這個結果造成銀行由建立長久業務關係，轉變為著重個人下一季的獎金。獎金通常比本薪要大得多，可以達到本薪的二十倍到甚至一百倍，無可避免地扭曲了激勵的機制。華爾街與倫敦金融城的銀行家們，開始迷戀所持有部位的年底推估值，以最大化他們的年終獎金。結果也造成了道德標準的惡化以及會計欺詐的增加。一點也不覺得意外，銀行內的個人變得隨波逐流。

銀行紳士資本主義的名聲，被大量簡化的標準所取代。如第七章所述，信用分析的價值被貶低，對企業浮濫而膚淺的分析，導致帶有偏見的「買／持有／賣」投資建議幾乎是種欺騙。如同達斯[13]（Das）所說的：「企業內部的e-mail描述某項業務是落水狗；在給客戶的研究報告中，同樣的業務卻被捧為明星產業。」他還提到，「在大多數情形下，投資銀行給客戶的研究報告，目的在於吹捧公司並鼓勵客戶交易。投資銀行希望分析師要為公司及分析師自己建立形象。」

多德及胡欽生[14]（Dowd and Hutchinson）也同樣提到，「銀行與公司客戶對分析師施壓，不要對公司做出負面或爭議性的陳述，買進的建議占絕大部分。在網路股泡沫期間，超過90%的建議都是買進，賣出的建議變得相當罕見。『推高再倒出』的口號，指導投資銀行分析師以過度樂觀的報告推動股票向上飆升，特別是近來IPO的股票。公司內部人在禁售期結束後，馬上把股票倒出，留給大眾投資人價值高估了的股票。」

所有的這些都是銀行標準降低的象徵，克里寇夫[15]（Kotlikoff）還列出了其他許多例子，他說，「所有這些……成了政府公開調查的對象，導致了巨額罰款：

- 貝爾斯登對非法吸收貸款的聯邦控訴，付出了數百萬美元的罰款。
- 美國銀行（BoA）在銷售高風險利率拍賣證券時，欺騙投資人說這些證券是絕對安全的。
- 瑞銀、美林、摩根史坦利，以及美聯銀行（Wachovia）。
- 通用金融（GMAC）與其他學生貸款公司涉及欺騙性廣告。
- IndyMac銀行在破產之前，定期放出騙子貸款（liar loan）。
- 全國金融（Countrywide）涉入欺騙性放款，前CEO遭起訴。
- 摩根大通、花旗集團及加拿大帝國銀行（CIBC），為詐欺的指控付出數十億美元。
- 標準普爾（S&P）、穆迪（Moody's）及惠譽（Fitch）等評

等機構，評級不良資產為3A級，換取了數十億美元收入。
- 匯豐與花旗使用結構性投資工具，來隱瞞所持有的高風險房貸。
- 房地美沒有充分揭露所持有投資組合的損失。
- AIG隱藏了信用違約交換（CDS）的巨大損失。
- 雷曼兄弟、花旗及美林，競相濫用發展避稅計畫。
- 美國銀行對股東隱瞞了美林巨額獎金的消息，最終與SEC達成和解協議。」

這些所有銀行標準的降低，都是由獎金文化所驅使？

銀行獎金文化下的風險報酬意涵

顯然，巨大、廣泛、不對稱的獎金文化製造了許多問題，標準的降低與可疑的做法伴隨而來，當然還有其他問題。長期而言，如果為了獲得更大的回報而累積更多的風險，以絕對金錢結果為基礎的獎金系統，造成自我追尋的高層管理共同追求更高風險的傾向。

此外，連財務主管都不了解的不透明和極度複雜的金融商品，這些商品的原有價值有可能被扭曲增加，以創造更高額的獎金。這種現象在危機時期的許多銀行都可以看到，而且當管理人員認為他們的詐欺行為可能被發現時，轉職到另一家銀行的替代方案永遠都在。

整體銀行獎金文化，可以說是鼓勵取得更高風險、鼓勵交易不透明金融商品、偏愛對持有金融商品的偏頗推估值、傾向追求短期目標、取得更多槓桿（參考下一段）、渴望儘快見到現金出現在自己口袋（現金獎金），而不是銀行最終累積實現的利益。既然所有的銀行高層都是這個文化的一部分，讓這個系統中的任何一人對此叫停的機會也是微乎其微。代表退休基金與金融機構的銀行股東也不太可能叫停獎金文化，他們自身的薪酬也向銀行或其他行業薪酬互為看齊。

銀行的資產負債表

銀行或其他行業，藉由舉債來增加風險部位，稱之為槓桿，代表了公司財務結構的債務比例。公司資金的主要來源來自舉債或股東權益（股東投資、保留盈餘、公積金）。本章之前提到，客戶的存款占銀行負債的最大部分，顯示在銀行資產負債表的債務欄。銀行的股東權益對總資產（負債加股東權益）的比率長期逐年降低，參考表4.1。康登[16]（Tim Congdon）強調，股東權益對總資產的平均比例「已經低到了大約5%，有些大型著名金融機構，他們的比例只比3%多一些。」

此外，銀行持有風險增加的趨勢，也可以由兩個數字看出。圖4.1顯示英國銀行的現金準備對客戶存款的比例（請記住，客戶存款是銀行的負債），由60年代的11%，降到近年的不到1%。圖4.2是美國銀行的類似趨勢。

表4.1　英國與美國銀行業，股東權益對總資產的比率，1880–1985

	英國銀行*	美國銀行†
1880	16.8	n/a
1900	12.0	n/a
1914	8.7	18.3
1930	7.2	14.2
1940	5.2	9.1
1950	2.7	6.7
1966	5.3	7.8
1980	5.9	6.8
1985	4.6	6.9

* 英國儲蓄銀行 1880–1966年，英國結算銀行集團 1980 年及 1985年。

† 美國聯邦準備系統中所有銀行英國銀行在1950年的低比率值，反映二次大戰後銀行持有高比例的政府債券資產。

來源：M. K. Lewis and K. T. Davis, *Domestic and International Banking,* Philip Allen, Oxford, 1987.

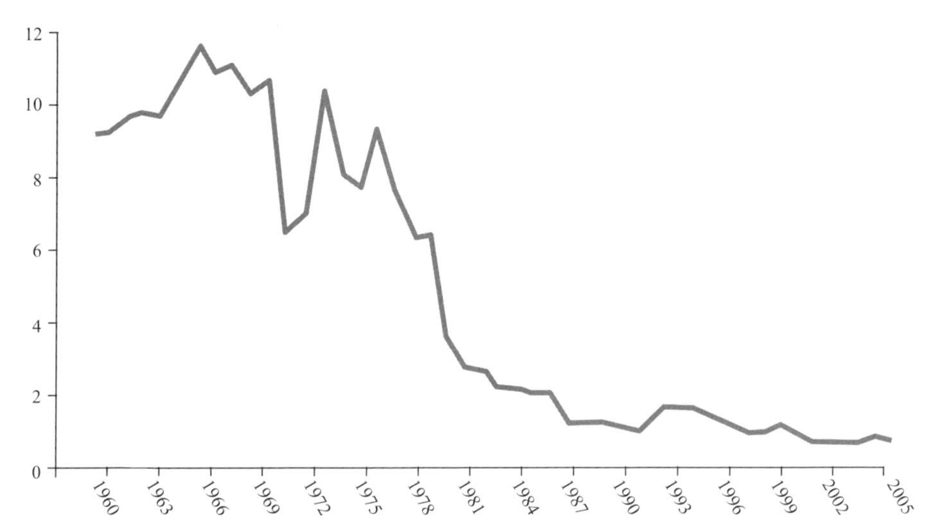

根據 IMF 資料（超過四十五年持續的優勢），英國銀行持有現金對存款的比率，由1960年的超過9%，到2005年的低於1%。

圖 4.1　英國銀行持有現金對存款的比率，1960–2005年（英國銀行持有的現金準備對活期、定期、與外幣存款總額的比率）

來源：IMF.

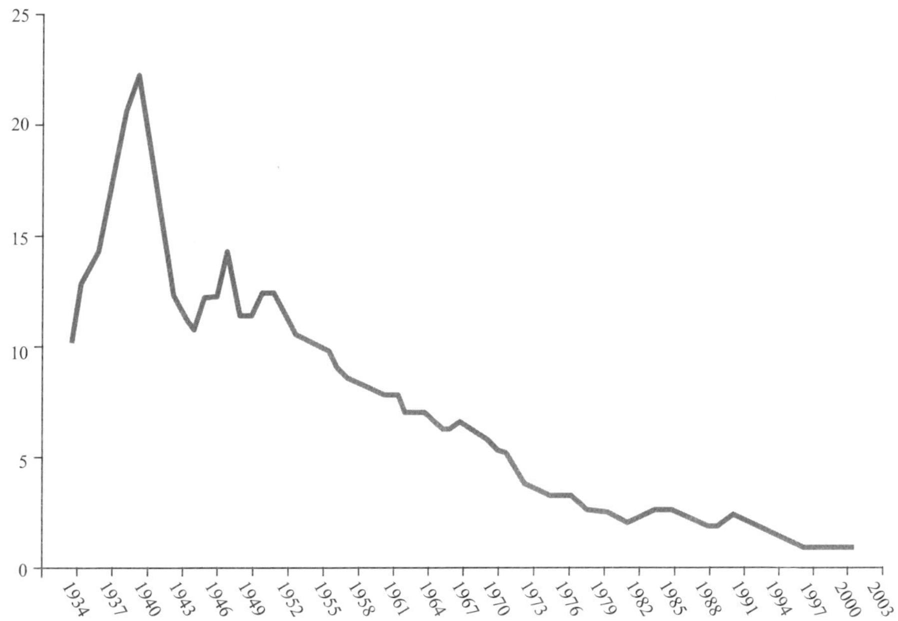

圖 4.2　美國銀行持有現金對存款的比率，1934–2004年（對銀行存款負債%）

來源：Federal Deposit Insurance Corporation Website.

風險通常可以分類為經營風險或金融風險。經營風險重視的是商業週期中營運利潤的變動，金融風險重視的是公司資本結構中債務所占的百分比。高財務風險一般伴隨著低經營風險，反之亦然。表4.1與圖4.1及4.2，顯示了金融風險的大幅增加，與銀行提高經營風險同時發生。是金融業者的無能？不對稱銀行獎金文化的必然結果？銀行如果破產就會被救助的認知所驅動（道德風險）？還是所有原因的總合？

道德風險

道德風險的出現，在於當某一方不需要承受風險帶來的後果，相較需要完全承受風險帶來的後果，所表現出來的行為可能會有不同。換句話說，道德風險的出現，是由於個人或機構不須完全承擔他所帶來的後果，因而傾向對採取的行為較不謹慎小心，而將責任留給需要承擔後果的另一方。由於政府及中央銀行有可能借款給各金融機構以紓解他們的困局，這些機構相信他們無須承擔所有損失的責任，也許某程度上鼓勵了他們涉入高風險的借貸或交易。提供紓困的安全網給高風險金融工具交易，明顯屬於這一類。

銀行在放出貸款時需要承受風險，通常最危險的放款也會帶來潛在最豐厚的收益。大到不能倒的放款銀行也許承作了高風險放款，當貸款回收時銀行的獲利豐厚；如果貸款最終違約，就用納稅人的錢來填補這個虧損。將獲利私有化，卻將風險社會化。

這不只發生在大銀行，也適用於取得超過自己負擔能力房貸的借款人，與魯莽擴充的小型企業經營者。借款人無論是個人還是企業，他們知道當最壞情形發生時，可以僅僅只是申請破產，對於投資及消費可能就不會非常謹慎。當然，破產法提供了道德風險的一個例子，但也有反駁的論點認為企業同時為自身及社會創造財富，防範企業積極創造財富對社會也是不利的，因此應該要鼓勵他們繼續嘗試。在商業行為中，我們一次又一次提及道德風險，之前的銀行獎金計畫，還有接下來最後貸款人的概念中。

最終貸款人

以銀行的說法，最後貸款人是為了保護存款人，避免大規模的擠兌，也避免金融機構崩潰對經濟所帶來的傷害。在美國，聯準會承擔最後貸款人的角色；在英國則是英格蘭銀行。只有接受存款的銀行，才可以在危急時期向最後貸款人融資貸款。最後貸款人角色的開始發揮，經常是問題銀行持有太大的風險部位，或是這些機構正經歷財務困難而接近倒閉的時候。

對最後貸款人角色的批評認為，最後貸款人將銀行機構與自身風險活動的後果隔離，引誘金融機構取得額外風險。認同最後貸款人的人們認為，這個角色可以避免偶發的大規模銀行崩潰，導致一般市民失去了他們存放在不夠謹慎銀行機構的存款。

影子銀行系統與其他非銀行金融機構

影子銀行系統包括非銀行金融機構（non-bank financial institution, NBFI），屬於沒有取得完全銀行執照的金融機構，或是不受國家或國際銀行監管機構監督的金融機構。影子銀行機構也在投資者與借款者之間仲介，退休基金也許願意借出持有的現金，而某企業也許正尋求借款，影子銀行機構可以仲介兩者之間的現金供需，以交易費用或利息差額賺取利潤。影子銀行機構通常不接受存款，也不受銀行業規定的限制。

與商業銀行同在一個銀行控股公司之下的投資銀行，也屬於影子銀行機構，貝爾斯登與雷曼兄弟都是影子銀行機構。影子銀行系統還包括避險基金、投資銀行（非商業銀行的一部分），以及其他許多非銀行的金融機構。影子銀行機構活躍於世界上大多數金融中心，在金融風暴之前，由影子銀行機構放出的貸款，還要略多於由傳統銀行系統放出的貸款。

影子銀行機構的監管，並不如商業銀行監管的安全與穩健。因而，也不會針對放貸而保留如同商業銀行一樣多的現金。總之，NBFI通常有更高的財務槓桿，也比商業銀行有較高的債務對流動資產比率。影子銀行機構傾向借入短期借款，而借出或投資在流動性較差的長期資產。風暴前，許多購入的長期資產是房貸抵押擔保債券（MBS）。在2007年房價大跌後，MBS的價值也大幅下降。對短期借款的依賴，迫使NBFI回到資本市場進行再融資。隨著房屋市場持續惡化以及MBS價值下跌，NBFI無法為自己籌到足夠的資金。部位價值的下降也令放款人強烈質疑NBFI的還款能力，造成短期放款市場的乾涸，也是造成貝爾斯登與雷曼兄弟在2008年破產的主要因素。

之前提到，NBFI並不是一般的存款機構，也沒有來自中央銀行作為最後貸款人的支持。在市場缺乏流動性的時候，如果無法融資取得短期借款，這些機構很容易周轉失靈。請記住，NBFI經常維持高槓桿營運，通常持有比借款更長期的投資上。影子銀行機構由2007年中開始陸續關閉，2008年9月市場上就不再有影子銀行機構。

影子銀行系統執行了大量場外（over-the-counter）衍生性商品交易。這個市場在2008年金融風暴之前的幾年金融榮景中快速成長，契約價值達到700兆美元之多。信用衍生性商品中的擔保債權憑證（CDO）、房貸抵押擔保債券（MBS），以及信用違約交換（CDS），經歷了最快速的成長。全世界最大的保險公司美國國際集團AIG，持有數以千億計的CDS合約，成為金融崩潰一個極大的原因。參考第十二章有關AIG的個案研究，AIG的許多交易活動都不在銀行業的資產負債表上。眾人指責影子銀行系統誘發了次貸風暴，進而惡化成為全球信用緊縮。下兩章會更詳細地討論這些問題。最後我們留下一個在金融風暴時期經常聽到有關影子銀行系統的主題，「如果影子銀行同樣以銀行標準來監管的話，還會不會產生金融風暴？」可見影子銀行對金融風暴的重大意義與影響。

第五章
次級貸款的放款人與借款人

簡介

每個人都認為他們知道什麼是次級貸款，但是除了金融機構借出不符優質貸款標準的放貸之外，次貸並沒有一個廣泛接受的定義。次貸可以包括房屋貸款、汽車貸款，以及信用卡債。在美國，次貸可以以借款人的信用評分FICO分數來分類，低於620或640就稱為次貸。FICO是Fair Isaac Corporation的縮寫，是一家美國上市公司，發展了最被廣泛使用的信用評分模型。FICO分數的計算，根據借款人信用背景的資訊。

信用評分的數字，代表個人信用信賴度，表示個人償還欠款的可能性。信用評分預估壞帳風險，令信用可以更廣泛地提供出去，並協助決定利息成本及擔保品的要求。信用評分基於信用機構所提供的個人信用報告資訊統計分析。銀行與信用卡公司使用信用評分，來評估放貸給消費者的風險。簡言之，信用評分決定了誰有資格、以什麼利率，以及在何種信貸條件下取得貸款。當FICO信用評分不高時，銀行也許拒絕貸款申請、收取高額利息、要求更多

本章內容

擔保品、或需要對收入與資產作更充分的查核。

FICO信用評分模型被廣泛應用在北美、中南美、英國、愛爾蘭、歐陸及亞洲。雖然FICO計算方法的細節是不公開的，但FICO高層透露了一般標準包括：

- 35%根據過往帳單、房貸、與信用卡的還款紀錄；
- 35%根據信用使用率；
- 15%根據信用使用的類型；
- 10%根據最近的信用資訊，以及已取得信用額度。

FICO信用評分介於300與850之間（分數愈高，代表信用愈佳），60%的分數介於650與799之間，次級信貸指的是低於620或640的評分。

大部分次貸借款是房屋貸款，估計美國次級房貸在2007年3月達到最高總額1兆3,000億美元。

同時期美國住宅房屋貸款總額大約有10兆美元。在2004年到2006年期間，新承作的次級房貸占了所有房貸的20%，十年前只占了9%。而且有一些創新特點加入了次級房貸中，包括：

- 只付利息的還款。借款人在例如五年到十年的特定期間中，只需要支付貸款利息，不需要對本金還款。在特定期間之後，還款才會是本金加利息；
- 可調整利率的還款選擇。對於每月還款額，借款人可以選擇全額支付、只付利息、或其他指定的最低還款；
- 混合式房貸。以較低的固定利率開始，接著轉變為可調整的貸款利率。

最後一種混合式房貸在1990年代及2000年代前半，變得非常受歡迎。

混合式次級房貸包括2-28貸款。允許借款人在貸款的頭兩年，固定在一個較低的起始利率支付利息，但是在隨後的二十八年中，重設至較高的浮動利率。新的浮動利率會設定與某些指數相連結，例如十二個月LIBOR加上5%。其他的變形包括3-27或5-25，以不同時間點重設利率。對於這種混合式房貸，當房貸銷售員向潛在借款人作貸款業務介紹時，顯然可以強調短期的低利率，而不是隨後的調整利率。對於不惜任何代價也要爬上擁有房地產階梯的借款人而言，在隨後處理房屋價值損失時，才抱怨他們是無辜的受害人，不清楚房貸契約實際的條款。

那麼，為什麼美國次貸在1990年代中期之後的十年間才開始起飛？其中有許多因素，最具影響力的因素之一是低利率。利率水準以及大量流入美國的外國資金，創造了1990年代以及隨後五年的寬鬆貨幣環境，助長了房地產市場的繁榮，以及消費性債務融資。美國自置居所比例由1980年到1994年期間的64%，到2004年的69.2%。由1997年到2006年，美國平均房價上升了124%。在上世紀最後二十年，美國房價中位數大約是家庭收入中位數的三倍，這個比例到了2004年成為4，2006年為4.6。美國家庭債務占全年個人可支配所得，在1990年是77%，2007年上升到127%，然後到2008年中的134%。1974年家庭債務總額為 7,050億美元，占了當年可支配所得的60%，2000年為7.4兆美元、2008年中為14.5兆美元，是當年可支配所得的134%。房屋貸款總額占GDP百分比，由1990年代的46%，到2008年的73%（2008年房屋貸款總額為10.5兆美元）。

隨著房價的泡沫化，家庭存款減少，借款與開支同時增加。消費主義文化建築在立即享受「我要就馬上要」的經濟症候群。推動債務水準大幅增加的趨勢，來自社區再投資法案（Community Reinvestment Act, CRA）。我們許多讀者並不了解這部分的美國法律，我們在下一節集中討論。

社區再投資法案

社區再投資法案（CRA）通過之前，對特定中低收入社區居民的貸款相當短缺。美國民權委員會（US Commission on Civil Rights, USCCR）在1961年的報告中得出結論，非洲裔美國人的借款者，經常需要較高的自備款以及較短的還款週期，以反映出實際上比較高的違約風險，而非赤裸裸的歧視。該委員會還記錄了拒絕貸款的特定地理區域，稱之為紅線區（redlining），被視為不安全的社區，部分房貸貸款有所保留。住宅安全地圖中劃定為紅色的區域，是由房屋業主貸款委員會（Home Owner's Loan Committee, HOLC）所建立。

社區再投資法案是美國聯邦法律，旨在鼓勵商業銀行和貸款互助會，滿足社區中各階層借款人的需求，包括低收入和中等收入階層。該法案在1977年通過，減少了對紅線區歧視性的信貸現實，並要求聯邦監管機構，鼓勵受其監管的金融機構，滿足當地社區的信貸需求。該法案要求聯邦監管機構，檢查銀行金融機構是否遵守該法案，得到的結果將用來考慮該銀行金融機構新分行以及併購申請的審批。

到了1993年，新的克林頓民主黨政府，其房屋策略的一部分側重於窮人自置居所的增加，尤其是非洲裔和拉丁裔美國人。提高自置居所被認為有助於犯罪的減少，更好的學校表現，以及更多的社會意識。但實際的銀行貸款仍然保守，克林頓政府敦促銀行要更有創意。在這方面，克林頓政府授權住房和城市發展部（Housing and Urban Development, HUD）對房貸銀行施壓，要求他們儘速採取行動。

銀行們積極回應。1995年，他們開始放寬原本嚴格的貸款標準，只要求3%自備款的房貸開始出現，甚至出現了更低自備款的房貸產品。銀行間競爭激烈，競相提供貸款給低收入家庭和少數族群客戶。五年內，非洲裔和拉丁裔美國人的業主人數新增加了兩百萬。次級房屋貸款證券化開始，第一檔與貝爾斯登合作於1997年推出。美國政府的壓力，似乎直接導致了銀行房貸由貸款留置模式（originate-to-hold model），演變到貸款出售模式（originate-to-distribute model）。

傳統模式下，房貸銀行的貸款以房屋作為債權的擔保，銀行持有債權並收取利息和本金償還。在貸款出售模式下有不同的方式。銀行放貸仍以房屋作為債權的擔保，但銀行不持有房貸債權，銀行將債權出售給專門的金融機構。該機構由不同房貸銀行買入一系列同類貸款債權，重新包裝後銷售給其他投資人。這個包裝後的產品稱之為房貸抵押擔保債券（MBS），或是與其他債權混合捆綁銷售，稱之為擔保債權憑證（CDO）。這個包裝混合捆綁的過程，稱之為證券化（securitization）。

當銀行以傳統的貸款留置模式營運，持有二十年的房屋貸款債權，對客戶的還款能力會比較謹慎地努力評估。然而，在貸款出售模式下，既然債權將被出售，對借款人的篩選就可能有較低的關心。第七章會有更多的討論。

本世紀初房價上漲、信用寬鬆、低利率環境，以及使得信用卡債務餘額升高的消費熱潮。親切的房貸經紀人拜訪客戶安排新的次級房貸，並說服客戶對現有房貸再融資。既可以維持利率在過去的低水平上，又維持了房價的上漲動力。但是，所有的牛市終有一天會虎頭蛇尾，市場在牛市反彈之前，還是要回到熊市狀態。過去發生，將來還是，而且在2007年的確發生。CRA影響的簡要描述後，現在來到次級貸款的運作機制。

次級貸款業務

我們已經了解，次貸借款人通常有低於620或640的FICO評分，超過620分的借款人被列為是符合資格的，也就是說他們符合房利美和房地美的放貸指引。符合資格的借款人，假設他們的貸款申請包含收入和資產查核的完整文件，則稱為信譽良好的優質借款人（prime borrower）。 次A級借款人通常也是優質借款人，不同的地方在於有部分貸款文件不符合標準，或是貸款申請是為了渡假屋或第二棟房屋。通常情況下，次貸借款人的信用評分為500到620，低於500分借款人的信用甚至低於次級。但是由於許多房貸經紀人以不符道德的做法，鼓勵潛在的借款人，對就業狀況和收入水平作出欺騙的陳述（這些貸款被稱為「騙子貸款」），而使許多低於次級資格的借款人，變得有資格登上美國夢的第一級階梯。另外值得一提的是，還有一類的房屋貸款被稱為巨型房貸（jumbo mortgage），這些房貸的額度大於所允許貸款的最高限額。

房利美（Federal National Mortgage Association, Fannie Mae）與房地美（Federal Home Mortgage Corporation, Freddie Mac），兩家都是政府資助機構，成立的目的是要購買、提供保證、及證券化房屋貸款，以確保市場持續提供房屋購買人需要的貸款資金。

在證券化問世之前，房貸的概念是貸款留置模式。換句話說，貸款以資產的形式出現在原放款人的資產負債表上。然而隨著證券化過程而演變為貸款出售模式，銀行的房貸債權資產，將由放貸銀行出售債權給另一方。證券化將在第六章作詳細討論，這裡我們只有簡短的解釋。

房屋貸款的證券化，是將上千個房屋貸款債權，捆綁成為房貸抵押擔保債券（MBS）的金融產品，MBS的現金流來自內含房貸債權借款人的利息支付與本金還款。對符合資格的優質與次A級貸款，房貸證券化早已存在。在1990年代中期，克林頓政府的社區再投資法案CRA在住房和城市發展部HUD的鞭策下，房貸證券化加速擴大到次級房貸的包裝。這種證券化包裝，將原本沒有流動性、不能獨自賣出的房貸，轉為具流動性的資產。隨著次級市場的交易、低利率、房價上漲，MBS價格上漲，投資者也開始偏好購買這些高收益高風險的證券。在房價開始逆轉之前，MBS投資人和包裝銷售MBS的銀行一樣，經歷了幾乎一直持續的獲利收益。

次級貸款可疑的市場

對證券化次貸市場的喜好持續成長，房貸證券化的總額也持續上升。在1990年代中期，投資者大約支付貸款面值的7%，這代表對於小型次級房貸的投資人而言，潛在利潤相當顯著。每月1,000萬美元的總量，每個月毛利潤就有70萬美元，或是累計每年840萬美元。為了加速需求的上升，房貸的評估標準持續下降，做更多的交易成為驅動的力量，而不再是對借款人信用素質的擔心。當銷售人員以經手交易價值的百分比來計算報酬，對借款人還款的素質，不會在考慮的一部分。放款人追捧的信用貸款，素質不足為奇地愈來愈差。

債權被大量地證券化，小規模放款人將房貸債權賣給大放款人，大放款人從各種來源蒐集房貸，將其重新包裝證券化。在美國，如果是符合資格或優質債權，可能會出售給房利美或房地美，這兩者都是在紐約證券交易所上市交易的政府資助機構（GSE），兩家占了全美一半左右的房屋貸款。他們將這類房屋貸款，包裝成為房貸抵押擔保債券（MBS）。

如果房貸債權無法達到GSE所建立的標準，放款的債權人則運用投資銀行，將債權包裝成為非機構MBS，包括避險基金、退休基金、其他銀行（包括商業銀行和房貸銀行）、其他投資者等，向投資銀行買進MBS。這些證券的出售，依賴評級機構判斷，房貸借款人是否會按時支付利息以及償還到期本金。這些證券的評級表明了相關的投資風險水平，本章稍後會有更多說明。

貸款給不良信用紀錄的人始終存有風險，當借款人是個忍者［NINJA的諧音，指的是無收入、無工作、無資產（No Income, No Job, no Asset］，貸款的風險非常之大。但毫無疑問，忍者借款人頻繁出現在次級房貸的場景。顯然，持有次貸這類資產，問題遲早發生，次貸的商業模式只有在低利率和房價持續上升時，才能運作良好。當然，任何一種貸款都會有壞帳，但是當利率上升到超過薪資收入，或當房價持續走低，不是太笨的人都會高度質疑這種商業模式。該商業模式也有內在衝突，至少三個不同當事人，包括房貸經紀人、放款人及投資者，他們都各自有不同的想法。放款人通過經紀人得到貸款業務，經紀人的動機是作成交易並獲得佣金報酬，經紀人對房貸品質沒有個人財務上的利益。如果房貸出了問題，經紀人不需承擔任何責任，因此放款人總是需要質疑經紀人的動機。投資者則關注在債權的品質和還款是否按時，如果放款人的債權組合表現不佳，投資者可以經由次級市場賣出證券以終止關係。放貸人希望債權的表現能滿足投資者的期望，放貸人顯然被夾在中間。因此，次級貸款可以在次級市場中出售，將風險轉移給另一方。如果因此還有額外利潤，那就再好不過了。

在金融危機的醞釀時期，經紀人成為次級貸款的推動力。在2003年，房貸經紀帶進了25%的優質貸款業務，以及超過50%的次級房貸業務。正如比特納[1]（Richard Bitner）在他出色的《一個次貸經營者的告白（*Confessions of a Subprime Lender*）》（是的，他本身是放款人，因此這是一手故事）一書中指出，「任何業務的銷售人員以自己的方式工作，只會考慮自身的利益……在少數的規定與最低的消費者保護下，濫用的行為蓬勃發展。許多處理貸款的人員，比較借款人的最佳利益，他們更關心自己的佣金，這是次級貸款經紀業務的嚴酷現實。」

在新的千禧年，有超過二十五萬的房貸經紀人在美國從事經紀業務，只有少數州有執照要求的規定，進入這一行門檻很低。對於要求執照的少數州，只要通過選擇題測試，同時不是曾被定罪的罪犯，就可以容易地取得資格。次級貸款行業吸引不道德的行為實在不令人驚訝。簡單地說，可能有以下方式：

- 經紀人、估價師、建設公司（有時也包括律師），互相串通以獲取超過房地產價值的貸款，詐騙經常與買入出租的物業以及預售屋有關；
- 房貸借款人表明貸款是為了購買自住住宅，而事實上卻是為了出租目的或投機交易；

- 藉著偽造文件，虛假陳述借款人的就業狀況或收入水準，稱為騙子貸款；
- 隱藏關鍵資訊；
- 自我陳述所得資料（借款人的自我認證），這種方式（你可會相信？）大比例地被市場放貸人所廣泛採用。銀行已經大大地簡化，或甚至完全沒有貸款的篩選過程。此外，由於債權的證券化，嚴格審查貸款申請已經成了舊時代的遺物。我們會在第七章中檢視銀行的放款標準和篩選流程。

比特納將無良經紀人區分為鼓吹、隱瞞、以及操控等三類。第一種經紀人持續對潛在客戶鼓吹，直到交易完成前，一再調整數據提出各種貸款建議。隱瞞式經紀人對放貸人或借款人隱瞞訊息，以對自己有利的方式從事貸款經紀。操控式經紀人以各種不同形式與規模出現，使用假造變造的收入證明文件等手法，令不知情的借款人借入利息調整式房貸，沒有解釋意義與運作方式為何，或者只披露前幾年的較低利率，而不提及隨後增加的利息數字。

比特納說，「調整貸款內容令借款人合乎資格的程序，成了次貸行業中的標準做法，這是令艱難的貸款交易成功所不可或缺的組成部分。」他回憶到他的銷售經理提到這種過程，是『雞屎變黃金』。他補充，「這種方式缺乏詩意，但體現了業務真正的本質。」

結構型投資工具（SIV）與導管機構

記得我們曾提過貸款方式，由傳統的貸款留置模式轉變為貸款出售模式。其主要想法是在證券化之前，以現金取代房貸債權，由放貸銀行的資產負債表中移出。雖然結構型投資工具（Structure Instrument Vehicle, SIV）與導管機構（conduit）的用途不同，兩者皆用來作為中介程序，將放貸銀行的應收房貸資產，由資產負債表中移轉出去，隨後再將房貸債權證券化。放款銀行與證券化了的債權，分占交易的兩端，SIV則介於兩者之間。

SIV與導管機構經常由銀行和避險基金合資設立，避險基金往往設在離岸的避稅天堂。但更中肯的說，由於兩者的中介性質以及不在銀行的合併報表中，設立的會計目的並不明顯。

SIV與導管機構非常相似，主要區別在於SIV獨立於所資助的銀行。然而，當SIV真的破產時，如同他們對危機發生時所預先訂下的處理方式，SIV的負債會由母銀行吸收。而導管機構技術上依賴資助機構。雖然許多評論家似乎使問題複雜化到像是核子物理，而影響了讀者的判斷，SIV與導管機構成立的背後原因其實相當簡單。

房屋貸款的重新包裝

房貸證券化的過程，牽涉到房貸的重新包裝，使數以千計的房屋貸款（包括一些優質債權，以使得包裝更容易獲得評級機構的投資評級），捆綁成金融產品或債券，稱為房貸抵押擔保債券（MBS）。這些證券化產品的投資者，通常是銀行和避險基金，由包裝內含的房貸或其他貸款債權，收到債權應得的本金和利息。

假設某華爾街公司X擁有總額10億美元的各項次級房屋貸款。這些房貸債權混合加入一些高品質的貸款債權，可以重新包裝成為債券。這種做法需要評級機構評等的服務。例如評級機構標準普爾公司（Standard and Poor's），對整個貸款債權組合的質量與表現進行重點分析，他們的評價為可能的買家提供了MBS的相關風險。圖5.1以圖形方式描述，並指出MBS的各個批次順位（tranche），如何由債權組合最頂端的三A（AAA）等級，到下方較高風險的部分。與大家的預期相同，較高的風險水平有較高的回報，但要承擔持有債權違約時首先產生的損失。債券有效地按照風險和回報分別切割分批。

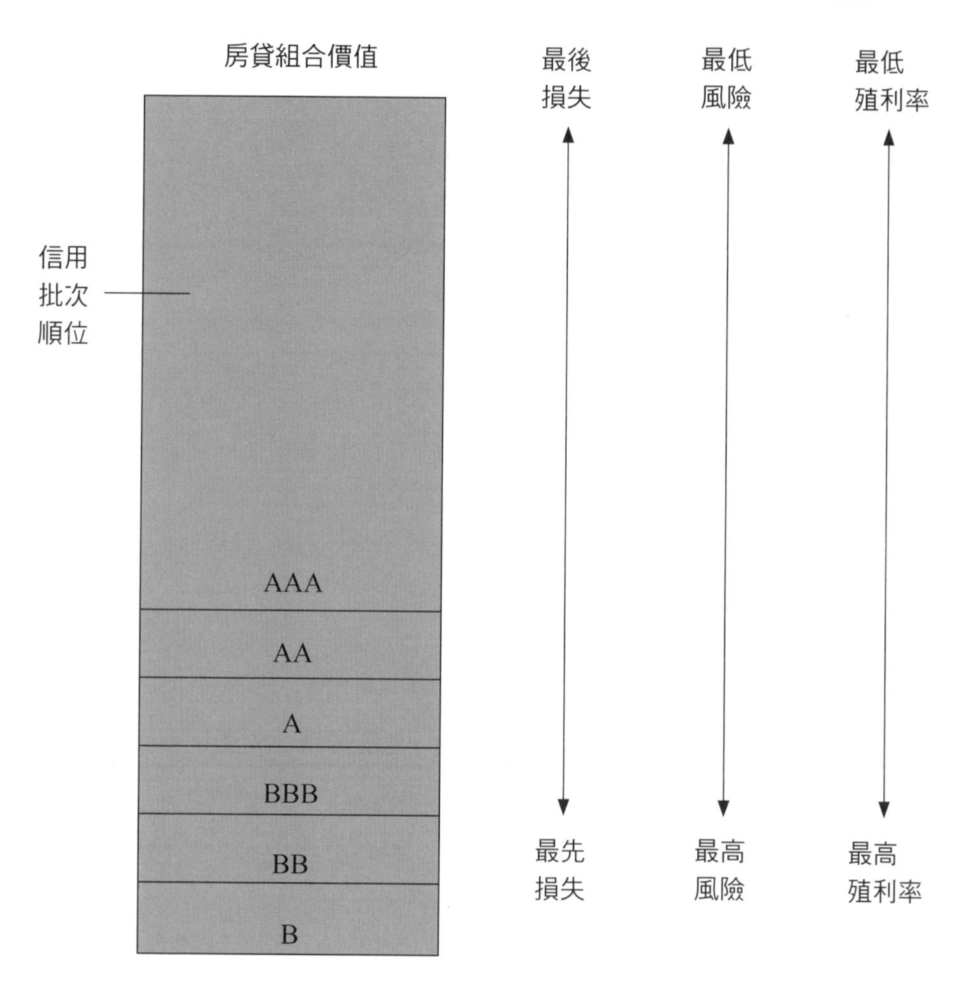

圖5.1　各批次順位信用評級，風險與回報

信用評級機構查核債券內含貸款組合，將例如80%債券的信用安全定在AAA評級（最優質的投資等級），其他20%定在較低的等級，如本章稍後的例子。購買此債券的AAA等級部分，當內含貸款部分出現違約時，AAA等級債券開始有負面影響之前，20%較低等級的債券會先承受損失。較低等級債券先承受損失，以保護較高等級的一批債券避免損失。次級房屋貸款組合如何被評級為AAA等級，其道理簡單說明如下。儘管個別貸款債權有一定的違約風險，但是兩個、三個或以上的貸款同時違約的機會就變得不太大。尤其是當最高AAA等級債券受到較低等級債券的保護，而且這些貸款是互不相關的。因此，當一個貸款債權組合包含大量個別債權，次A級、次級貸款，以及其他私人股本債務和信用卡債務的債權，全部捆綁在一起，比單一個別債權所承受的違約風險要低的多。以債券來說，單一債權可能違約，但由於許多互不相關的債權不大可能在同一時間違約，一個互不相關的債券組合，違約風險大幅減少。有關次貸債務包裹的關鍵問題，在於其成分是否真正互不相關，以及是否加入少量的優質債權就可以建立一個低相關度的債權包裹。在下一章有更多說明。

房屋貸款債權，混合其他例如信用卡債、汽車貸款、私人股本債務的債權證券化組合，稱為擔保債權憑證（CDO）。技術上與只有房屋貸款債權證券化的MBS不同，但CDO與MBS兩個名詞經常鬆散地互相使用。如同帕特洛伊[2]（Frank Partnoy）在他的回憶錄《*F.I.A.S.C.O.*》中提到，「在摩根士丹利，我們創造了幾十個CDO，而且我們對評級機構與投資者的說服技巧變得相當熟練。即使相關資產存有風險，他們還是應該對這個投資標註AAA的最高等級。」其持的所有理由是推定低順位保護高順位（參見圖5.1）與低度相關。單獨而言，CDO只是簡單的債務包裹，通常包含一些相關證券。

當多筆房屋貸款組合被切片切塊並混入其他債權憑證、信用卡債、信用違約交換（CDS）（見下一章），和其他許多的債權，明顯原來的房屋貸款不再可以被辨別出來。判斷資產的素質以及風險狀況成為艱鉅的任務，購買這些證券的投資者面對這種挑戰，事實上他們不知道自己買了什麼，只能依靠評級機構的看法。

到2000年，雷曼兄弟和其他華爾街公司在次貸業務上是大玩家。美林和貝爾斯登收購次級房屋貸款以進行證券化的處理。他們購買房屋貸款債權重新包裝，再通過房貸債權的證券化，銷售到世界各地。這是一個高利潤的業務，蓬勃的美國房屋市場也加速擴張。事實上，房屋貸款債權的證券化同樣發生在其他地方，尤其是在英國，但最大的長期生產者還是美國。

許多高利潤的業務同時存有高風險。華爾街努力專注於證券化的過程以及明顯發燙的利潤結算數字（還有對個人獎金的影響），對於同時增加的風險狀況沒有投入太多的注意。而且由於房貸和其他貸款債權被證券化後出售，建立多年具有良好篩選過程的銀行慣例（見第七章）終被遺忘。畢竟在貸款出售模式下，貸款債權資產只會出現在別人的資產負債表上。

圖5.2幫助了解到目前為止的簡化過程。由原來的房貸借款人到房貸債權證券化後的債券，顯示了房貸行業的食物鏈。這是一個充滿利益衝突的過程、可疑的商業做法和過度風險規模的創造，是一個等著發生的災難。但最大可能發生的問題，卻來自評級機構。我們現在來了解一下評級機構和他們的業務做法。

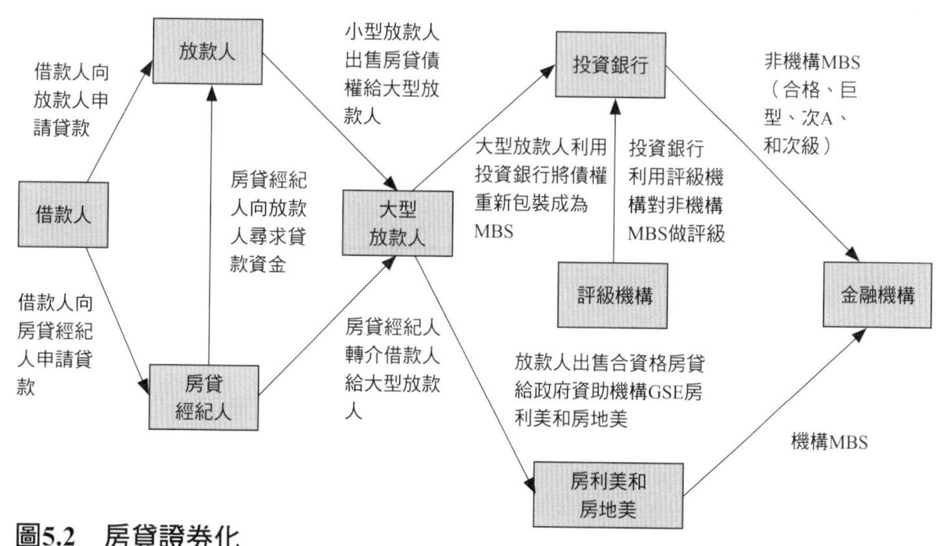

圖5.2　房貸證券化

信用評級機構

1970年代以前，評級機構的業務模式，是由希望得到其他公司評級資料的投資者，向評級機構購買資訊。美國證券交易委員會（SEC）以他們的智慧決定，評等是為了公眾利益，原先的購買收費模式應該要改變。希望被評級的公司，反而應該支付費用，要求評級機構來評鑑他們的償債能力。支付費用取得評級，造成了明顯的利益衝突，成了金融危機核心問題之一。

除了由房利美和房地美擔保（等於是政府擔保）的房屋貸款之外，交易買賣的房貸抵押擔保債券（MBS）由標準普爾（S&P）、穆迪（Moody's）、惠譽（Fitch）三家信用評級機構來評級。這些評級公司評估有關房貸債權組合的潛在可能損失，分析內含包裹貸款債權的特性，違約發生的可能機率及嚴重程度。他們查核貸款組合的樣本，並檢視發行人的意見陳述。顯然這是一個棘手的任務，需要訓練有素的人員共同參與，對於財務專長的商管碩士（MBA）以及符合資格的會計師，這是一個非常具有吸引力的工作。

評級取決於債務人無法支付利息或本金的（違約）可能性，也取決於當違約事件發生時，放款債權人受到保護的程度（亦即在周轉失靈或破產事件中，收回貸款的可能性）。例如大多數西方國家的政府債券，違約風險顯然不大，但企業貸款會有較高的風險。在穩定行業中處於有利位置以及擁有風險規避政策的公司，應該也會有較低的違約風險，因此在所有其他條件相同下，他們應該具有較高的信用評級。而有著高債務水平、在其行業中處於弱勢地位、加上不穩定的獲利，這些公司可能有很高的違約風險，同時有較低的信用等級。

三大信用評級機構包括標準普爾、穆迪、惠譽。為了舉例說明，首先看看標準普爾的評級分類。標準普爾（S&P）的長期評級系統分為兩個部分：投資等級與投機等級。投資等級定義為債務人應該會按時支付本金和利息。投資等級包括四個最高評級類別，即AAA、AA、A和BBB。等級愈高表示按時付款的可能性愈大。相較一個BBB的債券，AA債券的債務人有更大的機率按時支付本金與利息，雖然這兩種債券債務人都有義務按時支付本金和利息。評級為AA到BBB的投資級債券，另外以一個加號或減號來進一步表明他們在級別內的資格。標準普爾（S&P）長期評級系統的另一部分歸類為投機等級的債券，對於這些債券的債務人是否會按時支付本金和利息，存有一些不確定性。評級類別有BB、B、CCC、CC、C等，已違約的債券則評為D。顯然，這些有較低評等的債券，有較高的違約機率。總結標準普爾（S&P）的債券評級，投資等級的類別如下：

AAA級　標準普爾（S&P）的最高評級，支付利息與償還本金的能力極強。

AA級　具有很強的支付利息和償還本金的能力，與最高等級只有很小的差距。

A級　具有很強的支付利息和償還本金的能力，但比較更高的類別評級，此等級較易在環境和經濟條件的變化下，對還款能力造成不利的影響。

BBB級　有足夠的能力支付利息和償還本金。通常有足夠的保護，但在不利的經濟條件或情況的變化下，更容易削弱支付利息和償還債務本金的能力。

債務評級為BB、B、CCC、CC和C等債券，對於支付利息和償還本金的能力，具有顯著投機特點。BB表示最不投機，C級表示最高投機程度。雖然這些債務可能有部分素質和保護，但是有很大的不確定性，或受不利條件的影響很大。D級債務是已經違約了的債務。穆迪、惠譽、與標準普爾（S&P）的比較顯示在表5.1。

我們知道，房貸抵押擔保債券（MBS）的表現並不符合AAA評級，而且還差了一大截。出了什麼問題？可能是由於主辦商和評級機構之間關係的妥協；或是主辦商提供不足或不正確的訊息給評級機構，使得評級機構對債券做了不正確的評級；或是評級機構用於評估MBS的統計模型有缺陷。這些可能性將在稍後檢視，但在此之前，我們要考慮另一個同樣在危機中引爆的產品，信用違約交換（CDS），一個比次貸更有破壞力的產品，也是下一章的主題。我們也將仔細察看，次債是如何得到三A評級的。

表5.1　標準普爾（S&P's）、穆迪（Moody's）、以及惠譽（Fitch's）評級表

標準普爾	穆迪	惠譽	評級	
AAA	Aaa	AAA	主要、最大安全性	
AA+	Aa1	AA+	高評級、高品質	
AA	Aa2	AA		
AA-	Aa3	AA-		
A+	A1	A+	中上等級	投資等級債券
A1	A2	A		
A-	A3	A-		
BBB+	Baa1	BBB+	中下等級	
BBB	Baa2	BBB		
BBB-	Baa3	BBB-		
BB+	Ba1	BB+	投機	
BB	Ba2	BB		
BB-	Ba3	BB-		
B+	B1	B+	高投機	
B	B2	B		非投資等級、高殖利率或「垃圾」債券
B-	B3	B-		
CCC+	Caa1	CCC+	顯著風險	
CCC	Caa2	CCC	惡劣地位	
CCC-	Caa3	CCC-		
CC	Ca	CC	極度投機	
C	C	C	可能已經違約	
D		D	違約	

第六章 信用違約交換與有毒資產

簡介

信用違約交換（CDS）在金融危機中扮演了重要角色。如果次貸所造成的問題被評為10分，CDS與相關有毒資產所製造的問題會超過100分，我們隨後將做討論。在金融崩潰的時期，大多數報紙上發表的文章以及電臺電視紀錄片，次級房貸市場被描繪為問題的核心原因，卻幾乎沒有提及CDS。為什麼會是如此？也許當時的評論家發現CDS很難理解；即使可以理解，他們也無法解釋；或者他們認為一般民眾會覺得CDS太複雜；又或者如同加爾布雷思[1]（Galbraith）在與金融崩潰聯繫的論證中認為，問題發生原因與銀行精英無關的這類看法，銀行精英很高興看到這類看法延續下去。引述加爾布雷思，「……雖然將錯誤、輕信、多餘，歸咎於單一個人或特定公司是可以被接受的，當將它們歸咎於整個社會，而且肯定不是整個金融界，就顯得不甚妥當。」他接著說，「金融界的智力必須被認定為高過這類過度的錯誤。……投機情緒和狂熱免於被責難的原因是神學上的。在接受自由企業的態度和學

本章內容

說之下，市場中立並準確反映外部影響，不應該受到固有和內部動態的錯誤所影響。這是典型的神學信仰，因而有必要找出崩潰的不自然市場外部原因，或是抑制市場正常表現的濫用。」對於上述一個或多個原因，CDS無法立即在舞臺中央取得合法地位。自然地在2007/8年金融危機的歷史上，我們給予CDS應有的明星般地位。

那麼什麼是CDS？它是一個交換掉期合約，其中一方（A）對另一方（B）支付一系列的款項，以交換當CDS相關特定信用工具違約時，B將會支付A一筆本金款項（這個特定信用工具可以是C公司的債券或貸款）。觸發B向A支付本金款項的信用違約事件，通常是債務人C無法支付利息或未能償還貸款本金。在上面的例子中，如果C公司破產，將同樣造成B必須向A支付本金款項的結果。即使C還沒有發生違約，當CDS相關的信用工具（C公司）違約的可能性提高，A與B訂立的CDS新契約中，A對B支付一系列款項的成本將會提高。在這種情況下，次級市場（交易現有存在CDS的市場）中，B已持有CDS的市場價值將下降，而A已持有的CDS會變得更有價值。CDS的特點讓它看來有些類似選擇權的賣出，特別是交易一方可能面臨徹底毀滅。但CDS並不是選擇權，CDS合約中存有權利和義務。而選擇權只有權利但沒有義務。把CDS與保險放在一起，是一種更好的比喻。

如果有些難以理解，圖6.1可能會有幫助，值得仔細察看。信用違約交換（CDS）有指定期限，不會永遠持續下去。

如果還是太複雜，讓我們來舉個例子。我們引述麥當勞[2]（Larry McDonald）所提供有關雷曼兄弟倒閉的內幕。雷曼兄弟在CDS業務中作為承保人（上面的例子的B方），他指出：「……對銀行（雷曼）而言，這是個相當不錯的業務。不需要做什麼，（雷曼）就可以有每年900萬美元的收入。這真是太美好了，當然除非公司出了事，在這種情況下，銀行（雷曼）將產生10億美元的負債。而更多時候銀行出售CDS給更敢冒險的避險基金。銀行可以很快取得20萬美元費用，同時也擺脫了麻煩。」我們希望大家會比較清楚這樣的解釋。

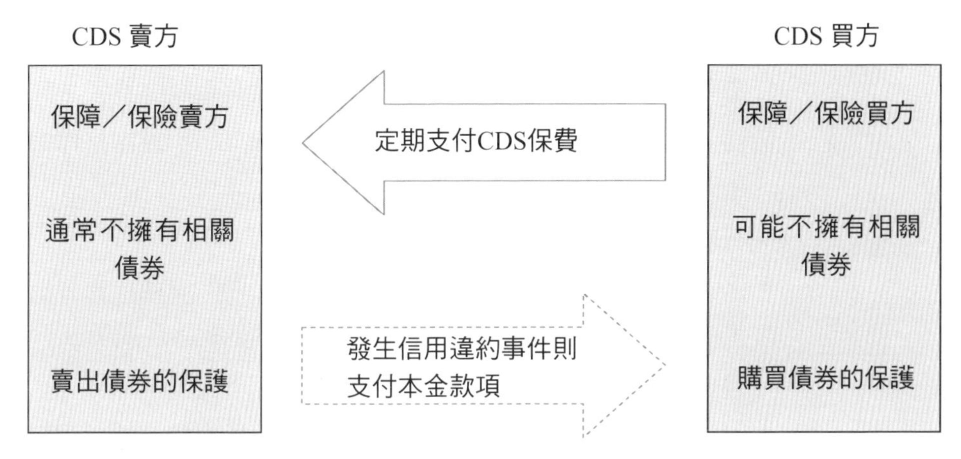

圖6.1　CDS 交易結構

萬一還是有點模糊，赫爾[3]（John Hull）提供了稍微技術性的定義。「CDS是一種工具，對特定公司違約風險提供保險。該公司稱為參考實體（reference entity），該公司的違約稱為信用事件（credit event）。當信用事件發生時，保險的買方有權以面值出售該公司發行的債券，而保險的賣方必須同意以票面價值購買債券。CDS契約中可出售的債券總面值稱為名目本金。CDS的買方定期支付賣方一定的款項，直到契約到期結束，或直到信用事件發生。這些定期款項通常以每季、每半年、或每一年支付。當一個違約的信用事件發生，則以所涉及的債券作實物交割，或以現金付款結算。」

要注意CDS工具可以在次級市場交易。因此在我們上面的例子中，A和B都可以在次級市場上轉讓他們的CDS部位。假定B以市場價值100交易相關C公司債券的CDS，如果C公司由於獲利不如預期或其他一些突發事件，信用評級遭到降級，B所持有的CDS價值將下降到例如85，這是因為C公司變得更有可能違約，B更有可能需要向A支付信用事件下的本金款項。

CDS合約比較像是保險，但與保險還是有所差異，例如：

- CDS合約的任一方都無須擁有相關證券（債券、貸款、或債務），CDS的買賣方都不必然由於違約事件而經由持有證券遭受損失（假設CDS合約的任一方都不擁有相關證券）。然而，保險契約中的被保險人，必須向承保人出示違約事件發生時的可能損失，才可以取得保險理賠。

- CDS合約的任一方都不受監管。
- 保險契約中被保險的一方受到最大誠信原則的規範，需要披露所有重大事實，否則可能導致保險契約的失效。這對風險自負的CDS雙方並不適用。
- 對於違約事件需要負責支付賠償的一方，無須預留任何支付對方的具體資產。
- 承保人以大數法則為基礎，設置損失準備金來管理風險。CDS交易商使用與其他對手的反向交易，藉著對沖抵銷來管理風險。
- CDS合約價值在損益表與資產負債表的會計上，需要按市場價值估值，而保險會計上並不是如此處理。按市價計值的會計，涉及財務報表損益目的投資工具的價值重估。自上次報告日起，考慮價值增減對利潤的影響。顯然，對於價值高變動的投資工具，可以導致財報中利潤的大幅波動，影響未分配的利潤準備。

信用違約交換（CDS）如何運作？

CDS顯然是兩個交易對手之間的信用衍生工具合約。買方定期支付款項給賣方，換取當信用事件（違約）發生時收到補償作為回報。舉一個例子，假設投資者X向銀行Y購買CDS，參考實體是Z公司，CDS有五年期限。投資者X每年支付款項給銀行Y。如果Z公司因為對其債務付不出利息、或是無法償還所需的本金，投資者X將由銀行Y收到一次性付款，同時CDS契約終止。

如果投資人X擁有Z公司的債權，CDS將是對持有債權風險的避險。如果投資人X不擁有任何Z公司的債權而購買CDS合約，這會是一個以Z公司為目標的投機交易。但即使投資人X不擁有任何Z公司的債權，只要投資人X擁有類似Z公司的債權，上述交易還是可能對他所擁有的債權作一定的避險。在這種情況下，Z公司債務是相類似公司（們）的代替品。

CDS的價差（spread）是得到保護的買方（上述投資者X）向提供保障的賣方（銀行X），在CDS契約期間必須支付的年度金額，以CDS合約名目金額的百分比表示。如果Z公司CDS的價差是100個基點（即1%），投資人X向銀行Y購買名目金額2,000萬美元的保護，必須每年支付銀行20萬美元，並持續付款直到CDS五年合約期滿，或直到Z公司違約。

藉由CDS，投資人可以在公司債務CDS 價差的變化上投機。假設避險基金A對C公司的評價不高，認為C很快就會違約。避險基金A從B銀行，買進了以C公司為參考實體的三年期2,000萬美元CDS，價差每年400個基點。例如C公司兩年後違約，避險基金A兩年共支付160萬美元給B銀行，但將獲得2,000萬美元的賠償，共賺進1,840萬美元的利潤。而除非B銀行藉著反向交易來消除曝露的風險，否則B銀行將招致1,840萬美元的損失。當然如果C公司不違約，CDS合約持續三年，避險基金支付240萬美元，並且由於沒有任何賠償回報而招致損失。也有這種可能，避險基金A在CDS合約到期前由次級市場出售所持有的CDS。如果C公司在次級市場賣出時比A當初購買CDS的時候，更有可能違約，避險基金A還是會有來自價差上的利潤，利潤總額將取決於賣出轉讓時的CDS價差，而新的CDS價差將取決於當時C公司違約可能性的程度。

CDS合約從1990年代的幾乎不存在而開始蓬勃發展，到2001年大約6,320億美元，危機發生之前合約總值曾達到超過60兆美元的驚人數字，然後再回落至55兆美元（見圖6.2）。與2008年全世界GDP總額60兆美元做個比較，我們承認這兩個數字的比較，涉及存貨與流通的不同，儘管如此，這種比較還是提供了一些訊息。要注意到總額60兆美元的CDS之中，有許多含有避險目的合約，重點是

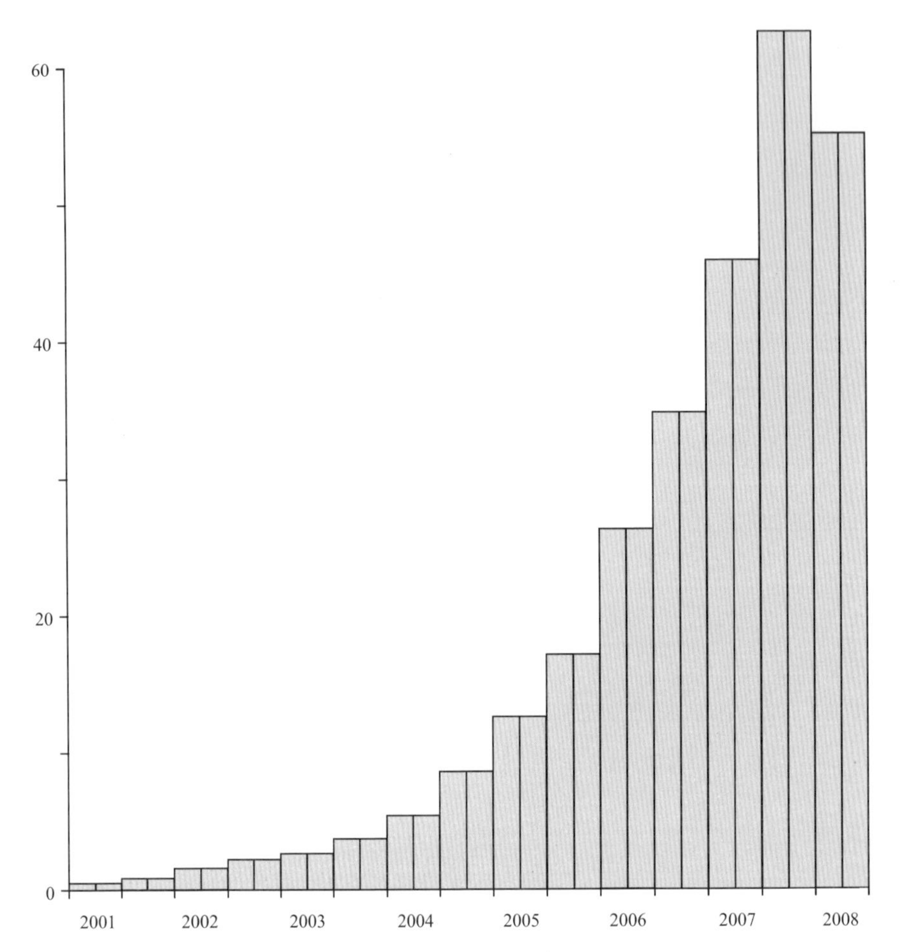

圖6.2　市場CDS契約未平倉總值（兆美元）

如果銀行向顧客出售CDS，銀行本身可能買進抵銷的CDS來避險或覆蓋銀行的風險曝露。邰蒂[4]（Gillian Tett）繽紛的描述值得一讀，她提到一個週末外地舉辦的摩根大通銀行家聚會中，信用違約交換（CDS）的了解和發展是聚會中腦力激盪的主題。

CDS市場在2008年金融崩潰，特別是在貝爾斯登破產後，吸引了監管機構的相當關注。在貝爾斯登崩潰的醞釀期間，以貝爾斯登為參考實體的CDS價差急劇增加，激增的CDS買家急著取得對貝爾斯登破產的風險保護。擴大的CDS價差限制了貝爾斯登與各銀行間大額貨幣市場通路，進一步加大了貝爾斯登的弱點，最終導致

2008年3月被迫出售給摩根大通。對於CDS激增的買家而言，買入銀行破產的保護，究竟是貝爾斯登崩潰的後果或是前因，這是一個開放的問題。投資者見到了貝爾斯登陷入困境，因而尋求對這家銀行風險曝險的規避，或甚至投機在它的破產可能上。2008年9月，相同的情況影響了雷曼兄弟。美國國際集團（AIG）把賭注放在各個不同參考實體價值不會下跌，賣出了大量的CDS保護（同時沒有避險），卻在同一個月中要求政府的救濟補助，AIG的潛在損失超過1,000億美元。2008年CDS的交易沒有透過交易所結算，交易都以場外櫃檯（OTC）買賣的方式進行。因此CDS的交易結算設施在2008年11月推出，涵蓋了相當大的市場交易比重，但絕不包括所有的交易。同樣有趣的是，CDS合約新推出的國際標準，目的是用來防止法律糾紛，卻對於付款詳情不清不楚。

信用違約交換（CDS）市場的驅動力

CDS市場從1990年代的幾乎不存在，爆炸成長到2007年的總值55兆美元，那麼什麼是CDS市場增長的驅動力？在本世紀初的幾年，我們提到過美國投資銀行將次級債權重新包裝成為房貸抵押擔保債券（MBS），銀行賺取了高額利潤，也為銀行家自己賺得巨額獎金。但美國未到期的次級債務市場總額，2007年只有1.3兆美元，也是它的歷史峰值。投資銀行家當時希望尋找一個可以超越次貸市場的新產品。總之市場上沒有足夠的次級債務來滿足市場需求，銀行家們發現他們祈禱得到的答案就是CDS。讀者會記得，一旦次級貸款包裝成為MBS或CDO，就不能再被包裝到其他債券。而次級貸款的數量是有限的，信不信由你，銀行家用光了所有的風險資產。

回到CDS，以X公司為參考實體而發行的CDS，沒有金額上的限制。該公司也許有200億美元的股票市值和50億美元的債務市值，證券交易所上市交易，總資產為250億美元。但X公司的信用違約交換並不局限於50億美元或250億美元，他們總值可以達到1,000億美元、2,000億美元、或任何你喜歡的金額，沒有任何限制。不同於保險，受保人必須具有保險利益，也就是通過一個指定的事件發生（在這種情況下，是債務的違約）而遭受損失；而CDS並沒有這種情況的限制。CDS契約不需要有保險利益，因此理論上針對X公司的債務，可以出售無限量CDS，銀行家們幾乎沒有可能用盡這類風險資產。銀行家們的努力得到了回報，他們將CDS資產與次級貸款債權，混合包裝成為擔保債權憑證（CDO）。他們知道這類資產不會被用盡，完全不會。對許多銀行家而言，這是純粹的煉金術，將普通金屬轉化成為黃金。

上述最後一個例子，擁有次級貸款債權可以取得利息收入，CDS也可以從交易對手手中收到固定的年度金額。

讀者從之前的章節會記得，將沒有相關性的其他資產加入到房貸抵押擔保債券（MBS）的眾多房屋貸款債權中，將產生加強資產組合素質的效果，可能得到更高的信用評級。因此，加入一個CDS到房屋貸款債權組合中，可能獲得較高的評級。現在我們有了一個類似圖5.1中的房屋貸款債權組合，但是多加入了CDS成為一個擔保債權憑證（CDO）。

在危機期間，許多稱為「有毒資產」被收購，其毒性最好以例子來說明。在不會違約或違約的可能性很低的情況下， CDS應該會有例如100的正面價值，來自類似保費收入的預期固定現金流入，超過了違約時的預期現金流出。但當違約迫在眉睫，CDS的價值會反向改變成為負值，由於違約時付出一次性賠款的機率期望值，超過了現金流入（保險費）的機率期望值。在我們的例子中價值100的資產，有可能成為價值-100或-500的負債，真正說明了有毒資產也被稱為有毒負債。當違約開始看來變得愈來愈可能發生，這些有毒資產開始轉化成為銀行資產負債表中的負債，而且像是傳染性的瘟疫，破壞了銀行的健康與生存。這種疾病造成了雷曼兄弟的結束，如果沒有政府救助的話，也同樣會造成其他銀行和金融機構的末路。

我們的故事推展得太快，上述CDO的創造並沒有因為CDS資產的注入而停止，所牽涉的超過次級債務及CDS。如圖6.3，混入優質房貸的高品質債權將提高一定的信用度，但如果混入低檔的信用卡債務、新興市場債券、低評級企業債務、或私募基金債務，情況竟也是如此。進行槓桿收購時，收購標的公司資金的債務對股權比例通常為80％到90％，高於一般企業標準30％至40％的債務對股權比例。此外，槓桿收購可能有一・五倍的利息覆蓋率［息前稅前利潤（EBIT）對總利息支出的比例］，正常的債務標準大約是四倍左右。素質較低的債務總是附帶著比正常債務更高的利率要求。這對拼湊CDO的投資銀行家來說似乎很棒。如我們將看到的，對大批勉強取得三A評級的CDO包裹，支付給持有人低於內含債權和CDS資產所收到的利息。掌中魔術？我們拭目以待。

CDO存在的組成因素中，投資銀行的訣竅在於說服評級機構，所建立的債權組合由不具相關性的分子所組成，以加強整體信

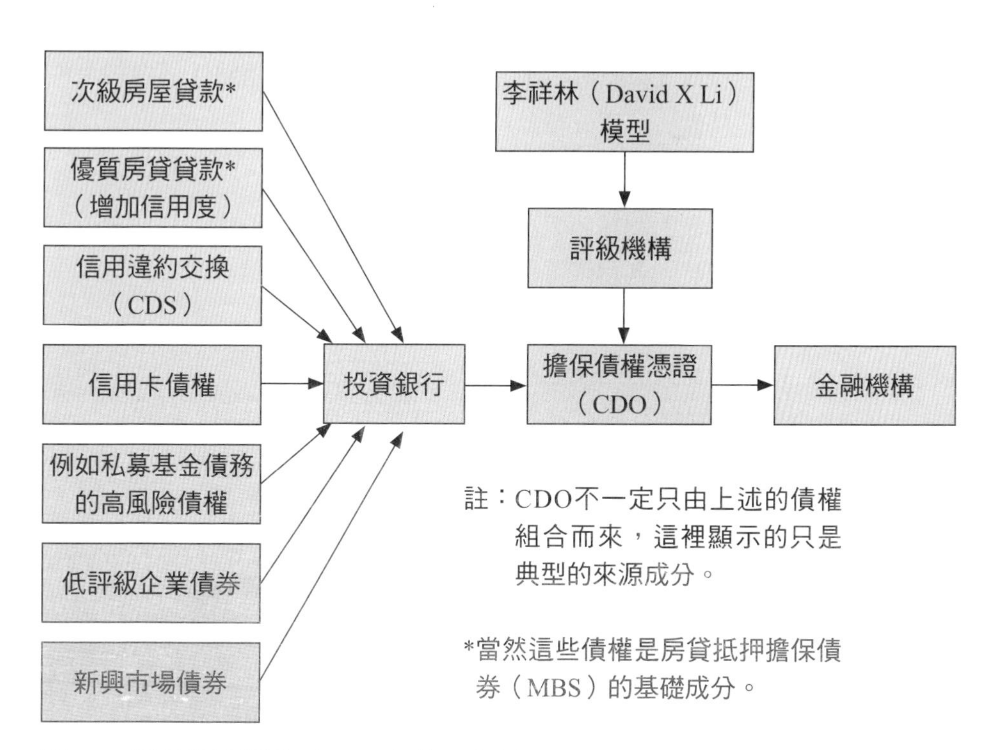

圖6.3　擔保債權憑證（CDO）的食物鏈

用評級優於個別分子本身的信用評級，因而才將它們聚集在一起。

相關性並不像表面看來那麼簡單，為了說明這一點，我們借用薩曼[5]（Salmon）所提出的一個例子。假設有一個女學生A，今年裡她父母離婚的機率例如是5%，她得到頭蝨的風險是5%，她看到她的老師踩到香蕉皮滑倒的機率是5%，她贏得班上拼字比賽的可能性也是5%。如果市場上交易的證券是基於這些情況發生的機率，這些債券應該都會交易在相同的價格。

但是現在假設有兩個在課堂上坐在一起的女學生A和B，彼此也是很好的朋友。如果B的父母離婚了，A的父母也離婚的可能性有多大？還是5%，彼此的相關性顯然很低。如果B得到頭蝨，A也同時得到頭蝨的機會應該會比較高，可能有50%，相關性有0.5。如果B看到她的老師踩到香蕉皮滑倒，A有多高的機會也看到？應該很高，因為她們坐在一起，也是很好的朋友，有機會一起看到事情的發生。A也看到的機會可能有95%，相關性接近1。但如果B贏得班上拼字比賽，A贏得的機會是零，相關性-1。現在如果市場上的證券是根據A和B發生這些事情的機會，因為相關性而有很大的差異，交易價格將難以預料。

顯然，取得女學生A與B對個別事件的機率，將會非常棘手，取得不同條件下的條件機率更是困難。參考過去的數據可能會有幫助，但當涉及到各類條件機率以及錯誤估計，由過去數據所做的估算令人擔憂。

由於條件機率，處理房屋貸款的相關性變得更為棘手。在某一個州X，一個特定房屋價值下跌的機會為何？也許可以參考一下過去的歷史來獲得一些想法。接著，在另一個Y州，一個特定房屋價值下跌的機會為何？同樣，歷史數據可能會有所幫助。然後就是條件機率的問題，不只是關於兩個房屋的問題，也包括在房貸抵押擔保債券（MBS）中，牽涉到所有房屋價值的問題。棘手的問題？也許是，也許不是。

相關性和信用評級

現在引進新的角色到CDS的場景中。請記住，投資銀行銷售CDO遊戲的方式，是提高CDO的信用評級，從而增加CDO價格，以創造銀行更大的可能利潤和自己更大的可能獎金。現在進入舞臺的演員是李祥林（David X Li），具備MBA管理碩士和統計學博士學位，有加拿大帝國銀行和花旗銀行信用衍生性商品研究主管的銀行經驗。他是那種華爾街喜歡聘用，聰明又年輕的「火箭科學家」。李祥林是1960年代出生的中國移民。山姆・瓊斯（Sam Jones）在2009年4月24日的《金融時報》中，形容他為「世界上最有影響力的精算師」。為什麼？李祥林何以得到這個稱號？基本上藉著令CDS成為更容易銷售的證券，藉著幫助了CDS取得三A評級，藉著幫助最後令創新金融家自食惡果的有毒債務建立了55兆美元的市場規模。在成為銀行家的同時，李祥林[6]撰寫論文並發表在同行評審的《固定收益期刊（*Journal of Fixed Income*）》，論文名稱是：「論違約的相關性：Copula的函數方法（On Default Correlation: A Copula Function Approach）」。統計學上，Copula函數是在不同類型的條件下，得出多變量機率分布的一種方法。先前我們談到的女學生，我們有一些變數，離婚、頭蝨、香蕉皮和拼字冠軍，以及一些統計依賴。不同種類的Copula函數，包括阿基米德Archimedean copula、克萊頓Clayton copula、法蘭克Frank copula、高斯Gaussian copula、岡貝爾Gumbel copula，以及其他一些copula函數。總之，copula函數是用來連結兩個或多個變數的行為。

在李祥林的論文中，他並沒有針對違約的相關性訂定模型，但他使用CDS價差的市場數據，這些價差隨著違約風險的上升和下降而變化。李祥林使用CDS市場的歷史價差，而不是實際違約的歷史數據，實際違約在真實世界中還是比較罕見的。當李祥林的論文發表時，批評家指出，CDS市場到2000年的面世時間相對短暫，而且並沒有經歷過任何重大違約事件。所以李祥林的數據是基於非動盪時代，而且假定CDS價差具有市場效率。李祥林開發了一個使用CDS市場價差的模型，而非依據現實世界中違約的數據。模型中作出的假設是在一般金融市場情況下，以特定的CDS市場價差，來正確推論違約的風險。李祥林的定價模型中使用高斯Gaussian copula，根據常態分布或鐘形曲線，是另一個受到批評家質疑的地方。

根據李祥林的論文，當風險資產匯集到CDO中，巨額風險會因此消除，一個大量匯集資產的投資組合，可以被評為AAA級。消息傳開後，數學家與其他銀行的金融工程師，以此解釋衍生性商品結構的模型。銀行家吸引了評級機構分析師的興趣，華爾街衍生性商品的籌劃人員開始使用李祥林公式的新方法來建構風險資產組合。銀行創造了大量新的擔保債權憑證（CDO），以低評級的公司債券、新興市場債券、次級房貸債權作為支持。銀行根據求償順序，將CDO分成幾個批次順位，如圖5.1。即使相關資產個別的信用評級要低得多，信用評級機構仍然願意對許多CDO的批次評級為AAA。銀行家們愛死了李祥林，銀行家也支付評級機構高過正常的收費。如同強生和郭[7]（Johnson and Kwak）所指出，在2005年只有八家美國公司具有三A評級，他們是美國國際集團（American International Group, AIG）、自動數據處理公司（Automatic Data Processing, ADP）、波克夏．哈薩威（Berkshire Hathaway）、艾克森美孚（Exxon/Mobile）、通用電力（General Electric）、嬌生（Johnson & Johnson）、輝瑞（Pfizer）與優比速（United Parcel Service, UPS）。

根據帕特洛伊[8]（Frank Partnoy），「……美國次級房貸爆炸成長背後的推動力，既不是放款人也不是借款人，而是CDO的籌辦人。他們就像是提供古柯鹼的人，而放款人和借款人就像是只需按下按鈕的老鼠。」我們會提到更多有關CDS市場的事實。

華爾街銀行們現在知道他們可以使用CDS來創造不斷增加的CDO產品。他們使用CDS而不是次級房貸來混合重新包裝交易，獲取更高信用評等。由於這種人工特質，這類CDO在技術上被稱為合成擔保債權憑證（synthesised collateralised debt obligation）。

到了2006年，以CDS支持的合成CDO，比真正以房屋貸款支持的CDO還要多。也有了以MBS為參考實體的CDS（CDS on MBS）。像AIG等保險公司，也加入銀行成為CDS市場的參與者。

所有這些衍生工具都不受監管，也沒有任何金融機構披露有關他們持有CDS衍生產品的詳細資料。許多金融機構只是將CDS與其他衍生工具放在一起，在出版的會計報告中披露。沒有人可以評估CDS市場的風險曝露。銀行購買了大量合成CDO中的AAA批次，但是細節，甚至一半的細節，都不在公布的數字之中。

這裡出現了問題。從本質上講，銀行交易CDS或CDO的基礎，是為了每年獲得利息收入，但在違約時卻要付出大額款項。然而，即使在沒有違約的情況下，當作為CDS參考實體的公司債券或是房屋貸款的信用評級下降時，銀行將由於CDS在次級市場上價值的降低而承受損失。當違約情況下，CDS交易的其中一方（在我們前面的例子中的B）將遭受損失，必須支付CDS的名目金額的全部。看起來有點像是賣出選擇權，賣方得到的年費就像是選擇權的權利金，並存有無限的下跌風險，正如同交易對手B可能失去整個CDS的名目金額。因此，為了不承擔違約時潛在的下跌損失，銀行將持有的CDS包裝到CDO之中。

因而對於以次貸支持的CDS，銀行的出售就如同賣出一個以次貸價值為標的的賣出選擇權。銀行出售CDS，會自交易對手處收到周期性的付款，但會有違約時付出大額名目金額的風險曝露。但是當然這個包裹被評為AAA級， 所謂交換（swap）的交易對手，是交易了交換或是選擇權？即使這個契約看起來沒有選擇權「擁有權利不具義務」的特質，但許多方面還是像選擇權多於交換。又或者再次，CDS是一種保險契約嗎？正如我們先前所指出的，它並不受制於保險契約規範，但看起來卻像是保險。在這種情況下，本章簡介中討論的保險利益規定，應該是必要的要求嗎？我們寧願這樣認為。當然對創造CDS市場的銀行家而言，將CDS稱之為交換是一個絕佳的行銷策略。對於銀行將CDS債務包裝進入CDO，將CDS稱之為交換是令人滿意的，聽起來風險較小，而且AAA評級也是一個的行銷策略。

金融機構董事們，交易以次級房貸為基礎的CDO，沒有知會他們的股東。當美國房屋價格下跌時，次級房貸違約增加，並與CDO中的其他資產變為高度相關，銀行與股東必須承受巨額風險。董事們也沒有通知股東，他們所交易的其實是房價的選擇權。當次貸住宅價格下跌，房屋成為業主的負資產，業主們只有很小的誘因和能力來償還債務，許多業主在同一時間違約。銀行董事們如果不是刻意隱瞞，就是不明白這樣的風險。只要任何一項是真的，他們就不適合成為一家上市公司的董事，更不用說是銀行董事。

只要房價居高不下或橫向持續，銀行和他們的員工將從次貸CDO中賺取巨額利潤以及巨額獎金。但是如果房價暴跌，許多銀行將被全面毀滅。意識到這一點的幾個避險基金和其他投機者，把賭注放在次級房屋貸款市場和有關的銀行上面。他們的做法是買進以銀行為參考實體的CDS，或是透過放空銀行的股票。當銀行違約時，避險基金將獲得巨大的賠償收益。

退潮

如我們所指出，次級房貸市場開始出現退潮跡象。2006年底違約開始增加，最初銀行並不擔心，銀行的模型假定美國只會出現不嚴重而且互不關聯的違約。2007年初違約不斷湧現，美國次貸市場明顯出了問題。到了夏天，全美各地愈來愈多的次貸屋主拖欠他們的房貸利息還款。廉價而又隨手可得的次級房貸，原本看來就像是個等著發生的災難，而現在就正在發生中。次級房屋貸款原先就不應該長成這樣，至少在低利率的方面。大多數人所認為，極有可能發生相關度極高的違約事件，李祥林的模型並未能正確預測。如同先前所解釋的原因，原先可以帶來正面收益的信用違約交換（CDS），現在開始成為虧損的負債，銀行之前持有的CDO帶來驚人的損失。金融機構們擔心對方償付能力的恐懼開始滋長，他們停止了彼此之間的借款，流動資金開始枯竭。問題由一種資產類別蔓延到另一種資產類別。國際聯繫下的全球金融市場，流動性消失的問題就像疾病一般地跨越國界傳播。每家銀行都對其他銀行有所懷疑，對任何資本經濟不可或缺的銀行間同業拆借消失無蹤。這已經造成信用緊縮，銀行們的痛苦蔓延到實質經濟。突然間，一切都變得高度相關。

李祥林的公式為何沒有預料到這一切？他的模型假定了各個事件以鐘形曲線常態分布，集中圍繞著一個平均值。事實上可能出現結果的範圍更加複雜，而房貸市場比大多數的情形更趨於極端相關。在危機時期，股票價格行為完全悖離常態分布的鐘形曲線，為什麼沒有人注意到李祥林公式上這種明顯錯誤？

金融市場中對於高斯鐘形曲線行為的依賴早已有了警告；曼德爾布羅[9]（Benoit Mandelbrot）、塔勒布[10]（Nassim Nicholas Taleb），以及特里亞納[11]（Pablo Triana）一早提醒我們，股票價格並不遵循高斯鐘形常態分布。曼德爾布羅早在1960年代已經清楚陳述，塔勒布則指出，「如果世界金融依據高斯常態分布運行，那麼如同1987年10月19日美國股市崩潰的情節（超過20個標準偏差），只會在幾億個宇宙壽命中發生一次……根據1987年的情況下，人們接受來自不確定性的罕見事件發生，他們只是不願意放棄高斯常態分布作為主要的測量工具。」塔勒布進一步提醒，「1987年並不是第一次證明了高斯常態分布的想法是錯亂的。曼德爾布羅在1960年左右提出了經濟學基礎下的可度量性，表明了高斯曲線並不適合市場價格的實際行為。」

塔勒布還嗆辣地提到，「一直要到事情發生之後才了解到，接受高斯常態分布理論訓練下的金融教授占領了商學院，也因此僅僅在美國一地每年就出產數以十萬計的MBA學生，都被虛假的投資組合理論洗腦，沒有實證的觀察經驗可以制止瘟疫的流行。向學生傳授根據高斯常態分布的理論，似乎比完全不教好不到哪裡去。」

也許有些人會以高斯常態分布在大部分時間都適用的理由來捍衛，如果真是的話，那麼就必須強調「大部分時間」，市場行為完全不會是一成不變，而常態分布卻是我們經常被教導的。而且以常態分布為基礎的定理，必須確認只有在大部分時間是正確的。例如著名的布萊克－休斯（Black and Scholes）選擇權定價理論，又是以高斯常態分布為基礎的公式，又是常態分布。

由重要的題外話回到主題。2008年4月，美國第二大次級貸款公司新世紀金融（New Century）申請破產，不久後全國最大的次級貸款公司全國金融（Countrywide）也陷入危機。避險基金增加對這些公司放空的部位，而次級房屋貸款的價值，就像自由落下的石頭一樣，CDO和銀行股也是如此。

2008年6月，穆迪下調了50億美元次級房貸抵押擔保債券（MBS）的評級，並把184個CDO投資放入降級觀察名單內。標準普爾將73億美元資產置於負面觀察名單。銀行開始宣布來自CDS與次級房貸衍生工具的巨額虧損。

首先引爆的貝爾斯登，隨後由摩根大通收購；雷曼兄弟申請破產；美林賣給了美國銀行，美國銀行也收購了全國金融；美國政府拯救世界最大保險公司AIG。在英國，房貸銀行北岩銀行破產，兩家類似銀行布拉德福德（Bradford）和彬格萊（Bingley）也有相同遭遇；英國政府拯救愚蠢投資在CDS的HBOS和蘇格蘭皇家銀行（RBS）。2008年底，警報集中在可能發生的骨牌效應。根據CDS合約，有責任支付大筆賠償款項的銀行可能無法履行債務，導致了CDS市場的混亂。在CDS合約缺乏流動性的情形下，CDS價格大幅滑落。如果上述銀行都在沒有政府干預的情況下破產，這些銀行對其他銀行的債務可能連累其他優質銀行，整個銀行系統可能面臨萬丈深淵。銀行對工商業的放款可能被抽回調用，造成工商業的破產，對工商業的影響可以是完全的災難。這一切本來可能比大蕭條時還糟，而且是糟糕得多。藉著各國政府的協調行動，最壞的情況終於避免。儘管如此，仍是大蕭條以來最大的金融危機。

如果沒有CDS、CDO、MBS等衍生產品，次級房貸違約所造成的可能總損失相對較小，而且是市場可以忍受的。沒有這些衍生產品，違約還是會造成傷害，但並不會太多太大。美國次級房屋貸款未償還的總額約1.3兆美元，2008年這些次貸本身的價值最多下跌了幾千億美元，少於國際貨幣基金組織（IMF）[12]，截至2010年4月估計總救助金額的10%。那麼其他的90%呢？答案是信用違約交換（CDS）。CDS市場是零和遊戲，贏家的總收益等於輸家的總損失。2007年CDS市場的未平倉總額是60兆美元，讓我們來看看以下的情況。僅僅是一個例子，但與現實有幾分相似。假設60兆美元未平倉總額中，70%是避險目的合約，30%的18兆美元為非避險目的合約。18兆美元的一半沒有遇上CDS風暴，另外9兆美元則遇上風暴。9兆美元的契約中假設一半贏一半輸，則有4.5兆美元的虧損合同。假設平均而言，這些合約造成65%的損失，也就是2.925兆美元的損失。並非所有損失都有必要救助，有些損失直接由相關銀行承擔，有些由銀行資本重組所得款項吸收（資金來自石油出口國盈餘所成立主權基金的現金增資及資金注入）。然而，由於一些銀行交易部位的過度集中而造成損失，同時由於損失太大，如果沒有政府救助的話，銀行就會破產。如果有0.5兆美元來自銀行本身，政府救助大約2.4兆美元，與2010年4月IMF的2.3兆美元估算相差不遠。事實上，在此階段我們還不能確定金額，剛才我們所提到的數字只是估計。此外，可能還有與CDS無關，卻超過0.5兆美元的損失。不過，當問題首先發生在次貸市場，倍數加乘成為有毒債務海嘯，有可能造成第二次大蕭條（Great Depression）。

卡西迪[13]（John Cassidy）的說法值得一提，他指出格林斯班（Alan Greenspan）在2005年5月歌頌信用衍生產品的發展，「對銀行體系的穩定有重要貢獻，提到銀行，尤其是最大、具有系統上重要性的銀行，得以更有效地衡量以及管理信用風險。」卡西迪繼續說，「以CDS衍生工具為例，格林斯班僅僅說明美國聯準會和其他國際銀行監管機構的正式觀點。他在2006年1月退休後的繼任者伯南克，也沒有作出任何努力去扭轉聯準會旁觀的立場。CDS協助風險分散與風險管理的想法，以及以風險值VaR（Value at Risk）為基礎的風險管理，已經達到官方認可的信條地位。如果不是災難的發生，監管當局不會認真質疑華爾街的作法。」

但顯然衍生產品CDS、CDO、MBS加倍了次級房貸的損失，並幾乎將全世界帶入了全面崩潰。罪魁禍首是CDS，具體來說，基於銀行和保險公司違約的CDS，放大了損失金額。由於投資者擔心這些外圍賭注，因而失去了對系統的信心。如果沒有政府的干預，該系統將完全崩潰，政府總算勉強撐起了正在崩塌的骨牌。

本章最後的剪報6.1，凱約翰（John Kay）將CDS聰明地比喻為開車時緊貼前車的做法。如果讀者回顧圖6.1，顯而易見CDS是如何以緊貼前車方式運作。CDS賣方向信用保護的買方每年收取收益，併入損益表內。但當緊貼前車出現相撞車禍時，銀行必須支付大筆金額給保障的買方，損失列入銀行損益表。當駕駛者貼緊前車行駛時，銀行的非執行董事稱讚交易員，也推崇銀行家，每個人看到損益表都覺得太棒了，CDS真是個賺錢的機器。然而當你看到賺錢機器，一定要質疑、質疑、再質疑，因為賺錢機器是虛幻的。但是有沒有任何一個銀行的非執行董事或監管機構質疑過這一切？或是有沒有任何來自銀行內部的建議，對信用違約事件發生時CDS潛在損失做出保留準備金的規定？或者這些建議將不利於銀行家的獎金？事實是，我們需要一個新品種的非執行董事，而且要儘快。

結束本章前一定要提到劉易斯[14]（Michael Lewis），他幽默地談到在金融危機的醞釀期間中，CDS及其他有毒投資工具如何賺到了大筆利潤。

剪報 6.1 金融時報，2010年1月20日 FT

緊貼前車的駕駛人破壞了公路運作，也破壞了市場運作

約翰·凱（John Kay）

有些人可能會將過程形容為在柏油路面蒸汽壓路機前拿起一枚硬幣，一個更粗俗的說法是「吃得像一隻鳥，拉得像一頭大象。」有一個更學術的描述是：基於賣出高度價外選擇權的一種交易策略。但我個人比較喜歡的比喻是，緊貼前車的駕駛行為，高速行駛中將汽車貼近前車的開法。

無論如何形容，其實說的都是同樣的事情：回報分布在頻繁產生的微小利潤，穿插偶爾發生的極大損失。金融市場中高比例的交易業務，都有這種緊貼前車駕駛的特性。基於提供了許多實例的《被隨機所愚弄（*Fooled by Randomness*）》一書（比被廣泛閱讀的《黑天鵝（*Black Swan*）》更早更好的書），我稱之為塔勒布（Taleb）分布，塔勒布是兩書的作者。

機率分布一直是最近金融危機的中心主題。購買新興市場債券，在遙遠的機會下看似有利可圖，最終卻實現了高額虧損。如同持有沒有基礎價值的網路股票。基於（通常正確，但最終還是錯誤）某種信仰，他們可以將股票以更高價賣給一個更笨的傻瓜。虛假投資等級的合成證券，由於內含風險被低估，可以提供比同等級實在信用的債券更高的殖利率，虛假證券的創造終於導致信用緊縮。問題不只是這些分布顯示塔勒布特性：市場活動在心目中也依循塔勒布特性。

緊貼前車駕駛的貼切比喻，在於捕捉了過程中其他重要方面。首先，自我滿足感的駕駛人，反映在金融市場中自我滿足的交易員。這些傢伙有天賦，或是他們相信自己有天賦。由於他們的駕駛技術和精細判斷風險控制，他們到達目的地的速度比其他人快。這種自我欺騙有可能來自認知的失調，將偶然的大事故與頻繁小成功分了開來。當事故發生時，都是別人的錯。由於前面路上一個預期不到的障礙物，前車司機將車子作了意想不到的移動。

對災難的說法，始終有一部分是真實的。大部分跟著前車的後方司機，永遠不會發生事故，但其中的一小部分司機，他們的路途會在太平間裡結束。只有少數人由經驗教訓學習到，緊貼前車駕駛是愚蠢的。大部分人藉由實踐經驗，反駁緊貼前車駕駛是愚蠢的，認為事故的發生只是純粹的理論分析。自我信心與自我祝賀的文化，繼續在緊貼前車的駕駛者中延續。

你可能會認為，看過半個世紀以來最差的公路事故，會帶來更安全的駕駛習慣，那你就錯了。事故的目擊只能在短時間內令司機開車更加小心，實際觀察的結果顯示這種影響很快消失。在金融市場也是如此。

投資銀行的利潤與獎金報告，還在持續保證緊貼前車的駕駛者獲得報酬。由於政府作出保持道路淨空的特別努力，同時所有交通警察都在會議室內開安全駕駛會議，事實上緊貼前車的駕駛者還被鼓勵這種高風險的駕駛方式。

政府本身也受到緊貼前車駕駛的感染。一些官員認為，政府擔保私營部門的負債沒有任何成本，因為政府可能不會真的要去負責。其他人告訴你，政府會由緊急注入金融機構的資金賺到錢，精確比喻了緊貼前車的駕駛者對自己嫻熟駕駛技術的滿足。擔保和注資經常是不需成本，但是當一旦需要，就會是很大的負荷。資助冰島銀行和房利美的納稅人已經開始發現，但還未成為更廣泛的教訓。緊貼前車駕駛讓你更快地到達目的地，或是永遠都到不了。

第七章
銀行貸款與控制機制

簡介

傳統上，銀行對於貸款的請求，使用一套標準來評估以決定是否核准貸款。這套標準包括了許多明顯的要點，例如評估潛在借款人的性格（或是在企業貸款的情況下，評估公司關鍵人員的性格）、了解借款人的行業、公司在行業內的位置、經營策略、過去的財務表現、試圖估計未來財務表現、風險評估、配合業務推展現金流入的合理貸款期限、經濟衰退下現金流情形、利率收費高低、是否要求抵押品諸如此類。所有這些問題都回歸到銀行業務的重點，「我們借出去的錢拿得回來嗎？何時以及如何？」在貸款留置模式下，所有這一切都與放款銀行有密切關係。不幸的是，隨著貸款出售模式的來臨，由於可能將貸款債權出售給第三方，銀行過去採行的優質信用分析方法變得不再需要。此外，我們總結了優質的信用分析和貸款的戒律來表明放款人的使用原則，隨後在貸款出售模式下決定放棄這些原則。

本章內容

一般商業銀行放款標準

當然，任何貸款都有風險，沒有一家銀行會對所有存有風險的業務說不。海爾[1]（Hale）在他有關銀行放款的一流文章中，提供了信用分析的十八個原則。摘要如下，也指出了銀行的基本貸款問題。前七項與放款人有關，後十一項涉及到借款人。它們分別是：

1. 信用的品質比開拓新機會更重要。
2. 每一筆貸款的還款，從一開始就應該有兩種可能的不相關來源，也就是透過營運產生現金或資產變現。來自健全擔保人的保證是另一種可能性，但前兩者通常提供主要角色，擔保人的保證是在較薄弱情況下的備胎。
3. 借款人的性格，或公司借款人情況下的主要管理人以及股東，他們的誠信必須毫無疑問。
4. 如果銀行不了解借款人的業務，就不應該有貸款協議。
5. 貸款與其結構由銀行決定，對於自己的判斷，銀行必須感到安心自在。
6. 貸款的目的，應包含還款的基礎。
7. 如果銀行擁有全部資料，不需要很聰明，銀行都可以做出正確的決定。
8. 商業週期是不可避免的。換句話說，貸款應該分別以好壞不同狀況來評估。
9. 雖然比評估財務報表困難，評估公司管理素質也是至關重要的。
10. 抵押品不是還款的替代品。
11. 如果有抵押品，必須獲得專業公正的抵押品估價，抵押品必須有可變現性。
12. 貸款給小型借款人的風險，比貸款給大型借款人的風險要高。
13. 健全的放款銀行不應該輕忽細節和信用管理。

14. 本地銀行應該參與本地借款人的貸款申請。
15. 如果借款人希望儘快得到答案，答案就會是「不」。
16. 如果貸款由保證人保證，銀行必須確保保證人與借款人的利益一致。
17. 銀行必須明確了解企業如何使用銀行貸款，而且要在貸款期間持續了解確認。
18. 銀行家首先要為銀行設想。當信用原則被破壞時，風險同時增加。

一般情況下，銀行會要求察看並詳細研究收益預測、現金流量和資產負債表，而且在某程度上不完全同意這些資料，銀行會產生自己的預測。 銀行尋找的重要事項，是企業或個人可以產生足夠的現金流，以便借款人可以準時償還貸款。財務比率分析是銀行例行評估的一部分，用來評估財務預測是否合理可信，以及評估借款人是否違反銀行另外施加的財務公約。無法遵守銀行的財務公約，技術上將觸發貸款的立即償還。營運現金的產出，提供銀行第一種取回貸款的方式，見上述原則要點第二項。如果沒有現金產出，貸款基礎似乎是薄弱的，借款人不太可能可以按時償還貸款。第二種方式是通過企業資產的變現（因此要強調資產負債表的狀態），或通過保證人的貸款擔保或其他保證。沒有對上述兩種方式的合理期待，銀行應該對貸款要求說不，或是提供一個較小規模的貸款，或對還款日期作出調整。

傳統銀行最有價值的預測，毫無疑問是經濟衰退時的現金流量預測。保守的銀行希望看到，即使在經濟衰退，借款人也能夠產生足夠的現金，逐年（或每個季度）支付貸款利息和償還貸款本金。這些預測的結果，可能會改變貸款的還款計畫和到期日，或要求更高安全性的擔保品，或貸款要求可能會被拒絕。圖7.1顯示了一類現金流預測格式，可以用在正常時候，以及經濟衰退時的現金流量預測。結合正常和經濟衰退時對損益表和資產負債表的預測，加上比率分析，銀行對於貸款要求的潛在風險和回報，評估上占到了有

預測年度	2012	2013	2014	2015	etc.
分別輸入正常或經濟衰退時的預測數字					
銷售額					
稅前息前獲利預測					
+ 上述獲利金額所扣減的折舊及攤銷*					
– 額外的營運資金（庫存、應收帳款減應付帳款）					
– 新的固定資產投資支出					
– 預估應付稅項					
償還債務前的淨現金流量					
– 貸款利息和本金償還					
股息前的淨現金流量					
– 預估股息					
股息後的淨現金流量					

* 更正確地說，上述獲利金額所扣減的折舊、攤銷和減值（如有）

+ 或是本季與上季比，最好是本年度的一季與上年度的一季比。

圖7.1 正常時期以及經濟衰退時期現金流量預估格式

利位置。

最合適的貸款結構也是銀行的關鍵問題之一。也許是用以支付出口合約的短期貸款，也許是透支帳戶提供短期季節性需求和自償性營運資金需求，也許必須是一個長期貸款。

此外，銀行傾向量化限制對任何單一客戶或客戶類型的風險曝露，例如房屋建築和房地產開發商。這些規則通常寫在銀行控制機制手冊。規律地在相當短的時間間隔中，呈報審查分數的資料數據，是銀行財務控制的重點部分。不幸的是，由2000年到2007年的經濟繁榮，上面列出的信用分析和控制的標準，被廣泛地淡化或忽略，這是常常發生在經濟繁榮時期的情況。

房屋貸款是銀行業務的另一個核心部分。傳統房屋貸款有一系列的貸款標準，與企業貸款不同，房貸更多關注在與國內金融有關的問題上。住宅房屋貸款的決定，涉及評估借款人的個性與素質（工作、在職時間、持續在職的機率、收入、前景、財富等，以及潛在借款人根據信用評分標準的評等）在特定要求下的關聯。這些關鍵的問題包括：

- 貸款成數（loan to value ratio, LTV，放款人的最重要標準）；
- 利息及本金還款相對於收入；
- 利息及本金還款相對於風險；
- 最大貸款規模；
- 最低首期自備款。

傳統上，貸款成數（LTV）約為75％至80％，貸款金額設置在三到四倍收入。在房貸的貸款留置模式下，放款人以房屋本身的作為擔保品抵押放出貸款，將貸款債權在資產負債表上以有抵押的資產顯示。隨著證券化的發展，銀行採取貸款出售模式，將房屋貸款與抵押品（及其他貸款）捆綁在一起出售給第三方。銀行認為，既然貸款出售給第三方，銀行可以減少對房屋貸款和企業貸款的信用分析以降低成本，因此產生大量有關評估企業貸款與房屋貸款的違約事件。事實上，我們知道許多新任命的CEO，並非銀行或金融背景，將行之有年銀行有關貸款評估和控制機制的紀律丟到腦後。除了被淡化，信用分析也被業務流程再造工程諮詢顧問所變裝，依照顧問們所被賦予的職權範圍，將調查放在改造信用分析的紀律上面。

業務流程再造工程（business process re-engineering, BPR）由本世紀初的開始變得熱門了起來。雖然BPR的熱潮已經逐漸減弱，對諮詢顧問和董事會而言，BPR還是相當熱門。BPR涉及什麼？BPR的冠軍專家哈默和尚皮[2]（Hammer and Champy），定義BPR為「業務流程的根本性再思考和激進地重新設計，以實現關鍵表現與量度措施的急遽改善，如成本、質量、服務和速度。」

美國聯邦政府極為重視BPR，通知政府機構必須以再造的方式，進行以下的轉換：

由	到
紙上作業▶	電子化
分層階級▶	網絡化
囤積資訊的力量▶	分享資訊的力量
實體化▶	虛擬及數位化
控制導向▶	績效導向
遵循規定導向▶	標竿導向
個人專家▶	團隊能力
煙囪式組織▶	蜂窩式組織
監督機構▶	教練機構
慢慢反應▶	迅速作出反應
重複輸入數據▶	只一次地輸入數據
恐懼技術▶	理解技術
決定來自高層端▶	決定來自客戶交易端

請注意到這些主張建議摒棄控制導向和遵循規定導向。不幸地，這些領域正是銀行之所以卓越的原因。

哈默和尚皮建議以下的BPR原則：

- 依照成果來進行組織，而不是依照任務；
- 將資訊處理整合到資訊產出的實際工作中；
- 發揮資訊科技的作用，將區域分散的資源集中處理；
- 聯結平行的工作流程，而非僅僅整合結果；
- 將決策點放在工作執行的地方上，在流程中建立控制；
- 由來源擷取一次資訊。

這些建議都很好，但對銀行業務而言，顯然稀釋了貸款評估和控制機制。這僅僅發生在幾家銀行，但銀行本身的董事及高層人員在這點上卻是目空一切。畢竟在貸款出售模式下（不同於將貸款留在銀行損益表上的貸款留置模式），貸款債權出售給第三方。由此，貸款債權證券化包裝成為擔保債權憑證（CDO），如果被評為三A級並出售到銀行之外，花費時間和金錢在信用分析上對銀行不會有任何價值。這種說法的缺點是，銀行本身也可能同時成為CDO的創造者及購買者。後者的角色，銀行買入沒有依循信用分析規範的債權。

更糟的是某些銀行，特別是新加入市場和來自較不成熟市場的銀行，儘管本身仍然維持貸款留置模式，卻決定跟著潮流走，摒棄對貸款交易的信用分析以及嚴密控制，只根據定性評估來作出貸款的決定。這種親切而業餘的銀行風格，以裙帶關係來放款，卻總以淚水結束一切。

貸款控制機制

信用風險的管理，由明確的信貸理念設置管理重點開始。銀行的信貸理念範圍，可以由強調高度保守低風險標準基礎上最高素質的貸款組合，到強調高度靈活風險標準的積極貸款與市占率增長。一家銀行的貸款理念經常以正式的貸款政策來闡明。信貸理念和貸款政策應該是一致的信用文化，反映在該組織的貸款制度和批核程序。

圖7.2和7.3表明信貸理念的可能範圍中，預期回報和風險狀況的關係。圖7.2提出了風險與回報之間簡單而且線性的關係（事實上，風險和回報關係可能不會是一條直線），表明了負擔更大的風險，可以增加業務的回報（包括銀行）。圖7.3加強了一個觀念，當銀行強調增長、承擔更多危險、採取更靈活的標準時，預期回報率將會增加。但最重要的是，當銀行的作風由保守、資產素質、低風險，轉變為以銷售為導向、目標在增加市占率的成長模式時，預期回報的波動也會增加。優先強調貸款素質具有低度風險，產生穩定收益。增長模式與市場導向的選擇，是一種高風險的策略，會產生寬鬆的貸款素質，較高風險的貸款資產組合，以及不穩定的回報。儘管在經濟繁榮的時期，高風險策略能達到較高收益，在經濟不景氣時也會有較低的報酬結算數字。這一種銀行經營顯然是槓桿營運

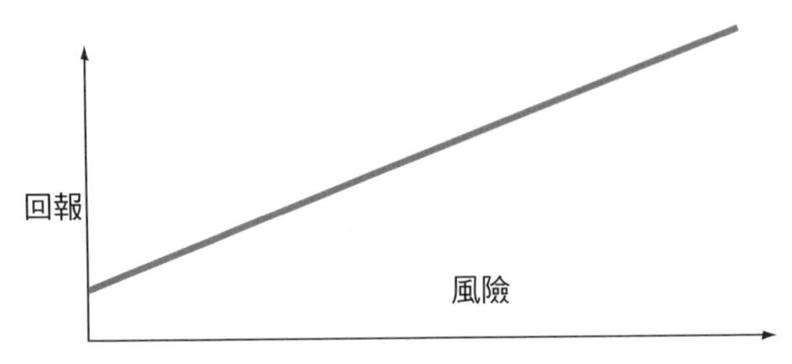

圖7.2　風險與回報的權衡取捨

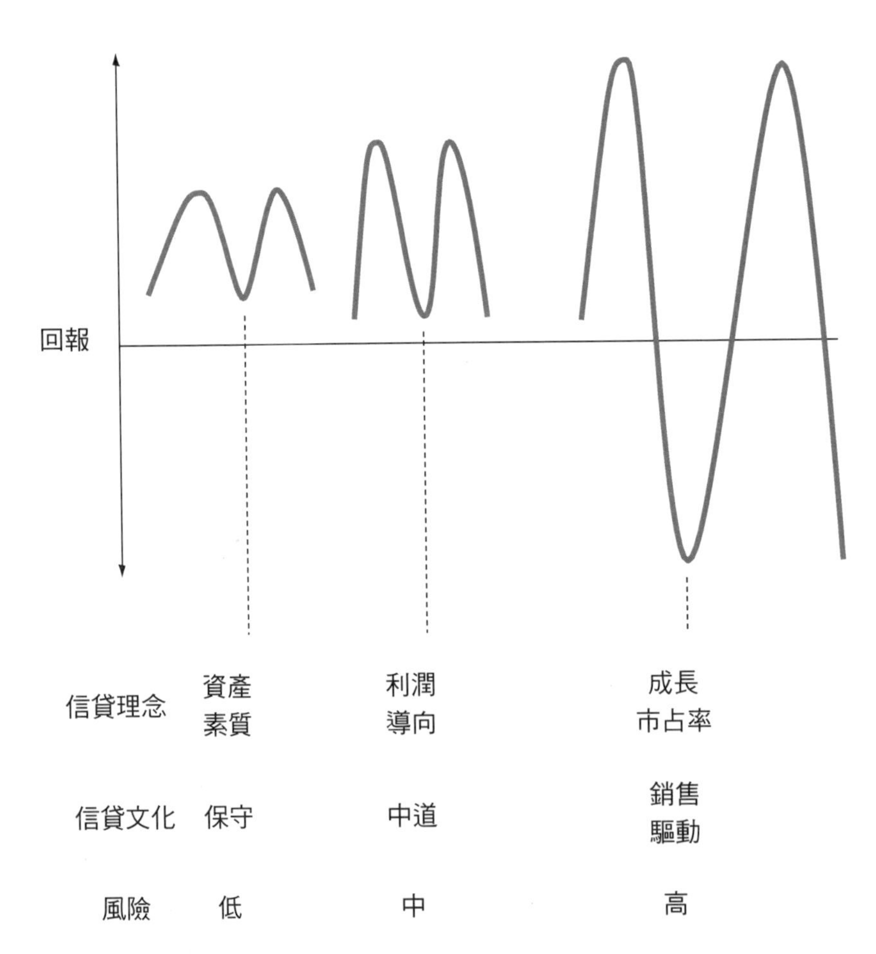

圖7.3　信貸週期下的回報與風險

（隨著景氣循環，而有比平常更高或更低利潤的收益波動）。在我們看來，應該以較低財務槓桿來平衡收益，債務對股東權益的資本結構比率應該要低於競爭對手。不幸的是，在2007/8年金融危機的醞釀期，銀行業務並不是如此運作，也造成了對整個銀行業的重大教訓。

從某種程度上來說，銀行下放了核准貸款的權力。大多數銀行的控制機制，涉及到某種程度上的權力下放。但是對大額貸款，還是需要貸款委員會批准。傳統上，銀行有一些委員會，例如主任貸款委員會與董事貸款委員會。對於擁有許多不良貸款的銀行，還會有特殊資產委員會。這些委員會只被授權批准符合貸款政策的貸款要求。對於超過一定最小額度的貸款，會由個別信貸員向主任貸款委員會提出貸款批核，主任貸款委員會通常由最有經驗的信貸人員組成。

再次，傳統上董事貸款委員會審查由主任委員會批准的主要貸款。董事貸款委員會通常由銀行高層管理、最高級信貸員，以及兩個或以上的董事會外部成員組成。對最大額的信貸給予特別關注，並對主任貸款委員會的決定作出最終裁決。董事貸款委員會特別關注貸款的一致性、銀行貸款政策，以及控制內部人貸款的法律和政策。該委員還會審查大額的逾期貸款及其他信貸問題。

特殊資產委員會通常關注在不良貸款，負責監察問題貸款的催繳進展情況，並決定如何通過與欠款人合作及其他可能方式，試圖達到收回貸款的目的。

由貸款留置模式轉變為貸款出售模式之下，傳統貸款控制機制的成本削減，對銀行是非常具有吸引力的。話雖如此，並非所有的貸款債權都被證券化，因此這方面的成本削減也不會是100%。

銀行最大的控制問題之一，是銀行對信貸員已放出貸款部位的持續管理。雖然銀行貸款人員都有最大的交易授權，但由於交易可以發生在所有時間任何地點，問題仍然龐大。當然，報告的電子化對問題會有所改善，但任務還是艱鉅的。不僅銀行的控制和監測的任務龐大，部位的複雜性也是。這是非常重要的一點，比許多人意識的後果更為巨大。如果成功的話，銀行財務主管才真正可以顯示出自己的身價。

風險值與風險管理

在金融危機發生之前，風險值（value at risk, VaR）是可用的也是最常用的風險管理工具之一。風險值是一個單一數字，在價格波動的情況下，為持有特定部位的機構，估計可能產生的損失。例如持有固定利率債券，未避險的某種貨幣應付／應收款項，信用違約交換，或次級房屋貸款。風險值指出在特定的假設下，潛在損失不超過某一水平的可能性。這些假設可能涉及跨越期間、持有期間、信心區間、機率分布、相關性、與對系統的潛在衝擊。

風險值廣泛應用於金融機構，其功能強烈表現在銀行資本適足的指令規則上。發展上很大程度要歸功於摩根大通。摩根大通前任主席要求每日業務報告的最後，要以一頁的篇幅來總結銀行部位曝險，對隔天市場波動可能造成的銀行損失。摩根大通的RiskMetrics（測量風險值的系統），由這個要求演化而來。

風險值在銀行建立了普遍的地位，對跨越多樣活動範圍的聚集風險作出前景展望，同時藉由集團風險管理系統，聯結了銀行業的集體利益。

風險值在概念上與實際上都是一個強大的工具，但它的運作和缺點，銀行與財務主管同樣都需要了解。風險值對集體風險的測量，特別是對銀行，絕非是一個完整的靈丹妙藥。然而，在正常的市場條件下，以及投資工具具有一定的流動性下，風險值的確為短期的可能損失提供了一個適當有用的估計；換句話說，它適用於市場自由交易以市場定價的資產和負債（客觀的市場價值），因此不太適用於信用違約交換（CDS）和次級房屋貸款方面。

為了解釋這個概念，假設一個金融機構持有固定收益債券的投資組合。這個投資組合是沒有避險的，因此今天投資組合的價值會基於當前的利率期限結構（term structure of interest rates），也就是今天的收益率曲線（yield curve）。如果我們有類似的歷史收益率數據，那麼我們可以根據過去廣泛的利率情況，來分別計算投資組合的價值，以獲得可能價值和價值變化的分布情形。大多數風

險值模型假設投資組合的平均價值變化是隨機的，並且以常態分布曲線機率分布來估計（見圖7.4）。對於常態分布曲線，標準差（standard deviation σ）是用來衡量價值的波動性，隨機數據的機率分布如下：

68.3%　發生在正負一個標準差σ範圍
95.5%　發生在正負二個標準差σ範圍
99.7%　發生在正負三個標準差σ範圍

如果相信常態分布可以適用在金融危機的情況下（這是非常危險的，見本節後），假定圖7.4的一個標準差是10萬美元，表示在95.5%的情況下，投資組合價值的變化會在正負20萬美元之間。所以，在95.5%信心水準下的風險值是20萬美元。請注意，如果依照機率，每年只會有一天的價值變化會超出30萬美元。如果數據是以每日間隔，那麼這就是24小時的風險值。請注意到本段的第一

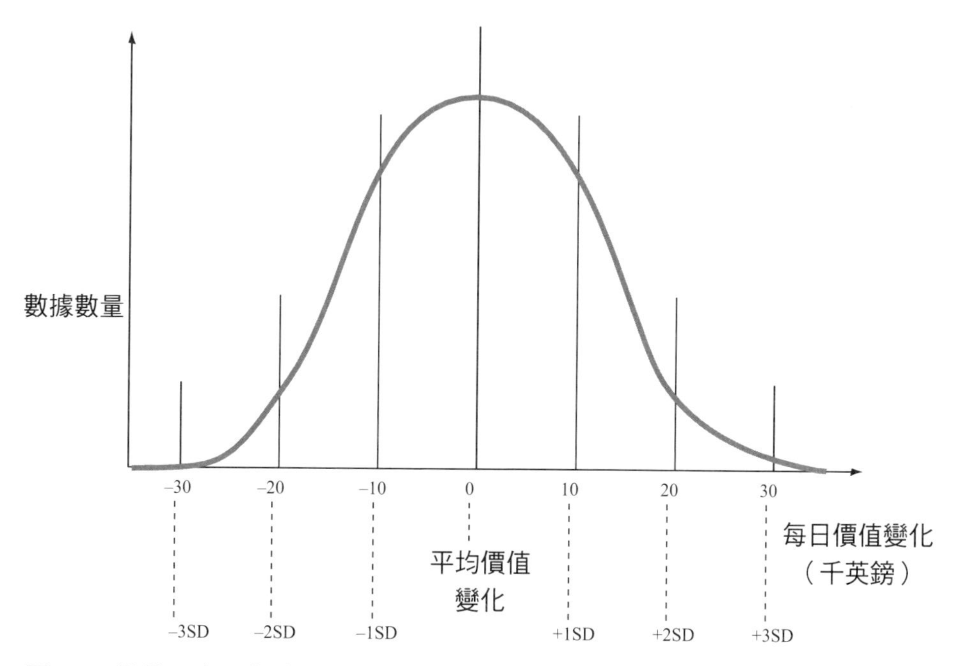

圖7.4　常態分布下投資組合價值變化*

*危機發生時的一種非常危險的假設，見本文。

個「如果」。而事實上是，在金融危機或市場壓力的時候，現實世界的行為並不依照常態分布，我們在第十章將再次回到這個主題。風險值的重要性不能過分強調，事實上當銀行最需要風險管理的時候，卻用了一個不適當模型來控制。

很容易可以看到，這個概念如何應用在銀行可能持有的匯率或利率部位曝險。同時，銀行的資本適足監管規定，還要求銀行提供在95%的信心水準下，基於五年每日數據的風險值數值；以及在99%的信心水準下，基於三年每日數據的風險值數值。基於法規，銀行有義務維持一定的資金（股權和次順位債），以支持這個具體的風險值數值。如果銀行的風險與監管機構要求不同，銀行必須採取措施，改變持有部位投資組合，或是提高維持資金，令總體投資組合的資金需求，與監管上的資金需求相互吻合。

如上所述，如同大多數的管理技術，風險值也存有一些問題。以下是一些關於風險值的注意事項。

- 由經驗上來看，在金融危機時期，價值的變化並不遵循常態分布，對於選擇權、信用違約交換、次級房貸、到股權股票皆是如此。 結果顯示肥大兩端的機率分布，遠超過常態分布兩個標準差之外的4.5%。換句話說，在金融市場真實世界中不太可能出現的事件，發生的頻率要比常態分布模型所展示的更加頻繁。雖然我們在第十章會對這個主題進一步討論，風險值領域已出現了許多關鍵的反對者，如曼德爾布羅[3]（Mandelbrot）、塔勒布[4]（Taleb）、以及特里亞納[5]（Triana）。他們提出的觀念已經接受長時間的篩選通過考驗，但這並不表示將來不會有其他金融崩潰。
- 如上所述，對系統的衝擊，可能會比常態分布預測的發生機率更高。正因為如此，風險值可以用在正常的市場狀況下，並輔以壓力測試以及情境分析作為模擬工具，來量化對未來的大型衝擊所帶來的潛在影響。
- 對於風險投資組合，部分資產可能互相會有相關性，例如房屋市場與債券市場的曝險。因此，對於簡單投資組合以外的情況，必須使用其他的方法。這些措施包括：

(i) 根據相關度而採取統計上調整數據的方法。

(ii) 利用過去歷史的投資組合回報，包括過去危機發生時，作出電腦模擬。

(iii) 蒙地卡羅分析，使用波動性、相關性以及危機壓力狀態的假設，產生大量（例如10,000）不同情境，構成一個機率分布情況。

(iv) 危機衝擊系統下的壓力測試。

- 需要建立對於各類型風險的適當持有期間，並留存相關數據。一個關鍵因素是有關部位賣出時的市場流動性程度，也就是說可以以多快的速度把部位清掉。金融理論許多部分的假設是「市場是連續的」，換句話說，我們幾乎可以隨著我們的意願，隨時進入市場結清部位。這顯然不是2008年9月的情況，當時金融危機在最嚴峻的時間點之一，市場的流動性也同樣如此。
- 必須強調這些要點中的前兩點。事實上風險值的表現，如同壓力測試及其他風險度量技術，都未能指出2007/8年危機時的損失程度。再度重申風險值的計算使用常態分布，以及來自歷史資料的標準差，這往往是不足夠的，當有危機時就顯出他的不足。換句話說，當最需要風險值的時候，它卻失靈。金融市場的實際行為，表現出機率分布的肥尾（fat tail）現象。大部分時間符合常態高斯分布，但肥尾現象還是在可能造成他人危險的情況下被忽略。對於常態分布不當使用的大量批評，在第一個要點中提到的三本書，值得高度推薦。

我們現在來看看一些令風險管理難以實施的實際問題。風險管理牽涉到風險曝露的度量及管理，金融風險管理需要確定風險的來源，量度大小，制定，並實施計畫去解決。風險管理可以是定性或定量的，金融風險管理側重於何時以及如何去規避風險曝露。「巴塞爾協議」（Basel Accords）受到全世界銀行所採用，用來追蹤、報告以及管理信用風險和市場風險。

根據史密斯[6]（Smith），存在於監管機構和銀行的一個大問題是，他們的「風險管理紀律太鬆散。即使他們能夠準確地評估危險，風險管理者通常沒有足夠的授權去遏止風險的製造。」關於上面提到特定模型的缺陷，史密斯繼續向我們提供在布克史塔伯（Richard Bookstaber）部落格上的例子，布克史塔伯之前是大型投資銀行的風險管理部主管。想像的對話涉及布克史塔伯（我）和銀行的CDO交易員（他們）。對話如下：

場景 1

我：　嘿，兄弟們……我們CDO相關的部位庫存持續增長……我們之前還只是有幾十億，然後上升到200億美元，現在近400億美元。這有點令我擔心。

他們：也許這是因為你沒有坐在這裡整天看這些東西……嘿，在這個行業中，你不可能不藉著持有一些風險部位來賺錢。如果你可以做到的話，一定要讓我們知道。在這種情況下，我們很多部位都是AAA等級。你對於我們持有一堆AAA級的公司債不會有問題吧？我的意思是，這些東西比投資在我們自己的公司還要好。……

場景 4

我：　很抱歉再次打擾，也許我們一直關注在不對的地方……如果這些真的都是AAA等級，我們的擔憂就不僅僅是違約……問題在於是有什麼理由它們可以交易在這麼低的價錢……我們庫存部位的流動性不是太好……如果有人突然被迫變賣……它的價格會不會急速下挫，對我們造成傷害。當你有400億美元的這類部位，下降10%造成的損失，會等於你們在過去幾年的所有利潤。

他們：很高興見到你的分析。但是如果我們擔心每一個假設小小的「如果」，我們就不用做生意了。我們是冒險者，這就是我們如何賺錢的原因。所以如果你要我們停止賺錢，或者如果你有更好的方法不用冒險就可以賺錢，請讓我們知道。否則，你介意我們現在回去工作嗎？

顯然，當風險管理者嘗試找出問題時，交易員是占有優勢的。交易員比風險管理者更了解市場。此外，有抱負的初級風險管理人員，也可能希望成為交易員，收入更好，工作內容更令人興奮。因此，年輕的風險警察在政治上，可能不會對每一個問題，充分跟進尋求解決。況且，如果風險管理部主管將問題轉給銀行的CEO，他們可能會得到如同上面場景4的軟釘子。風險管理需要CEO的授權承諾，風險管理主管需要知道他們可以依靠這個授權作為後盾。但它並非總是如此。風險管理的實際問題是不言自明的。

銀行資本適足

值得提一提銀行的資本適足要求。這些是對銀行與其他接受存款機構，如何分配持有資本的規則框架，涉及到資產的風險加權。換句話說，制定公式對銀行資產加權調整以反映資產的風險性。在國際上，由國際清算銀行內有關銀行監督的巴塞爾委員會，設定銀行的資本要求。該委員會於1988年推出俗稱「巴塞爾協議」的資本度量系統。這個框架正由一套更新更複雜的「新巴塞爾協議（Basel II）」資本適足率規則所取代。這些規則規定了資產的風險權重。資本比率是銀行的資本，相對於風險加權總資產的百分比，加權比重根據風險敏感性來定義。正當寫這本書是，新版本的「第三巴塞爾協議（Basel III）」正在研擬推行。

基本上，這些規則指引用來評估資本適足率，主要根據資產負債表中資產的信用風險，以及特定資產負債表外的風險曝露，例如尚未有資金來源的貸款承諾、信用狀（L/C），以及各種不同衍生工具。基於風險資本指導方針，包括股東權益對負債比率（槓桿比率）的要求。

第一類資本（Tier 1 capital）主要包括股東資金原始支付購買銀行股份的金額（並不是他們的市場價值），加上保留盈餘，減去累計虧損。監管機構開始允許除了普通股以外的工具，可以認定為第一類資本。這些工具隨著不同國家監管機構而異，但性質上總是接近普通股，這些工具被稱為「上第一類資本」（upper Tier 1 capital）。

對於第二類資本有幾種分類，其中包括補充資本金、未公開準備、重估公積金、一般準備金、混合工具，以及次順位長期債務。

根據美國聯邦銀行監管機構的定義，資本適足指的是一家銀行控股公司，必須有至少4%的第一類資本，至少8%的第一類加第二類合併資本，至少4%的槓桿比率（股東權益對債務）。要達到資本充足，銀行必須有至少6%的第一類資本，至少10%的第一類加第二類合併資本，至少5%的槓桿比率。在最初的巴塞爾協議下，第一類資本的絕對最低比例僅為2%。在新版「第三巴塞爾協議」中增加各類比率要求，本書的後記簡要討論這些新的比率。

在資本充足的情況下，規定比率可以概括為：

$$\text{第一類資本比率} = \frac{\text{第一類資本}}{\text{風險調整後資產}} \geq 6\%$$

$$\text{總資本比率} = \frac{\text{第一類加第二類資本}}{\text{風險調整後資產}} \geq 10\%$$

$$\text{槓桿比率} = \frac{\text{第一類資本}}{\text{平均總資產}} \geq 5\%$$

文字上難以完全解釋所有的規定要求，以及銀行財務控管的複雜性。想強調的是，銀行的控管任務是艱鉅的。銀行在缺乏效率和有效控制的情況下倒閉，我們不會感到驚訝。當然成功的銀行財務管理，絕對有資格為自己賺取獎金。

第八章 金融監管

簡介

監管是藉由規則或限制，對個人或社會行為的控制。監管可以有多種形式，包括由政府或類似機構訂定法律限制；例如貿易公會的行業公會自律規範；隨組織而不同，透過行為標準的社會規範；也可能是涉及市場的監管。監管對違規行為實施制裁處罰。

政府監管的目的是為了造成特定結果，這些特定結果在缺乏監管的情形下通常不會主動發生。例子包括專利、房地產開發權、對物價的控制、工資、汙染等。經濟學其中一個領域著重於市場監管的研究，稱為監管經濟學。

監管如同大多數的一致行動一樣，對某些人是成本，對某些人是利益。當實施監管所帶來總收益超過總成本，稱為有效監管。監管由不同的驅動力產生，大致可以分類為：

- **市場失靈**。在不同情況下，可以合理地允許干預發生，例如：
  - 壟斷可能產生價格或工資的扭曲，或是妨礙商品或服務的提供；

本章內容

- 如警務、執法、學校等公共財，在純粹市場體系下，有可能不被提供；
- 信息不對稱，契約的雙方對情況的了解程度有可能有所不同；
- 外部性，我們在第二章中已作了簡要討論。

- **利益團體的推動**。監管由私利集團發起，以對自己有利的方式重新分配財富。
- **集體願望**。監管有關社會的喜好或對社會一個顯著部分的考慮判斷，例如建立和維護國家公園、博物館、藝廊等。
- **不可逆性**。監管也關注這一代人做出可能貽害後代子孫的行為。
- **社會從屬地位**。監管在於改變不同社會群體的從屬地位。
- **多樣性**。監管對不同喜好和信仰的團體，消除或加強其機會。
- **內生性喜好**。監管對某些偏好的維護或發展。

在古代埃及、印度、中國、希臘和羅馬，當人們開始交易就出現對商業的監管。社會監管或以規範、習俗和特權的方式存在，並對不遵守監管的行為實施制裁。

雖然政府採取監管措施，企業卻往往傾向希望減少監管。我們不是在討論保障契約執行的法律法規，而是指企業界覺得對本身福利會產生不利影響的監管。事實上在過去六十年左右的時間，看到了愈來愈多的嘗試，試圖修改某些規管架構，以新的監管規定取代，甚至轉變為自我監管，這項趨勢被稱為管制放鬆。放鬆管制的基本概念並不一定是個壞主意。隨著時間的推移，改變規定的需要、觀念的變化、持續的成本效益分析，可能會發現在某些領域下，同樣的監管規定不再合理。一些評論家也表達了對遊說行業持續增長的關注。我們在第二章中提到，在廣泛的定義下，美國遊說行業相關的最大支持，來自於金融機構。

金融服務監管的需要

金融服務業的一般個人客戶，對金融業的認識比服務的提供者要少得多，他們通常很難分辨哪些業者是誠實而且足以勝任的。這類相同的信息不對稱也適用於其他地方，例如醫院看診和修車廠維修汽車。大型金融交易的錯誤，可以很容易造成嚴重損失。此外，對於很少重複購買的行為，例如多數人只購買一種退休金計畫，正常市場上聲譽的維護，可能不會非常明確；因此，對於這些行業有監管的需要。現在的問題是：需要怎樣的監管，以及多少程度的監管？正如我們所將要描述的，金融危機的發生透露出監管機構不只容易犯錯，而且可以說是非常容易犯錯。

資本適足與流動性

民營銀行對利潤的追求，影響了銀行業的結構。銀行必須要支付到期的債務，同時需要維持足夠的資金以滿足正常的存戶提款。然而銀行貸款的基本目標，是以最大限度將手頭資金貸放出去。對於無法產生孳息的現金，儘量減少其在資產中比例。銀行業中必須要有一般規則，防止金融服務業特別容易發生的欺詐事件。但是大型金融機構倒閉會產生系統性風險，一個金融機構或市場的問題，可能會蔓延而危及其他金融機構，甚至影響整個金融系統。避免這類風險是中央銀行的首要任務，也是審慎監管的理由所在。因此，金融服務規則往往要求銀行持有最低限度的資金、流動性的最低水平，而且要定期報告兩者給監管機構。

個人消費銀行業務，以櫃檯接受現金存款與提款，銀行需要對可能發生的貸款損失，維持一定股本作為準備。個人消費零售銀行的主要資產，是銀行放出去的貸款，每年貸款的損失通常在1%以下。銀行喜歡以自有融資的方式，在沒有不當風險下，降低他們的現金對存款比率、流動資金比率、資本對資產比率，以及償債能力比率。讀者可以參考表4.1、圖4.1以及圖4.2。一家銀行的流動資金比率，是銀行持有現金加流動資產，相對於銀行總資產的比例。在一般情況下，這些流動資產包括借出到貨幣市場的資金、即期及短期通知放款、由政府和其他借款人發行的短期債券，以及存放在中央銀行的結餘。在多數發達國家的經濟體中，不再存在一個強制性的流動資金比率。值得一提的是，過去英國要求大型銀行將負債的小幅比例，存入英格蘭銀行中。這個存款沒有利息，並有效地被當成稅收的一部分，為英格蘭銀行提供收入。這就是所謂的資產準備金要求，許多國家仍然對銀行有如此的要求。償債能力比率，是銀行的自有資產對於其負債的簡單比率；銀行的現金比率則被定義為，持有現金對於總存款負債的比率，與流動資金比率幾乎相同。中央銀行監控每家銀行流動性的充足以及其組成成分，但並不公開央行所滿意的流動資金比率。多年來，監管機關有來自銀行幾乎不停的壓力，允許銀行們增加債務、減少流動性，以及減少股本資金。

在美英兩國，銀行採取了更加積極的財務立場。追溯到英國維多利亞時代，銀行的股東權益占總資產的比例大幅超過10%。美國銀行在1930年的比率為14%，同時期英國的數字已經下降到7%，參見表4.1。到了1985年，英國和美國的數字分別為4.6%和6.9%。

在現金對存款的比率方面，英國銀行由1960年代的超過10%，到2005年的不到1%。美國銀行在同一期間，也從7%下降到不到1%（參見圖4.1和4.2），歐洲大陸也是如此。但是在日本的銀行，甚至以更低的比例來削弱他們的對手。銀行所玩的顯然是高風險遊戲，他們可以聲稱低比率是資產負債表上的效率。當然，與財務槓桿有關的故事也經常發生。

為了創造國際競爭環境，防止欺詐行為，更有效地保證銀行的風險控制，因而提出了巴塞爾協議（見第七章）。巴塞爾委員會由各國中央銀行和監管機構的代表組成，雖然大多數國家都採用該委員會的建議，但委員會並沒有強制執行的權力。

最終貸款人

當民眾開始擔心恐懼，銀行以任何代價都無法履行債務的時候，可能會引發金融危機。在部分準備金的銀行制度下，可能導致對資金的搶奪。部分準備金的銀行制度指的是，銀行持有固定最低百分比的現金，或高流動性資產準備。資產準備的最低百分比，可以是出於商業上的審慎考量而自願採行，或由法律或公約做出要求。在這些情況下，最低準備金要求的目的，是為了維護銀行履行本身債務的能力。在試圖恢復準備的過程中，銀行可能會限制放出新的貸款、收回舊有貸款，甚至在價格受到空前賣壓的情況下出售資產。所有的這些都發生在最近的金融危機中。由於銀行不願借錢給金融體質較為薄弱的同業，終於導致了信用緊縮，可能導致各銀行的倒閉。當然這也可能導致貨幣存量的急劇收縮，造成經濟衰退。

當擁有足夠的抵押品的銀行發生了流動性問題，作為最後貸款人的中央銀行可以隨時提供幫助（見第四章）。央行通常以懲罰性的利率，提供足夠的現金給具有償債性但缺乏流動性的銀行，以應付由恐慌驅動、突如其來的擠兌。白芝浩（Walter Bagehot）到1877年過世之前都還一直是《經濟學人》評論員與編輯，他指出，對於中央銀行是否會在任何的情況下對銀行提供支持的制度設計上，應該要留下一些模糊的空間。話雖如此，我們不確定雷曼兄弟的銀行家是否應該責怪白芝浩。

央行另一個非正式的功能是危機的管理者。央行可能會尋求私營部門企業的意願，以接手陷入困境的銀行，注入新的資本，並提供管理的能力。或者央行會安排公共部門的收購來管理銀行，讓銀行逐步結束營運，或者甚至讓接手銀行再次呼吸重生。

存款保險制度

由於擠兌而造成一家大型銀行的倒閉，可能會導致整個銀行準備系統崩潰的昂貴代價。如果有足夠的存款保險，銀行擠兌對大街上的一般路人將不會造成顯著影響。幾乎所有的現代政府，甚至在沒有一個正式保險計畫名稱之下，都會以某種方式保證一部分或全部的個人銀行存款。並非所有的存戶對存款保險都有足夠的信心，在任何情況下，存款保險也可能會有上限。

麻煩的地方在於誘因所造成的效果。如果沒有存款保險，存戶會有誘因要對自己的存款非常小心，只會把存款存放在他們認為安全的銀行，這也給了銀行本身很大的誘因來確實遵循審慎的商業政策。銀行需要確保他們有充足的流動性和資本準備以建立存戶的信心，否則他們可能會有擠兌的風險。因此存戶對於比較安全的銀行，也願意接受較低的存款利率。

嚴格或鬆散的監管

強制性的規定可能會比自願性的準則來得複雜，同時產生更高成本以符合各項規定。由上而下設置規定，可能不會完全貼近現實世界，特別是當監管者只有一點點的實踐經驗。監管者會不會徵詢生意人的看法？如果是的話，生意人可能出於自利的動機，精心刻意讓監管者只了解事實的一部分。而監管者必須在各自的領域上，發展出獨立的、全盤了解的、不偏不倚的看法。

一個高度依照指令的制度，可能會產生例如下面的問題：

- 複雜的風險依靠簡單的規則來規範；
- 對不斷快速變化的市場狀況應對太慢；
- 特定時間點上資產負債表所反映出的數據，造成市場的迅速變動；

- 隨著時間的推移往往只是加入更多的規則，而僅僅撤銷少數的監管規定；
- 有必要區別法金與個金業務，否則會有過度監管法金專業機構間業務的危險；
- 監管可能過度集中於原因而非結果，可能導致將注意力不適當地放在表面的數據上。

任何監管規則的系統都需要持續進化發展，開放修訂的可能性，然而卻可能難以實現。在自願的制度下，人們對改變通常有一些影響力，甚至隨著他們的選擇來做出改變。但自願受監管的制度，過於容易受到被監管的利益團體所操縱。

自我監管可以是廉價而靈活的，但它可能由行業內精英，為了行業本身的利益而提出，而不是為保護無關的路人甲。自我監管有迅速成為完全喪失監管的可能性。在金融危機發生之前，當監管的不足導致傷害時，我們看到的只是監管的加強。此外，例如金德爾伯格[1]（Kindlebeger）、萊因哈特和羅格夫[2]（Reinhart and Rogoff），以及其他許多經濟歷史學家所提出的觀點，銀行業危機不僅是不可避免的，而且是重複發生的，足夠、嚴肅、有能力、公正和獨立的監管系統絕對是必須的。鑑於銀行在控制自己的獎金文化和風險取得上有著令人搖頭嘆息的做法，銀行自我監管只是個糟糕的笑話。

美國金融監管系統

美國的制度中有幾個不同的金融監管機構，以成立的時間順序臚列如下。歐巴馬總統和他的民主黨政府，都在思考如何合理調整這些監管機構的權責。

美國監管部門包括：

- **美國財政部**根據1789年的一項國會法案而成立，專門管理政府收入，而聯邦準備系統（Federal Reserve）則負責管理支出。美國財政部目前已發展包括幾個不同的職責，包括建議及影響財政政策，監管美國進出口，蒐集包括稅收的國家收入，設計並鑄造印刷所有的美國貨幣。財政部在金融監管方面，主要透過旗下的兩個機構來進行，金融管理局（Office of the Comptroller of the Currency, OCC）以及儲貸機構監理局（Office of Thrift Supervision, OTS）（見下文）。任期到2009年的第74任財政部長為保爾森（Henry / Hank Paulson），2009年1月26日就職的第75任部長是蓋特納（Tim Geithner）。

- **金融管理局（OCC）**是建立於1863年的聯邦機構，負責特許、監管和監督美國所有的國家銀行、聯邦分行，以及在美國的外資銀行機構，是美國財政部下屬一個獨立的局。
- **聯邦準備系統（FRS）**成立於1913年，是美國的中央銀行，包括十二個地區銀行，主席由美國總統任命。從1987年起，格林斯班（Alan Greenspan）是美國聯邦準備系統（通常簡稱為聯準會）主席，伯南克在2006年2月1日接替格林斯班成為第14屆主席。聯準會監督商業銀行（但不包括投資銀行）以及整個銀行體系。廣泛的任務是促進物價穩定以及經濟成長，這部分顯然是美國金融監管中非常重要的部分。正因為如此，我們在下一段會再次探討聯準會。
- **聯邦存款保險公司（FDIC）**建立於1933年，是格拉斯－斯蒂格爾（Glass-Steagall）法案改革的一部分，保護每個存款戶在每家銀行上限25萬美元的存款（從2014年減少到10萬美元）。
- **證券管理委員會（SEC）**是一個政府機構，是經濟大蕭條後政府改革的一部分，建立於1933年，負責監督證券交易所（紐約證券交易所和納斯達克交易所）以及財務會計準則委員會（FASB）。
- **商品期貨交易委員會（CFTC）**成立於1974年，目的在保護市場參與者以及公眾，對於商品期貨、金融期貨和選擇權的銷售，避免欺詐、操縱和濫用的行為，促進開放、競爭、以及財務健全的期貨期權市場。

- **儲貸機構監理局（OTS）**成立於1989年，是所有的聯邦和許多州特許儲蓄機構的主要監管者，監管範圍包括儲蓄銀行（savings banks）和儲蓄貸款協會（savings and loan associations）。

此外，還有不同獨立國家機構，對銀行、保險和證券做出監管。它們是：

- **聯邦住宅金融委員會（FHFB）**成立於1989年，監督聯邦住宅貸款銀行（federal home loan banks）。
- **聯邦住宅事業監理局（OFHEO）**是住房和城市發展部（HUD）中的一個機構，負責確保房利美和房地美的資本適足與金融安全。依據1992年聯邦住房企業財務安全和穩健法成立。
- 2008年住宅暨經濟復甦法（Housing and Economic Recovery Act），結合OFHEO和FHFB，形成新的**聯邦住宅金融局（FHFA）**。

聯邦準備理事會（聯準會）是美國的中央銀行體系，以區域為基礎而組織，以大面積涵蓋多重的小型和中型美國的銀行。聯準會包括十二個地區準備銀行、二十五家分行、以及十一個辦事處，由設在華盛頓特區的理事會所控制。理事會批准貼現率及其他準備系統內的利率，監督以及一般性規管銀行體系的運作。地區準備銀行監督銀行的運作與管理，作為最後貸款人，協助一般支票結算，提供統計與研究的公共服務，並實施貨幣政策。貨幣控制的實施，透過公開市場操作來行使。

美國金融監管的核心是聯邦準備系統，魯比尼和米姆[3]（Roubini and Mihm）觀察格林斯班在金融危機形成期間所扮演的作用。格林斯班在1987年被任命為聯準會主席，用他們的話說，他上任四個月後股市崩盤，格林斯班立刻投入救援，「……如果說格林斯班體認到中央銀行必須扮演緩解金融危機影響的角色，他卻拒絕做任何事情來防止危機的發展。」對於「有能力的機構應該在泡沫形成之前就採取預防措施」的長期中央銀行哲學，格林斯班似乎興趣不大。較早的聯準會主席小馬丁（William McChesney Martin, Jr.）曾說，央行行長的工作是「在盛宴進行時把酒罈搬走。」

魯比尼和米姆繼續說：「格林斯班透露並不願意將酒罈拿走。1996年隨著集中於高科技和網絡股的股市，狂飆到令人眩暈的泡沫，他曾警告說這是非理性繁榮，然後幾乎沒有做任何事來阻止泡沫的繼續膨脹……當科網股泡沫終於在2000年爆破時，格林斯班把更多的酒倒入酒罈中。在911的攻擊後，他不停地削減聯邦基金利率，甚至還在復甦跡象開始出現後……政策上維持利率過低也過久，而且將利率正常化的回歸太遲也太慢，結果造成了住宅和房屋抵押貸款的泡沫。藉著注入大量寬鬆銀根到市場中並且維持了太久，格林斯班藉由一個新泡沫的膨脹，來緩解一個泡沫崩潰的影響……創造了一個格林斯班對策……市場相信聯準會將為了解救泡沫的崩潰，總是會營救魯莽的交易員，創造了一個規模宏大的道德風險。格林斯班在這方面應該受到批評。」這正是我們的感受。

英國金融監管系統

英格蘭銀行是英國的中央銀行，以私營銀行方式成立於1694年，主要業務是借錢給國家以及處理國家債務。繼承百年來皇家特許賦予英格蘭銀行紙幣發行流通的責任，英格蘭銀行成為其他英國銀行的銀行。1844年的銀行特許法案，認可英格蘭銀行中央發鈔的權力和最後貸款人的身分。到1870年，英格蘭銀行負責利率的總體水平以及該國的一般國家信用。二十世紀初，在政府的整體指導下，授權英格蘭銀行負責國家財政和貨幣政策執行。1946年，該銀行才被正式國有化。

1998年的英格蘭銀行法案，通過該行貨幣政策委員會（Monetary Policy Committee），賦予該行全權負責英國的利率訂定。在此之前，利率政策是由英國財政部行使。自1997年以來，該行有法定職責維持整體金融體系的有效和穩定，而金融監理局（Financial Services Authority, FSA）負責監管個別銀行和住宅金融互助會的風險資本，並確保資本的適足。如上所述，在1980年代中期，英國政府設立一個新的並具有廣泛權力的超監管機構金融監理局（FSA），目的在促進金融服務有序高效以及市場的公平，匯集各個監管部門到一個單一的機構下，參見圖8.1。

1997年，新的工黨政府決定嚴格限制英格蘭銀行整體監管銀行體系的傳統角色。原來的英格蘭銀行獨立於財政部，擁有設定利率的責任，並在英國政府的指導下達成既定通膨目標。1997年後，就沒有一個單一機構監管整體金融系統。相反地，英格蘭銀行、金融監理局和財政部的三方當局之間產生了監管缺口。這些監管缺口在2007年的主要金融危機中變得非常明顯。圖8.2顯示了從1997年

金融監理局 (FSA)

自律組織	認可投資交易所	認可的專業團體
證券及期貨管理局 (SFA)	倫敦證券交易所 (LSE)	會計專業團體
投資管理監管組織 (IMRO)	倫敦國際金融期貨選擇權交易所 (LIFFE)	法律協會
個人投資管理局 (PIA)	倫敦商品交易所	

圖8.1　金融監理局的組成部分

財政部	金融監理局	英格蘭銀行
•在國會中為問題承擔無謂的責任 •設計整體的監管架構	•監督個別銀行 •關閉破產銀行 •通知銀行需要維持更多的準備金	•監測貨幣市場問題 •提供貨幣給放貸銀行 •最後貸款人

圖8.2　英國於1997年推出三方金融監管系統

剪報 8.1 金融時報，2009年4月17日 FT

FSA經濟繁榮時期的監管遭受批評炮火

皮卡德（Jim Pickard），政治通訊員

倫敦金融城的監管機關，在經濟繁榮時期對住宅金融互助會的監管，被前任主管指責為「既冷漠又自滿」。

自由民主黨財政部發言人凱博（Vince Cable），寫信給FSA主席特納勳爵（Lord Turner），要求特納勳爵調查他稱為監管失靈的「嚴厲控訴」。

在信用評級機構穆迪週三對九家住宅金融互助會降低評級的幾天前，告密人向這位國會議員進行了接觸。

這位前任主管指稱FSA的管理層，忽視三年前的警告，住宅金融互助會認為所買進的是傳統房屋貸款債權，卻是買進了捆綁高風險的自我認證貸款。

舉報人過去擔任FSA零售企業部門主管，職權範圍包括小型住宅金融互助會。現任職於倫敦金融城的舉報人，擔心監管機構對他採取法律行動，因而拒絕透露他的身分。

他警告，由於偏離了以所接受存款向房屋抵押貸款提供資金的傳統業務，住宅金融互助會現在變得「極度脆弱」。不同於傳統業務，許多住宅金融互助會將風險曲線提高到特殊貸款，如商業地產、次級房貸、自我認證貸款，以及專為購入後出租的房屋貸款。許多住宅金融互助會被賣給他們低素質貸款債權的銀行所「生吞活剝」。有一百四十年歷史的住宅金融互助會鄧弗姆林（Dunfermline）最近破產，原因在於所取得的次級房屋貸款債權組合，甚至在泡沫破滅之後，還繼續鼓吹商業房屋貸款。

這位FSA的前主管說，在2005年底和2006年初時，他參與了有關大型法人機構放款者，將房貸債權組合賣給住宅金融互助會的「專題評論」。

數千萬英鎊的貸款組合被歸類為「完整狀態」，意即對於房屋抵押貸款借款人的收入狀態，擁有充分的憑證。然而出現的貸款文件中，卻都沒有任何證據證明借款人的收入狀態，例如薪資單、雇主發出的年度應稅所得、納稅申報書、或銀行對帳單。

這位前主管說，FSA的管理層被告知這一切之後裝作視而不見，僅僅發送一封一般信件給住宅金融互助會的行政總裁，提醒他們在購買這類貸款債權前，要進行徹底完整的調查。

這位前主管認為，這是典型監管機構的「冷漠與自滿」，拒絕偏離官方避重就輕的政策。

FSA在週五早晨表示，這些指控是「半真半假充滿扭曲的」，並沒有準確地反映監管機構近年來對住宅金融互助會的監督。監管機構承認，過去對於放款人的商業模式或企業商業判斷的關注，的確沒有「如同今日對其關注的強度。」

所幸，所有由穆迪評級的住宅金融互助會，都在去年秋天通過了壓力測試，除了鄧弗姆林以外。

住宅金融互助會同業公會週四表示，去假設每一個住宅金融互助會從其他地方買來的貸款債權都成了壞債，這其實並不公平。

剪報 8.2 金融時報，2009年4月17日 FT

「被投資銀行生吞活剝」

皮卡德（Jim Pickard），政治通訊員

對倫敦金融城監管機關和住宅金融互助會的一個凋謝的批判，包含在FSA的舉報人向自由民主黨財政部發言人凱博提供的信息之中。

這位曾在銀行工作過的FSA前僱員，指出一些住宅金融互助會，走上了完全無法充分理解產品的愚蠢航程。

他說，「我親眼目睹了各地的住宅金融互助會，容易信任別人而又天真的管理及非管理人員，誰都沒能真正了解證券、結構型融資、或其他全球資本市場任何方面的運作，終被玩世不恭、貪婪、短視近利的投資銀行所生吞活剝。」

不僅住宅金融互助會增加放出商業地產、自我認證借款人，以及購買出租類型房地產投資人的房屋貸款，所有這些都超過其傳統的貸款風險，他們也買進來自其他放款人的貸款債權組合。

他們的這些活動，是由於這類貸款提供了稍高的殖利率，表面上看來也是安全的。

但在最近的過去，半打體質孱弱的住宅金融互助會，透過被更大競爭對手的友善合併所拯救。

但在本月鄧弗姆林的情況下，有兩個英國貸款組合分別由GMAC和雷曼兄弟兩個次貸放款人所建立，加速了它的崩潰。

由於對資產負債表上隱藏未知的恐懼，沒有任何機構願意在沒有大規模公共補貼的情形下，介入市場進行拯救。

鄧弗姆林是一個錯綜複雜救助計畫的主角，全國（Nationwide，該行業中最大的營運商）接管了他的儲蓄帳戶，而毒性更大的商業貸款則由國家承接。

根據FSA前主管，這種情況可能很快就會發生在其他住宅金融互助會上。

「沒有其他住宅金融互助會，會願意一口吞下其他同業的不良資產負債表，因此在未來不會有涉及資產負債假設的合併。」他在接受採訪時告訴《金融時報》。本週「納稅人將採取應變措施，以確保住宅金融互助會的生存。」

從鄧弗姆林的年度報告來看，看不出來它的次貸風險曝露，也看不到6.5億英鎊商業物業的風險曝露，其他住宅金融互助會也是如此。這位前主管說，「許多這些公開的帳目相當粗略，沒有揭露任何真正的風險」。這種觀點令住宅金融互助會同業公會有異議，它認為所有的會員在財務披露方面，全都滿足必要的法律義務。

公會的處長科爾斯（Adrian Coles）昨晚說，認為住宅金融互助會在沒有任何獨立建議的情形下買了原始貸款發起人的債權，這種說法是荒謬的。他說：「我不相信其他機構會處於與鄧弗姆林相同的位置。」

舉報人批評FSA未能防止住宅金融互助會在經濟榮景時，在奇異的領域中冒險。他說，監管機構已經決定

不去「監管商業模式。」

批評的重點在於，在2005年和2006年間，已有許多貸款債權組合，由批發放款人出售給住宅金融互助會的專題評論。

一個這樣的組合，包括數千個歸類為擁有借款人收入證明的「完整狀態」貸款，但是卻沒有任何單一貸款文件中包含任何證據證明借款人的收入，例如薪資單、雇主發出的年度應稅所得、或銀行對帳單。

「我們已經發掘無可辯駁的證明，住宅金融互助會付出了昂貴的代價，表面上最安全的住宅抵押貸款，但實際上卻是高風險的自我認證貸款。」他說：「FSA的管理層視而不見。」

舉報人指控，原先發起貸款的銀行沒有被FSA制裁，而購買貸款債權的住宅金融互助會沒有被FSA接觸。

舉報人說，「FSA在專題評論之後的唯一行動，是發送一般的『親愛的CEO』信函，提醒他們需要進行徹底而盡職的調查。」

這個批評呼應了FSA針對北岩銀行最近的破產所作出的內部報告。內部報告發現，監管機構未能會同倒閉銀行的管理階層，進行妥善的處理，或未能進行適當的監督。

FSA昨天拒絕對此批評發表評論，只有說會在適當的時候答覆。

的系統，剪報8.1和8.2詳列了批評FSA運作的細節。

英國在2010年的選舉之後，新的保守黨／自由民主黨政府立即改變銀行監管系統，以英格蘭銀行整體主管英國的金融監管。鑑於以往的三方系統未能充分處理2007年發生的狀態，這種監管架構的改變似乎是不可避免的。新的監管系統設計為：

- 取消三方系統，將FSA監督個別公司的職責，轉移到英格蘭銀行之下，所謂「審慎監管局（Prudential Regulation Authority）」的子部門，部門名稱可能會改變，由英格蘭銀行行長直接主持。
- 在英格蘭銀行內，創建一個獨立的金融政策委員會（Financial Policy Committee），擁有工具與責任，以宏觀方式，找出對經濟和金融穩定的可能威脅，以工具採取有效行動來反應。該委員會由英格蘭銀行行長主持，著重金融穩定；而貨幣政策委員會（Monetary Policy Committee）將著重在貨幣政策。與貨幣政策委員會一樣，金融政策委員會將公布簡短會議紀錄和季度報告，由財政部專責委員會審議。

- 建立一個新的消費者保護及市場管理局（Consumer Protection and Markets Authority），監管每個授權金融機構向消費者提供服務的行為。
- 聯合FSA、嚴重欺詐辦公室（Serious Fraud Office）和公平交易局（Office of Fair Trading），形成打擊犯罪的力量，成立新的單一機構，負責打擊嚴重經濟犯罪。

圖8.3總結了英國新的監管系統，剪報8.3詳細描述了過去三方監管系統的一些缺點。

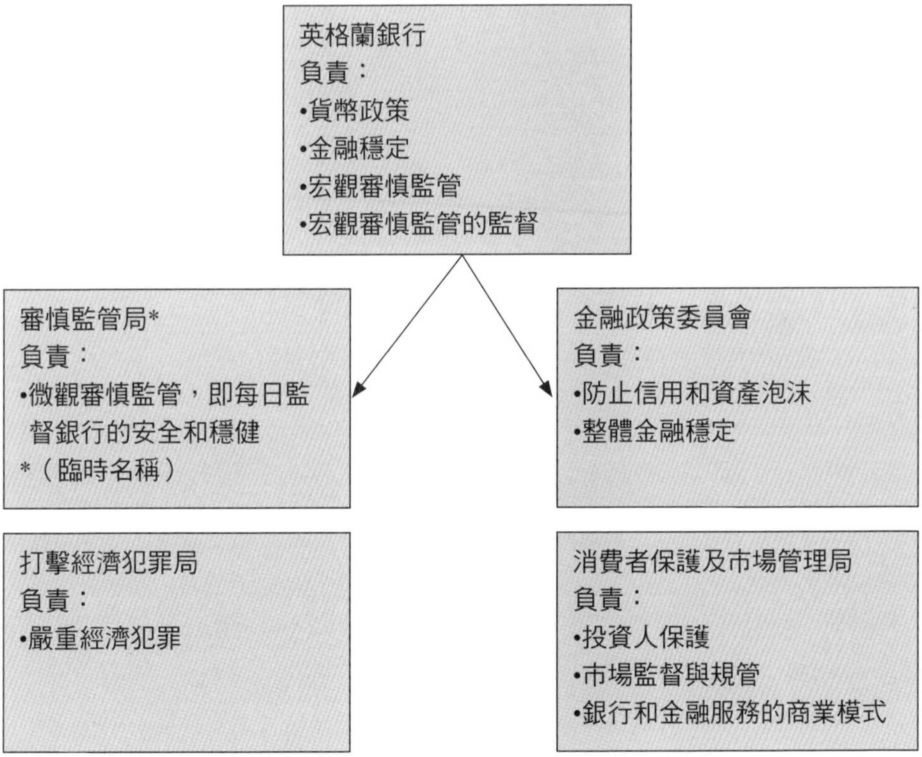

英格蘭銀行
負責：
•貨幣政策
•金融穩定
•宏觀審慎監管
•宏觀審慎監管的監督

審慎監管局*
負責：
•微觀審慎監管，即每日監督銀行的安全和穩健
*（臨時名稱）

金融政策委員會
負責：
•防止信用和資產泡沫
•整體金融穩定

打擊經濟犯罪局
負責：
•嚴重經濟犯罪

消費者保護及市場管理局
負責：
•投資人保護
•市場監督與規管
•銀行和金融服務的商業模式

圖8.3　英國新的金融監管架構

剪報 8.3 金融時報，2010年6月17日 FT

FSA將在歐思邦的重整下被廢除

帕克（George Parker）和馬斯特斯（Brooke Masters）

歐思邦（George Osborne）昨晚矯正了他描述為驚人的金融城監管失靈，宣布金融監理局（FSA）的廢止，並大幅增加英格蘭銀行的權力。

英格蘭銀行行長金默文（Mervyn King）將成為世界上最有權力的中央銀行行長之一，除了貨幣政策的角色外，新的職權將包括防止金融體系中風險的積聚。

金默文昨晚在倫敦市長官邸宣布，他在執行金融穩定的新角色是「當舞會開始變得有點狂野時把音樂關掉」。

財政大臣歐思邦證實了他分拆FSA的計畫，FSA是在1997年由當時的財相布朗（Gordon Brown）所創建。首相在很大程度上歸咎FSA未能發現即將到來的金融颶風，以及像北岩銀行的孱弱體質。

「FSA變成了一個狹隘的監管機構，幾乎完全集中在以規則為基礎的監管。」歐思邦先生說，「沒有人控制債務水平，當危機來了，也沒有人知道誰該負責。」

FSA將喪失一部分的角色，由一個新的消費者保護及市場管理局所取代，負責監管每家銀行與金融城的政策。

尚未確定命名的審慎監管局，也將取代FSA一部分的功能，確保個別銀行、住宅金融互助會、和保險集團營運安全。

以金默文先生為主席的金融政策委員會，將隸屬於英格蘭銀行，給予不特定的工具，來停止信用或資產泡沫的危險積聚。

已經宣布辭職意願的FSA主管賽茨（Hector Sants），在歐思邦先生的請求下，同意留任三年。這項宣布得到了官邸觀眾如雷的掌聲。

「首相認為這是一個真正的改變」，歐思邦先生的一位助理說，賽茨將確保平穩過渡，他將可望平息產生大動盪的擔心。」

FSA主席特納（Adair Turner）說，他歡迎這個變化。

歐思邦先生堅定認為這個改革將結束不確定性，但金融城名流相信動盪是極不受歡迎的，而且改革將無法彌補監管部門失職的簡單事實。

歐思邦先生證實了一個以維克斯爵士（Sir John Vickers）為首的獨立委員會，將審查銀行體系，著重於競爭的問題，以及商業和投資銀行業務的可能分割，銀行正面臨著進一步的不確定。

歐元區金融監管

歐元區的金融監管，分割到歐洲央行（ECB）和歐元區成員國的國家機構。ECB以超國家組織，負責執行歐元區的貨幣政策，於1998年成立於法蘭克福，並於1999年1月1日全面運作，負責歐元區的貨幣政策，獨立於各國政府之外，與已經採用歐元成員國的中央銀行合作。歐洲央行擁有獨一的權力，可以授權歐元貨幣的發行。歐洲央行的目標由馬斯垂克條約（Maastricht Treaty）訂立，為維護價格穩定（維持調和消費者物價指數年增率低於2%），並以價格穩定為依據，支持歐洲共同體的一般經濟政策。顯然，歐洲央行本身在監管歐洲銀行中，並沒有任何角色。其設定利率的作用，只適用於歐元區的歐盟成員國。歐元區以外的其他成員國，繼續保持本國貨幣和自己的中央銀行。在最初十五個歐盟成員國中，英國、丹麥和瑞典並沒有採用歐元。雖然在許多領域中採取歐盟的安排，挪威和瑞士並不是歐盟成員國。

國際金融監管

在實施國際銀行監管的嘗試努力下，位在瑞士巴塞爾的國際清算銀行（BIS），安排會議以同意所有銀行限制風險的措施。巴塞爾協議商定全球銀行業規則。基本上，該指引根據財務比率、資產負債表資產上的信用風險，以及資產負債表外的風險曝露，包括尚未有資金的貸款承諾、信用狀及各種衍生商品，來計算資本適足率。

1988年最初的巴塞爾協議，訂立了最低資本適足要求，並設計了信用風險的測量系統，這部分已經被第七章簡要討論過的新巴塞爾協議（Basel II）所取代。巴塞爾比率有一定複雜度，我們也很難在這樣的書中解釋其複雜性，有興趣的讀者可以參考巴塞爾協議的實際規則。在任何情況下，我們相信新巴塞爾協議（Basel

II）可能很快會被第三巴塞爾協議（Basel III）所取代。

監管機構還建議採用風險值（VaR）的方法，以及銀行比率和風險的壓力測試。如同在第七章所討論的，這些方法都有一些相關的問題。此外，整個資本適足率的方法，公平地說它是順著週期運行的。當股市上漲，銀行資本增加，造成各比率超過要求的傾向，同時釋放銀行資金，使銀行可以購買更多的資產，再將資產價格往上推升。如果股市價格反向下跌，銀行持有資金可能會低過最低要求，銀行將被迫出售部分資產，以恢復資本適足率的要求。該項資產的出售可能會進一步壓低資產價格，迫使銀行出售更多的資產等。

大到不能倒

許多全球性銀行似乎是大到不能倒。一家大型銀行的倒閉，可能會掀起骨牌效應，由這家銀行牽連到與之有債務往來的其他銀行，再聯繫到幾乎所有其他銀行，這就是系統性風險的含義。正式上，系統性風險可以被定義為一種情況，由任何一個金融機構或金融市場開始蔓延，進而危及整個系統。如前所述，控制系統性風險是央行業務的重中之重，也受審慎監管的關注。一個小型銀行的破產未必造成系統性風險，但大型銀行的周轉失靈，卻肯定會有所影響。

此外，大型銀行很難去規範與管理。一個簡單的解決方法是分拆大型銀行成為較小的單位，理論上可以減低系統性風險的可能。另一種解決方案是一開始就防止銀行成長為大型銀行。加強對銀行的反併購法規可以達到這一個目標，但也可能令近期的一些大型救援方案消失。在美國恢復格拉斯－斯蒂格爾法案，或在其他地方帶入相同的法規，也可能會產生類似的效果。

我們現在轉到金融危機中的重大問題之一，相對較新的按市價計值（mark-to-market）會計準則，會造成多大的問題？

按市價計值會計準則

在不同國家，會計準則由不同機構所監管。傳統上，會計帳目依過去資產的取得成本紀錄，資產每年折舊。近年來規則已經改變，新的規定可能對金融危機有重大影響。新會計準則要求特定資產以目前的市場價值在資產負債表上顯示。這個使用市場價值的會計評量方法，被稱為按市價計值會計準則。

按市價計值會計也被稱為公平價值會計，涉及的資產或負債價值以當前市場價格為基礎顯示。由1990年代初以來，公平價值會計準則一直是美國會計準則的一部分。按市價計值會計可能會頻繁改變資產負債表的價值，尤其是當大比例資產涉及金融市場交易項目。

引入按市價計值的會計標準，區分了特定資產，並設定了估價的規則如下：

- 企業有意圖和能力持有至到期日的債務證券，被列為持有至到期證券，以攤銷成本減去減值來估價。
- 主要為在短期內出售而買入持有的債務和權益證券，被列為交易證券，按公平價值估價，未實現的收益及虧損必須計入損益表中的盈利報告。
- 未歸類於持有至到期或交易目的債務和權益證券，被列為可供出售證券，按公平價值估價，未實現的收益及虧損不計入損益表中的盈利報告，另外以股東權益的一部分單獨報告。

這些會計規則於1993年在美國首次推行。捉住按市價計值的特性，一些企業看到了使用規則來作為會計欺詐的機會，尤其是當市場價格不能客觀地確定時。這樣的欺詐，涉及了資產的公平價格根據未來結果的數學模型來估計定價，這樣的估計當然會很慷慨。

進去是垃圾，出來的當然還是垃圾。安然（Enron）是這方面最大的犯罪案之一。安然成為第一個非金融公司，為複雜的長期交易契約，使用按市價計值的方法來處理會計數字。在安然公司按市價計值會計下，資產負債表上顯示的長期交易契約，按預估未來淨現金流量的現值來表示，透過損益表增加了公司價值。當然，這些預期利潤是不可能判斷的，投資者收到的只是虛假或誤導的報告。由這些項目產生的預期收入立即被記錄下來，因此在未來幾年，即使該公司真的取得這些利潤，由於一開始的損益表已經列入成為將來的利潤，未來不能再被列入之後的損益表收益中。值得注意的是，這些所謂是市價的數字，竟為稽核師所接受，而這僅僅是安然想出來迂迴會計花招的一種。按市價計值的會計標準，可能會是詭詐財務總監最愛的幻想。「幻想」的字眼，正是安然公司會計的全部。

完全不令人驚訝，這種會計操作是非法的。按市價計值的會計是被接受，但以未來現金流量的現值來記錄資產的一種手段，是浮誇地超出原先預估的使用範圍。

美國在2006年推出一個新的會計標準，明確了公平價值的定義，以公平價值會計標準計價的資產和負債，擴大了披露的要求。並推出了公平價值階層，使用三個層級來分類排名，用來決定公平價值資料的素質和可靠性。 第一級資料代表最可靠，第三級資料代表最不可靠。其運作方式如下：

1. 第一級，可以在活躍市場中定價的資產，例如在交易所買賣的股票
2. 第二級，適用於非直接報價，但價格可以藉由市場觀察來推斷。例如，不常交易的企業債券，可以藉由信用評級、到期日以及利率，加上市場上其他有交易價的類似債券，來推斷這個企業債券的價格。這種方式有時被稱為依模型定價（mark-to-model），但關鍵點在於估計的因素是可以核查的。
3. 第三級，資產定價是根據無法觀察到的因素，有可能是沒有市場交易賴以估計。不頻繁交易的股票和私人公司股份

是兩個例子。這種估值方法也稱為依猜想定價（mark-to-make believe）

當以市場為基礎的測量不能準確地反映資產的真實價值時，問題就會出現。當一家公司在危機的情況，或動盪的時期，或流動性枯竭的時期，被迫計算資產的出售價格時，就可能發生這種情況，或是交易處於低點，或是投資者擔心銀行資產的出售價格可能比他們在正常情況下出售的價值要低得多。結果將會造成資產負債表上資產的較低價值衡量，也影響推低另一側的股東權益。這發生在2007/8年金融危機時，由於流通交易市場已經消失，銀行資產負債表上的許多證券不能被合理地定價。

總之，在經濟繁榮的時候，銀行有被誇大的利潤和資產估值；在泡沫破滅的時候，銀行資產價值以過分低的數值出現。當然，在經濟繁榮時期，銀行出現了未實現和極度可疑的利潤數字，銀行家們因為太高興了，而不願抹掉不合理獎金所根據的利潤數字。但當市場反向進行時，銀行家會歸還已領的獎金嗎？當然沒有。2009年會計規則再次改變，允許以有序市場的基礎上來估值，而不是以被迫出售的價格。

許多觀察家將2007/8年金融危機歸咎於會計專業，特別是向美國證券管理委員會（SEC），要求銀行以公平價值會計規則定價，造成資產市場的混亂，尤其是對信用違約交換（CDS）和擔保債務憑證（CDO）。

那麼，按市價計值的會計標準為什麼變成金融危機的一大因素？新的會計準則要求企業調整可交易證券的價值，以反映市場價值，例如CDO和CDS。其目的在幫助投資者了解特定時間點上，這些資產的真實價值。當市場遇險時，很難在市場上出售CDO和CDS。根據銀行和稽核最初的解釋，必須以較低的拋售價值作為市場價值。許多大型金融機構在2007年和2008年間，由於以拋售價值作為CDO和CDS市場價值，認列了重大損失。

有兩個原因令問題成倍增加。首先，一些銀行觸發了補倉

（margin call）的要求。銀行以CDS和CDO作為抵押品借來資金，被要求提供更多的現金抵押。這種情況的發生，是因為CDS/CDO價格已經低於特定水平，導致進一步CDS和CDO的拋售，再進一步抑制了CDS和CDO的價格，又導致了其他取得現金的緊急努力，以支付補倉所需的款項。第二個問題是由於許多銀行在CDS的工具下，負債若隱若現並且日趨龐大。這兩個因素演變成第三個因素，由於前兩項因素造成的損失，負面影響了銀行的規定資本適足比率，自然有理由產生對銀行體質的憂慮。銀行廣泛安排現金增資以幫助銀行擺脫困境，政府的援救令陷入困境的銀行不致沒頂。當然在事件後，獎金的發放還是顯著地持續不減。

作為這一切的必然結果，美國制定了2008年經濟穩定緊急法案（Emerging Economic Stabilization Act），其中第132號小標題是「當局暫停按市價計值會計標準」，正式授權證券管理委員會（SEC）基於公眾利益以及保護投資人，得以暫停FAS第157條的實施，即為公平價值會計準則。 2008年經濟穩定緊急法案獲得通過，並於2008年10月成為法律。

2009年4月，美國財務會計準則委員會（FASB）發布了關於公平價值會計的官方更新，當市場不穩定或無效的時候，減輕以公平價值定價的規則。這些改變顯著提高了銀行的盈利，也適用於廣泛的衍生工具，包括CDS和CDO。

像我們一樣，英國金融監理局（FSA）主席特納（Adair Turner）也認為，依市值定價的規則已經成為銀行家膨脹獎金的一個原因。我們在第十一章會回到這個主題。

第九章 景氣循環、榮景、破滅、泡沫與詐欺

簡介

景氣循環是指經濟活動程度的波動，由蕭條（depression）到復甦（recovery），再由繁榮（boom）到景氣衰退（recession）。在蕭條和經濟衰退期間，總需求疲弱，低過潛在的經濟需求；在經濟繁榮階段則超過潛在需求。假設一般上升路徑的經濟活動水平，圖9.1顯示景氣循環如何發生。景氣循環的繁榮階段，達到充分就業和最大產出水平。繁榮的狀態與擴張性財政政策和貨幣政策有關，創造了高度總需求。

景氣循環是一個觀測到的廣泛經濟現象，西方政府的政策致力於抑制循環週期的上下起伏。事實上，1990年代到2000年代的前半，經歷了經濟的熱潮榮景，並成為導致接下來破滅的主要因素。政府冒險將經濟繁榮的狀態維持了太長時間。

景氣循環的主要可能驅動力包括：

- 利率水平；
- 貨幣供給增長率；
- 庫存水平；

本章內容

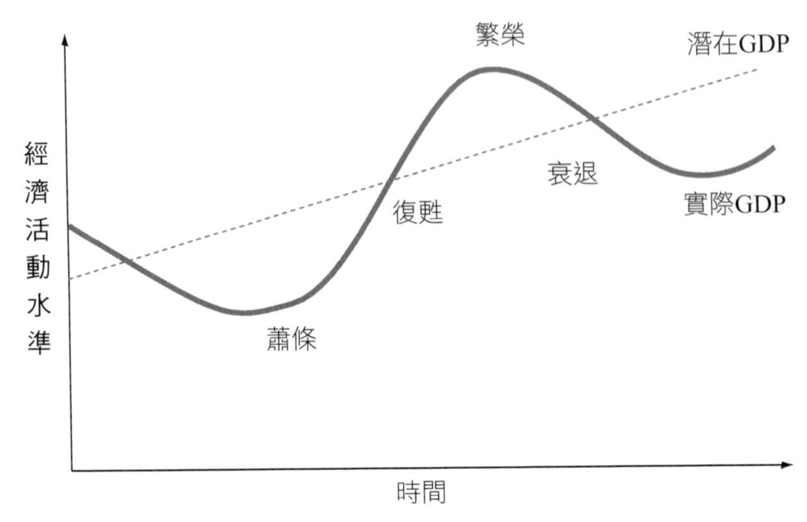

圖9.1　景氣循環顯示經濟活動水準的波動

- 資本支出；
- 資產價格；
- 建築施工；
- 動物本能；

我們來逐項討論。

低利率通常是對經濟活動的刺激，這裡的利率指的是實質利率，也就是扣除預期通貨膨脹的利率。談到利率時重要的是實質利率。長期來看，雖然隨著時間有很大變化，政府債券[1]的實質利率平均大約1至2%。實質利率[2]計算公式如下：

$$\frac{1+\text{名目（或市場）利率}}{1+\text{通貨膨脹率}}-1$$

名目利率是市場上報價的利率，有時也被稱為貨幣上的利率。改寫上述公式，實質利率大約等於名目利率減去通貨膨脹率。

同樣在一般情況下，相對較高的貨幣供給增長率也會刺激經濟，雖然還沒有定論這個影響是長期差異或只是短期推動。所以，當實質利率低於自然長期的水平，以及貨幣供給增長率超過平均趨勢的兩個條件下，隨後發生GDP的成長。接下來的幾個因素是非貨幣性的主要現象，可以推動經濟向前，並依需求造成週期性變動。

低庫存水平促使公司增加生產。經濟增長表示會有更多的銷售，進一步消耗庫存，驅使庫存的再建立。接著有資本開支的驅動力，現有設施的瓶頸迫使企業建立更大的生產力。再次創造更多的增長，加入更多生產力，也增加了抵押品價值數目。資產價格上漲創造更大的抵押品價值，允許了更多的借貸，刺激經濟並帶動更高的資產價格。當商業或個人房地產市場資產價格上漲時，有著最大的影響，股票市場也是如此。在房地產市場，資產價格上漲頻繁，促使新的投資人急著在價格上漲太多之前投入市場，反過來再帶動樓房價格上漲以及增加興建。上漲的資產價格也捉住一般沒什麼經驗投資者的想像，隨著潮流投資（推動價格更高），最後卻成了泡沫。

下一個因素在景氣循環的週期性波動非常重要，凱恩斯[3]稱之為「動物本能（animal spirit）」，其實是類似商人的信心。凱恩斯認為，商業投資項目未來的損益是不確定的。因此「根據我們的知識基礎，要去估計鐵路、銅礦、紡織廠、專利藥的商譽、大西洋郵輪、倫敦金融城建築的十年經濟產出，我們的所知是極其有限，有時候甚至是一無所知。」當然，對那些熟悉淨現值折現計算法的人也會了解凱恩斯所說的，我們甚至無法對中期的淨現金流動有公平的看法，也許對投資決定的現金流出也是非常矇矓不清。雖然這可能說成是為了令項目完成而經常刻意貶低的偏見，參見密道頓（Myddelton）政府項目的案例研究[4]。話雖如此，私營部門的投資項目也可得到同樣的觀察。在這種背景下，凱恩斯繼續追問，如果投資項目的未來是如此地不確定，那麼該如何選擇投資項目？他的結論是他們「只能依靠動物本能來決定」，他的定義是，「一個本能的行為衝動，而非選擇不做。」這與理性決策的想法相反，不去考慮什麼「定量利益乘以定量機率，得到一個加權平均的結果。」阿克洛夫和希勒[5]（Akerlof and Shiller）觀察現在已經成為經濟術語的動物本能，指的是經濟不安定和不一致的元素，代表不確定性的模糊，有時我們會被它麻痺。然而在其他時間，動物本能提醒激勵我們，克服恐懼做出決定。這兩位作者認為正面的動物本能代表著信心，他們建議的信心倍增並不同於凱恩斯的乘數。根據這一思路，投入的信心造成進一步的信心。信心測試（通過信心指數）對未來的GDP[6]，的確有倍增效果。在這個領域的一項有趣研究，使用信用價差（credit quantity spread），也就是高風險債務與低風險債務的殖利率差值，作為信心指標並測試信心指標是否影響GDP。

當然動物本能也可以變成負面影響，隨後需要很多的振興與復甦。這方面與國家經濟週期的轉折點有關，事實上是經濟走向枯竭的現象。經濟繁榮對勞動力、自然資源、信用，製造了瓶頸，對私人消費的進一步成長增加了壓力，這時候新業務的利潤往往會減少。此時隨著信用的削減，經濟放緩而且很容易走向反面。顯著的收縮可能導致債務和信用緊縮。當然，這是一個非常簡化的模型，並不能預計結果一成不變地發生。

經濟週期性的衰退上漲，由不同的驅動力以各自的速度進行，產生不同類型的週期。這些週期和驅動力是：

- **基欽週期**（Kitchin cycle 3至5年）。如上所述企業建立商品庫存，可以影響國家的經濟增長或下降。
- **朱格拉週期**（Juglar cycle 7至11年）。企業土地、廠房、設備資本支出等固定資本投資，通常是基欽週期長度的兩倍。
- **庫茲涅茨週期**（Kuznets cycle 15至25年）。指政府對基礎建設（例如公路和鐵路）投資支出的週期長度。
- **康德拉季耶夫長波週期**（Kondratiev wave or cycle 45至60年）。指資本主義階段，每隔四十五至六十年，就會出現一個資本主義危機。

榮景、破滅與泡沫

金德爾伯格[7]（Kindleberger）討論繁榮和破滅，以下面文字闡釋明斯基[8]（Minsky）：「根據明斯基，導致危機開始的事件，由對總體經濟系統的一些外源性／外部衝擊「位移（displacement）」開始。這個位移的本質隨著投機熱潮而變化，可能是戰爭的爆發或結束、農作物的豐收或歉收、具有普及影響廣泛採用的發明（運河、鐵路、汽車）、某些政治事件或驚人的財務成功、或者急劇降低利率的債務轉變。」他接著說：「但無論位移的來源為何，只要是夠大夠普遍，至少會在一個重要的經濟行業中，藉由改變獲利機會而更動經濟前景。位移為某一些新的或現有的業務帶來了獲利機會，同時也關閉了某些業務的大門。因此，擁有儲蓄或信用額度的企業和個人，尋求利用位移來獲利，並避開危機。當新的機遇大幅超出所失去的，投資和生產回暖，繁榮的熱潮持續進行。」

范世[9]（Vines）以自創的十一個階段，來解釋明斯基—金德爾伯格週期的各個階段，茲總結如下。

- 週期開始於對系統的衝擊，為至少一個經濟領域創建了重要機會，例如本世紀初互聯網的興起。
- 這個驅動事件在銀行信貸與貨幣供應量擴大的幫助下，推動經濟的熱潮。
- 隨著周圍更多的充沛現金，金融寬鬆的愉悅感出現，可能導致投機活動、槓桿增加、以負債購買資產。
- 獲利機會消息傳出，一般人想要快速致富，泡沫形成，缺乏經驗的新投資者加入市場。
- 媒體將市場走勢放入非金融版面加以關注，電視節目開始關心房地產發展以及股票市場，真正的危險開始顯現。
- 缺乏經驗小投資人充斥市場，被不良交易商誘騙。衍生工具成長，小投資人被帶入持有高槓桿部位。

- 泡沫增長，市場價格脫離基本價值（市場價格根據未來現金流量得到淨現值）。
- 詐騙與可疑投資變得明顯。很多時候要到泡沫破滅時，詐騙案才被悲劇性地揭穿。
- 精明的投資者開始尋找退路，新加入的成員卻往往留在原地。選擇離開的投資者對飆漲的價格採了剎車，更多的資產被轉成現金，價格下跌，銀行貸款抵押品價值下跌，銀行要求借款人補倉。
- 市場撤退，高峰已經過去。參與者的退出往往伴隨著例如詐騙被揭發的戲劇性事件。
- 資金的加速逃離，導致金德爾伯格的厭惡性階段，對於曾經如此高度重視的資產，現在沒有任何興趣。

當「這次不同」（通常是代表最危險的投資策略）和迴響在金融圈和媒體的「新典範」等口號出現時，就是泡沫即將破滅的一個很好的預警信號。

卡爾弗利[10]（Calverley）在表9.1中，整齊地總結了泡沫出現時的特點。我們加進了表列中的最後兩個項目，即正面動物本能和相對低的實質利率。當然我們要強調，所有列出的特點不一定會推動泡沫，但有相當可能性。

范世[11]（Vines）也同樣整齊地總結了股市繁榮的原因，分別在表9.2和9.3，列出崩潰和恐慌的可能驅動力。

表9.1　泡沫的典型特徵

- 價格迅速上漲。
- 價格持續快速上漲的高度期望。
- 比較歷史平均的過高估值。
- 比較合理水平的過高估值。
- 持續數年的經濟成長。
- 價格上漲的一些基本原因。
- 價格上漲的新元素，例如科技股票或移民住房需求增加。
- 主觀的「典範轉變」。
- 帶入新的投資者。
- 地區內新的企業。
- 流行與媒體的顯著關注。

- 貸款額的顯著上升。
- 債務的增加。
- 新的放款人或貸款政策。
- 消費者物價通膨往往被控制住（所以央行放寬）。
- 寬鬆的貨幣政策。
- 下降的家庭儲蓄率。
- 強大的匯率。
- 正面動物本能。
- 相對較低的實質利率。

來源：Calverley.

表9.2　股市繁榮的原因

- 潮流出現，投資受到鼓舞。
- 持續上升的股價，鼓勵了樂觀者經濟持續繁榮的期望。
- 經濟情況和增長的良性背景，鼓勵企業獲利。
- 無論是在發達市場或新興市場，放鬆監管創造了新的機會。
- 豐富而寬鬆的信用推動購買力。
- 新股上市的市場特性。
- 新型衍生產品出現，保證金交易增加。
- 股價上升超越債券價格上升。
- 無論是從政府或小投資人，都有市場持續上漲的共識。
- 市場表現強勁，基金經理和財經界覺得自己像是「宇宙的主宰」。
- 驚人獲利的故事吸引大量新手投入股市。
- 金融界的基金經理、專業投資者和其他人，嘗試以更大的風險來獲取更高的利潤。

來源：Vines.

表9.3　崩潰和恐慌的原因

- 對脆弱而持續上升的市場產生了懷疑的訊號。
- 對助長投資熱潮的時尚以及獲利潛力的新聞故事加上問號。
- 企業出現倒閉。
- 價格翻轉向下，隨後加速。
- 來自保證金交易的壓力增加，迫使更多的拋售壓力。
- 在負面壓力尋找好的消息或好的故事。
- 醜聞和欺詐事件的揭發令震動加劇。
- 地方經濟與世界經濟的負面新聞，企業獲利面臨壓力。
- 恐慌開始繼續加劇恐慌，造成了價格的螺旋式下跌。

來源：Vines.

我們如何可以知道泡沫即將破滅？好吧，我們承認並不知道，但還是有跡可循。再次根據范世[12]而自行編譯，這些先兆列出如下：

- 相對較高的企業和銀行債務水平；
- 由過去的低利率水平向上移動；
- 由過去上升的銀行貸款反向移動；
- 相對較高的價格收益比率；
- 合併及收購活動的增加；
- 新股票的競相發行；
- 股票價格的消息由報紙的金融商業版面移到頭版；
- 大談新時代或新典範；
- 股票經紀和投資銀行競相招聘；
- 企業和金融機構的明顯消費和奢華行為；
- 股市市值超過國內生產總值（GDP）。國內銀行的債務超過該國的準備金。

在這一點上，值得提一提米甚金[13]（Mishkin）的兩種泡沫區分。他認為第一種是屬於危險的類別，稱為「信用繁榮泡沫」，有關對經濟前景或寬鬆信貸的旺盛預期，或是金融市場的變化導致信用熱潮。對於一些資產的需求增加提高了資產價格，也鼓勵了以這些資產作為抵押的貸款，需求又不斷增加，價格再次上漲，形成一個正向回饋循環。這個循環包括槓桿的增加，進一步放寬信貸標準，槓桿的再增加，如此循環下去。

隨後泡沫破裂，資產價格崩潰，導致回饋循環逆轉。貸款成了壞帳，去槓桿化開始，資產需求進一步下降，價格下降得更多。由此產生的貸款損失和資產價格下跌，削弱了金融機構的資產負債表，進一步大幅減低各類資產範圍的信貸和投資。去槓桿化抑制企業和家庭支出，削弱經濟活動，並增加信貸市場的風險。這個敘述當然包含了2007/8年危機的許多特點。

第二類的泡沫是非理性繁榮泡沫。根據米甚金的說法，這類泡沫是比較不危險的。它不涉及對於高價值資產的槓桿週期，沒有信用繁榮，泡沫破滅也不會導致金融系統收縮信用，因此傷害要少得多。米甚金稱，1990年代後期的科技股泡沫，不是由銀行貸款和股票價值上升的回饋機制所推動，泡沫破滅並不伴隨著銀行資產負債表上的顯著負面影響。因此科技網路股的泡沫爆破，隨後而來的僅是一個溫和的衰退。此外，1987年的股市泡沫破滅，也沒有對金融體系造成巨大壓力，之後的經濟表現也相對較好。然而，米甚金對泡沫損害的區別，並沒有受到普遍的接受。

作者認為，信用違約交換（CDS）泡沫的破滅，是造成2007/8年金融危機的原因。這樣的看法並不漂亮地符合任何一種類別，但絕對和純粹的信貸繁榮泡沫同樣危險。

麥凱[14]（Mackay）提到歷史上歷次泡沫出現的原因，包括了輕信巫術、煉金術，以及其他許多的故事。

第十五章中，我們會談到華爾街的崩潰，以及由信貸繁榮帶動下的泡沫，如何以驚人的速度洩氣。

詐欺與騙局

詐騙、欺詐、白領犯罪、金融操控，總是出現在我們身邊，但在經濟繁榮時期，這些犯行的數量大增。金德爾伯格[15]簡要地說，「欺詐與繁榮時期的投機，有並行的傾向，崩潰和恐慌……誘使更多為了自救的欺矇。恐慌的信號也經常揭露了詐騙、盜竊、貪汙或欺詐事件。」

2008年，美國證券管理委員會（SEC）以創紀錄的大量行動，打擊操縱市場的行為，調查史上最多的內線交易指控。在2008年的崩潰後，醜聞被高調地揭發，但都沒有大到像馬多夫所犯下的罪行（見本章稍後）。在金德爾伯格[16]輕描淡寫「可疑的操作」副標題下我們引述，「重大金融犯罪有多方面的形式。除了公然偷竊、誤導、說謊，還有許多類似的做法：轉變之前陳述的資金使用目的，以公司資本或借貸方式支付股息，藉內線消息買賣公司股票，在沒有充分披露新消息下出售證券，藉由採購或借貸圖利公司內部人，接受不真正執行生產的虛假訂單，改變公司的交易記載……可以一直不停的列下去。」

經濟繁榮鼓勵了各種不同的欺騙和詐術，標準的下降由於足以致富的爭奪而克服眾人的顧忌。一些特寫欺詐事件的電影值得一看，例如經典的華爾街（Wall Street）、大亨遊戲（Glengarry Glen Ross）、A錢大玩家（Rogue Trader）、和搶錢大作戰（Boiler Room）等影片。有關安然的電影有安然風暴（The Smartest Guys in the Room），以及麥克萊恩和艾爾金德[17]（McLean and Elkind）的原著，也都值得推薦。還有斯沃茨和沃特金斯[18]（Swartz and Watkins）有關安然的內幕故事，也是這個領域的必讀。還有廣泛的其他欺詐行為，包括偽造公司法律文件，依照公司股票名冊打電話銷售新股票，或銷售與現有公司名稱類似的股票（搶錢大作戰中的騙案，永遠找不到人的股票經紀向投資人賣了一堆毫無價值的證券），以互聯網銷售毫無價值的憑證（要小心沒有免費午餐），以及大量的金融詭計，參考薛利和裴勒[19]（Schilit and Perler）的同名書，金融詭計其實是一種委婉的說法。

隨著市場進入恐慌階段，在泡沫醞釀時期所產生的歪曲做法終會一一曝光。而事實上，欺詐行為的揭發，也添加了市場上的恐慌烽火。

我們並沒有把重心放在2007/8年崩潰之前就爆發了的安然公司欺詐案，下一節我們來看看龐茲騙局。回到最初查爾斯・龐茲（Charles Ponzi）的故事，然後集中目光到迄今最大的龐茲騙局。當然已經聞名了的馬多夫龐茲騙局，確保了這個事件在金融詐欺史中所占的位置。我們先來看看查爾斯・龐茲的金融歷史故事。

查爾斯·龐茲

龐茲並沒有發明金融騙術。事實上，他的故事只是延續十七世紀包括南海泡沫和約翰·羅（John Law）的密西西比泡沫。參見錢色勒[20]（Chancellor）和弗格森[21]（Ferguson）的摘要，尤其是錢色勒對其他故事的摘要。

查爾斯·龐茲（1882–1949）製造了美國金融史上最大型的騙案之一。龐茲騙局描述了一個騙局，以後來投資人投入的資金，來支付對早期投資人所承諾的回報。龐茲提供客戶四十五天內50%的利潤，或九十天內100%的利潤。他是如何做到的？他藉著購買其他國家的折扣郵政回覆券，並在美國以面值贖回。從理論上來說，該計畫可能會成功，但龐茲為了使自己快速變得富有，驅使他向投資人行騙，把整個計畫變成了一個大騙局。

1903年11月，義大利人龐茲抵達麻薩諸塞州的波士頓。他學會了英語，花了幾年時間由洗碗工晉升為餐廳服務生。之後，因為少找錢給客戶和偷竊而被餐廳開除。

1907年他搬到蒙特婁，在由札羅西（Zarossi）創辦的銀行中成為櫃檯助理，為義大利移民提供服務。札羅西的銀行向存戶支付當時市場雙倍的利息，銀行因而迅速成長。龐茲升職為銀行經理，也許龐茲是在這裡學得了許多技巧。札羅西並不是以銀行利潤來支付存戶雙倍利息，而是以新開帳戶的存款來支應。銀行最終倒閉，札羅西帶著一堆屬於別人的金錢，逃到墨西哥去。

不久後，龐茲走進前札羅西客戶的辦公室中，發現辦公室空無一人。他在那裡發現了一本支票簿，偽造了該公司董事的簽名，開了一張423.58美元付給自己的支票。他很快地被警察質問，龐茲承認有罪，並在獄中度過了三年。

1911年獲釋後，他回到美國，並參與義大利非法移民的偷渡。被捕之後，在亞特蘭大的獄中又度過了兩年。獲釋後回到波士頓，一家西班牙公司的郵件成了他偉大計畫的種子。信封內是一張國際回郵券（international reply coupon, IRC），他從這裡看到了巨大的機會。國際回郵券的目的是允許在一個國家的人，當回郵到另一個國家，可以以國際回郵券來支付回郵郵資。國際回郵券的價格等於購買國的郵資成本，然而國際回郵券可以兌換為回函國當地郵資的郵票。如果兩地的郵資是不同的，就有一個潛在的套利利潤。義大利以美元表示的郵資成本與美國的郵資成本不同。在義大利可以買到便宜的國際回郵券，然後換為較高價值可以出售的美國郵票。龐茲認為扣除費用和匯率後，此類交易的淨利潤超過400％。這是一個套利交易的形式，在一個市場上購買的資產，並在另一個市場以更高價格銷售。到目前為止，所有一切完全合法。

龐茲聯絡了波士頓的朋友，並承諾他將在九十天內給他一倍的回報。他解釋的套利策略，也吸引了許多追隨者。隨著口耳相傳，愈來愈多的投資人加入。龐茲聘請了業務員，並支付業務員極高的佣金。到了1920年2月，龐茲總共吸引到5,000美元（大約相當於2010年的55,000美元），到3月時達到了3萬美元（相當於2010年的33萬美元）。龐茲聘請更多的業務代理，到了1920年5月，共收到了42萬美元，相當於2010年的462萬美元。

龐茲開始過得很奢華，他的迅速崛起也使人們起疑。波士頓金融記者認為，龐茲不可能合法地在這麼短的時間內，獲得如此高的回報。龐茲控告記者誹謗並獲得勝訴。不久後，巴隆（Barron's）金融雜誌指出，要解釋計畫中看到的現金流入，必須要有1億6,000萬份的國際回郵券流通，而實際上的流通量不超過27,000份。雖然買賣國際回郵券價差的利潤率非常高，而處理低價值國際回郵券的購買和贖回的開銷超過了利潤。報導引起龐茲計畫的恐慌性贖回，但他以甜言蜜語平息了贖回潮。此外，龐茲還聘請了宣傳代理麥馬斯特斯（William McMasters），他卻對龐茲的郵政回覆券業務起了疑心。1920年7月，麥馬斯特斯發現了明確的證據，龐茲的業務只是拆東牆補西牆，用後來投資人的資金向之前的投資人支付承諾回報。麥馬斯特斯向他的前雇主——郵報（the *Post*）披露了的整個故事。 8月2日，麥馬斯特斯寫了一篇文章，宣稱龐茲技術上已經破產。這篇文章又引發了大規模的贖回潮，但龐茲再次勉強過關。

1920年8月11日，事情來到一個新的開始。郵報刊登了頭版消息，指出龐茲在蒙特婁的活動，包括他過去偽造支票的判決，和他在札羅西銀行欺詐案中的角色。同一時間，對龐茲帳戶的調查行動發現了一連串的違規行為。龐茲在1920年8月12日向警察當局認罪，被判處五年徒刑。

1925年獲釋後，龐茲前往佛羅里達州，他向投資人提供大片土地，一些土地甚至在水面下，並承諾六十天就可以有200%的回報。這顯然是個騙局，龐茲於1926年2月被裁定有罪，判處了一年徒刑。龐茲提出上訴，在支付了1,500美元的債券後被保釋。龐茲剃了頭留起了鬍子，爬上開往義大利的船隻上試圖逃跑。船隻還需要停靠一個美國港口，龐茲終於在紐奧良（New Orleans）被逮捕，並送回麻薩諸塞州，根據之前較早的起訴書下服刑。龐茲再次入監超過七年，最終在1934年獲釋，已不復見他從前的魅力和信心。

回到義大利後，龐茲的業務表現不佳，計畫一個接著一個卻都沒有正面結果。他最終轉到巴西，偶爾從事翻譯工作，在貧困中度過了他生命的最後幾年。1941年他患上心臟病，1948年他幾乎失明，腦中風癱瘓了他的右腿和右手臂，1949年死於里約熱內盧的慈善醫院。在他過世之前，他接受了一名美國記者的最後採訪。龐茲在報導中說，「我給了他們自朝聖者登陸以來，這片土地上有史以來的最佳典範。」

事實上，將挖東牆補西牆描述為龐茲騙局，本身就是一種欺騙。1899年的紐約，威廉·米勒（William Miller，又稱威廉520%米勒）承諾投資人每週10%的回報，隨後由於欺騙投資人而服刑十一年。他所採取的方法就非常類似龐茲騙局。但也許還有更早的例子，狄更斯在1857年的小說《小杜麗（*Little Dorrit*）》中，就出現了一個非常類似的詐騙犯罪。

伯納德．馬多夫

馬多夫於1938年出生於紐約市皇后區，以猶太傳統被扶養長大，他的父親是一名股票經紀人。在獲得霍夫斯特拉大學（Hofstra College）政治學學位後，馬多夫於1960年成立了一家華爾街股票經紀公司，稱為馬多夫投資證券有限責任公司（Bernard L. Madoff Investment Securities LLC）。一直到他在2008年12月被捕之前，他都擔任董事長一職。最初，在他岳父介紹來的朋友和家族的援助下，業務迅速增長。

有一段時間，馬多夫證券是納斯達克交易所最大的莊家，2008年是華爾街第六大交易商。該公司還有一個投資管理部門，是龐茲騙局的焦點。股票經紀部門占據曼哈頓口紅大廈（Lipstick Building）的第18和19層樓，馬多夫的投資管理龐茲業務在17樓。18和19樓的辦公區潔白無瑕，是一個典型的交易大廳，充滿活力和錢味。該公司為客戶和自己買賣股票、債券及其他證券，2006年的淨利潤為4,000萬美元左右。證券商的經紀業務由證券管理委員會（SEC）監管，帳簿和紀錄用來確認交易、合規性、財務紀錄等。18和19樓的營運，是17樓龐茲操作的煙幕。17樓的辦公室混亂，紙張文件雜亂堆積。訪客看不到17樓的混亂，18和19樓的員工也看不到。17樓是馬多夫（號稱）避險基金的大本營。

不同商業文化分割了18樓和19樓，這是典型華爾街的區分。19樓交易樓層的交易員，是宇宙的上師，而在18樓是後臺人員。17樓是「馬多夫的私人世界」，有欺詐的內部人，以及一個低階團隊將虛假交易做成像是避險基金的正常業務。

當問到馬多夫投資成功的祕訣時，他的標準答案是他不會公開實現良好回報的方法，但基本上是分割履約價的轉換策略。該技術出現在選擇權交易手冊，那麼，這個策略是什麼呢？本質上是指數選擇權交易策略，避險基金經理買入例如標準普爾（S&P）100指數的上市股票，同時交易以履約價在未來買入股票的買權（選擇權擁有權利，而非義務），交易員買賣相同股票標的物的選擇權。仔細地描述，一開始購買S&P100指數中的30到50檔股票，股票組合大致與S&P100指數密切連動。接著買入和賣出不同履約價選擇權組合策略，也就是買入S&P100價外賣權，賣出S&P100價外買權。隨著市場的起伏，重新調整價外部位，以確保理想利潤的交易策略。這個策略聽起來相當複雜，而這正是馬多夫所希望得到的效果，當他談到分割履約價的轉換策略時，聽眾只能以點頭和微笑來回應。

在這種背景下，馬多夫17樓的心腹，會利用過去的數據來虛構看來是有利可圖的交易。假如這個月分需要0.8%的回報，永遠可以回溯選擇不同藍籌股，以取得希望的回報。馬多夫或他的少數內幕心腹就會以市價，輸入從未發生過的交易到一部舊的IBM電腦中，偽造虛構的交易紀錄。然後，客戶帳戶Excel試算表的當月更新中，就顯示出所需的0.8%回報。

接著就是一連串虛假的文件紀錄，涉及虛假合同、確認單、交易結算，全是虛構的帳冊紀錄。馬多夫送出一堆從來沒有發生過的交易確認單，事實上卻是超過二十年都沒有任何交易。客戶收到他們的對帳單，可能為虛構的回報感到高興，並慶賀自己選擇了馬多夫作為投資顧問，也許考慮向這個精明的避險基金增加投資金額。

1983年，馬多夫成立了倫敦辦公室，讓員工在美國市場關閉時還可以交易。然而在1989年，納斯達克延長交易時間允許盤後交易，使得倫敦辦事處不再需要，但是馬多夫找到了善用的地方。馬多夫用倫敦辦事處作為洗錢的管道，把他花在房地產、遊艇、高檔生活和每一個想像得到的奢侈消費合法化，成為洗錢的來源。正如你想到一個出色成功（不欺詐）的商人所當為，他也是猶太慈善機構的大額捐贈者。

馬多夫的行銷策略十分有趣，他並不提供很高的回報，而是提供適度而穩定的回報給專屬的客戶群。馬多夫首先針對他在長島和棕櫚灘鄉村俱樂部遇到的富裕猶太人，讓他們認為投資基金只提供給專屬客戶，馬多夫甚至拒絕了一名潛在投資人的投資懇求。消息傳開後，馬多夫帶進了國際銀行、慈善機構、避險基金、富商名人、好萊塢明星、體育名人、社會名流，大概所有的有錢人都投資在馬多夫身上。

馬多夫基金的年回報率，一致地維持在10%左右或更多。而傳統龐茲騙局卻經常宣傳20%或更高的回報，同時迅速消失。馬多夫的一個基金，過去十七年都有10.5%的年回報率。在2008年11月底股市崩盤，標準普爾500種股票指數的回報率為負38%，而他同類型的股市基金卻呈現了正5.6%的回報。

並非所有人都相信馬多夫的說法。馬科波洛斯（Harry Markopolos）在1999年向美國證券管理委員會（SEC）指控馬多夫聲稱所使用的投資策略，不可能使他獲得所宣稱的獲利，他應該要接受調查。SEC在1999年和2000年調查馬多夫，但得出的結論是，馬多夫並沒有違規事項或任何需要關注的重大問題。

2005年，馬科波洛斯向SEC發出了17頁的備忘錄，標題為「全球最大的避險基金是個騙局」。他還接觸《華爾街日報》有關這個在2005年的龐茲騙局，但編輯決定不去探求這個故事。備忘錄列出了30個紅色註記，得出的結論是如果馬多夫不是龐茲騙局，就是他所屬避險基金的交易單，刻意提前在經紀業務客戶交易單之前執行（front running）的不公平交易。而馬科波洛斯認為最有可能的是龐茲騙局。紅色註記出現在馬科波洛斯[22]的著作中，讓閱讀這本書變得極為有趣。他的書名定為「沒人肯聽」，他們是應該要聽的，他所提出的論點似乎具有完全的說服力。

2001年，金融記者亞芙蘭（Erin Arvedlund）在「巴隆雜誌」中發表了一篇文章，質疑馬多夫的穩定回報。2004年，SEC澄清了文章對馬多夫提前交易（front running）的指控。 2005年，SEC督察員查核馬多夫的經紀業務，只發現了技術上的違規行為，並沒有欺詐行為。在2006年至2007年間，SEC完成了對於龐茲騙局指控的調查，既沒有發現欺詐行為，也沒有採取任何法律行動。馬科波洛斯指稱，為投資者提供12%的回報，馬多夫必須賺取16%利潤，分配其中4%給帶入業務的上手基金經理。亞芙蘭[23]也寫了一本引人入勝的著作，介紹所有有關馬多夫的事件。

隨著股市暴跌，馬多夫的欺詐計畫在2008年12月開始曝露出來。當市場加速下探，投資人試圖從該公司撤出70億美元。為了支付這些提款，馬多夫急需新的資金支應。2008年11月，倫敦辦事處送來1.64億美元到馬多夫的紐約總部。12月1日，馬多夫從95歲的波士頓慈善家，也是馬多夫最忠實的朋友和財政支持者之一的夏皮羅（Carl J. Shapiro），收到了2.5億美元。他還設法由其他地方籌集近5,000萬美元，但總額還是不夠。2008年12月10日，馬多夫和他的兩個兒子見了面，他們同在一家公司工作。馬多夫告訴他們，公司仍將由持有的2億美元資產中，提前兩個月支付數百萬美元的獎金。據稱不知道公司即將破產的兒子們對此提出質疑，接下來馬多夫承認了犯行並供述了整個故事。

包括虛構的收益，客戶帳戶中消失的總金額高達650億美元。由法院任命的受託人所認定的實際損失為180億美元。2009年6月，接著而來的是一連串的控罪，證券欺詐、投資顧問欺詐、郵件欺詐、電信欺詐、洗錢、虛假陳述、偽證、對SEC做虛假申報和盜竊罪，馬多夫被判最高的150年徒刑，要到2160年才會釋放，到那時他將是220歲。如果獄中行為良好，也許他的刑期可能會被減少二十年。

剪報9.1的馬多夫事件讓人讀來興致盎然。馬多夫事件是龐茲騙局的冰山一角，和其他許多類似的欺詐投資計畫，最終同樣要被揭發出來。在寫這本書的時候，有一些人已經走完法律途徑，現在正蹲在監獄裡。另有一些案件等待審判，而還有一些人已經帶著大把美元消失無蹤。我們可以繼續加入更多受到懷疑的姓名品評一番，但是誹謗罪的法律限制我們這麼做。但千萬記住：當所承諾的回報看來好得令人難以置信，只會有一個簡單的原因。那不是真的。

剪報 9.1 金融時報，2010年4月5日 FT

馬多夫的故事揭露了更多問題

喬納森．戴維斯（Jonathan Davis）

馬多夫醜聞的教訓是什麼？愈了解這個令人難以置信的故事，故事就變得更加複雜和耐人尋味。舉報人馬科波洛斯試圖令SEC調查馬多夫但卻無濟於事。在他有關馬多夫的著作中，以「一個真正的金融恐怖片」為馬多夫超過十五年的欺詐事件訂下次標題。這並不是個勝利的故事，而是一個悲壯的失敗。他未能說服任何人認真對待他完備的指控，指出馬多夫是一個大規模的詐騙者。

把SEC監察的確鑿報告跟去年發表的失敗報告放在一起，提供了更令人不安的證據，表明了真實世界往往可以比戲劇或小說中所描繪的情形還要瘋狂。

第一個排隊來觀看「安然」戲劇或「華爾街」電影，應該會是專業人士。《老千騙局》和《門口的野蠻人》兩書，對任何希望理解極端而不受約束資本主義的讀者，仍然是必不可少的讀物。

馬科波洛斯先生高度可讀《沒人肯聽》一書中的細節，是超越前人的著作。例如，在未能獲得SEC對他原來的指控產生興趣，他轉為尋求媒體的幫助，並最終驅使專業避險基金出版物「MARHedge」，以一個故事對馬多夫的表現提出質疑。

一個類似的文章不久之後出現在「巴隆雜誌」，他和前同事所組成的非正式團隊，對馬多夫進行徒勞無功的討伐，期待勝利地等到SEC採取行動，被無法忽視的公開文章所說服。

但是最後發生了什麼？什麼都沒有。據馬科波洛斯先生，SEC甚至沒有訂閱專業的行業出版物。工作人員要自己訂閱媒體，甚至是《華爾街日報》。訂閱例如MARHedge的一份專業刊物，成本超過1,000美元（657英鎊，741歐元），根本不在任何人的閱讀清單上。

馬多夫所聲稱的分割履約價轉換策略，太令人難以置信而不太可能是真的，為什麼SEC不願意根據指控進行調查？有太多的律師幫助馬多夫，排在馬科波洛斯先生長長控訴清單上的第一項。

他指出，所有可能指控案調查中的重要人物都是律師，而不是金融專家。無知、地盤爭奪、資源缺乏，也發揮了一部分作用。當工作人員需要研究衍生產品時，在缺乏有關投資圖書館藏的情況下，他們不得不依靠谷歌和維基百科。

當局也太過迅速地將馬科波洛斯先生當成賞金獵人一般地駁回，而不是把他當作嚴肅的調查人員。馬多夫自己也對被他嘲笑為無用的SEC沒有太多擔心。作為曾是紐約最大經紀交易商之一的老闆，他在證券業已經是大魚一條，只有最勇敢的監管人員才願意去捋虎鬚。（自從危機發生以來經常發生，監管機構辦大案的激勵機制已經大大改變了，如同最近發生的事件所證明的。）

在2001年「MARHedge」對馬多夫批判的文章出現前，事實上他所經營的基金業務，已經是全世界最大的避險基金，比索羅斯或任何更為人所熟知的避險基金所擁有的資產都要多。然而基於馬多夫強加給所有對他虛假策略投資人的保密要求，以及他拒絕收取費用，他的名字甚至沒有出現在MARHedge的資料庫中。

馬科波洛斯先生的說法是正確的。馬多夫騙局的規模和持久，引起許多對金融服務行業令人不安的問題。當他自首的時候，馬多夫向超過四十個國家的330個關聯基金收取資金，其中許多人仍然相信，他們對於馬多夫令人驚豔但卻不曾存在制勝策略的基金認購，有獨家或優先的通路。可笑的是，他們都宣稱對馬多夫進行了詳盡的調查。

在同一時間，在華爾街也有許多人知道馬多夫正在做的東西不是太對。但無論如何還是繼續投資，相信無論是front running或一些其他不正當活動，他們寧願不知道，只要回報可以持續下去。諷刺的是，馬科波洛斯先生首次對馬多夫發生興趣，是因為他的雇主一直要求他嘗試複製馬多夫的業務，然而卻也沒有其他人認為值得去揭穿馬多夫。

馬多夫的故事，最終是有關違反信託的故事。投資者天真地信任馬多夫，天真地信任中介渠道並將巨額的金錢投資在馬多夫身上，天真地認為監管機關會阻止這樣一個成功的騙子和賭俠。

馬科波洛斯先生的認為，雖然金融服務行業中的大多數人是誠實的，對於偷工減料、違反客戶及監管機構信任可以得到的獎勵誘因，已經根深蒂固建立在工作的系統之中。

什麼原因使得龐茲騙局崩潰？

龐茲騙局通常以崩潰告終，當然騙局的發起人也可能在最終事發之前過世。何時以及為何會爆破？下面的列表可能可以回答這些問題。

- 發起人帶著剩餘的投資消失無蹤；
- 監管當局的調查，發現該計畫是欺詐行為；
- 新的投資放緩，導致無法支付之前所承諾的回報，自己把自己壓垮，令該計畫崩潰。這樣的危機會引發恐慌，更多投資人要求贖回他們的投資；
- 舉報告密人出現。他們可能是不滿的內部僱員、或稽核師、或律師等合規的專業人員；

- 當發起人無法滿足合法的投資贖回請求時，該計畫被曝露出來；
- 計畫變得太大（例如馬多夫事件）。當市場下跌，利潤在市場的規模下看來太大，引起金融分析師、監管機構和記者的警惕，質疑整個計畫。進一步的官方調查和公開令整個計畫崩潰，導致發起人申請破產，或帶出舉報人；
- 例如市場或經濟急劇下滑的力量，導致許多投資人撤回他們的資金（不是由於對投資失去信心，只是由於市場的基本面）。導入的資金不足以滿足支付舊有投資人的需要。

第十章 金融理論

簡介

根據財務經濟學的基礎，企業財務的目標是追求股東財富的最大化。一般來說，也就是做出盡可能增加公司價值的融資和投資決策，或是公司高層必須高效管理公司控制的資產。由於公司的所有行動都會影響到公司的價值，對財務經理和所有管理人員，了解公司的價值是如何創造、保存、破壞，都是非常重要的。

每個人都希望盡可能增加幸福感，一部分的幸福感來自對商品與服務的消費能力。因此，人們一般喜歡擁有更多的財富，因為財富也代表著消費能力。人們可以藉著延遲今日的消費進行投資，以獲得財富。對於相對不喜歡承擔投資風險的人，可能會投資在公司債券，借錢給公司以換取商定的利息收入，並在指定的一個未來日期，獲得借款的償還回收。如果願意承擔更多的風險，可以投資成為股東，提供股本並擁有公司的部分所有權。作為部分的所有權人，股東分享公司的部分利潤或虧損。股東只擁有公司盈利中的剩餘權益，在股東收到公司的任何盈餘分配前，債券持有人和債權

本章內容

人會先收到公司支付的利息，接著才會有公司董事會認可的股息派發。如果公司未能按時向債權人或債券持有人支付利息或本金，公司即為違約。債權人可以控告公司，以收回這些到期金額。股東是公司的合法擁有者，管理階層接受股東委任，有信託義務要以股東的最佳利益行事。

本次討論的重點，在於在財務經濟學中，確定公司財務的主要目的在於要盡最大的努力以提高股東福利。股東以現值投入金錢，期望達成股東財富最大化的目標，相當大的程度反映在股價以及未來的股息上。儘管現代企業不具有自己的意願，股東財富最大化的原則，提供了管理決策的邏輯指引。

盈餘與現金流

對金錢的重視永遠不變。假設其他因素不變，世界上大多數經濟體中，有更多資源的人通常也有更多的消費。公司藉由股息，或由股息再投資而期望未來的股息收入，提供現金回報給股東。簡單的一句話之中有深刻的意義。現在或未來的現金流量，並不反映在會計上的利潤，會計利潤對投資者沒有直接價值。如果現金流和會計利潤不一致，理論上重要還是現金流量，「現金為王」進化成為金融界所經常引用。這句話的含義是，除了對稅務有所影響之外，會計方法的使用與公司價值的估計無關。現金流才是王道。

然而對僅僅在報紙金融版面上隨意瀏覽的讀者，也會注意到投資人經常被虛假的會計處理所蒙蔽。安然、世界通訊、泰科國際（Enron, WorldCom, and Tycos International）只是高調案例中的其中三個。弗格森[1]（Ferguson）簡單提到安然事件，麥克萊恩和艾爾金德[2]（Mclean and Elkind）以及斯沃茨和沃特金斯[3]（Swartz and Watkins）的文章中有詳細的描述。所有上述的這些公司，數年間藉由可疑的會計處理方式（至少可以這樣說），加強推升公司的股價，直到最後審判日的到來。如果讀者想進一步探討，如何藉由會計處理而不是實際的現金流，將現實世界搞得一頭霧水，可以閱讀由薛利和裴勒[4]（Schilit and Perler）所描述的金融把戲。事實是，儘管會計專家們盡了最大努力去發展和監察會計報告準則，使用會計花招的凶手，明目張膽的欺詐行為在得到報應之前，已經成功一致地欺騙了整個金融市場。鑒於過多可疑會計（至少在短期內）的案例，我們懷疑下一個安然、世界通訊和泰科國際正蠢蠢欲動。

市場效率

財務經濟學中的各種理論，對於公司理財的研究和實踐發展，證明是極有價值的，其中包括套利、市場效率和資本資產定價模型（CAPM）。以下做簡要的分析。

套利（arbitrage）的定義，指的是在某個市場上購買證券或商品，同時在另一個市場立即轉售，由兩者的價差中獲得利潤。根據定義，套利接近無風險。最近，套利的名詞被廣泛用於金融活動中。風險套利（risky arbitrage）涉及購買一項資產，同時賣出幾乎相同的資產。確保在平衡情況下，同類資產有相同的風險調整回報。例如在企業併購案中，風險套利可能涉及買進或賣出被併購公司的股票，並以相反方向交易併購人的股票。或是涉及買進併購標的公司（被併購公司）的股票，並期望更多併購人競爭而提高出價。

風險套利也可能鎖定類似公司，評估股票價格是否有相對高低估的情形。賣出價值高估的股票，同時買進低估的股票。事實上，這是避險基金使用的交易策略之一。例如基金可能購買匯豐銀行股票，賣出渣打銀行股票，兩家都是主要業務集中在遠東的銀行。而事實上兩者是不同的，互相並非完美的替代品。在現實中，除非互相是完美的替代品，買賣兩者資產套利會有風險。因此根據定義，風險套利當然不是毫無風險的。通過市場上的套利行為，證券終會回到公平價格，公平無偏的價格隱含著市場效率，我們接著更仔細來定義這個名詞。

市場效率（market efficiency）認為市場由大量消息靈通的參與者所組成，可以方便廉價地獲取資訊。他們的交易活動影響交易價格，反映所有相關和可得的資訊。市場在任何時刻的價格變動，必定完全來自於新資訊的獲得。由於與交易獲利相關的新資訊隨機出現，所以市場的價格變化也是隨機遊走，就好像是醉漢走路（事實上，資產價格的變化遵循數學上的「亞鞅（submartingale）」，是具有方向性漂移地隨機遊走，方向性漂移等於該資產的預期回報。）換句話說在效率的市場，從一個時間點到下個時間點的價格變化，與過去發生的價格變動無關，對下一個新訊息的內容也不會變得更能預見。

市場效率的基本想法可以舉例如下。例如當殼牌石油（Shell）宣布剛剛在北海發現了新的大型油田。聽到消息的投資人用他們的電腦模型估算，原來一股18英鎊的殼牌石油股票，現在應該價值20英鎊。我們是否應該根據最近宣布的消息，嘗試買進股票期待獲利？然而當我們向股票經紀下單時，價格應該已經上升到20英鎊，即時反映了這個新消息。

投資者迅速調整證券價格以反映新消息的出現。然而價格的調整並非總是完美的，有時過度有時不足，但沒有人知道是哪一種。由於市場中追求利潤最大化的投資人占了多數，證券價格的調整迅速發生。新資訊由市場參與者以隨機獨立的方式獲得，加上眾多投資者迅速調整股價以反映新的資訊。根據效率市場理論，證券價格的變動也是獨立和隨機的。對於部分投資人使用過去股價走勢圖表來預測未來的價格走勢（通常稱為技術分析或圖形分析），一定程度上認為過去的價格變動會影響未來股價，隱含著價格變動並非獨立隨機。顯而易見，這就是為什麼市場效率的支持者完全否定技術分析。

此外，在市場效率的簡要概述中也應該提到，由於證券價格根據所有新的消息而調整，因此價格理應反映任意時間點上所有的公開訊息。證券價格在任何一個時間點，應該無偏反映目前所有市場上提供的訊息。

效率市場假說

簡要地說，效率市場指的是證券價格隨著新訊息而迅速調整，目前的股票價格充分反映目前所有可用的訊息，包括所涉及的風險。因此，證券價格的隱藏回報只反映其所涉及的風險，證券的預期回報應該僅僅與其風險一致。效率市場有三種形式：弱式、半強式和強式。

弱式效率市場假說中，假設目前的股票價格充分反映了所有股票的市場數據，包括歷史價格、價格變化、所有成交量資訊。由於目前的價格已經反映了所有過去的價格變動和其他股市的訊息，代表股價過去的價格變動與未來的價格變動無關。也就是說，現在的價格變動是獨立的。換句話說，過去的市場數據，並不能用來預測未來的股價。

半強式效率市場假說認為，證券價格隨著所有新的公開資訊而迅速調整。簡言之，股票價格充分反映所有公開資訊。顯然，因為所有的公共資訊也包括所有過去股票價格、趨勢、或其他的市場訊息，半強式效率市場假說包含弱式假說的市場資訊，再加上所有例如盈利、股票分割、經濟和政治新聞等非市場的訊息。半強式效率市場假說的直接含義，是投資者根據新的重要公開信息來交易，不可能持續獲得高於平均的交易利潤，因為證券價格已經反映了所有新的公開消息。

強式效率市場假說則認為，股票價格已經充分反映了所有訊息，不論訊息是否已經公開，還是以其他方式獲得。因此，這個假說認為沒有任何投資人可以壟斷取得有關股票價格形成的訊息，也因此沒有任何一批投資人能夠長期獲得高於平均的交易利潤。強式效率市場假說同時包括弱式和半強式，還包括內線消息對股價的影響。強式效率市場假說不僅要求隨著新的公開消息，而價格迅速調整的效率市場，也要求所有信息同時提供給所有人的完美市場。在這一點上的簡短反思會認為這幾乎是不可能的。公司董事及高層管理人員，很可能在訊息公開發布前就已經提前知道。持續不斷的內線交易醜聞，就是訊息不會自動和平均分配給所有市場參與者的證據。

股票和其他資產的價格基於其預期風險和回報，是一種相當有吸引力的概念。世界上有成千上萬的投資人，包括專業的基金經理和風險套利交易員，持續尋找股票交易上更高的邊際回報，卻很難見到可能存在僅僅幾秒鐘價值被高估或低估的證券。此外，應該要有新訊息的出現來移動市場，尤其當市場真正戲劇性地大幅移動時。然而一些大的市場波動，有時並沒有伴隨新的市場訊息，卻與本章稍後會提到的其他異常共同出現，令人對市場效率假說起了疑慮。1987年10月19日這天被稱為「黑色星期一」，龍頭藍籌股在當天下跌了23%。有人會問，是不是有任何新的訊息造成了這樣的股市挫敗，大家卻不清楚自上週五收盤以來，有任何實質發生的新事物。沒有新的消息，卻有一個巨大的市場變動，這顯然不是效率市場理論所認為的。而且這並不是唯一一次缺乏明顯新消息下的市場急劇下滑，這些事件的發生是效率市場假說的棺材釘。1987年以後發生的事件增加了更多的證據，讓我們認為這個理論假說還稱不上被大家認為是活蹦亂跳、中肯合理的。

資本資產定價模型（CAPM）

投資人對風險較高的投資，會要求較高的期望回報收益率。在金融市場上，回報可以採如同股息或利息等的現金形式支付，或是透過投資價值的增加，例如更高的股價或債券價格。困難的地方在於應該如何量化投資的風險，建立風險與預期回報之間的關係。財務經濟學家一直致力於這個問題，付出的努力可能比對任何其他問題的投入還多。所得出的結果是多樣化、風險、和所要求報酬率之間的關係，正式名稱為資本資產定價模型（capital asset pricing model, CAPM）。風險本身取決於回報的變化，回報的可能變化愈大，資產的風險愈高。

CAPM中的資產收益變化，歸結到兩個來源：第一類是全市場的影響，例如利率水準或GNP的增長，影響所有的資產；第二類是對特定企業的風險，例如一個工廠的罷工或取得新的專利。第一類稱為系統性風險或市場風險，後者稱為非系統性風險或可分散風險。根據金融理論，當投資者持有一個充分多元分散的投資組合，個別非系統性風險是無關緊要的，因為這些干擾的影響在投資人的投資組合內，可以預期平均地互相抵消。然而，不管投資組合多麼地多元化分散，系統性風險無法被消除。

在CAPM中，風險定價的區別極為重要，只有系統性風險會以風險溢價得到回報。在金融理論中，由於可以藉著投資組合分散風險，不需成本地避免掉個別公司的非系統性風險，因而投資者不會由於承擔非系統性風險，而得到回報收益。因此CAPM假定人們會遵循「不把所有的雞蛋放在同一個籃子裡」的準則，投資者只會由承受市場風險而得到回報。這說明了一個重要的金融規則，人們不會因為做出不必要的事情而得到回報。經濟學家認為不會有免費午餐這種事發生。

CAPM認為投資人可以藉由分散而消除非系統性風險，也認為股票回報是為了補償所承受的系統性風險。CAPM還認為對任何股票的預期回報（在這裡是指股息加上資本收益，相對於所投資的金額）相對於整個股市的回報，存在著一定的關係（通過市場系統性風險，稱為β）。一家公司的β值，是根據該公司過去股價的回報（股息加上資本收益，相對於所投資的金額），在同一時期與全股票市場的回報（全市場股息加上資本收益，相對於全市場股票市值）比較。1.0的β值表示該公司的回報與市場同步，超過1.0的β值表示該公司的回報超過市場，小於1.0的β值表示該公司的回報低於市場。根據CAPM，回報率超過或低於市場的原因，是因為該公司的風險超過或低於全市場。

估計投資一家公司所要求的回報，必須在無風險回報上增加風險溢價。在CAPM的理論中，公司風險溢價是全市場的風險溢價乘上投資的β值。CAPM對公司股權資金成本，即為所需要的股本回報率，其公式為$R_f + \mathrm{b}(R_m - R_f)$。文字上，股權的資金成本，即為無風險利率$R_f$，加上市場的風險溢價$(R_m - R_f)$乘以投資的$\beta$值。

市場風險溢價$(R_m - R_f)$可以是實質的（去除通膨）或是幣值的（即包括通膨）。幣值的表達有時也被稱為是名目上的。如果我們使用幣值計算資本回報率，我們也要根據目前一個合適的政府債券殖利率，來當作名目無風險利率，當然這個數字會包括通貨膨脹率。要得到無風險利率，我們也要選取一個合適的指數掛鉤政府債券殖利率。

在使用CAPM的公式上，會出現包括以下幾個問題：

- 應該使用多長的時間區間
  - 對於無風險收益率R_f，應該使用例如九十天國庫券的較短期限？還是應該配合一般投資項目，例如十到十五年的期間？這兩者的差距很大，我們建議使用後者。
  - 對於β值，通常根據過去六十個月的數據取得。但是為什麼是採用五年，而不是五個月或任何其他間距呢？畢竟該公司可能由於增加借貸或接管其他公司，風險狀況在五年之間已經改變。依照這種論點，也許五個月的期間提供了更好的數據，因為更符合現實狀態。
  - 對市場風險溢價，一般使用長期數據來估計，短期的變化並無意義。數據由實際股市的投資回報與無風險政府債券投資回報的差額導出。然而，短期投資或投機者會要求比長期投資更高的回報率嗎？畢竟他們所面臨的是短期曝險。
- 相對於槓桿公司（公司有借貸）股本資金的成本，我們該不該使用槓桿β值（通常的公布數據）？還是應該使用公司沒有借貸的無槓桿資產β值？我們主觀地主張應該根據投資所包含的債務數額，不同人使用的方法會略有不同，但通常還是可以得到類似的估值。
- 隨著時間的推移，公司會有穩定的β值嗎？顯然，如果一家電力或自來水公用事業公司，對一家玩具公司採取重大收購，大家多數會預期這家公用事業公司的β值將會上升，以反映其業務風險。畢竟公用事業的風險甚低，收購了一個快速變化業務型態的公司後，人們會預期有較高的風險。基於較長週期的β值會產生可能錯誤，無法反映公司業務變化所帶來的不同風險。

- 是否可以簡單地使用國內股市，以計算出所需的市場風險溢價和β值？還是我們應該包括全球股市？或者確切地採用比國內上市股票市場更廣泛的資產範圍？在這方面上，大多數分析家僅僅使用國內股票市場。

理論上由CAPM的公式計算，所需的回報率等於$R_f + \mathrm{b}(R_m - R_f)$。$\beta$值較高的投資比$\beta$值較低的投資，要求更高的回報率。

但是理論的成功與否，在於是否適用於現實世界之中。對CAPM理論提出挑戰的研究工作，最初由美國的法瑪和弗蘭奇[5]（Fama and French）開始，並由豪根[6]（Haugen）做了通俗易懂的總結。CAPM模型使用單一因素β值，整體上以市場回報來估計各別股票回報，法瑪和弗蘭奇認為這對實際情況過度簡化。法瑪和弗蘭奇觀察到有兩類股票表現往往優於市場，包括小公司股票以及通常被稱為價值股（value stock）的股票，價值股有著較高的帳面價值相對市場價值的比率。價值股與成長股（growth stock）不同，成長股有著較低的帳面價值與市場價值的比率。法瑪和弗蘭奇將這兩個因素加入CAPM，更佳地反映個股潛在回報。根據這個三因素模型，法瑪和弗蘭奇在預測回報上取得更高的精確度。

CAPM被廣泛使用在商業世界，提供一部分估價的作用，為新的資本投資項目和股票的價值提供參考。主要角色在計算公司的股權資金成本，然後是加權平均資金成本。在資產估價的現金流量折現模型中，資金成本通常是決定貼現率的關鍵因素（可以隨著察覺到的風險做出調整）。無論是評估投資項目或股票估值，估價過程中的其他關鍵因素，是對未來現金流量和發生時間的預期。為了計算價值，時間可能會跨越十年或十五年之久。價值基礎的預測，長期以來受到像葛拉漢[7]（Ben Graham）和巴菲特（Warren Buffet, 1930年代葛拉漢的門徒之一）這樣的投資大師所推崇倡導。

風險與不確定性

奈特[8]（Frank Knight）澄清了風險和不確定性之間的區別。例如，風險可以經由市場定價，投資人可以對已知事件分配機率，並據此對風險的價格做出估計。但是由於涉及了不能預測、不能度量、不能模型化的事件和機率，不確定性無法定價。魯比尼和米姆[9]（Roubini and Mihm）提供一個很好的例子，「要理解兩者的區別，想像兩個人玩俄羅斯輪盤，使用可以放入六發子彈的標準左輪手槍，放入一發子彈並旋轉左輪。第一個扣動扳機的人有六分之一的機會腦袋開花，這就是風險。雖然玩這個遊戲的人可能是個白痴，但他們知道發生的機率。現在想像有兩人，互相交給對方一把由自己準備的神祕手槍。手槍中可能有一發子彈，也可能有六發，或者可能沒有，或甚至不是一把真正的槍，兩個人都不知道自己拿到什麼樣的手槍。這就是不確定性：他們不知道如何評估風險，死亡的可能性無法度量。」

在2007/8年金融危機的背景下，這種區別是相當重要的。危機之前，信用違約交換（CDS）和擔保債權憑證（CDO）的風險，可以根據評級機構所給予的評級來決定。隨著房屋市場的下滑和金融市場的崩潰，負面的結果似乎潛伏在每個角落。三A評級轉化成垃圾，金融市場變得缺乏流通性，銀行不再信任對方的信用而產生信用緊縮現象。看起來比較像是魯比尼和米姆的神祕手槍，比較像是不確定性。在這種情況下，股市如何評估適當的折現率，如何評估未來的現金流量？這屬於不確定性，因此是無法估量的。在這種情況下，市場添加了大規模的折現率猜測，價格的下跌是對於不確定性的反應？還是來自市場削減對未來數字的預測？也許是兩者兼有。市場價格的暴跌也就不足為奇了。

風險管理模型與常態分布

第七章中，我們簡短介紹了風險值（VaR）和風險管理，現在我們進一步介紹一些較早期的資料。在財務經濟學的理論和實踐的重大問題之一是，常態分布的廣泛使用是否合理。除了兩個重要的問題，數學上優雅的常態分布已被接受，並應用在證券價格變動和選擇權的定價方面。

在通常被稱為「鐘形曲線」的常態分布中，正負第一和第二個標準差，覆蓋了95.4%的可能結果。常態分布曲線的兩端被稱為尾巴（tails），參見圖10.1。兩個尾巴涵蓋餘下的4.6%，看來非常低的機率卻可能包含真正災難性的結果。恐怖襲擊可能只有2%的機會發生，但結果可以是極端可怕的。

事實上，大多數人往往低估了金融市場極端事件發生的可能性。曼德爾布羅[10]（Benoit Mandelbrot）認為，如果道瓊斯工業平均指數按照常態分布移動變化，在1996年到2003年之間，將僅有六天指數會有4.5%或以上的變動。現實中，在此期間指數變動超過4.5%，發生了至少366次。

顯然，常態曲線未必完全適用於許多金融情勢。未來的金融事件，可以更適合地以肥尾（fat tail）常態機率分布來呈現。圖10.1顯示常態分布和肥尾常態分布。前者左右兩條尾巴覆蓋4.6%的可能機率，後者兩條尾巴覆蓋了10%機率，或是其他類型的肥尾形狀，覆蓋更多的百分比。

特里亞納[11]（Triana）支持肥尾的描述，「信用、股權、利率市場的事件，無情地見證著大量的歷史先例。在1992年歐洲匯率機制瓦解期間（即歐洲正式管理的貨幣匯率制度崩潰），見證了利率移動了50個標準差。而1987年的黑色星期一，是個20個標準差（或

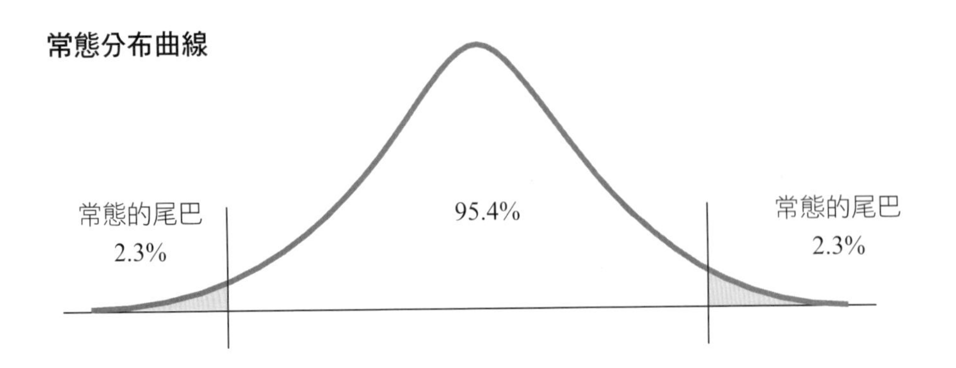

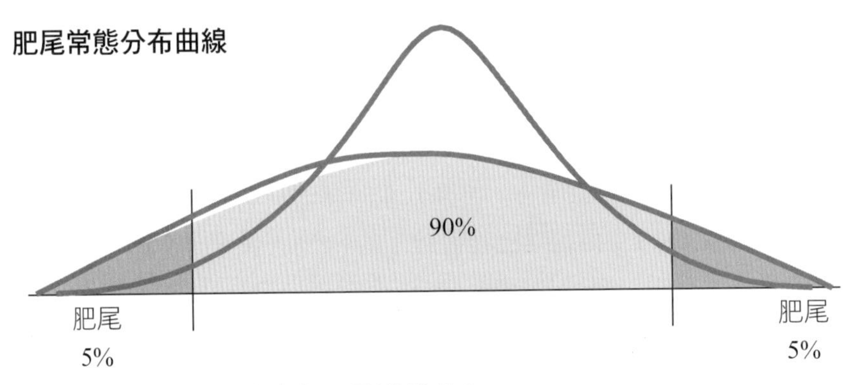

圖10.1 常態分布曲線與肥尾常態分布

20-sigma）事件。1998年夏天的複雜因素，最終打倒了長期資本管理公司LTCM，發生了超過15個標準差的事件。大量波動較小（當然是非常態的騷動）的類似事件在金融圈發生，而所謂「一萬年發生一次」的事件卻也已經多次發生，由遠低於一萬歲壽命的人所親眼見證。哪個是錯的，是現實世界還是模型？」

重現蘭徹斯特[12]（Lanchester）的話，「過去的十年間已經見到無數五、六、七個西格瑪（標準差）的事件。這些應該分別每13,932年、每4,039,906年、和每3,105,395,365年才會發生一天。數學模型在危機中根本不能發揮功用，卻沒有人認為使用統計模型是錯誤的。數學模型雖然在大部分的時間中適用，但數學模型是用來評估風險，而定義上一些風險卻只發生在已知可能性的邊緣上。」一點沒錯。

在金融危機時期，大銀行和金融機構使用稱為風險值（VaR）

的風險管理電腦系統。主要由摩根大通銀行開發，用來衡量投資組合短時間內的損益波動總風險。例如，如果一家公司在10億美元的債券投資組合中，有2,000萬美元的週風險值，表示有96%的機會，一週內該投資組合的最大損失不會超過2,000萬美元。風險值的計算是根據常態分布的結果而來，是一個有用的工具，但卻因為不包括兩端肥尾的極端事件，數據的提供可能只是過多的安慰。事實上正是這些極端事件，把金融機構帶入危機，而風險值主要目的卻正是用來衡量這些大型負面事件的風險。

一般來說，地球上地震和颶風是位居兩端肥尾的低機率事件，是相互獨立的。相反地，在世界金融市場中，看似獨立的事件卻可能有所聯繫，加強對另一事件發生的可能性。例如，在沒有債券市場問題的情況下，房屋市場明年的某個時候下跌超過20%的機會有2%。然而，如果債券市場因為與房屋市場無關的原因而凍結，房屋價格也有可能下跌。如果這個問題波及到房貸抵押擔保債券（MBS），降低了住宅貸款的融資來源，那麼房屋價格下跌超過20%的機會肯定會遠遠超過2%。因此，辨識未來五年中可能發生的低機率事件，特別是那些互有相關聯的事件，會有顯而易見的需求。對此類事件的避險或保險的意見如下。

許多風險管理模型，是基於以下可疑的假設：

- 財務回報和風險依循高斯（常態）分布，忽視某些場合可能極具破壞性的低機率肥尾事件；
- 以標準差的單一統計數字（常態分布中的重要數字），來解釋資本市場的潛在結果；
- 不變的相關係數，儘管往往在危機時會有所變化，完美的風險分散和避險變得近乎不可能；
- 即使在極端條件下，流動資金永遠存在，但事實上未必如此。

在金融危機的時候，所有上述的要點有可能在同一時刻，同時影響信用違約交換（CDS）和擔保債權憑證（CDO）市場。

風險管理模型往往過於著重一般的市場條件，傾向忽視危機時的典型異常情況，因此可以帶給管理者一種虛假的安全感。以上述最後兩個要點，CDO和CDS變得難以定價，他們的價格對於不斷變化的相關性和動盪市場流動性不足相當敏感。顯然，依賴基於常態分布的風險管理模型是毫無道理的。

選擇權（又稱為期權）

我們現在來看看選擇權合約及其計價方式，選擇權的計價還是根據常態分布的理論定價。選擇權是一個契約協定，給予持有人以固定價格，在某一特定日期或之前，購買或出售特定資產的權利。權證（股票選擇權）是買賣股票的選擇權，權證在證券交易所上市交易。本節中，我們來討論決定選擇權價值的幾個因素。

我們已經解釋過，選擇權是一個契約協定，以某固定價格在某一特定日期或之前，購買或出售資產的權利。例如，一棟建築物的選擇權，選擇權的買方有權在任何時間直到2013年第三個星期三之前的星期六，以100萬英鎊買下這棟建築物。選擇權是一種特異的金融契約類型，給予選擇權買方權利，但卻沒有義務去做某些事情。只有當執行權利是個明智之舉時，選擇權買方才會使用執行權利的選項，否則可以簡單地拋棄選擇權的行使。為了獲得這個有利的位置，選擇權買方必須支付一筆稱為權利金（option premium）的費用。

有關選擇權，最重要的一些詞彙定義如下：

- **行使選擇權**。通過選擇權契約決定買進或賣出標的資產的行為，稱為選擇權的行使（exercise）。
- **履約價或行使價**。選擇權契約中的固定價格，選擇權持有人可以以此價格買進或賣出標的資產，稱為履約價或行使價（strike price or exercise price）。

- **到期日**。選擇權契約的到期日（expiration date or maturity date），此日期之後，選擇權契約就不再有效。
- **美式和歐式選擇權**。美式（American）選擇權可在到期日之前的任何時間行使。歐式（European）選擇權不同於美式選擇權，只能在到期日當天行使。美式和歐式選擇權在美國和歐洲都有交易，實在令人感到困惑。

最常見的選擇權是認購期權，給予持有人在特定期間內以固定價格買進資產的權利。在交易所中最常見的期權交易是認購權證和債券期權。

假定XYZ公司股票的認購權證在倫敦證券交易所上市交易。XYZ公司本身並不發行自己普通股的認購權證，事實上，銀行和富有的個人投資者才是XYZ認購權證的原始創造者、銷售商、買家。某個XYZ認購權證，允許投資人在2013年7月15日之前，以每股12英鎊購買1,000股XYZ公司的普通股。如果XYZ普通股價格有機會在2013年7月15日之前超過每股12英鎊，這個認購權證是有行使價值的。

幾乎所有認購權證的履約價及代表股數，都會隨著股票分割或股票股利而調整。假設在購買認購權證的時候，XYZ股票每股18英鎊。假設第二天每一股分割為六股，每一股的價格將下降為3英鎊，在不久的將來每股超過12英鎊的機率變得非常渺茫。為了保護權證持有人，認購權證隨著股票分割和股票股利做出調整。在6對1分割的情況下，履約價將成為2英鎊（12英鎊除以6）。此外，權證合約將由原來的1,000股轉為6,000股。請注意，當XYZ向股東支付現金股利時，權證條款不做調整，不做調整明顯傷害了認購權證持有人的權益，當然權證持有人應該一早了解權證合約的條款和接近購買時的可能股息分派。

三名美國經濟學家，發展了著名的布萊克－休斯公式（Black-Scholes formula），用來對歐式選擇權定價。除了布萊克（Fischer Black）和休斯（Myron Scholes）之外，默頓（Robert C Merton）

也對選擇權定價理論和公式的制定有極大貢獻。布萊克在1995年過世，諾貝爾獎規定不頒發給過世之人，1997年諾貝爾經濟學獎只能頒與休斯和默頓，以表彰他們在選擇權定價方面的貢獻。多數讀者不必費心在以下的公式上，只要接受有一個選擇權定價公式，可以直接跳到下一個段落。對於喜愛探索的讀者，布萊克休斯[13]公式可以寫為：

$$C = S \cdot N(d_1) - X \cdot e^{-rt} \cdot N(d_2)$$

這裡

$$d_1 = \frac{\ln(S/X) + (r + 1/2v^2) \cdot t}{\sqrt{v^2 t}}$$

$$d_2 = d_1 - \sqrt{v^2 t}$$

公式推導出選擇權的權利金數目C（即是購買選擇權，不可退還立即支付的金額），是金融界最複雜的數字之一，卻只涉及五個變數輸入。

S：目前的股價

X：履約價（一些教師和教科書使用符號E，而不是X）

r：年化連續無風險利率

v^2：年化連續股票回報變異數

t：距離到期日的時間（年）

此外，還有一些統計上的概念：

N（d）= 標準常態分布中，隨機變量小於或等於d的機率

還有一個數學常數e（也稱為歐拉常數），等於2.71828。有點像另一個數學常數圓周率π，但e較不為人所知。

現實世界中，期權交易員知道目前的S和特定期權的X。交易員一般把政府債券當成無風險，因此由當前的報價可以得到無風險利率。交易員也會知道特定期權的到期天數，因此可以得到到期年數t。問題在於確定股票回報的變異數。公式中要求期權標的股票

由估價日和到期日之間的變異數，不幸地這是未來的變異數，現在是不存在的。交易員經常由過去的數據來估算未來的變異數，此外一些交易員也可能根據直覺來調整自己的估算。例如，一個預期即將發生的事件增加了股票目前的波動，交易員可能會向上調整對未來變異數的估計。緊接著1987年10月19日的股市大跌後，這個問題變得非常嚴重，股市隨後被認為風險極高，因此使用大跌之前的數據來估計變異數，便顯得數字過低。

該公式允許輸入幾個變數就得到選擇權的價值。其吸引力來自五個變數中有四個變數是可以觀察得到的，包括現在的股票價格S、履約價X、利率r，以及距離期滿時間t。只有一個變數σ^2是必須估計的未來變異數，前段已有簡要討論。

考慮一下期權推估值的另一種方式，想想哪個變數的輸入不在公式之中。首先，投資人的風險喜好不會影響期權價值。該公式可以適用於任何人，不管個別承擔風險的意願為何。其次，該公式不需要依賴股票的預期收益，這方面，不同的投資人可能有不同的意見。

布萊克－休斯公式模型的假設非常重要，值得一提，尤其是下列各點的最後一項。

- 對於股票的賣空是沒有任何成本，也沒有任何限制；
- 零交易成本和零稅負；
- 歐式選擇權；
- 股票不支付股息，但是如果需要的話，可以藉由適當的調整來包含股息；
- 連續性的股價變動，而非價位間的跳動式；
- 連續運行的市場；
- 固定和已知的短期利率；
- 股價以對數常態分布（log-normally distributed）。

布萊克－休斯公式被廣泛認為是對金融界來說有著最重要的貢

獻之一，但這個公式仍然受到部分反對者的激烈批評。為何如此？請注意上述的幾個要點，注意常態分布的出現。我們已經解釋過，常態分布的假設在現實金融市場是危險而缺乏根據的。這個公式在理論上運作良好，在金融市場中的大部分時間也是，但是在危機時期的適用性上也同樣面臨危機。事實上，這跟用巧克力水壺來裝水沒什麼兩樣。兩個對公式著名而嚴厲的批評來自塔勒布[14]（Taleb）和特里亞納[15]（Triana），兩者都很值得一讀，也都點出了常態分布對於危機或恐慌時期的市場走勢，是一敗塗地地不符現實。

對期權的簡要介紹之後，現在轉到金融理論的一些異常現象，談到更多理論和現實世界分歧的地方。

行為財務學

財務經濟學的領域中，行為主義是個新興主題。金融和經濟的行為方面，利用社會、認知、情緒因素，來了解投資人和借款人的經濟決策，以及如何影響價格、收益、資源分配。行為模型從心理學的見解，整合到金融理論之中。

行為財務學著重於一連串的缺乏效率市場，及其對價格的過度和不足反應，對泡沫和崩潰的可能影響。這些影響也許可以歸因於有限的注意力、過度自信、過度樂觀和市場的羊群效應。對行為財務學的批評，認為行為財務學由異常行為演化而來，反應在最終可能被排除在外的異常行為。

例如，價值型股票（低P / E本益比、高股息收益率、或低P / B股價淨值比）的表現，一直優於成長型股票（高P / E本益比、低股息收益率、或高P / B股價淨值比）。如果市場計入股票的效率性，這一傾向將不復存在。在現實世界中，危機事件後價值股和成長股有類似的回報。效率市場的支持者認為價值型股票的優越回報，反映了較大的風險。這種想法沒有得到豪根和貝克[16]（Haugen and Baker）的支持。

還有其他廣泛被觀察到的怪事。儘管不是永遠不變，但股票在1月分的表現一致地高於其他月分，星期一的表現似乎也比一周的其他日子要差。股票投資人也會關注公司宣布營運結果新訊息的市場反應，目前觀察到的情形是無論訊息好壞，股價傾向不完全反應所公布的新消息。換句話說，投資人等待新消息後續確認的證據後，才會完全採信並反應在股價上。同樣地，首次公開發行新股的價格在初上市時被異常哄抬之後，並不是永遠如此，但平均上會在不久後的交易中回跌。

心理學家們觀察到，當做出財務決策時，投資人傾向不願意停損。投資人似乎較不專注在持有資產的現有價值，反而去回顧檢查投資是否呈現獲利或虧損。從邏輯上來說，一個理性的投資人在考慮買入或賣出決定時，會根據今天的股價和未來前景，過去的股價應該已經是不相關的。投資人的認知錯誤是前景理論的基礎，前景理論首先認為，價值投資人的特定行為，決定於所購買的資產到現在已經產生的是獲利或損失。第二，投資人不願意對即使是小小的損失，採取停損的動作。

心理學家們還發現，在評估未來的結果時，投資人傾向回顧過去所發生過的事，傾向過分重視少數明顯的代表事件。另一種投資人的偏見來自過度自信，大多數駕駛人認為他們的駕駛技術優於平均，大多數投資人也認為他們在股市中的表現優於平均。在市場中的投機者不可能每個人都賺錢，但對自己交易技術有信心的投資人似乎準備繼續參與。當人們在作出判斷時肯定會顯示出過度自信，也許投資人對他們的看法和技能充滿信心而導致過度交易。

心理學家對投資人行為的主要發現，總結一系列的要點如下。

- **錨定效應（anchoring）**。在作出評估時，尤其是定量的評估，投資人的看法容易受到過去事件所影響。評估股價的投資人受到過去的股價所左右，將股票價值固定在過去股價上，可能影響他們低估新的訊息。錨定效應符合上述的前景理論。

- **保守主義（conservatism）**。投資者抗拒改變自己的想法，甚至當有關的新訊息出現之後。當獲利高過預期時，投資人最初的反應保守，往往需要進一步正面的獲利驚喜才會重新審視自己的想法。相同的說法也適用於股票的下跌。
- **縮小的框架（narrow framing）**。投資人傾向找出並維持原有評估的框架。這類投資人以框架來看事情，而不是採取更廣泛的看法。因此本納茨和泰勒[17]（Benartzi and Thaler）認為，框架設定的錯誤，導致投資人忽視股票可能帶來更好的回報，而偏愛無風險的政府債券。
- **過度自信（overconfidence）**。自我歸因的偏差可以造成過度自信，投資人將成功變為自己的光彩，卻將失敗歸咎於運氣不好。過度自信可能是過度交易的原因，因為投資人總是相信他們可以戰勝市場，參見巴伯和歐定[18]（Barber and Odean）。甚至似乎沒有什麼經驗的投資人還比有經驗的投資人更具信心，總認為他們可以擊敗市場。
- **確認偏見和認知失調（confirmation bias and cognitive dissonance）**。人們搜索與他們現有觀點相同的訊息，衝突的訊息往往被忽視。這方面與認知失調有關，當提出的證據證實人們的信仰未必是100%正確時，他們的內心往往會遭遇衝突，因此人們傾向印證自己想法的故事，並忽視存在衝突的事實。在2007年，許多人持續忽略房價可能大跌的證據。
- **懊悔（regret）**。心理學家認為，投資人會為了避免有小小機會的挫敗感，而放棄觸手可及的利益。因此，投資人會受到恐懼懊悔感受的心理影響。
- **存在的偏見（availability bias）**。投資人或一般人，可能因為可以實際見到，腦海中專注在一個特定鮮明的事實或事件，代價是犧牲掉對整個大局的觀察。因此，當出現重大的火車相撞事故之後，人們傾向避免乘坐火車，而更多使用自己的房車。然而更廣泛的統計中顯示，火車旅行要比公路運輸安全得多。同樣在金融市場，投資者往往過分重視最近發生的新聞大事件。

- **代表性（representativeness）**。代表性指的是根據表面的刻板印象作出判斷，當其他的解釋不存在時，傾向套入過去發生過的類似情況。當股市在1987、2001、2008年急劇下跌時，許多文章以過去和當時指數變動的支持圖表，質疑這是否為1929年的重現。雖然可能有相似之處，但並不表示大蕭條的重演。然而投資人往往給予過多的重視，而忽視其他非常不同的特性。
- **正向回饋和外推預期（positive feedback and extrapolative expectations）**。市場泡沫可能有一部分被解釋為，傾向正向回饋的交易員，在股票價格上漲後繼續購買，股票價格下跌後恐慌拋出。他們對於股票價格有外推的預期傾向。這種傾向似乎也發生在金融危機之前迅速攀升的房價上。
- **規避模糊（ambiguity aversion）**。當投資人覺得自己沒有太多訊息時會覺得特別不安，但當他們認為自己擁有很好的資料時，他們往往會去賭一把。
- **機率的失算（miscalculation of probabilities）**。心理學家證實，人們始終未能有效評估可能結果和不太可能結果所發生的機率。

卡納曼和特沃斯基[19]（Kahneman and Tversky）、泰勒[20]（Thaler）和其他幾位，是這個有趣領域研究工作的先驅。由薛佛林[21]（Shefrin）、施萊弗[22]（Shleifer）和蒙蒂爾[23]（Montier）的幾本著作，作出了很好的總結。

雖然聚焦在投資心理學上，也值得留意群眾行為。因為處在人群之中，人們會有不同的行為，會做出當只有自己一人或在小團體中所不會去做的事。群眾行為來自情緒而非理性，看看職業足球比賽的觀眾們吧，情緒100、邏輯零分。

經濟決策假定個人會根據理性行為做出決定。因此總體市場的走勢也是根據這樣的思路，市場中買入和賣出的決定，基於個人理性決定的總和。然而當我們觀察一些市場，有時候似乎表現得更像是群眾行為。在這種情況下，理性可能不是那麼明顯。市場總是表現出群眾行為的說法可能是錯誤的，但的確有時相當像是群眾行為，市場有時候甚至是瘋狂的。在最後的一種情況下，我們更容易看到市場群眾行為的證據。

在賺錢方面，交易員總是站在市場上最有利的位置。他們加入市場，隨著人群共同買進或殺出，這股向上或向下力量的強弱，取決於群眾的雷鳴聲有多大。群眾行為可以放大市場的波動，視情況而創造向上或向下的趨勢。

當然在銀行中的交易員可能會追隨群眾，但更有可能鎖定目標在自己獎金的提高。由他們個人的觀點，這有可能是理性行為，也有可能是約翰·凱（John Kay）在剪報6.1中所描述，承擔高風險的貼車尾行為。當這些風險真的發生時，可能會造成大車禍，而銀行可能會被掃地出門。看起來像是另一個依照自身利益運作的例子，除了依照銀行獎金制度得到好處的交易員外，其結果對任何人都沒有好處。交易員在短期獲利下得到獎金，但當造成虧損時卻無須吐回。

值得注意的是，行為財務學的倡議者發現，市場似乎很難符合理性經濟人（economic man）的想法。在經濟理論中，假設個人理性地設定目標，然後作出與這些目標一致的決定，這才是所謂的經濟人。

結論

金融理論需要謹慎地教導，留心地處理。儘管演繹出來的金融理論，充斥大量實證的缺陷，太多的學者繼續以不加批判的方式教給學生。例如市場價值由盈餘的現金流得來，西方國家的股市是半強式效率市場，資本資產定價模型（CAPM）運作良好，常態分布模型反映了市場運作的方式，以及其他基於理性經濟人假說的處方。規範理論（事情應當是如何如何的）當然在任何領域的研究中都占有一席之地，但積極觀點也是如此（事情在現實中發生的方式）。教導金融學的時候，經常沒有參考足夠的現實市場，也沒有參考演繹理論中過多的實證偏差。為什麼會這樣？也許有些人根本不了解實證的結果為何。商學院也許過分引導學生讚美銀行和產業。也許如同波斯納[24]（Posner）所觀察到的，「金融業與金融學教授的糾合有著黑暗的一面。如果金融學教授批評行業並建議更嚴格的監管，他們可能會成為害群之馬，失去有利可圖的學界業界諮詢關係。這種利益衝突可能造成一些經濟學家在批評上處處留情。」波斯納繼續說，「大家不會期望房地產公司或銀行所僱用的經濟學家，談到房屋和信用泡沫。」在這個陰暗面之下，傳統的教學比如效率市場理論，合乎右翼思想的要求。由於市場隨著經濟政治新聞達成公平價格，而無須中央銀行緊縮泡沫，這種論點因而變得可能發生。同時，既然效率市場的市場價格是無偏差的，改善監管的需要自然不復存在。這當然是個值得討論的點，在這個問題和其他的一兩個問題上，我們發現了剪報10.1的迷人之處。

剪報 10.1 金融時報，2010年3月15日 FT

貝爾斯登垮臺的教訓

約翰．卡西迪（John Cassidy）

兩年前的一個週日，美國財長保爾森打電話給貝爾斯登的CEO施瓦茨（Alan Schwartz），告訴他捉到了他的把柄。「艾倫，你現在落在政府的手中，」他說，「宣告破產是唯一的選擇。」就這樣揭開了信用緊縮的序幕。接著的二十四個月，大家學到了許多昂貴的經驗教訓。

槓桿殺人。 2008年3月，貝爾斯登的有形股權資本大約為110億美元，支持三十六倍槓桿的3,950億美元總資產。幾年下來，這種不計後果的財務比率，令該公司得以實現大約三分之一的獲利率，和20%的股本回報；當市場轉向，貝爾斯登喪失資本，債權人承擔損失。隨後的幾個月中，同樣的故事發生在其他銀行和非銀行的機構中。

去年，二十國組織（G20）同意採行較高的資本比率。直到目前為止，最後數字還沒有公布。檯面上，巴塞爾銀行監管委員會正努力中。檯面下，美國財政部長蓋特納心中已經有了最大的槓桿比率，指示當局需要非常嚴肅地防止未來的災難。

呱呱叫的是鴨子，借短放（或投資）長的是銀行。表面上，貝爾斯登和雷曼兄弟都是投資公司，華盛頓互惠銀行的業務是儲蓄和貸款，AIG是家保險公司，GMAC和GE資本公司都是工業公司的子公司，準備基金是貨幣市場共同基金。在現實中，這些機構都以派錢或類似行為，來積累流動性不足的資產。任何此類機構面對債權人的擠兌都是脆弱的，監管機關應該把他們都視為銀行同類。無法堅持這項原則，將導致監管上的套利和更多的災難。

市場並非總是有效率的，這個教訓是否需要再度強調呢？恐怕是要的。多年來，自由市場的意識形態顯示了一種得以復活的神祕能力，而且總是具有強大的力量，以亞當斯密和海耶克（Friedrich Hayek）鼓舞的言語來掩蓋他們自私的目的。

大銀行就像核電廠提供有價值的服務，例如將資金從存款戶送到需要的企業家手中。卻偶爾也會發生災難事故，對其他經濟也會造成傷害，需要支出納稅人的巨額金錢來進行清理。

回想起來，問題是顯而易見的：嚴格的監督來降低災難爆發的機率，同時課徵特定機構的「汙染稅」以覆蓋成本。歐巴馬總統最近提出了這樣的建議，戈登．布朗也將把這項建議轉變成為全球倡議的責任攬在自己身上。終於一次，一個好的主意似乎就要取得進展。發明負面外部性概念的經濟學家庇古（Arthur Cecil Pigou），在天堂的某處也會微笑。

紐約的柏魯克學院教授李文斯頓（Levenstein）這麼形容，統計模型就像是比基尼：露出來的部分具有暗示性，但是蓋住的才是最重要的。在華爾街和紐約市，用比基尼來形容「風險價（VaR）」模型，認為投資人（和抵押貸款債權持有人）就像在加熱的罐子中隨機蹦跳著的許多分子。當這些數學玩意不需要完美時，他們有著迷人的特點而且完美地運作；但當需要完美的時候，他們卻完全無法運作。

白芝霍特（Bagehot）和凱恩斯都對。在金融危機期間，沒有銀行願意借錢出去時，央行的作用是去承擔借錢出去的角色。在經濟低迷，政府應當刺激需求。在運用這些真理時，從華盛頓、法蘭克福、到北京當局，藉著另一個大蕭條來避免現在可能發生的經濟大蕭條。

尋租（rent-seeking）並不能創造財富。金融公司的一部分獲利，轉移自其他群體的經濟租金，例如投資在積極管理基金的投資人，被私募基金接管的公司工作人員，以及最終承擔過度冒險成本的納稅人。英國銀行在2008年到2009年間所遭受的損失，消除了大約一半過去增加的寶貴經濟價值，例如工資、薪金、銀行業，在2001年到2007年間所產生的獲利。

一個世紀之前，先進的英國思想家如霍布森（J. A. Hobson）和霍布豪斯（L. T. Hobhouse）認為，財富的一部分由社會所創造，提供了合理基礎讓國家重新分配一部分財富到養老金和健保方案。至於現代金融，新自由主義派有著合理的懷疑，銀行「利潤」的產生隱含著國家的擔保，銀行投入的風險資本也是來自他人。

鑒於其遊說能力，金融業還可以阻止一些對於銀行活動的限制。但銀行絕不可能還是義正詞嚴地認為，對花旗有利就是對美國有利，或是什麼對蘇格蘭皇家銀行有利就是對英國有利的這類謬論。

第十一章 其他學術理論

本章內容

簡介

本章將介紹一兩個不同學派的理論，包括社會人類學和經濟學理論。卡西迪[1]（Cassidy）提供了一個完善的概述，有關經濟理論範圍如何影響金融危機，以及危機如何影響經濟理論。我們嘗試帶入一些新的角度，有關於上述的社會科學之下，金融危機的發生。本章開始的一大部分與社會人類學有關，其次簡短著重在一些經濟學的問題上，即自身利益、獎金，以及數理經濟學，然後我們介紹有關熊彼特（Schumpeter）的創造性破壞和與金融危機相關的幾個問題上。同時以經濟學家明斯基（Hyman Minsky）的看法，和通過景氣循環解釋金融的奧地利學派（Austrian School），作為本章的結束。

文化與順從

在邰蒂[2]（Gillian Tett）有關金融危機的一流著作中提到，蘇格蘭皇家銀行（RBS）是CDO

的積極參與者。她提到，在這家銀行研究CDO的統計學家布拉伯（Ron den Braber），對於用於銀行主要風險曝露的最高順位評等債券上的計價模型，表示了懷疑的態度。 邰蒂引用布拉伯先生的回顧，「我一開始只是輕柔地提出，銀行內部我們不會使用『錯誤』這個字眼，但我試著想說的事是非常重要的。問題是銀行內有一些心態，只會用他們所知道的來考慮，他們從不願意聽到壞消息。」不久後，他被迫離開銀行。同樣的命運也降臨在HBOS風險監管主管穆爾斯（Peter Moores）的頭上，他也向公司表明了對英國住房市場曝險的擔憂。

甚至當事情真的出了差錯，有多少銀行和其他企業的董事們，低估了公司的損失和進一步對資金的需求？加爾布雷思[3]（Galbraith）提醒我們，「快樂的情節被有關人士刻意地保護和維持，以便證明他們是在幫大家賺錢。他們同樣以忽視、癱瘓、譴責、懷疑的想法， 來刻意保護這種狀態。」

布拉伯先生的觀察中最有趣的部分在於集體思考。在創造一個共同的文化上，這種特性可能是有價值的。但是過於頻繁地根據同類思維來選擇高層管理團隊，可能傾向於產生沒有人可以挑戰既有智慧的順從情況。事實上，許多公司在招聘和晉升的過程中，鼓勵這種相似的風格。在邰蒂描述最後成為信用違約交換（CDS）的創新，她在第一章第一頁中，向她的讀者敘述了一個由摩根大通銀行紐約、倫敦、東京分行，幾十個年輕銀行家所舉行的會議。聚會在佛羅里達州黃金海岸的博卡拉頓酒店舉辦，「突破性進一步發生」的腦力激盪催生了CDS現象。邰蒂還提到這些新秀銀行家，「對於那個週末，只有朦朧而且充滿酒精的回憶。」當然這也是一個提高團隊精神的會議，為順從和合作的行為播下種子。男人之間的友誼往往來自共同的活動，而不是女士們友誼中情感分享的特點。摩根大通的博卡拉頓腦力激盪會議，似乎是用來強化團隊中頂尖以及最有權力的人物，變得更為趾高氣昂。

雖然順從、共同背景、相同思維方式，以及沒有內部挑戰的情況，幾乎是所有企業的理想，但這可能導致危險的發生。在RBS

和HBOS，風險管理人員對銀行的穩定提出質疑，就被迫離開工作崗位。電影中雖然是虛構的情節，人們還是可以理解描繪在電影華爾街（Wall Street）、搶錢大作戰（Boiler Room）、和拜金一族（Glengarry Glen Ross）中的騙子行為，匯集了非法、順從和貪婪。當然，虛構故事往往模仿事實。稍稍想像擁有潛在高額獎金銀行生涯挑戰的吸引力，和MBA或大學畢業同事們一起合作，許多人會很樂意地順從以實現高薪的目標。所羅門．阿希[4]（Solomon Asch）的實驗，米爾格[5]（Stanley Milgram）對權威順從的實驗，和哈尼、班克斯、金巴多[6]（Haney, Banks, and Zimbardo）對史丹福監獄的實驗，證明了陷入順從陷阱有多容易。雖然所有這些研究工作都受到一定批評，然而對人性黑暗面的暗示是顯而易見的。最極端的例子，是希特勒納粹德國之類的心態。

在社會人類學家何凱倫[7]（Karen Ho）有關投資銀行文化有趣的研究中，試圖藉由檢視華爾街的做法和態度，來觀察並得出結論。她借鑑布迪厄[8]（Pierre Bourdieu）所發展有關習性（habitus）的概念，由團體發展出來的性格系統，一種產生實踐以及建構社會的方式。郃蒂[9]解釋了何凱倫的著作，是以社會發展認知地圖建立世界秩序的方法來檢討習性的概念：這個方法根據參與者的實際經驗，但由於沒有一直詢問參與者有關自己行動和信仰的問題，他們只有依稀知道自己實際參與的角色。在研究中，何凱倫一直尋求投資銀行是如何發展出他們的特有文化信仰風氣，使他們有地位和能力來做成足以影響美國企業的交易。她嘗試要了解投資銀行的背景和思考過程，如何銜接工作場所的地位和工作經驗，塑造對華爾街作風的了解、分析以及客戶推薦。她指出，「從名牌大學招聘最聰明的投資銀行家們，進入華爾街高淘汰率、激烈打拼、根據表現而有過高薪酬工作場所。」她接著說，「華爾街的工作環境……有著即使在牛市也會裁掉特權投資銀行家的惡名，而且一年還發生不只一次……然而，華爾街的投資銀行家也了解，在惡名昭彰不安穩工作環境下持續良好表現的必要性。不只是責任義務，還是一種挑戰。銀行家只從常春藤盟校，或是像麻省理工學院和史丹福大學等幾家可與之比擬的學校招聘，訓練他們成為也自視自己是最好最聰明的。對他們來說，激烈的交易撮合……在焦慮的環境下，成為他們機智和優越的標誌。藉著文化資本，廣泛的精英網絡，和高額報酬的組織結構來武裝自己……投資銀行家經常成功地處理和交涉（和創造）危機，直到下一次危機的重臨。」

何凱倫融入背景，以非批判的方式聆聽，得出有關華爾街文化的結論。對社會人類學家來說，是絕對不可能得到完全客觀的看法。儘管如此，在投資銀行裡頭，還是以有趣的方式存在著含蓄的種姓制度。例如辦公室中的前台精英主導了中台和後台，大學和商學院網絡如何開展的描述，和藉由自我提升重要性以及自己修辭來矇騙迷惑的銀行家故事。

何凱倫用以下的觀察作為她研究的結論，「投資銀行家是非常具有特權的主體，他們的精英背景、經驗、組織上的代表性，強化並合法化他們在低效率美國企業上的權威。當沉浸在華爾街的組織文化中，由特殊建構的方式來鼓勵投資銀行家們積極地參與激烈的交易決策，以市場上的代表性作為自己優越的象徵。這些……依靠持續在全世界中的吹噓、推銷、利用，而壯大成為主導優勢。以華爾街為首的金融榮景，由金融意識形態和最終破滅的交易而創造，累積了無法履行的承諾、消失無蹤的股東價值、和無所注意的資金挖掘。」她在最後一個段落上指出，「美國投資銀行的做法，已經細緻清楚地造成了全球的漣漪效應，……產生了一個高度不平等的，新的世界秩序。2008年全球金融危機是否產生足夠的震動，激烈改變華爾街和其他地方的權力關係，仍然有待觀察。」

顯然，主體元素普遍存在類似的分析中。然而即使可能不會被何凱倫的觀察和結論所說服，也不能排除這樣一個有趣而有見地的研究。

華爾街文化的演變，寫在弗雷澤[10]（Steve Fraser）的《華爾街：文化上的歷史》一書中。有關描寫投資銀行交易室的自私文化和高額獎金的誘因，出色的作者包括劉易斯[11]（Lewis）、帕特洛伊[12]（Partnoy）、安德森[13]（Anderson）、石川[14]（Ishikawa）、普雷斯頓[15]（Preston）和歐格[16]（Augar）。轉向急功近利的文化，開始很少或不再關心交易的對方。在每一天的開始，討論交易是否符合銀行的策略，卻不會討論從客戶的角度上交易的合理性，甚至也不管對銀行本身是否真的有意義。交易員在這一點上只是順從銀行的明確策略，完全將眼睛和情緒放在自己交易部位的獲利上，這個數字也意味著自己的獎金。

萊勒[17]（Lehrer）有關大腦如何處理金融市場走勢的最近研究報告中指出，神經信號（與神經系統）似乎與投資決策相關。這個神經信號來自大腦具有豐富多巴胺的位置，有關學習以及處理各種不同的因果可能。舉一種情況為例，一位交易員已經決定投入10%的總資產到市場上。當交易員看到市場大幅上漲，學習信號開始出現。當交易員享受上漲的獲利時，充滿多巴胺的腦細胞卻集中思考為何不一早投入更多，而錯過了更多的利潤，這是一種遺憾的感覺經歷。作為結果，交易員似乎以他們的投資策略來適應市場的漲跌。交易員在上漲的市場中增加投資，否則會覺得有更多的遺憾。這些神經信號是造成金融泡沫的主要原因。當市場愈跳愈高，投資人不斷進入市場的投資也愈來愈大。在經濟繁榮中根本不會想到可能的損失，當然最終泡沫還是破滅。此時大腦才會意識到預測錯誤所造成的昂貴代價，急著倒出價值下滑的資產。與其他投資人一樣，金融恐慌撲向我們身上。讓我們來看看剪報11.1和11.2。

剪報 11.1 金融時報，2009年11月25日 FT

男子漢的交易要有男子氣慨

約翰．科茨（John Coates）

男性交易員就像是野外求生的動物一樣，當睪丸酮雄性激素水平上升時，傾向冒更多的風險。我和我同事的研究發現，適當提高體內這種荷爾蒙含量，會增加頻繁進出市場類型交易員所創造的利潤。儘管在更高的層次上，可以導致過度自信和冒險行為，將交易員變形為宇宙的主宰。

但我們不能下結論，睪丸酮是否存在有利的影響來增加交易員的技能，或者僅僅增加冒險的胃口。

週三發表在免費醫學期刊PLoS ONE的一項研究中，我們發現睪丸酮對交易技能沒什麼幫助。體內具較高睾丸酮含量的交易員，因為他們願意冒更多的風險，確實在這種類型的交易上表現更好。但是藉由夏普比率（Sharpe ratio）的度量，荷爾蒙和他們的交易技巧之間沒有聯繫。僅僅有睾丸酮是不夠的。

要做出這種結論，需要了解如何判斷交易員的獲利，是來自交易技能還是純粹運氣。這個問題對於銀行和避險基金如何分配資金資源和支付獎金時，同樣非常重要。

知道他們確實冒了多大風險，否則僅僅知道交易員賺了1億美元卻不知道所牽涉的交易技巧，將是不足夠的。如果交易員同樣可以很容易地賠了5億美元，又怎麼辦呢？

使用交易損益和損益變異數相對值的夏普比率（Sharpe ratio），是一個比較好的辦法用來釐清交易技巧和勇氣。較高的變異性（或風險）會有較低的夏普比率。一個交易員賺了1億美元，但是損益卻以5億美元來回擺動，夏普比率為0.2。另一個交易員也賺1億美元，但是損益變化較少，只有1億美元的擺動，會有一個較高的1.0夏普比率。

達到平均1.02的夏普比率，顯著高於作為基準德國DAX指數的平均0.53夏普比率。此外，這些交易員還持續在2008年獲利，在這一年中許多銀行和避險基金吐回了過去五年的獲利回報。

我們本來以為睾丸酮水平可以用來預測個別交易員獲利的夏普比率，但實際上沒有關聯。睾丸酮水平只能預測交易員所採取的風險，而不是交易技術。

那麼如何將這些交易員的高睪丸酮高風險的交易風格，轉變為高夏普比率的交易呢？我們發現，交易員的夏普比率隨著交易年資逐年顯著增加。第一年大約是零，第二年大約與DAX指數相當，最有經驗的交易員在他們交易生涯的第十二年，夏普比率達到接近2.00。原因究竟是夏普比率隨著交易員的經驗而變佳，還是雇主持續淘汰低夏普比率的交易員？我們發現在兩年的研究中，交易員的夏普比率顯著增加，證明他們學習到如何用更少的風險來得到更多獲利。

在交易員工作的公司中，藉由薪資與獎金鼓勵學習。分派年度獎金的銀行，可能會吸引敢於冒險而不是謹慎的交易員，但在我們研究中的交易員只獲得利潤分享。因此如果交易員賠了公司也會賠了自己，他們就會有強烈的動機來抑制損益的波動。

一個題外話，學習和市場交易上的持續表現一樣，並不符合市場隨機遊走，無法藉由學習來提高或降低硬幣出現正反面機率的效率市場假說。因此我們的數據認為，市場其實並不是隨機的。

我們的數據還認為，銀行可以使用交易員持續改善夏普比率的數據，來證明交易員已經發展學習到銀行值得支付報酬的技能。可以藉由睪丸酮濃度預測的高風險容忍度也是交易員所必須。但如同運動中的高度和速度，在沒有適當訓練和管理的情形下，影響並不大。交易如同運動，生物優勢需要經驗和良好激勵機制來引導。

剪報 11.2　　金融時報，2009年11月26日　FT

所有有毒資產都來自於一個基本文化問題

唐納德．麥肯齊（Donald MacKenzie）

處於信貸危機核心的所有「有毒資產」中，有一類被證明毒性是最強的：也就是由資產擔保證券（ABS）所建構的擔保債權憑證（CDO）（或是一些人了解的ABS、CDOs）。

他們就像是俄羅斯娃娃。CDO牽涉資產組合的包裝，根據資產組合現金流量的基礎上，分批出售的一種投資工具。在一個ABS、CDO，每一部分的資產組合本身就是ABS的一批。ABS已經是一個包裝過的投資工具，最常以大型房屋貸款組合為基礎。到2005年，ABS、CDO已經成為房貸擔保債券高風險順位批次的主要需求來源。國際貨幣基金（IMF）計算到2008年10月，這些俄羅斯娃娃投資工具的損失總額達到2,900億美元，是引發全球金融危機的工具中，損失最大的單一類別。

為什麼ABS、CDO毒性這麼大？在過去的十年，由於對金融市場的社會學研究，我採訪過許多市場參與者。令人驚訝的是，來自不同團體的市場參與者對金融工具的了解也非常不同，也都有各自的「評價文化」。以自己獨特的方式，來理解和評價金融工具。

ABS、CDO陷入了兩種不同評價文化的裂縫中。每一個ABS專家和CDO的專家，都有大量而複雜的方法來理解金融工具。但這些方法卻是不同的，儘管事實上ABS和CDO是兩種結構非常相似的投資工具。

因為可以賺到傳統買低賣高方式的現代版套利利潤，兩種不同評價文化的差距有時候是誘人的。ABS、CDO的套利是對ABS、CDO評價方式不同，而不經意發生的副作用，尤其是使用CDO評價文化技術的評級機構。這些磨練原本是對不同種類CDO的分析，CDO的組成資產是公司的貸款或所發行的債券。

儘管ABS、CDO由低投資等級（BBB或BBB-）的房貸抵押擔保債券（MBS）組合而成，評級機構所採用的評價模型卻可以將它創造為大部分AAA投資等級的證券。這種套利不是魔術或煉金術，而是來自不同MBS之間存在少量相關性假設的效果。相關性只略高於公司貸款或債券的假設，但仍然不是很高。每個人都明白，任何BBB或BBB-等級證券的違約是完全有機會發生的，但是ABS、CDO可以承受有限數量的違約。關鍵在於，評價模型暗示了市場上大規模違約的可能性不大，因此配得上AAA評級。就好像是投擲一枚硬幣完全可能出現正面，卻非常不可能投擲20枚互相獨立的硬幣，通通一致地出現正面。

回想起來，災難的連鎖反應是明確的，在ABS、CDO的幫助下令MBS的風險更高，並反過來促進高風險的房屋貸款。但是因為ABS、CDO陷入了兩種不同評價文化的差距中，當時並沒有被清楚地看到。例如ABS的專家的確擔心，美國房屋貸款品質的惡化對ABS所產生的負面影響，卻很少注意到ABS、CDO潛在的不穩定局勢，而ABS、CDO的建構者卻視而不見。如同我們其中一位受訪者所說的，「所以你知道的，你跟他們（安排CDO的人）說，他們抱怨（ABS的）素質不佳……但他們有任務要做CDO就必須完成。因為他們想賺錢，就一定要買些東西。」

CDO的專家們出於不同的原因，而沒有發現與日俱增的危險。某些人輕視地認為ABS專家對數學不夠了解，ABS專家對美國房屋貸款制度現實的理解沒有得到充分的重視。在金融危機發生的前幾個月中，CDO的專家也有他們的憂慮，但集中在創新產品上，而不是分量更為巨大的ABS、CDO上。另一位受訪者提到，ABS、CDO是「市場中非常枯燥的部分」。不同評價文化之間的差距是既危險又誘人的。不只是經濟學，我們還需要社會學或人類學的知識來了解他們。我們需要多與人交談，以掌握他們是如何的思考和計算，嘗試得到「腦內的深處」，找出評價文化有怎樣的差異。

這樣做的話，我們也會發現嘴上不提的事情，心照不宣的假設，尚未訪談的人，險惡的差距接著打開。

自我利益

自我利益（self interest）作為經濟系統驅動力的思想，可以追溯到亞當斯密的經典作品[18]。引用偉大經濟學家亞當斯密的話，「人們幾乎在所有的場合，都有來自弟兄們的幫助，卻不能期望這些幫助僅僅由於弟兄們的慈善……並不是因為屠夫、釀酒師、麵包鋪的慈善，我們才能有我們的晚餐，而是由於他們出於自利的考慮。不是出自他們的博愛，而是他們對自己的愛。我們不會向他們提出我們的需求，而是出自於他們的自利。」於是經濟人會照顧自己的利益。如果他可以提供一些東西，也同樣可以尋求其他人所擁有的東西作為交換，通常是金錢，使他反過來可以藉著交換來改善自己的生活環境。「推向市場每一種商品的數量，會自然符合市場的有效需求。」調整供應以滿足市場需求。在追求自己的商業利益之下，企業家受到自利原則所宰制。

當然亞當斯密並沒有認為這是世界上所有的可能中最好的方式。當他觀察到，「地租和雇主的利潤吃掉了工資，還有來自上級的壓迫。」他是同情工人階級的，他不滿意財富和收入的分配，也對「一般來說有利益動機的欺騙，甚至壓迫公眾，或是在許多情況下已經欺騙和被壓迫公眾的生產者」，抱持懷疑的態度。他對商人追求自身利益手段的疑慮，精闢地表現在經常被引用的話上，「即使是為了娛樂消遣，同行業的人很少聚在一起，除非是針對公眾的陰謀，或在其他提高價格的詭計……儘管法律不能阻礙同業有時聚集在一起，但也不該鼓勵這種集會，更別說向他們提供所需要的資源。」

亞當斯密的巨著出現在1776年，瓦特在七年前申請了蒸汽機專利，工業革命才正要開始。1779年克朗普頓發明紡紗機，十年內卡特萊特發明動力織布機。1776年這年，有美國的獨立宣言，五年後的1781年在約克鎮得到最後勝利，十多年後是法國大革命，四十多年後「科學怪人」出版。自從亞當斯密1751年開始在格拉斯哥大學講授，世界發生了很大變化，他的教學品質也不足為奇地無法永遠保持。也許更令人驚訝的是，他的許多觀點在超過兩個半世紀之後仍然非常有道理，其中一些還是有關經濟思想演變進化的預言。例如，亞當斯密懷疑他自己的理論中，以股份制企業範圍追求自身利益和利潤，而不是以小型個體工商戶。在談到股份制公司，亞當斯密指出，「這類公司的董事管理人管理其他人的金錢，無法預期他們是否會像私人公司合夥人一般相同，以焦慮和謹慎來看顧自己管理的公司。就像是有錢人的管家一樣，他們容易將注意力放在小事上面，而不是為主人的榮譽作打算，而且很容易說服自己免除這種責任。因此在這類公司事務的管理上，大量的疏忽始終或多或少地占了上風。」亞當斯密是否預見了有關所有權和控制權分離的理論？

這個領域研究由伯利和米恩斯[19]（Berle and Means）在1932年出版（1967年再版）的著作承先啟後。按照亞當斯密自利的想法，伯利和米恩斯觀察到，「而封建經濟生活的組織，建立在具約束力的慣例上，私營企業系統下的組織建立在財產所有者的自我利益上……這種自我利益一直被視為經濟效率的最佳保證。已經被認為如果個人的權利受到保護，可以使用自己財產以及收到使用財產而得到的全部回報，他為謀取個人利益利潤的慾望，可以依賴作為一種有效的誘因，對他所擁有的任何工業產權作出有效率的使用。」

然而，對於在證券交易所上市的現代公司，（股東的）所有權和（董事及行政人員的）控制權已經分離。伯利和米恩斯指出在這種情況下，典型的股東對該公司的日常事務是不會感到興趣的。因此，管理階層及董事這些直接處理公司日常事務的人員，有機會以自己的優勢管理公司的資源，沒有股東充分和有效的參與和監督。也就是說，「投資在現代企業的財產所有人，將他們的財富放棄並給予控制公司的人員，財產所有人僅僅……收到投入資本的工資……（公司股東）放棄了公司應該完全以他們的利益運作的權利。」伯利和米恩斯的結論認為，在這個結構下，公司所有人不會是得利最多的人。

所有權和控制權分離的議題核心，是伯利和米恩斯提出的關鍵問題。「是否可以合理認為控制現代企業的人員，會選擇以公司所有人的利益來經營？問題的答案取決於公司管理人員與所有人的自我利益，有多大的程度上是一致的……如果我們假設謀取個人利益的慾望是激勵控制的主要力量，結論會是控制權與所有權的利益不同，而且根本上是相反的；最強勢的所有人將不被尋求利益的管理團隊所服務。」很大程度上，他們的話預言了典型公司所有權和控制權分離的時代下，大規模的董事酬金以及所謂的股權激勵計畫。

伯利和米恩斯的見解，也超出了他們原來寫作時的預料和適用性。他們的結論，「大型公司的經濟實力控制在少數人手中，是一個可能令眾多個人受到傷害或獲益的巨大力量，影響了整個地區，改變了貿易的流動，摧毀一個社區，繁榮了另一個社區。他們所控制的組織，遠遠超出了私營企業的境界。」當然與本世紀頭十年的金融崩潰相關。

所有權和控制權分離的主題和後果，是管理人員代理所缺席的公司所有人這個事實下，代理人衝突的一個方面。詹森和梅克林[20]（Jensen and Meckling）於1976年提出了財務經濟學中代理衝突的含義，主要臆測有關股東和債權人之間關係的代理衝突。由於經理人可能的股息、融資、投資決策，將財富由債權人轉移到股東身上，產生了債權人與股東這兩類投資人之間的潛在衝突。經理人這些決定可能會明顯為股東創造收益，卻為債權人造成損失。例如公司決定借款數十億歐元向股東支付大額的一次性股息，可能犧牲公司債券持有人的利益來造福股東。已經有許多同樣的案例導致股權價值飆升。債券價格的下跌反映了更大的違約風險（公司的總利息和本金支出將會大幅上漲），以及一個當違約發生時對債券持有人較小的本金還款（較少的剩餘資產來滿足債券持有人債權請求）。

代理問題的另一個方面，是契約雙方擁有不均等資訊的一個事實。這種訊息的不對稱在商業行為中廣泛發生，例如發生在一家公司的股東和管理者之間，證券發行人和購買人之間，保險人與被保人之間，以及放款人與借款人之間。各種不同的機制和機構的發展，是為了對付訊息不對稱的問題，包括使用銀行家來證明發行證券的素質，評級機構的使用，目的在確保保險契約所有當事人揭露與協議有關一切信息的最大誠信保險契約。這些解決方案的關鍵部分，是有關各方對聲譽的關切。如果聲譽卓著的一方利用內幕信息剝削疏忽的一方，前者的聲譽將會被破壞。顯然，金融危機曝露了許多這方面的問題，如我們所看到的，至少發生在評級機構上。

現代企業中自利的經濟思想和應用，導致了對管理階層的股權激勵計畫以及績效獎金的出現。直覺上，這似乎是一個明智的想法。公司表現良好，管理人員和股東同時得利。獎金制度似乎對股東有利，也同樣對管理人員有利，兩者分別是主角和代理的身分，通常被稱為目標的一致性。我們現在以華爾街和倫敦金融城為範圍，來檢視這種激勵方案的結構。

獎金

以一個銀行交易為例，銀行有60％的機率賺取5千萬英鎊利潤，有40％的機會賠掉5千萬英鎊。邏輯上，這個交易會有淨1千萬英鎊的預期利潤，來自60％的5千萬英鎊－40％的5千萬英鎊＝1千萬英鎊。根據預期收益，銀行應該進行此項交易。

考慮一個卡西迪[21]（Cassidy）所引用的進一步交易。這筆交易有98％的機會贏得1億5千萬英鎊利潤，有2％的機會最終導致高達2百億英鎊的損失。在這種情況下，銀行的預期收益會是負值，[0.98×150百萬英鎊]－[0.02×20,000百萬英鎊]＝[-253百萬英鎊]，銀行當然應該拒絕這筆交易。但如果我們假設在同一時間，作出關鍵決定的管理人員，年度薪酬是50萬英鎊加上5％的交易利潤，情況會是如何？如果管理人員同意交易的執行，有98％的機會他們將獲得每年50萬英鎊基本工資，加上大約750萬英鎊的獎金，總額是800萬英鎊。如果交易失敗，銀行將會賠掉200億英鎊，但管理人員還是可以得到50萬英鎊。在這種的薪酬結構下，純粹追求自我利益的管理人員，將會合理地以銀行之名成為大冒險家。

自我利益顯然是這一決定的驅動力，卻並非是銀行和股東的最佳利益。不能歸因於經濟學的失敗，應該譴責的是銀行的控制系統和風險管理程序。需要的是一個很高層的風險管理人員，挺起胸膛站出來，像我們剛剛做的一樣，列出每一個解釋要點。想像一下這樣做的同時，雷曼兄弟公司CEO迪克．富爾德（Dick Fuld）就坐在桌子的另一邊。此外，有著高債務股本比的公司像是雷曼兄弟（25比1）、美林（21比1）、貝爾斯登（28比1）。如同上面的例子，達成更大更高風險交易的誘因，甚至進一步放大。

像上面例子一樣的紅蘿蔔獎金，給予管理人員巨大的誘惑去承擔過多的風險，甚至賭上整家銀行。許多獎金計畫和股票選擇權計畫，也給予關鍵經理人，將不對稱和槓桿性的賭注，押在公司的資產價值上。銀行投資回報是否應該變成關鍵經理人口袋中的財富。如果企業遭受龐大的損失，股票持有人的資產可能報銷，債券持有人和其他債權人也會有顯著大額的損失。但如果企業倒閉是屬於系統性風險一類，政府可能會用納稅人的錢來救助金融機構。阿克洛夫和羅默[22]（Akerlof and Romer）的研究中指出，「不佳的會計，寬鬆的監管，或是對於激勵計畫的濫用，讓自己荷包滿滿卻導致公司對債務違約的管理人員，僅僅施以少少的處罰。」這是某種形式的掠奪。像上文所載有悖常理的員工激勵方案結構，工資加上按照工作基本需求及額外表現比例分發的獎金，在華爾街和倫敦金融城比比皆是。阿克洛夫和羅默又提到，「有利潤價值的破產可以很容易成為一種更具吸引力的策略……比較實際經濟價值的最大化。如果是這樣，正常的經濟價值最大化經濟學，會被顛三倒四、當前的可提取價值最大化經濟學所取代。」而當前可提取價值其實就是銀行獎金。必須限制獎金數目的呼籲，並不是來自嫉妒心，而是來自一個願望，希望當前可提取價值（獎金）不會再次把整個金融體系拉進危機之中。

非執行董事嚴厲批評銀行和一般上市公司，無法遏制這種情況的發生。加爾布雷思[23]（Galbraith）提到，「由管理階層選出的董事會，本應是股東喉舌卻完全成為管理階層的下屬。」他接著說，「他們成為可靠的默認者。看在出席費和一些利益的份上，管理階層定期通報董事們，已經決定或已經發生的事。董事們的批准早被認定，包括管理人員為自己設定的，並不令人驚訝的優厚管理報酬。」加爾布雷思繼續，「為了確認所有程序，股東們被邀請到事實上類似宗教儀式的年度股東大會中。會中有儀式性的陳述，除了極少數例外，不會有負面反應。異教徒的提案推動被擱置，管理階層的提案按常規被批准。」加爾布雷思以精確的看法結束本節，「任何人都不必懷疑：股東（公司所有人）和他們所謂的董事，在任何不同規模的企業中都完全從屬於管理階層。雖然有種印象，所有人擁有權力，事實上卻並不存在。這是被廣為接受的欺詐行為。」加爾布雷思尖酸的描述可能誇大了實際情況，但他的觀點絕對值得深思和討論。我們較早也觀察到一個可疑的新方式，需要非默認非執行，特別是在銀行。

加爾布雷思確實肯定了伯利和米恩斯的論點，公司所有人付費將現代企業中的權力轉移給管理階層。加爾布雷思接著說，「……所有權有最終權力的信念仍然堅持著。年度股東大會上報告業績、盈利、管理意向和其他事項，包括許多已知訊息，類似浸信會的教會服務。管理權力仍然不受侵害，包括以現金或股票選擇權對自己犒賞。到了最近，在沒有負面獲利前景的環境下，得到批准的高層薪酬達到每年數百萬美元。再次重複二十一世紀的基本事實，企業制度建立在無拘束的自肥力量上……公司的權力在於管理階層，一個控制工作任務和報酬發放的官僚機構。獎勵與盜竊只是一線之隔。」同樣地，如果我們拋開加爾布雷思文章中的惡意，提出的問題值得嚴重關注。剪報11.3強化了這樣的看法。

即使由基金經理代表的機構投資人，有足夠力量來挑戰管理階層的過度行為，但他們可能會搗亂嗎？出於自身的利益，他們沒有大幅攻擊有關超額報酬的問題，因為他們自己的薪酬也以所持有公司的董事薪酬為基準。加上類似的學校背景和興趣，他們的自滿情緒是可以理解的。至於應不應該，這完全是另外一回事。

剪報 11.3 金融時報，2009年7月31日 FT

虧損銀行發放員工獎金

格雷格．法雷爾（Greg Farrell）在紐約

2008年花旗和美林共虧損了550億美元，以納稅人的錢支撐了起來，根據紐約州昨天有關的報告，這兩家公司支付超過每人100萬美元（70萬歐元、60萬英鎊）的獎金給1,400名員工。

這份由紐約州檢察總長郭謨（Andrew Cuomo）所編輯的研究顯示，去年賺錢的摩根大通和高盛，分別有1626和953名員工，獲得超過百萬美元的獎金，也是研究中的最多。

但在例如高盛的獲利銀行中，得到超過百萬美元獎金的員工總數，幾乎等於今年華爾街兩個最大輸家的總和。虧損277億元的花旗集團，發放超過百萬美元獎金給738名僱員。虧損276億元的美林發放給696名員工。郭謨說，「對於銀行補償獎勵員工的方式並沒有明確的規律和理由，銀行對僱員的獎勵變得與銀行財務表現無關。」

眾議院政府監督和改革委員會主席的共和黨人湯斯（Edolphus Towns），承諾將就此事在9月舉行聽證會，表明了有關銀行家獎金的爭議，很可能會在今年持續延燒。

之前，郭謨先生詳細介紹了美林在2008年的最後幾天發放百萬美元獎金，當時美林尚未被美國銀行（Bank of America）收購。在他呈給湯斯委員會的新報告中，詳細列出了去年10月由聯邦問題資產救助計畫（TARP）獲得數十億美元援助的其他八家銀行，有關獎金發放的數量和規模。

2008年賺了56億美元的摩根大通，獎金總額為87億美元。報告顯示摩根大通向200餘名員工，發放超過300萬美元的獎金。這家銀行去年由TARP獲得250億美元資金，在上個月將援助金額還清。

高盛去年的獎金總額為48億美元，是去年所賺取23億美元的兩倍以上。高盛支付了超過300萬美元給212名僱員，上個月返還100億美元的TARP資金。花旗集團撥出53億美元獎金，並支付超過300萬美元的獎金給124名僱員。和美國銀行（Bank of America）一樣，花旗集團（Citigroup）在2008年得到450億美元的TARP資金，一部分轉換成為普通股資金。

美國銀行發放超過300萬美元獎金給28名員工，172名員工有百萬以上獎金。該銀行在2008年獲得40億美元盈利，提撥33億美元作為獎金。

摩根史坦利去年賺了17億美元並提撥45億美元作為獎金。它去年獲得100億美元的TARP資金，已在今年6月返還。

數理經濟學

數理經濟學的進展，發生在第二次世界大戰後的數十年間，薩繆爾森[24]（Paul Samuelson）的《經濟分析基礎（*Foundations of Economic Analysis*）》一書具有極大的影響力。如同卡西迪所說，「薩繆爾森書中的主旨，是經濟決策者可以被視為試圖最大化數學函數的理性自動機械。（在公司的情況下是利潤函數；消費者的情況下是幸福或效用函數。）」薩繆爾森的研究，大大影響了年輕的盧卡斯（Robert Lucas），他後來成為芝加哥大學教授，也成了諾貝爾經濟學獎得主。盧卡斯引用[25]薩繆爾森的教科書：「像是我們同夥的其他人，我內化了一個看法，如果我不能將經濟理論的問題數學公式化，我就不知道我到底在做什麼。我認為數學分析並不是研究經濟理論眾多方法的一種：它是唯一的方法。經濟理論就是數學分析，其他一切只是圖片和談話。」

盧卡斯將效率市場假說推廣到整體經濟，基本想法是理性的經濟決策者們清楚知道經濟是如何運行的。決策者們了解總體經濟的聯繫，例如工資、失業率、通貨膨脹率、利率之間的關係。在他們的心目中，都具有相同的經濟數學模型，並用來作為對工資、價格等的預期。這在本質上是理性預期假說，同派別的經濟學家穆斯[26]（John Muth）是這方面的先驅。藉著理性預期的想法，盧卡斯建立了工人、企業、政府行為的數學描述，並非100％正確，卻是具有解釋力而且有用的經濟模型。因此舉例來說，如果在擴張貨幣供應或削減利率的預期下，工人和企業將能夠預測結果，他們所作出的反應會完全抵消政策的變化。使用這種推理方式，政府可以說是無能為力，或是成為麻煩的根源。政府政策對經濟的影響不大，除非政策是不被預料的，在這種情況下才會破壞經濟的穩定。於是政府嘗試管理經濟是不必要的，還有可能會適得其反。

在這種效率市場與理性預期數學模型的世界裡，股市泡沫、市場流動性不足、銀行對貸款感到驚嚇擔憂等，就不會是基本假設的一部分。為什麼不是？因為股市或貨幣市場等的價格，會迅速調整到某個水平，精確補償所感知的風險。市場價格會確保不再有泡沫，不再有信用緊縮，這也正是不斷出現經濟數學模型的基本假設，導致基於經濟模型而建立的美好直線關係。提到經濟模型，布依特[27]（William Buiter）聰明地認為，「任何潛在與政策相關的模型，明顯會是高度非線性的。而這些非線性和不確定性的相互作用，會出現深層的概念和技術問題。總體經濟學很勇敢，但也不是那麼勇敢。於是他們把這些非線性隨機動態均衡模型搬到地下室去，而且用橡膠軟管抽打直到變得乖乖的。也就是藉著將非線性完全剝離到模型之外，達成隨機變量複雜排序的變體，將非線性映射到規規矩矩的隨機擾動抑制下。」布依特以「線性化和淡化」作為總結。

以這一點來回顧圖7.2有關的風險／回報的權衡取捨，在現實中我們會預期這應該是非線性關係，在較早的章節中將它簡化為線性關係。這個權衡取捨的形狀比較像是圖11.1的連續線，該圖中的

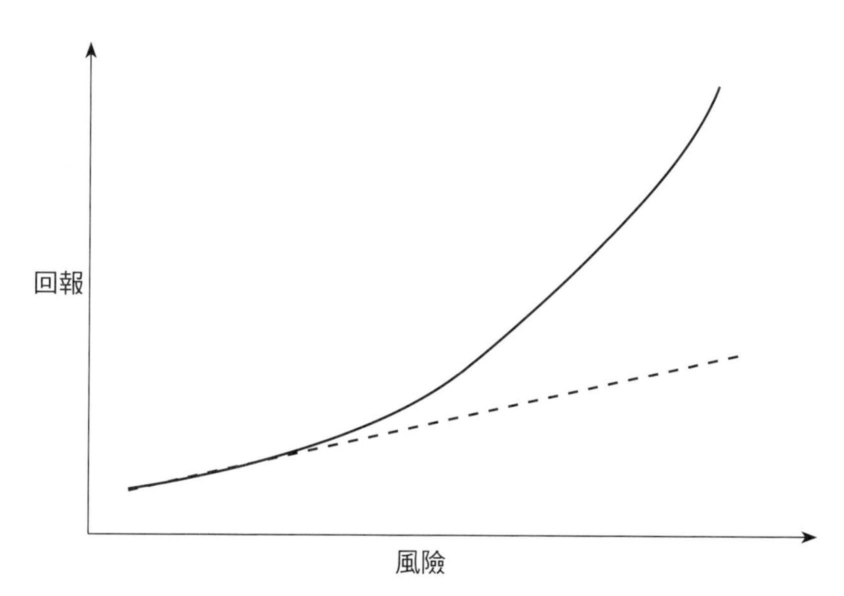

線條：K100通常的風險／回報權衡取捨
K100更為實際的風險／回報的權衡取捨

圖11.1　現實的風險／回報的權衡取捨

虛線表示線性關係。如果例如股票資產的估值，是投資人根據所感知風險，以折現率對未來現金流量折現的基礎上，值得商榷的是應該採用線性折現率，還是更合乎邏輯的彎曲實線。這樣的推理也可以用來幫助解釋市場泡沫及其破滅，既然泡沫的破滅對系統造成一定的衝擊，投資人將其風險認知由線性關係轉移到非線性的權衡取捨。

隨著衝擊震盪之後，投資人降低對未來現金流量的估計，也產生三重對推估值的打擊，包括較高的風險折現（即是線性的向上移動），重新燃起對非線性風險回報的意識，並降低未來的執行結果。毫不奇怪泡沫急劇破滅，但進展卻相對緩慢。

推力的說法是簡單的，不合理強調的線性關係一直是最近總體經濟學和財務經濟學研究成果的特性。更為有趣的是對非線性關係的追尋，當發生對系統的衝擊時的後果如何，市場產生難以被模型化的移動。如今的研究人員很少關注在非線性結果上，往往將其看作是異常值。順便說一句，我們不會以任何方式來批評開拓性的數理經濟學家盧卡斯所取得的先驅成就，這裡是討論他許多追隨者所採取的線性化和過度淡化。

創造性破壞

現在來簡短討論由熊彼特（Joseph Schumpeter）發展的經濟概念，在金融危機實現中有更大的作用。熊彼特1883年出生在現在的捷克共和國，1950年離世。孩提時代母親改嫁，他移居到奧地利的維也納，他有影響的貴族繼父幫助他進入精英學校，成為一位優秀的學生，也開啟了他成為各大學經濟學教授的學術生活。第一次世界大戰後，他成為奧地利財政部長和隨後的銀行總裁。該銀行在1924年倒閉，迫使熊彼特回到學術界。1930年代，為了逃避納粹主義而移居美國，職業生涯以哈佛大學教授作為結束。

根據熊彼特的創造性破壞，企業的倒閉淘汰了不具經營效率和競爭力的公司，讓位給新的創新企業，最終將有助於創造更強大的經濟和更富裕的社會。他的想法是，當企業面臨倒退的利潤和失業率上升的經濟衰退或不景氣，可能有些違反直覺，但從長遠來看對經濟是正面積極的。正如熊彼特[28]所宣稱，「產業突變的過程……不斷革新經濟結構，不斷地破舊、不斷地創新。」

雖然在本書寫作時尚未證實或調查，我們真的很想知道部分救市資金是否導向了聽到創造性破壞結束的一些公司。例如對通用汽車和福特的援助，是否因為市場上存在大量以這兩家美國汽車公司為參考資產的信用違約交換（CDS）？如果是的話，若通用和福特對債務的拖欠將很可能造成進一步銀行倒閉的連鎖反應，而且倒閉的會是那些提供CDS保險的銀行。此外，汽車公司資產負債表的惡化，顯示在CDS成本的增加，將對他們在新的借貸方面造成負面的後果。這樣的連鎖反應，更將他們推向接近破產的邊緣。

這種假設影響了創造性破壞。通用汽車和克萊斯勒得到政府援助，延長了困難企業的壽命，對經濟效率會不會有負面的長期影響？也許政府的援助是為了避免那些過度承擔CDS風險銀行的倒閉。這會是一個有力的論據，支持保險利益必須存在於所有這類投資工具。如果制定這樣的要求，將降低銀行藉由CDS承擔太多風險的可能性。可能會降低將賭注押在可能破產公司的銀行潛在獲利（因為CDS價格的不存在），也增加了體質孱弱公司籌集所需資金解決短期問題的可能性。也意味著政府較少可能採取援助的手段，在創造性破壞的過程中，長遠推動經濟增長。

海曼·明斯基的洞見

2007年的危機重新燃起大眾對明斯基觀念的興趣，海曼·明斯基（Hyman Minsky）是後凱恩斯主義經濟學派中傑出的一員。大多數經濟學家都認為經濟危機是各種外部衝擊的結果，明斯基有不同的想法。他認為，即使在缺乏衝擊的情況下，資本主義經濟有移向不穩定的內在趨勢，導致經濟危機。

美國經濟學家明斯基出生於1919年，在1996年去世，嘗試提供對金融危機特點的理解和解釋。明斯基認為，風險態度在循環過程中逐漸改變。在景氣循環的早期，擴張才剛剛開始，人們有避險的傾向，保守使用債務，有較高的現金安全邊際（margin of safety）。當經濟擴張開始，人們變得更加投機，增加債務的使用。對於上述財務週期的兩個階段，明斯基分別稱之為避險財務和投機財務。

當持續擴張成為經濟榮景，更高的資產價格提供了更多的借貸信心，進入明斯基稱之為龐茲財務的財務週期最後階段。經濟衰退接在榮景結束後，財務週期也回到避險財務。明斯基的資本主義財務三階段可以概括如下：

1. **避險財務**
   - 循環的早期階段，對經濟衰退仍然存在清晰記憶；

- 融資決策保守估計現金流入，業務計畫中提供充裕資金以支付還款承諾；
- 手頭持有現金以承擔可能的挫折；
- 長期固定利率的保守債務計畫；
- 現金持有以支付利息及本金還款；
- 高安全邊際。

2. **投機財務**
- 經過數年發展後的週期中段；
- 較積極的現金流入估計，債務水平上升，預期的現金流入剛好足夠應付利息支付和本金還款；
- 減少現金持有；
- 債務由長期轉向短期，需要定期再融資，借款人曝險在放款人是否願意延長債務的短期意願；
- 較低的安全邊際。

3. **龐茲財務**
- 後期階段，對經濟衰退只有遙遠的回憶；
- 估計產生的現金，不預期足以應付現金支付的承諾；
- 依賴更多的借貸來應付緊急現金需求；
- 依賴持續的短期債務及續借；
- 普遍以資產質押貸款；
- 強烈需要上漲的資產價格來鞏固債務的償還；
- 低安全邊際。

熟悉嗎？聽起來就像是2007年擴張的結束。

根據明斯基，資本主義經濟的財務金融結構，在景氣繁榮期間變得更加脆弱。繁榮的時間愈長，經濟更加脆弱。明斯基由避險財務最終到龐茲財務再循環的論點，是他金融不穩定假說[29]（Financial Instability Hypothesis, FIH）的核心。

明斯基所提出的理論，本質上聯繫了金融市場的脆弱性、正常的經濟週期和投資投機性泡沫。他提出在經濟增長期，企業現金流量的上升超出了還清債務所需，也是投機泡沫爆破的根源所在。隨後負擔超過了借款人的收入，變現資產以應付債務還款終於促成了金融危機。資產價格明顯下降，緊跟著泡沫破裂，銀行和其他放款人甚至對有能力償還貸款的公司收緊信貸，經濟開始收縮。

明斯基認為在一個自由的市場經濟，經濟在繁榮和蕭條中擺盪是不可避免的，除非各國政府通過央行的行動和監管等手段進行干預來控制。他強烈反對1980年代以來對金融管制的放鬆。將明斯基的金融不穩定假說（FIH）應用在2007-2008年的危機一點都不難。即使可以合理描述最近的崩潰，FIH無法使用過去的現象來提供完全實證檢驗的解釋。

明斯基的反對者，認為他將不穩定歸咎於資本主義制度的假說，缺乏具有演繹邏輯的解釋。中央銀行的存在，可以藉由抑制榮景來提供金融穩定的基礎，也要負責失敗行為所帶來的不穩定。我們仍然希望有效監管可以避免危機的發生。完美的穩定永遠無法達成，但極度的不穩定應該是可以避免，細緻的掌舵是絕對的需要。這種觀點是直接反對明斯基的看法，資本主義的不穩定是明斯基的基本假設，但他的框架被認為是只有描述、無法解釋。千萬別誤解，我們非常尊敬明斯基的洞見，事實上我們將明斯基的貢獻，納入最後一章2007/8年金融崩潰的重要經驗教訓中，這些經驗教訓總結在巴貝拉[30]（Barbera）的著作中。

奧地利經濟學派

這裡我們希望提醒讀者，有關奧地利經濟學派對繁榮與蕭條的解釋。對他們來說，經濟的繁榮與蕭條的週期循環，終極原因是中央銀行沒有良好適當地設定利率。根據奧地利學派，低利率刺激借貸，相關的信用擴張導致貨幣供應增加，在受到人為刺激的借貸尋求次級投資機會下，經濟向著繁榮的方向移動。繁榮造成了廣泛的不當投資，資源被不當配置到在正常穩定貨幣供應下，無法吸引到投資的地方。當信用創造縮減，調整（經濟衰退或蕭條）隨之發生。當市場結算並重新分配資源到有效的用途上時，貨幣供應急劇收縮。馮米塞斯和海耶克（von Mises and Hayek），是奧地利學派發展景氣循環理論的關鍵人物。

明斯基與奧地利學派有一些共同點，他們將經濟繁榮和蕭條的矛頭指向銀行。儘管明斯基所針對的是商業銀行（有關商業債務），奧地利學派則歸罪於維持利率在不合理水準的中央銀行。

一個折衷的觀點

我們相信有混合上述兩種看法的空間，因此我們推測明斯基的財務階段論可以被強化。合一的方法來自明斯基、奧地利學派，再加上對最近金融風暴和較早事件的觀察（我們承認需要進一步實證）。我們使用重新設計的明斯基三個階段論，復甦財務（而不是避險財務）、正常財務（而不是投機財務）和榮景財務（而不是龐茲財務）。這麼做的目的是因為我們觀察到明斯基的名詞帶著不必要的情緒或貶抑，減損了理論所應得的接受度。因此我們認為，以上與明斯基分類有關的特性，應該補充如下：

- **復甦財務**
  - 拉緊銀行貸款標準和控制系統；
  - 藉由現金增資或預算緊縮，控制金融機構和非金融機構的槓桿在較為保守的水平；
  - 對不久前經濟衰退的記憶仍然鮮明，收緊對金融機構的監管；
  - 相對較低的利率以加快經濟復甦；
  - 企業嚴選投資決策；
  - 總體上良好的資源配置；
  - 相當緊的房貸資金。

■ **正常財務**

- 銀行貸款標準和控制系統仍令人滿意，但隨著競爭的加溫而有所放鬆；
- 金融機構和非金融機構的槓桿向上增加，但一般而言還算滿意；
- 監管變得較為寬鬆；
- 利率仍然合理，但應該自之前的週期向上調升；
- 公司的投資決策變得較不令人滿意；
- 資源配置仍是令人滿意的；
- 較多的房屋抵押貸款合理地提供給中度到優質的借款人。

■ **榮景財務**

- 隨著競爭的日趨激烈，銀行的貸款標準和控制系統變得鬆弛；
- 金融機構和非金融機構的槓桿率變高，在許多情況下高得離譜；
- 監管變得鬆散，各國的政府政客急於提高聲望，遊說變得容易；
- 在這樣的經濟活動水平之下，利率變得過低；
- 資源分配不當，太多不當的投資是由於過低的利率和鬆弛的考核標準；
- 充斥而低廉的房貸資金提供給素質不佳的借款人；
- 舊有債務主題上變種的金融創新，使風險更加提高；
- 金融機構承擔太多存有潛在問題的債務。

再談自我利益

在鼓勵以大量胡蘿蔔誘因，以追求自身利益文化的毀滅性批判，多德和胡欽生[31]（Dowd and Hutchinson）描繪出一個過程，對於金融危機之前銀行業務的實際作法，提出了許多質疑。「問題在次貸市場中尤其明顯，藉由每個階段所有參與者活動都具有經濟合理性的過程中，不受歡迎的結果公然出現：

- 沒有還款能力的低收入消費者，從別人的經驗中學到上漲的房價足以幫助他們擺脫困境，因而借入房屋貸款購買房產。
- 百科全書推銷員和二手車經銷商，充當房貸經紀鼓吹次級房貸，得到豐厚的佣金（比推銷過時百科全書或二手車還高），而且不用承擔任何信用風險責任。
- 投資銀行收取豐厚費用，將次級房貸包裝成為許多批次順位的房屋抵押擔保債券（MBS），而且還不用承擔任何信用風險責任。
- 評級機構對房貸債券中較高品質的批次給予有利的評級，也賺得了大量利潤，需要為提供他們如此極具吸引力業務的投資銀行維持有利的地位，同時以數學模型（無論是自己的或投資銀行的）來『證明』證券化了的房屋貸款會有很低的違約率。
- 投資銀行和評級機構的數學家們，提供模型以『證明』很低的違約比率，忽略了現實世界中低品質消費債務之間的相關性，屈服於影響所有人的大眾思考，也由於他們在業界的高額報酬，除非他們選擇回到可憐低薪的學術界。
- 最後，投資者購買資產擔保證券，因為在短期內可以實現比借貸成本更高的回報，可以告訴他們的金主（避險基金的情況下）或老闆（在外國銀行的情況下），由於證券的高評級，他們所承受的風險很小。

每個過程步驟都是合理的（儘管以不完美的訊息運作），但由於獎勵被絕望地錯置，最終的結果造成非理性的扭曲市場。無法償還的貸款被證券化，並出售給尋求低於市場風險以及高於市場回報的投資人，長遠來看這種組合並不存在。」

有裡有明顯的慘痛教訓，以避免下一次的金融危機。

第十二章
發生在美國的銀行崩潰

簡介

已經有太多的美國金融機構崩潰，無法只用一章來對所有失敗故事的案例研究提出解釋。不可避免，我們只能選擇那些看起來最有趣的，範圍包括貝爾斯登（Bear Stearns）、雷曼兄弟（Lehman Brothers）、美國國際集團（AIG），以及房利美（Fannie Mae）和房地美（Freddie Mac）。

簡短的背景介紹之後，緊接著本章的案例研究。在某種程度上他們各自獨立，在教學或研討會上，可以用來作為討論主題或作為材料的進一步補充。不浪費時間，本章包括以下案例：

案例 12.1 —— 貝爾斯登

案例 12.2 —— 雷曼兄弟

案例 12.3 —— 美國國際集團（AIG）

案例 12.4 —— 房利美和房地美

這些發生在美國的銀行崩潰，主要涉及過度放縱在CDS、CDO、MBS等的資產證券化。

米爾恩[1]（Alistair Milne）提供了本章案例

本章內容

對金融危機的啟示。索爾金[2]（Andrew Ross Sorkin）則重塑了如同恐怖片一般發生在美國的救援故事，和2008年9月所瀰漫的驚慌和恐懼。想要近距離了解為減輕危機而採取必要行動的艱鉅任務，可以參考保爾森[3]（Henry Paulson）的「崩解邊緣」。

案例12.1　貝爾斯登

簡介

總部設在紐約的貝爾斯登是一家全球性的投資銀行、證券經紀和交易商，直到破產並在2008年出售給摩根大通。根據淨收益，貝爾斯登主要業務是包括股票、固定收益、投資銀行的資本市場，貢獻度接近80%。財富管理的貢獻度近來上升到10%，全球結算服務帶來大約12%的淨收益貢獻。

貝爾斯登是資產擔保證券（asset-backed security, ABS）證券化程序和交易的先驅之一。2006年和2007年，該行增加了對房貸抵押擔保債券（mortgage-backed securities, MBS）的風險曝露，特別是在次級房貸類別。2008年3月，紐約聯邦準備銀行提供緊急貸款，企圖避免該行的崩潰。摩根大通以每股10美元接手救不起來的貝爾斯登，對比崩潰前尚未揭露利潤和資產價值的過去52週最高價為每股133.20美元，但10美元還是好過摩根大通最初每股2美元的報價。

貝爾斯登的崩潰是2008年9月投資銀行業倒閉最高潮的第一幕，並引發隨後的全球金融危機。2010年初，摩根大通去掉了貝爾斯登的名號，也結束了它回溯至1923年的歷史。

1923年，約瑟夫·貝爾（Joseph Bear）、羅伯特·斯登（Robert Stearns）和哈羅德·梅爾（Harold Mayer），開辦了股票交易公司貝爾斯登。該公司持續成長，而且在1929年華爾街股災中生存下來，沒有裁減任何員工。1933年，公司由劉易斯（Cy Lewis）開辦了企業債券業務，他最後成為了該公司的領導者。1955年，貝爾斯登在阿姆斯特丹開設了第一個國際辦事處。到了1985年，貝爾斯登成為上市公司，也是一家全面的投資銀行，總部設在曼哈頓麥迪遜大道383號。

最近的歷史

激進風格眾所周知的貝爾斯登，是僱員超過15,000人五家主要美國投資銀行中規模最小的一家。與商業銀行不同，投資銀行沒有來自存款人的資金得以使用。許多年來，貝爾斯登和他們銀行同業的主要競爭對手一樣，主要通過短期借款提供高槓桿營運資金，通常透過無抵押商業票據或是隔夜回購市場，最近則用房貸相關資產作為抵押擔保。如果這些抵押品資產的市場價值下跌，放款人會要求更多的抵押品。每一家美國投資銀行對於短期資金危機都有潛在的脆弱性，因此維護公司聲譽和貸款人信心是非常重要的。2004年貝爾斯登的稅後純利為14億美元、2005年15億美元、2006年21億美元。在2007年之前，貝爾斯登似乎成功地做到這一點。

2007年6月，貝爾斯登資產管理公司所管理的兩個採用高度槓桿運作的避險基金，在增加抵押品以滿足保證金的要求上遇到困難。這兩檔基金分別為高品質結構信用策略基金和槓桿增強基金，主要投資在最近流動性迅速下降的CDO上。2007年6月22日，貝爾斯登存入達至32億美元的有擔保貸款作為保證金，以救助高品質結構信用策略基金，同時與其他銀行磋商借款，以作為槓桿增強基金的抵押品。貝爾斯登的CEO對於這樣的援助感到十分猶豫，非常擔心將有損公司的聲譽。與此同時，美林證券8.5億美元的類似擔保品，只得到1億美元的拍賣價，引起了許多人的擔憂。貝爾斯登必須結清更多的CDO部位嗎？其他投資組合的類似資產也會向下標價嗎？CDO的逃命潮已經開始轟炸市場了嗎？這些市場完全停頓了嗎？這些疑問，造成這兩檔基金不得不暫停客戶的申購和贖回。

2007年7月17日，隨著CDO市場的下跌，貝爾斯登揭露這兩檔基金基本上失去了所有價值。雖然貝爾斯登本身並不承擔法律責任，但還是提供資產以救助這兩檔基金。貝爾斯登解僱了基金經理喬菲（Ralph Cioffi），他在基金相關投資一直沒有出現違約的情況下提出抗議。然而重要的是信心，證券實際上並不需要違約就可以被轟炸而失去所有市場價值。2007年8月1日，貝爾斯登內部承擔避險基金最終責任的聯席總裁史佩克特（Warren Spector）也遭解僱。

大約同時，美國證券管理委員會（SEC）公布了對貝爾斯登的調查。該公司有5,250億美元的資產，卻只有120億美元的股東權益，槓桿比率為四十四倍。這些問題影響公司的股價，2007年7月2日的股價為143美元，當標準普爾公司宣布改變貝爾斯登的前景展望由穩定降至負面，股價下跌到2007年8月3日的每股106美元。直到12月上旬，股價仍然維持高於100美元。

2008年6月，喬菲和他的同事塔尼（Matthew Tannin），以包括證券欺詐的刑事指控被逮捕。2009年11月，陪審團認定喬菲和塔尼對所有的指控無罪。他們的無罪開釋是美國檢察當局的嚴重挫敗。

進入深淵

2008年8月1日，貝爾斯登宣布了8.57億美元的虧損，是八十五年歷史中的首次季度虧損。標準普爾迅速將該公司的信用評級從AA調降到A，這時股價下跌到每股76美元。個人擁有將近5%公司股權（現價近5億美元）73歲的凱恩（Jimmy Cayne），辭任擔任了十四年的CEO，但仍擔任董事會非執行董事長。施瓦茨（Alan Schwartz）成為新任CEO。

2008年2月14日，瑞士最大銀行UBS，在減損了137億美元的美國房屋貸款價值之後，宣布了第四季度113億美元的虧損。UBS在次A級房貸上已經損失了20億美元，還持有266億美元的曝險部位。UBS以註銷次A級房貸價值的方式，為其他銀行立下一個範例，隨後在自己持有類似房貸的交易部位中，繼續向下調整推估值。由於這些被用來作為短期借款的抵押品，當價值減少，債權人可能會要求追加現金保證金，或要求更多的抵押品。每股現價93美元的貝爾斯登持有60億美元的此類貸款，雷曼兄弟持有150億美元。

2008年2月29日，名為Peloton Partners的一個小型避險基金倒閉，該基金曾在2007年獲得年度避險基金獎項，倒閉結果造成低價拋售高品質證券的狂潮。即使在高度緊張的市場，當時的按市值計價會計規則，迫使公司使用最新市場價格來認列未實現的帳面虧損，甚至是對那些他們打算持有至到期日的資產。像在同一條船上的其他人一樣，2008年3月20日到期的第一季度業績上，貝爾斯登不得不認列巨額未實現虧損。

2008年3月5日，有220億美元基金規模的避險基金凱雷資本集團（Carlyle Capital Group），在阿姆斯特丹對追加保證金的要求出了問題。大型私人股權投資公司凱雷集團（Carlyle Group）控制該基金，並擁有該基金15%的權益。對避險基金追加保證金的要求，來自其大量持有，同時價值愈來愈難以估算的住宅房貸擔保債券。價值的難以估算通常代表該證券完全沒有市場交易。2008年3月7日，避險基金股份交易暫停，2008年3月16日，該基金被迫強制清算。這一切都發生得太快。

2008年3月7日星期五，作為美國中央銀行的聯邦準備銀行宣布，「為解決高度的流動性壓力」，它將向銀行體系注資2,000億美元，以低利率提供一個月的現金貸款，並允許銀行以CDO、CDS、MBS作為貸款抵押品。

2008年3月10日星期一，美國財政部金融管理局（OCC）打電話給它所監管的銀行，詢問有關對於貝爾斯登的風險曝露。這是一個很大的信心打擊，穆迪下調了貝爾斯登承銷各類房貸債券的信用評等，貝爾斯登股票下跌了11%到每股62.30美元。對貝爾斯登債務信用保險的成本上升到每年7%。這絕不是個好兆頭。

2008年3月11日星期二，聯準會同意對證券公司借出2,000億美元政府債券，由3月27日起為期28天。直到現在，這項措施都還是只有在隔夜的基礎上，是自上週五以來的額外措施。實質上聯準會提供暫時的措施，以安全的美國國債來交換危險的有毒資產。自大蕭條以來，聯準會從沒有做過同樣的事。這個消息讓市場感到不安，整體感覺是，聯準會一定非常擔心貝爾斯登。

2008年3月13日星期四是非常艱難的一天。當天早晨，貝爾斯登CEO施瓦茨與紐約聯邦準備銀行總裁蓋特納談到為公司尋找可能買家。一整天中，所有的交易夥伴撤出資金，流動性受到破壞性的影響。到下午結束前，貝爾斯登的現金已經耗盡。由週四晚上到週五早上，聯準會主席伯南克、紐約聯邦準備銀行主席蓋特納、財政部長保爾森、與證券管理委員會CEO考克斯（Christopher Cox）持續進行討論。他們擔心，由於貝爾斯登是數兆美元掉期交換交易的交易方之一，如果該公司宣布破產，可能引發全球金融市場嚴重的不穩定。為了避免可能的恐慌和市場崩潰，他們最終宣布了一項協議，（在政府的幫助下）聯準會將提供初始最多28天的300億美元給摩根大通，用以資助貝爾斯登。作為一家投資銀行，貝爾斯登無法取得聯準會作為最後貸款人的資金調節措施。在當時，人們希望這個措施可能給貝爾斯登一個急需的喘息空間，但最終並非如此。

當美國股市在2008年3月14日星期五開盤，一開始貝爾斯登股價上漲了大約10％到64美元，但情形很快改變。到了上午10時30分，每股價格腰斬了一半以上到只有30美元。貝爾斯登宣布將第一季度的業績報告，提前到2008年3月17日星期一，但無濟於事。信用評級機構調降了對貝爾斯登的看法，標準普爾將評級下調三個等級到BBB。當天結束，資金完全流失，該公司明顯無法活過這個週末。

摩根大通的救援

整個週末都有密集的會談，結果是由摩根大通提議以上週五收盤價大幅折扣的每股2美元收購貝爾斯登，由紐約聯邦準備銀行提供300億美元的資金。星期天下午，聯準會還宣布由明天開始，將向證券公司開放貼現窗口直接提供資金，不需要AAA級證券作為抵押擔保，但還是來不及挽救貝爾斯登。

摩根大通同意保障貝爾斯登每位現任和前任董事及管理人員，在合併完成之前所產生的任何法律責任。這項保障對管理人員非常重要。貝爾斯登的高層管理人員必須同時考慮其14,000名員工，700億美元的債權人，以及他們的股份持有人。董事會同意每股2美元的收購提議，但該交易還須經股東批准。由於兩家公司的業務有很多重疊，許多貝爾斯登員工預料在未來數個月裡將失去他們的工作。

如果摩根大通接管貝爾斯登並保證其債務，債權人將受到保護。如果貝爾斯登選擇申請破產，清算後遠低於面值的資產將令債權人損失慘重。

從股東的角度來看，反對收購的投票可能有一個獲得更高收購價格的機會。但是這種做法就像是媒體所稱的「核子卡片」，破產可能會弄垮整個金融體系。這種核子卡片令股票持有人比起上週末，有明顯較強的議價地位。

2008年3月17日的星期一上午，貝爾斯登的債券持有人購買股票成為股東，以確保收購投票的正面結果。任何商定的價格，甚至低至每股2美元，他們也欣然接受。摩根大通也在收購貝爾斯登的股份，因為即使這筆交易最終沒有成功，摩根大通提出保證的措辭也將他們自己危險地曝露在一個持續的責任下。即使摩根大通的正式收購價是2.00美元一股，貝爾斯登股票週一上午的交易價格為3.50美元，當天閉市時每股收在4.81美元。週二上午股價交易高達8美元一股，3月20日星期四以每股略低於6美元收盤。隔天是耶穌受難日，銀行假日。

經過復活節週末假期（2008年3月21至24日），最後同意的收購價為每股10美元。原先提議以2.9億美元收購股權的摩根大通，最終支付了14.5億美元。貝爾斯登的崩潰發生在金融危機的早期，而情況隨後變得更糟。科恩（William D. Cohan）的著作《紙牌做的房子[4]（*House of Cards*）》，對貝爾斯登的崩潰有著很好的敘述。

案例12.2 雷曼兄弟

簡介

雷曼兄弟是一家全球性的投資銀行，2008年宣布破產。該公司的全球總部設在紐約，全球區域基地位於倫敦和東京，同時擁有遍布世界各地的辦事處。

1844年，23歲的亨利．雷曼（Henry Lehman），猶太畜牧商人的兒子，從德國移民到美國。他定居在阿拉巴馬州的蒙哥馬利，在那裡開了一家乾貨店。1847年他的弟弟伊曼紐爾．雷曼（Emanuel Lehman）到來，該公司採用了「H. 雷曼和兄弟」的名稱。隨著他們最小的弟弟梅爾．雷曼（Mayer Lehman）在1850年的到來，公司採用了「雷曼兄弟（Lehman Brothers）」的名稱。

之後的十年裡，棉花成為美國愈來愈重要的農作物，雷曼兄弟決定進入這項新業務。他們開始接受粗棉作為客戶支付的貨款，導致了交易棉花的第二項業務。短短幾年內，這部分業務成為雷曼兄弟最重要的業務。

1858年，公司搬到了紐約曼哈頓。雷曼兄弟協助成立紐約棉花交易所，成為咖啡交易所會員，並於1887年成為紐約證券交易所會員。雷曼兄弟在二十世紀初帶到股市的著名上市公司包括西爾斯（Sears Roebuck）、伍爾沃斯（F. W. Woolworth）和Studebaker。

1924年，菲利普．雷曼（Philip Lehman）為傳統的家族企業，請來非家族內部的高層管理人員。菲利普．雷曼於1925年退休，波比．雷曼（Bobbie Lehman）領導該公司度過1920年代，也撐過了1930年代的大蕭條。該公司專注於創業資金，幫助新的電影業和不斷成長的石油工業取得資金。1950年代，雷曼兄弟承銷迪吉多（Digital Equipment Corporation）股票的上市發行，該公司在整個60年代和70年代的迷你電腦市場上處於領先地位。波比·雷曼在1969年去世，公司沒有明確的繼任計畫。

1977年，該公司與庫恩洛布（Kuhn Loeb）合併，成為美國第四大投資銀行。1984年，希爾盛／美國運通（Shearson/American Express）接管了該公司，四年後收購了經紀商哈頓（E. F. Hutton）。希爾盛雷曼哈頓（Shearson Lehman Hutton）採取槓桿融資，創業投資（venture capital）成了投資組合中強大的部分。

1994年，其控股公司美國運通的管理層決定，賣出雷曼兄弟庫恩洛布，以雷曼兄弟控股公司（Lehman Brothers Holdings Inc.）的名稱在交易所上市，CEO為富爾德（Richard (Dick) Fuld）。

資產管理規模由20億美元開始，公司在多項收購後成長快速。破產前據報告，該公司有超過2,750億美元的資產管理規模。自1994年上市以來，該公司的淨營收由27.3億美元增加超過603％到192億美元，僱員人數由8,500人增加了236％到28,600人。2003年到2007年的稅後營利總額為160億美元，由2003年的17億增長到2007年的42億美元。在營收方面，收益由2003年的25億美元達到2007年的60億元。

破產

持有超過6,000億美元資產的雷曼兄弟，在2008年9月15日申請破產保護，是美國歷史上最大的破產案。

就像許多投資銀行競爭對手，雷曼兄弟在2008年之前就借入了大量資金從事投資，很大一部分投資在房地產和相關資產上，這些資產面對市場即使小小的回檔也極為脆弱。雷曼兄弟採取槓桿，而且是超大規模的槓桿。資產對股東權益的比率由2003年的24比1，到2007年的31比1。高槓桿在經濟繁榮時期會產生巨大的利潤增長，但當利潤下跌時也會造成巨大的問題。雷曼兄弟的高槓桿意味著，其資產價值3.23%的下跌，將消滅所有股東權益價值。

值得記住的是，投資銀行並沒有受到如同商業銀行的審慎監管。同時也值得提醒，大多數投資銀行資金來源，依賴不斷續借的極短期借款。

事實上在2007年8月，雷曼兄弟關閉了所屬的次級貸款公司「BNC房屋貸款」，在23個地點遣散了1,200個員工，以2,500萬美元稅後費用和2,700萬美元商譽減損的成本來執行，以反應持續轉弱的房地產市場。但更糟的是，市場上的有毒資產雷曼兄弟一應俱全，以次級房屋貸款開始，逐漸升級到CDO和CDS。雷曼有太多的次貸和其他較低評級的房貸證券批次，低評級MBS的巨大損失在整個2008年中累積。2008年第二季，雷曼兄弟因為出售了60億美元的有毒資產，而獲得28億美元的損失。2008年上半年，隨著房屋市場持續惡化，雷曼的股價下跌了73%。2008年8月，雷曼兄弟宣布打算裁減員工總數的6%，也就是1,500人。

整個2008年，富爾德抱怨他公司的股票被賣空。特別是避險基金綠光資本（Greenlight Capital）的創辦人安霍恩（David Einhorn），他公開批評雷曼的會計數字，同時也積極地賣空股票。

雷曼股票在這個月稍後反彈。據報導，韓國國營的韓國開發銀行（Korea Development Bank）正考慮收購該公司，2008年8月22日，雷曼以上漲5%收盤，盤中並曾獲得16%的漲幅。有消息指稱，韓國開發銀行對於滿足監管機構要求和吸引交易合作夥伴上產生困難，漲幅被迅速侵蝕。2008年9月9日報導，韓國銀行將談判擱置。雷曼股票收盤跌45%到每股7.79美元，當天美國股票指數也下跌了大約3.5%。

隔天2008年9月10日星期三，雷曼兄弟宣布第三季虧損39億美元，表明希望出售其投資管理業務，並計畫將300億美元的房地產資產上市。當然當時有很多人對其房地產估計價值產生很大的懷疑，這個計畫對大多數投資人而言似乎也不太可信。股利從每股68

美分削減到每股5美分為公司節省4.5億美元。股東感到事有蹊蹺，雷曼股價當天跌了7%。

2008年9月11日星期四，拯救該銀行的激進計畫明顯不太可能成功。股價繼續下挫了40%，收在每股4.21美元。週五股價繼續下挫到每股3.65美元，只有高峰值每股180美元的2%。

2008年9月12日星期五，美國政府試圖組織私營部門來救援雷曼兄弟，政府本身並不提供財務支持以維持公司正常運作。美國銀行（Bank of America）認為，將需要650億美元的政府支持才有辦法收購雷曼。如果得不到政府的支持，美國銀行似乎將尋求收購財務狀況同樣岌岌可危的美林證券（Merrill Lynch）。美國銀行與美林的交易協議，是透過500億美元的股票交換，美林以每股29美元推估值，遠高於當時每股17美元的收盤價。

英國的巴克萊銀行也與雷曼兄弟談判，但不願意在缺乏政府支持的情形下進行收購。此外巴克萊在英國的監管機構FSA，也拒絕豁免收購必須獲得股東批准的要求，股東批准需要時間來進行。巴克萊銀行熱衷於取得雷曼在美國有關投資銀行、固定收益、權益和交易、研究和特定支援部門等業務，但不是雷曼的投資管理部門或房地產持有部位。

在2008年9月13日開始的這個週末，紐約聯邦準備銀行總裁蓋特納針對雷曼兄弟的未來召開會議，其中包括對其資產進行清算。雷曼兄弟表示一直與美國銀行和巴克萊銀行談判可能的出售。看來巴克萊的興趣在英格蘭銀行和FSA的否決之後止步不前，但在週末之後又重新復甦。

2008年9月15日星期一，雷曼兄弟申請破產，在幾天後的星期五得到法院批准，以6,390億美元的資產成為美國歷史上最大的破產案。該公司擁有約24,000名員工（5,000名員工在英國），在全球擁有約3,000個法律實體，僅僅在盧森堡就超過100個。估計有120萬個衍生商品合約，面值大約6兆美元，許多的交易對手在美國境外。

2008年9月15日星期一，全世界的電視螢光幕出現雷曼員工帶著一箱箱的個人物品，離開第七大道745號的辦公室。影像整天播放，隔天也是如此。週一雷曼股價下跌了90%以上，道瓊斯指數也下跌超過5%。

2008年9月16日星期二，巴克萊銀行宣布將以17.5億美元收購雷曼部分剝離乾淨的資產，其中包括他們所希望得到的北美資產加上辦公大樓。野村收購雷曼位於歐洲、亞洲和中東的業務。2008年9月17日，紐約證券交易所讓雷曼兄弟下市。雷曼120萬個衍生商品合約交易對手開始恐慌，市場猜測，銀行將可能由於交易對手的破產而受傷，甚至被消滅。驚慌和恐懼的結合癱瘓了貨幣市場。出於恐懼，A銀行不想貸款給B銀行，如同雷曼的交易對手一樣，缺乏資金週轉的B銀行也很可能會破產。這在2008年9月的後半期，成為貨幣市場的特徵。

雷曼兄弟的倒閉事件預警了一個非常嚴重的危機，也的確引發了全球性恐慌。MBS和CDS的不透明性，使得銀行無法告訴其他銀行總共持有多少有毒貸款，或是可能的損失為何。紐約和倫敦的避險基金發現他們的資產被凍結，全球的銀行不願意借錢給其他銀行。銀行間拆款市場幾乎完全乾涸，產生巨大的信用緊縮。股市崩盤，6,000億美元的股票價值消失無蹤。

事件之後疑問開始浮現，美國政府讓雷曼倒閉是一個錯誤嗎？美國政府機構宣稱意識到有系統性崩潰的危險，但幾乎可以確定他們對嚴重程度上的誤判。紐約聯邦準備銀行主席蓋特納有一句名言，中央銀行管流動性，不管破產。

由雷曼事件汲取的主要教訓，首先是雷曼兄弟冒著巨大的風險以達成收益。在破產的時候，該公司的資產負債表上有6,130億美元的債務和6,390億美元的資產。這些資產中，房地產占了430億美元以上，強化了較早我們有關槓桿的論點。

回購（Repo）105

雷曼似乎在所公布的財務數字上，一直使用某種會計方法，以降低所揭露的槓桿水平。美國法院任命沃盧克斯（Anton Valukas）

調查雷曼的破產案件，沃盧克斯2,200頁的報告中，揭露了雷曼的作法。報告以一個高點作為開始，2007年40億美元的稅後純利，是雷曼兄弟一百五十八年歷史上的最高獲利。根據沃盧克斯報告中冗長的陳述，自2001年開始使用的回購105，是雷曼會計騙術的核心，是管理資產負債表一種偷懶的方法，但在銀行試圖撐過金融危機時變得非常重要。在每個季度末，雷曼兄弟使用短期附買回交易（repurchase agreement）或稱為回購（repo），暫時出售一些貸款和投資給其他金融機構並收取現金，然後在幾天之後重新買回來。

通常這些交易所涉及的資產，會包括在銀行的資產負債表上。但是由於這些資產以所交換到現金的105％或更多的比率來估價，根據會計規則，這種交易被歸類為銷售，雷曼兄弟得以提出風險較低、槓桿比率較低的資產負債表報告。

直到2007年年初，該行持續使用限額大約250億美元的回購105。但雷曼在2008年第一季和第二季增加了回購105的使用，向投資人、政府、評級機構、監管機構，隱瞞了500億美元資產。當雷曼告訴股東第二季28億美元的龐大虧損，也報告降低了的槓桿，卻沒有透露一旦報告被簽署核批，將即刻買回剛剛所售出的資產。雷曼也採用了類似的方法稱之為回購108，與回購105的方法完全一樣，只是在交易安排上有不同的比例。

這種會計手法，本質上降低了資產負債表上的負債（債務），同時也降低了資產負債表中的資產。同時減少負債和資產的淨效果降低了槓桿水平，使公司的財務狀況看來風險較小。

負責為雷曼審核財務報表的安永會計師事務所（Ernst and Young），清楚了解回購105，也知道銀行所使用的會計手法。安永負責雷曼審計的合夥人告訴沃盧克斯，他的公司沒有「同意」回購105，但「變得不排斥這種為了美化財務報表會計目的的做法。」

沃盧克斯的結論是，安永會計師事務所涉嫌瀆職，對雷曼兄弟「沒有提出質疑並挑戰不當的披露」。雷曼最後一次會計手法的使用，似乎向投資人隱瞞了大約500億美元的資產。

沃盧克斯的調查也指出，有理由針對銀行CEO富爾德和三位雷曼的前財務董事，他們允許提交的財務報表，包括了回購105造成的遺漏或歪曲，而且沒有將這種手法通知銀行董事。 報告中說，雷曼的首席營運官（COO）麥克戴德（Bart McDade）在2008年6月告訴CEO富爾德，該銀行過度依賴回購105。然而回購105似乎是一種合法的會計工具，該工具符合會計原則的論點以及會計師確認該工具是可以接受的，導致了雷曼董事們並沒有過失的可能結論。剪報12.1和12.2有關回購105。

剪報 12.1 金融時報，2010年3月12日 FT

沃盧克斯報告發現幾位英雄

賈斯汀．貝爾和亨利．山德（Justin Baer and Henny Sender）在紐約

安東．沃盧克斯（Anton Valukas）呈給破產法庭有關雷曼兄弟的2,200頁報告，將不會是魅力華爾街傳奇券商陷入困境的第一個究責報告。

對於索賠數百萬美元的許多雷曼債權人，他的報告可能是唯一有力的報告。

今年稍早，調查人員向法院提交了報告，直到許多關鍵人員同意放棄他們維持文檔保密的權利之前，報告都還是保持在密封狀態。

在沃盧克斯有關雷曼兄弟最後幾天的嚴峻文詞中，有幾個英雄和許多所謂的禍首。

「有很多原因造成雷曼的破產，許多人有共同責任，」沃盧克斯寫在上週四法院公開的報告中，「雷曼破產的原因，超乎惡化經濟情勢所帶來的後果。」

沃盧克斯盯上了雷曼的幾個大頭，包括公司長期CEO的富爾德、前財務主管歐米拉（Chris O'Meara）、卡蘭（Erin Callan）和羅維特（Ian Lowitt），並聲稱他發現索賠的理據或事例，有足夠可信的證據來支持對每個高層求償的要求。

在他的報告中，沃盧克斯聲稱雷曼的財務困境「是被雷曼高層所加劇，藉由對冒險和槓桿高額酬庸的投資銀行業務模式，也藉由自己也承認應該可以有更好預期或後果減輕的政府機構。他們的行為範圍，由對商業判斷嚴重但非有罪的錯誤，到刻意操弄資產負債表。」

在雷曼兄弟崩盤的時候，250億美元的資金支持著7,000億美元的資產和負債，槓桿比率被認為是非常之高。為了維持評級機構良好評級而努力，雷曼兄弟從事被內部稱為回購105的美化帳面行為，涉及將500億美元的資產暫時移出2008年第一季底和第二季底的資產負債表。調查人員引用了雷曼高層的話，「沒有任何實質的交易」。

調查人員聲稱，「然而雷曼沒有透露使用會計方法（雷曼內部稱為

『回購105』），藉著暫時將大約500億美元的資產，由2008年第一季底和第二季底的資產負債表中移出，來管理其資產負債表。」

調查人員還說，「有限數量的資產」被「不當轉移」到巴克萊銀行。這家英國銀行在雷曼倒閉後，收購了雷曼的美國經紀業務。

巴克萊銀行拒絕發表評論。

富爾德的律師，安理國際律師事務所（Allen & Overy）的海因斯（Patricia Hynes）在一份聲明中說，「調查人員認為，由於雷曼兄弟沒有提供有關回購105財務安排的進一步揭露，雷曼苦主有了向富爾德索償的著力點。」

「富爾德並不知道那些是什麼交易，他既沒有建構或談判，也不知道他們的會計處理。此外，調查人員手頭的證據顯示，回購105交易符合內部會計政策，有法律意見支持，並得到雷曼獨立外部會計師安永會計師事務所的核准。無論在任何時候，雷曼的高級財務人員、法律顧問、或安永會計師事務所，都沒有針對回購105的使用，向職業生涯中為雷曼及股東利益忠誠而勤勉工作的富爾德先生，提出任何顧慮。」

「在三個月擔任工作的期間，羅維特先生勤奮工作，忠實地履行他做為雷曼CFO的職責。」根據羅維特先生委任律師所發表的聲明，「任何有關羅維特先生違反信託職責的意見，都是毫無根據的。」

聯絡不到歐米拉先生來為此事發表評論。代表卡蘭女士的律師拒絕發表評論。

此外，調查報告重申指控，就在六月初雷曼向公眾籌資60億美元之後不久，當時的財政部長保爾森警告富爾德先生，在沒有買家或沒有最終生存計畫的情形下，如果雷曼在第三季度有進一步的虧損，雷曼將有生存上的危險。

剪報 12.2

金融時報，2010年3月12日 FT

儘管對雷曼事件的憤怒，全球協調仍是個遙遠的前景

吉蓮．邰蒂（Gillian Tett）

安東．沃盧克斯有關雷曼兄弟倒閉的2,200頁報告，引起了許多投資人和政界人士的憤怒。

然而，對一些美國和歐洲的資深銀行家而言，主要的反應是仰頭呻吟。

對於雷曼會計和監管技巧使用的啟示，可能嚇壞了許多非銀行家，但業界中骯髒的祕密，有關雷曼跨境遊戲的類型，只是發生在其他許多公司中的（可能）一種極端。

更骯髒的祕密是這些遊戲不太可能消失，而且總有一個會導致一些政客們被砍頭。

雷曼利用跨境套利類型增多的狀況下，亦即支離破碎的全球監管和會計制度，似乎並沒有成為他們的出路。相反地，按照目前的趨勢，這個支離破碎的狀態可能很快增加。而這不僅違反常識，還飛舞在雷曼報告最

基本教訓的面前。

法院指定調查員沃盧克斯的報告中最精采的細節之一，是描述雷曼如何運用被稱為回購105的方法。這是一種回購交易，允許銀行明顯減少槓桿比率。

年利達律師事務所（Linklaters）的英國辦事處，顯然認為這種做法是合法的。雷曼於是廣泛地使用，儘管一些律師根據美國法律質疑其有效性。

換句話說，是什麼驅使回購105成為「刻意選擇有利訴訟地點（forum shopping）」的一種形式。面對的情況顯示全球金融領導人關閉這種類型漏洞的迫切需要，通過引入歐洲和美國（或者至少是在倫敦和紐約之間）的會計準則和銀行法的更加調和。

一年前，大多數金融官僚似乎決心做到這一點。最值得注意的是在2009年初，結合監管官員和央行總裁全球組織的巴塞爾團體，有許多與其相關的委員會正努力於統一的銀行業改革，以避免例如回購105手法的使用。

然後在美國系統 [圍繞在一般公認會計原則（GAAP）和歐洲系統（集中在國際財務報告準則（IFRS）] 之間，會計行業也努力進行更多跨大西洋間的協調。

但在最近幾個月，來自西方官僚的推動以引進更多金融體系的全球協調，已經一再被國家政治所削弱，結果造成支離破碎，而非調和一致，逐漸成為今天的新秩序。

例如在美國，主要會計機構已經單方面改變美國銀行處理有毒資產的會計方式，令這些銀行再次與歐洲不同調。同時在銀行界，各國政客紛紛提出破壞巴塞爾協議的單方面措施。只要看看例如歐巴馬政府顧問伏爾克（Paul Volcker）對自營交易的建議，似乎很可能再次將美國和歐洲放在不同的軌道上。

現在這種單邊主義可能將變得短命，常識終將勝利；也有可能在短期之內，許多銀行對於現有的跨境漏洞（或很快就會由單邊主義所創造出來的跨境漏洞），將會謹慎地利用。

但是不要認為克制會永遠持續；合理的想法是，一旦目前的喧囂平息，渴求利潤或走極端的金融家，將再次開始嗅探監管套利的新領域。

因此，如果政界人士希望解決雷曼報告中所揭露的根本問題，把銀行家揍一頓，洗他們的腦，把他們關起來，或是僅僅給監管機構更銳利的牙齒，這些都還是不夠。

房地產

有趣的是，雷曼將大筆的貸款和股本投入房地產公司上。例如雷曼投資20億美元與Sun Cal合作一筆交易。Sun Cal是位於南加州的開發商，負責麥卡利斯特（McAllister Ranch）房地產開發案，原本是一個擁有6,000戶住宅和數百萬美元的娛樂社區。在本書寫作的時候，該案成了處處圍欄的爛樓尾地產案。這種投資值得關注的地方是，雷曼早就經由次貸債券和投資，加上以地產金字塔為標的資產的CDS，對房地產有著極深入的風險曝露。大家會預期銀行中的一些人應該會阻止取得更多的房地產風險。「高風險高回報」是經常聽到的諺語，大家還應該記住，「高風險高覆沒機會」。

執行長CEO

可能已經很難再對雷曼的CEO迪克·富爾德（Dick Fuld）提出任何建議。富爾德，紐約出生長大，畢業於科羅拉多大學，並獲得了紐約大學史登商學院的MBA。25歲時加入雷曼兄弟，1994年以CEO在股市重現。富爾德當時46歲。既然我們從來沒有遇過富爾德，我們藉由曾在雷曼兄弟工作過的麥當勞[5]（Larry McDonald），來幫助描繪他的形象。「簡單地說，人人都怕他……這是一個基於傳聞的恐懼，因為經過這多年來，富爾德以一千種不同的理由炒了很多很多的員工……有許多關於他憤怒和威脅的二手傳播，就像是聽到一些關在籠子裡獅子的生活故事……富爾德住在格林威治的巨大豪宅，超過9,000平方英尺價值1,000萬美元。他還有其他四座住宅，包括佛羅里達州棕櫚灘以北30英里木星島的豪宅，迪克五年前買下來的價值為1,375萬美元……他還擁有一個價值2,100萬美元，有三個燒柴壁爐公園大道上的巨大公寓。另外在愛達荷州太陽谷附近，有一棟壯觀的滑雪渡假屋。他的藝術收藏品價值2億美元，其中包括價值數千萬的戰後和當代繪畫收藏，其中的一位畫家是傑克森·波洛克（Jackson Pollock）。」他當然也有很高的報酬。雷曼的帳目紀錄中，富爾德在2007年的報酬為3,400萬美元，2006年4,050萬美元，由1993年到2007年的總額接近5億美元。是的，要建議富爾德先生雷曼兄弟正採取太過冒險的策略，可能會有點困難。

我們可以引述《華盛頓郵報》斯隆和波伊德[6]（Allan Sloan and Roddy Boyd）的文章，來補充雷曼事件。他們觀察到，「很容易就可以把雷曼所有的錯誤，歸罪到富爾德一個人身上。畢竟那個人搶了公司成功的功勞（偶爾出現問題時丟一些人出去成為代罪羔羊），並得到了公司搖滾明星般的薪資報酬。根據《財富雜誌》計算，富爾德藉由賣掉公司發放給他的股票選擇權和有限制股票，拿到了幾乎（稅前）半億美元的4,897萬美元現金，還藉由年度固定薪資賺了一把。」富爾德有積極的管理風格，但我們認為文章中的第一句只是一個比喻。斯隆和波伊德繼續說，「有一個明顯部分顯示雷曼的問題並不來自於富爾德的管理，而是該公司受到抵押擔保品的傷害，來自華盛頓十年前廢除格拉斯－斯蒂格爾法案（Glass-Steagall Acrt）的決定，大蕭條時代採行該法案以分離投資銀行和商業銀行業務。」我們覺得這種說法聽來相當諷刺，你覺得呢？

剪報 12.3 金融時報，2008年12月22日 FT

過高薪酬CEO獎

大家來選一個首屆本專欄的年度高薪CEO，年收入高得可能任何人都不敢想像。「獎勵失敗」下高層管理人員的薪資模式，將全球金融體系帶到崩潰的邊緣。來自歐洲，今年10月由蘇格蘭皇家銀行CEO被迫離職的古德溫爵士（Sir Fred Goodwin），是一些讀者的熱門選擇。他在2007年和2006年兩年，共將820萬英鎊帶回家。冰島銀行的老闆們也是如此：他們倒掉的不只是自己的公司，還有整個國家。

但是比較美國灰頭土臉的金融業所得到的年度報酬，歐洲的數字看來既小氣又吝嗇。馬德（Daniel Mudd）為他過去兩年在房利美的職務，得到了2,300萬美元報酬。西隆（Dick Syron）在房地美同期間的職務，獲得了3,300萬美元。這兩位也是出色的候選人。他們這兩位對於拱起推動世界最大經濟體陷入衰退的房地產泡沫，可以說是貢獻最多。兩個人的收入也都足以使子孫們富足數代，然後他們把這些政府資助機構的爛攤子丟給納稅人。

不過，最後可能只有一個贏家：迪克．富爾德，雷曼兄弟的老闆。在引發了全球市場大地震事件的9月，銀行倒閉的前幾年，獲得了數千萬美元報酬。在有史以來交易虧損最嚴重的一年，在他還有機會時，固執地拒絕出售銀行。在2007年得到3,400萬美元和2006年的4,050萬美元 [經由董事會四人薪酬委員會成員之一甘特爵士（Sir Christopher Gent）的點頭同意]，為2009年薪酬設下了高標準。對所有可能會是明年候選人的簡短建議名單，請發送電子郵件lex@ft.com給本專欄，或在www.ft.com/overpaidceos上網提供。

案例12.3　美國國際集團（AIG）

簡介

AIG是美國最大的工商業保險機構，歷史可以追溯到1919年，史達（Cornelius Vander Starr）在中國上海建立了自己的保險業務。該公司茁壯成長，直到1949年毛澤東共產黨的解放軍前進到上海，AIG被迫離開中國。史達將AIG總部移到紐約，該公司隨後擴展到歐洲、亞洲、拉丁美洲、中東。

1962年，史達將AIG美國控股公司的管理，交給人稱漢克（Hank）的格林伯格（Maurice Greenberg），他將AIG的重點業務，由人身保險轉移到利潤較高的機構保險業務。格林伯格還轉由透過外界獨立經紀人來銷售保險，從而消除了公司僱員的代理。這個重點積極正面地影響了損益表上的數字。史達在1968年任命格林伯格為他的繼任者，AIG於1969年公開上市。

2005年，AIG成為一系列欺詐調查案件的主角，調查來自證券管理委員會（SEC）、美國司法部和紐約州檢察署，格林伯格在會計醜聞中被驅逐下臺。調查行動導致了對AIG處以16億美元的罰款，以及對一些高層人員的刑事指控。格林伯格CEO的繼任者是蘇利文（Martin J. Sullivan）。2008年6月金融危機期間，在披露虧損之後隨著顯著下跌的股票價格下，蘇利文辭職，由2006年接任AIG主席的維倫斯坦德（Robert B. Willumstad）取代。2008年9月17日，輪到維倫斯坦德被美國政府強迫離開，由利比（Edward M. Libby）接替CEO職務。在鼎盛時期，AIG有大約1兆美元的資產：獲利140億美元，並在130個國家僱用超過10萬人。

AIG的保險業務相當簡單易懂，幾乎在每一類的保險領域都加入競爭。值得注意的是，由於AIG高層預料到房地產的低迷走勢，AIG在2005年退出了對次貸債券提供保險的業務。2007/08年危機中，AIG的大量曝險並非由其核心業務所產生，而是由於金融產品

（FP）部門，導致AIG救市下的傾覆，最終美國政府擁有79.9%的AIG股權。因此我們在本節的其餘部分，將專注在FP部門上。

AIG 金融商品公司（Financial Product Corporation）

金融商品公司（Financial Product Corporation）FP創立於1987年，當時的一位衍生性商品專家索辛（Howard Sosin），離開了投資銀行德崇證券（Drexel Burnham Lambert）。德崇證券在三年後的1990年，由於垃圾債券操作失利而申請破產。索辛有意離開德崇，尋找一個高信用評級的強大金融市場參與者。他發現格林伯格和AIG符合他的想法，於是帶走了他的團隊13名德崇證券員工，其中包括32歲的卡薩諾（Joseph Cassano），加入保險巨擘AIG。卡薩諾戲劇性地由CNN記者贏得了「2008年金融海嘯十大通緝要犯」的綽號。卡薩諾到底做了什麼而得到這樣的稱號？

FP基本上是一個有豐厚交易報酬的避險基金，用的也是避險基金的做法，38%的利潤當成交易獎金，AIG得到剩餘的部分。FP認為由於AIG的AAA信用評級，其資本成本低過許多競爭對手，也能夠承受更多的風險。代表當AIG承保債務批次最頂端部分的超高級順位債務（參見圖5.1），幾乎沒有任何額外的資本要求，FP也不會面對來自監管機構的棘手質問。事實上，AIG受儲貸機構監理局（OTS）監督。OTS管理人員在先進的衍生性產品領域中，只有有限的培訓、經驗和專業知識。

對格林伯格來說，AIG的AAA評級是神聖不可侵犯的，他意識到如果有什麼意外，AIG的內部避險基金可能會危及AAA評級。格林伯格成立了一個影子團隊來研究索辛的金融交易，讓他們可以及早準備。然而問題隨之而來，此舉造成了許多分歧和爭吵，索辛認為嚴格控制FP是不合理的。事情到了頂點，索辛在1994年辭職，離開時帶走了許多FP的開創者。當他退出後，卡薩諾成為FP的首席營運官（COO），部門移到監管不那麼繁瑣的倫敦。

卡薩諾並不是精確計量金融類型的人，這是索辛的專長。沒有索辛的創新和先進，卡薩諾是一個網絡組織者。他對對手摩根大通的新型信用衍生產品，產生了濃厚的興趣，這種產品稱為廣泛指數擔保信託商品（broad index secured trust offering, BISTRO）（大概是為了得到小酒館Bistro的首字母縮寫）。1997年亞洲金融危機中的壞債，影響了銀行的損益表，摩根大通一直尋找降低壞債曝險的方式，從而找到了卡薩諾的FP團隊。

FP小組認為摩根大通的Bistro，從本質上就是我們現在所認為的CDS。的確如此，卡薩諾喜歡這個產品。FP團隊認為除非有另一次大蕭條，否則大規模同時發生違約的機會並不大。因此FP團隊下了結論，信用違約交換（CDS）的持有人，可以預期每年數百萬美元的流入資金，有點像是保險費收入，只是風險相對較低。2001年成為FP團隊CEO的卡薩諾，使用AIG來發行CDS。事實上摩根大通提議以證券購買或是透過簽署CDS合約的形式，拋出所有持有的超高順位債務的風險部位，卡薩諾同意了。大家可能會問，摩根大通高層是否對於所持有的超高順位債務風險感到有些不安，我們沒有答案。談到這個事件，邰蒂[7]（Tett）認為這是一個分水嶺。她接著以簡化的交易來描述，「AIG提供此項服務，並獲得一個相對微薄的收入，每年每100元只賺2美元。但如果2美元乘以數億倍，就成了可觀的收入，特別是在不需要額外準備金以應付風險的情形下。神奇的衍生工具再次創造了『雙贏』的解決方案，只有在數年後才知道卡薩諾的交易，將AIG導向了接近毀滅的道路上。」為了轉移Bistro交易的風險，FP團隊也向其他保險公司、銀行、再保險公司，出售超高順位債務的風險。

摩根大通遊說監管機構，令這些具有小酒館Bistro風格的CDS變得更為有趣。他們說服了監管機構，銀行持有（來自國家認可信用評級機構的）AAA級的CDS，由於涉及風險較小，因此只需要銀行較少的準備金，以應付額外風險曝露。這個提議得到了金融管理局OCC和聯準會的認同。原先銀行每持有100億美元企業貸款部位就必須有8億美元的準備金，這個管制放鬆所造成的實際效果是，持有同金額的AAA級CDS，準備金款項將下降到1.6億美元。邰蒂[8]（Tett）的文章中提到，「一些銀行家開始開玩笑，Bistro完全剝離了BIS，Bistro前三個字母的BIS指的是監督巴塞爾協議的國際清算銀行。」至少在一段時間中，AIG的CDS業務蓬勃發展。AIG的FP團隊是CDS市場中的最大參與者，當然交易員的獎金也是天文數字。

就像大多數的CDS和CDO市場參與者，AIG也不例外地會對潛在損失預留足夠的資金。也像是其他許多的CDS和CDO市場參與者，FP的高層認為他們的交易策略無懈可擊，是一個雙贏、三贏、共贏的局面。與其他CDS和CDO市場的投資銀行競爭對手相比，AIG並不相同，AIG並不是一家投資銀行，而且沒有從短期貨幣市場上融資的需要。事實上，AIG只有相對的少數債務，手中還持有大約400億美元的現金，AIG似乎大到不會倒。AIG專注於為債務最頂端批次的超高順位債務提供保險，這也與競爭對手有所不同。

2007年中期，AIG持有大約5,600億美元的超高順位債務風險，一個巨大的數字而且在公司以外鮮為人所知。邰蒂[9]（Tett）提到，當摩根大通的Bistro團隊「看見了這個數字卻以為打錯字，有人發問，『這應該是560億美元吧？』。」

2007年秋，許多銀行的會計師強迫銀行減計所持有超高順位債務風險的帳面價值，一開始AIG拒絕從事。但在2008年2月，AIG被會計師強迫承認在其帳目中的一個「重大缺陷」，AIG於是面臨著大量的損失，並宣布減計430億美元的超高順位債務資產價值。不用說，卡薩諾離開了公司。

CDS和CDO的市場信心快速惡化，信用評級機構忙著將數十億美元的CDO降級，包括AAA評級的CDO，當然也包括超高順位債務。2007年，AIG最大的交易對手高盛證券，要求AIG為CDS合約增加數十億美元的抵押擔保品。2007年11月，AIG透露了這個糾紛。

2008年情況逐步惡化。CDS業務的商業慣例，允許高信用評級的公司不需要向交易對手提供抵押品，就可以交易CDS（與巴塞爾協議規定的準備要求不同）。當信用評級明顯受損或交易對手由於CDS產生大額損失，根據交易合約中的小字，該交易對手必須為累計虧損提供抵押擔保。因此當（如上所述）CDS和CDO的評級被降，AIG本身的信用評級受損，AIG就會被交易對手要求提供額外的抵押品。籌資的嘗試不成功，流動性危機顯而易見。

許多機構透過CDS交易互相牽連在一起，AIG的問題更加惡化。雷曼兄弟有超過7,000億美元的CDS，許多由AIG承做。當MBS開始違約，AIG不得不對數十億美元的CDS做出反應，但明顯已經無法彌補損失。

即將結束

如上所述，AIG對 CDS和CDO市場的廣泛承保，成為這項業務的後盾。銀行和避險基金兩邊介入CDS和CDO業務，由購買和交易而取得獲利或虧損。 AIG提供一開始的交換合約並持續持有。在違約的情況下，由AIG買進CDS合約的許多交易對手，由於所購買合約的價值下降，令他們遭受巨大的損失，反過來造成他們自己的違約。通過CDS市場，AIG本質上承銷所謂的AAA債務。在傳統的保險契約上，如果一個司機出車禍，並不會預示著其他司機也會同樣如此，這些事件互相沒有關聯。但是在債券承銷上，一個違約可能會造成對眾多承銷商的重大損失，影響其他債券承銷商也成為高風險而被降級。總之CDS市場的一個問題是，太容易促成違約的連鎖反應。

如果AIG被允許破產，將導致全球銀行、保險、再保險市場的骨牌效應。 也代表由飛機船隻，到卡車汽車需要被保險的巨大業務將不再存在。這種說法很容易達到AIG大到不能倒的結論。

美國聯準會宣布成立最多850億美元的擔保信貸融資，以避免AIG破產，從而促使AIG履行對交易夥伴的義務。該信貸融資以AIG旗下子公司的股票作為擔保，並給予聯準會AIG股本79.9%的認股權證，以及要求暫停股息發放的權利。AIG董事會接受了聯準會救助計畫的條款，這是美國歷史上第二大政府對公司的救助，僅次於一個星期前對房利美和房地美的救助計畫。

AIG股價由52週高峰的70.13美元，下跌了95%到2008年9月16日僅剩1.25美元。該公司今年上半年的虧損超過130億美元。AIG承認其金融產品FP部門承做CDS，以擔保原本被評為AAA級的證券，價值總額為4,410億美元；其中578億美元是由次貸支持的結構債證券。你現在知道為什麼卡薩諾被稱為金融海嘯十大通緝要犯之一。人們懷疑AIG的董事會成員是否完全（或部分）了解FP所發生的事情，這會是個有趣的故事。

戴伊[10]（Iain Dey）的另外一個有趣的小故事出現在《星期日泰晤士報》，「陰謀論者聲稱，該業務之所以被拯救，只是因為它的崩潰可能會傾覆投資銀行巨人的高盛，將情況更推向金融災難的邊緣。關於128億美元對AIG的救助方案，是為了令AIG有能力履行與高盛之間的合約義務。」高盛希望能有這個過分的要求。

從2008年的9月到11月，AIG的CDS價差持續上升，意味著其違約風險的持續增加。此後，AIG為了生存而借債度日，也售出了各類仍有價值的資產。在寫這本書的時候，它的CDS價差已經穩定了下來。據估計，美國政府對AIG的總曝險達到了1,520億美元，但持續下降中。在寫這本書的時候接近1,200億美元，當然AIG的79.9%股權仍然是由政府擁有。（譯者按：美國財政部持續減少持有所有的AIG股權中）

案例12.4　房利美和房地美

簡介

成立於1938年俗稱房利美（Fannie Mae）的聯邦國民房貸協會

（Federal National Mortgage Association, FNMA），是促進美國房貸市場流動性的一種機制，在經濟蕭條時期幫助低收入家庭取得房貸。這是羅斯福新政（Franklin D. Roosevelt's New Deal）的一部分。1968年，政府將房利美轉變為民營公司，聯邦預算的資產負債表，不再包括房利美的財政數字。

該公司的目的是為了購買和證券化房屋貸款，以確保有充裕的資金，提供給借出貸款給購房者的房貸機構。1968年以前，房利美是政府發行房屋貸款的擔保人，但在其私營化之後，這個責任移交給新創立的政府國民房貸協會（Government National Mortgage Association, GNMA），簡稱為吉利美（Ginnie Mae），房利美不再是政府發行房屋貸款的擔保人。1970年，美國政府成立了聯邦住宅貸款抵押公司（Federal Home Loan Mortgage Corp, FHLMC），也就是房地美（Freddie Mac），與房利美競爭並促進更健全、更有效率的房屋貸款二級市場。這些政府資助企業（GSE）自創建以來，他們在房屋貸款市場的角色、與政府的關係、甚至是否有存在的必要，一直都有爭議。這個爭論在美國房屋市場的崩潰，和2007年的次貸危機中重新浮現。儘管如此，吉利美、房利美、房地美在增加美國房屋自有率到世界最高的比率群之中，發揮了重要的作用。這三家也都成為股票上市公司。

上述政府資助企業的角色，是在二級市場（secondary market）中購買房屋貸款，包裝在一起，然後以房貸抵押擔保債券（MBS），在公開市場上出售給投資人。這個房屋貸款的二級市場，可以增加房屋貸款的資金供應，並增加可用資金給新購買房屋的家庭。

房利美和房地美的主要獲利來源是貸款擔保費的收取，貸款指的是該公司所購買並證券化到MBS中的債權。購買房利美和房地美MBS的投資人，願意讓房利美和房地美收取一定的費用，並由房利美和房地美承擔信貸風險，也就是無論MBS內含債權的借款人實際是否償還，都由房利美、房地美保證MBS內含債權所應收取的本金和利息。

房利美和房地美也可以將自己發行的貸款組合證券化為MBS，再將MBS銷售給房屋貸款二級市場上的投資人，同樣保證MBS的本金和利息會按時轉給投資人。透過購買房屋貸款，房利美和房地美向房貸銀行及其他金融機構提供新的資金，以便再次提供新的房貸，帶給美國住房和信貸市場持續的流動性。對於房利美和房地美為自己發行的MBS提供擔保，他們會為所願意購買的貸款提供準則，稱為符合資格貸款（conforming loans，見第五章）。不符合這些準則的房屋貸款則稱為非符合資格貸款（non-conforming loans）。二級市場中的非符合資格貸款，傳統上是巨型房貸（jumbo mortgages），比房利美和房地美會購買的最大房屋貸款還要巨型。2008年作出的決定中，允許符合條件的MBS包含最多10%的巨型房屋貸款。

房貸證券化

事實上，房屋貸款的證券化由吉利美開始。1970年，吉利美發行了一種創新債券被稱為住宅房貸抵押擔保證券（residential mortgage backed security, RMBS）。簡單地說，債券是一張紙，向持有人或持票人（也就是放款人或債權人）承諾在特定時期內支付一系列的利息，加上在商定的日期返還全額本金。也可以說任何可以獲得相當可預測現金流量的實體，都可以發行債券。1970年之前，債券的主要發行人是政府和企業。吉利美的創新是將一些房屋貸款綁在一起，以所有房貸每個月利息還款的現金流，來支持債券的發行。假設大多數的房貸債務人按時支付每個月的款項，少數的拖欠並不會造成太大問題，應該還是會有足夠的現金收入，向債券持有人支付每個月應付的利息。要注意支持房貸債券的個別房屋貸款是由政府擔保的，因此房貸債券連接的信用風險得以大大降低，獲得了高信用評級，所支付的利率也略高於國債。事實證明這些房貸債券得到例如退休基金等機構投資者的青睞。鑒於吉利美創新的成功，房利美和房地美的效仿令房貸債券市場迅速擴大。隨著證券化原則的建立，華爾街公司尋求同樣可以被包裝成為可銷售債券的其他現金流量。1977年，所羅門兄弟（Salomon Brothers）和美國銀行（Bank of America）推出第一個沒有政府擔保的房貸證券化債券。其他新的證券化產品接踵而來。

1983年，房地美發行了第一檔擔保房貸憑證（collateralized mortgage obligation, CMO），就像是個債券共同基金，來自房貸和房貸抵押擔保債券（MBS）的現金流，被分成許多不同的層次或批次。高順位批次的購買者首先獲得憑證中來自房貸債務人應付利息的現金流，中間夾層批次的購買者得到接下來的現金，低順位批次的購買者只得到最後留下來的現金。1985年，斯佩里租賃金融公司（Sperry Lease Finance Corporation）發行第一檔資產擔保證券（asset-backed security, ABS），所發行的債券由計算機設備租賃所產生的現金流支應。如今這個過程更為先進，例如足球和棒球俱樂部的體育事業，可以以未來季票銷售產生的現金流支應而發行債券。

房屋貸款和其他類型信用二級市場的進化，引導銀行賣出他們所持有的許多貸款債權，由私募股權投資貸款到信用卡債務。銀行業務的貸款出售模式（originate-to-distribute），取代了舊有的貸款留置模式（originate-to-hold）。政府資助機構讓精靈從瓶子裡跑了出來。

政治壓力

房利美和房地美的商業模式不幸地受到政治壓力，房利美和房地美承擔了所有美國房屋貸款額度的一半以上。1999年，柯林頓政府為自己設定的任務，是要擴大房屋貸款給低收入和中等收入的借款人，藉由放款人投資組合中，增加1977年社區再投資法案（見第五章）所指定的貧困城市地區所占的比率來達成。遊說團體和政客向房利美和房地美施壓，以減低對房屋貸款的信貸需求，並以高於傳統貸款的利率，提供房屋貸款給次級信用借款人。由於潛在利潤來源的增加，也得到一些股東的支持，當然也有壞帳增加的可能。

有一個論點是，房利美和房地美對符合資格貸款的承銷標準，可以提供安全穩定的現金流，應該足以令他們借錢給未達優質信用等級的房屋購買者。其對於優質貸款的承保標準，應該要帶到次級貸款市場上，房利美和房地美有所屈服。政治上的壓力持續，造成滴水穿石式的影響。

1999年，霍姆斯（Steven A. Holmes）在《紐約時報》的報導中說，移向次貸市場的房利美承擔了更多的風險，在繁榮經濟時代應該不會造成任何問題。但是這個政府資助機構可能會在經濟低迷的時期遇到麻煩，如同1980年代的儲蓄信貸機構需要來自政府的救市。2003年貝倫森（Alex Berenson）在《紐約時報》的報導，房利美的風險比一般所認為的還要大得多。

2002年，美國總統喬治．W．布希簽署了「單戶家庭實惠住房稅收抵免法案（Single-Family Affordable Housing Tax Credit Act）」，被稱為「美國夢的恢復」。該計畫在未來五年內，為在貧困地區開發實惠單戶家庭住房的投資者和建設公司，提供大約24億美元的稅收減免。所有這一切都為房利美和房地美煽起了麻煩。

2003年9月，布希政府推出了被認為是自儲蓄信貸機構危機以來，對住房金融業監管最重要的大翻修。根據計畫，將在財政部內創立一個新的機構，負責對房利美和房地美的監管。新機構將有權力設定房利美和房地美的資本準備需求，並確定他們是否妥善管理持有投資組合的風險。

2003年12月16日，布希總統簽署了美國夢的首期法案，新計畫提供補助金以協助購屋者支付頭期款和交易費用。2004年至2007年財政年度，根據該法案釋放資金用於以上的計畫。布希總統也提供三倍資金，給幫助家庭在自己社區成為房屋業主的組織。對於參與房屋貸款二級市場的政府資助企業轉向小眾市場，大大增加他們的財政承擔。數十億美元由政府流向次級房屋貸款市場。

美國政府一直通過其下屬機構的觸鬚，推銷置產是美國夢關鍵一步的想法。美國公眾透過次貸市場良好運轉而熱情地推動，接著是布希政府要求房利美和房地美加入這場舞會的囑託。

金融危機

接著在2007年次貸危機開始，愈來愈多的借款人，通常是有不佳信用分數的人，開始無法支付他們房貸，特別是那些可調利率房貸（ARM），造成了住宅法拍的顯著增加。房價隨著法拍的增加而下降，也增加了已經愈來愈多的待售房屋庫存，導致嚴格房屋貸款評估標準的重臨。更嚴格的貸款標準，使得借款人取得房屋貸款變得更加困難。房價的貶值導致擔保超過一半美國房貸的房利美和房地美虧損不斷上升。2008年7月，美國政府試圖緩解市場的擔憂情緒，強調「房利美和房地美在美國住房金融體系」中扮演核心角色，而這是美國人早已經知道的事實。他們也知道，一個巨大的房地產泡沫正在破滅。美國股東出售房利美和房地美的股份。美國財政部和聯準會採取措施增強企業信心，提供聯準會的低利率貸款，同時消除各種禁令。

房利美和房地美沒有得到政府的直接資助或支持，其發行證券也沒有得到政府償還的擔保，這方面明確表示在授權政府資助機構的法律中。2008年7月11日《紐約時報》報導，政府官員正考慮一項計畫，由美國政府接管由於美國住房危機導致財務狀況日益惡化的房利美和房地美。官員還表示，政府考慮為兩房所擔保的5兆美元債務提供保證。儘管做出了這些努力，2008年8月，房利美和房地美的股價由一年之前的水平下跌了超過90%。

在這樣的背景下，對於房利美和房地美的主要問題是，他們是否真的大到不能令其倒閉。答案隨後揭曉，政府接管了這兩家政府資助企業。聯邦政府的接管，在2008年9月由美國財政部執行，成為房利美和房地美的後盾。這個政府援助，是發生在這個月許多驚人的崩潰事件和救助方案其中之一。

2008年9月7日，美國聯邦住宅金融局（FHFA）局長盧卡特（James B. Lockhart III）宣布了他的決定，將這兩家政府資助企業由FHFA接管。同時間，美國財政部長保爾森表示完全支持將兩房由政府接管的決定。他補充說，「今天行動的必要性，我將其主要歸因於政府資助企業結構的內在衝突和有缺陷的模型，以及房屋市場價格的持續調整修正。」

房利美和房地美合計共虧損了149億美元，市場擔憂他們的籌資能力，以及破壞美國住宅金融市場的債務威脅。財政部承諾以優先股投資高達2,000億美元，並延長信貸措施至2009年，以保持這兩家公司的可償債性和持續經營。這兩家政府資助企業共擁有超過5兆美元的房貸抵押擔保證券（MBS）和其他債務，當然並非所有都是次級債務。

美國財政部對兩家政府資助企業GSE的協議中訂定，由接管開始，未來財政部對每家GSE支持並投資最多1,000億美元的資本，而財政部將無償獲得每家GSE向財政部發行總額10億美元含有10%股息的高順位優先股。此外，每家GSE發行相當於79.9%股權的二十年期普通股認股權證，行使價為每股千分之一美分（0.00001美元）。

美國政府的接管行動，以及承諾以2,000億美元額外資金支援兩家政府資助企業，竟然成了美國投資銀行、金融機構、聯邦監管機構動盪的一個月中的第一個大事件。2008年9月15日，一百五十八年歷史的雷曼兄弟控股公司申請破產清算資產，將財務健全子公司的營運排除在破產保護申請之外。九十四年歷史的美林證券（Merrill Lynch）接受美國銀行（Bank of America）以500億美元收購，由一年前大約1,000億美元的市場價值大幅下降。保險商美國國際集團（AIG）信用評級的調降，導致2008年9月16日聯準會850億美元擔保貸款融資的救助協議，並換取79.9%股權的認股權證。2008年9月，是美國金融史上最黑暗的一個月。

第十三章 發生在英國的銀行崩潰

簡介

發生在美國的銀行倒閉也同樣地發生在英國。與美國的四個案例相比，英國這一章只包含了三個案例研究，而且倒閉的原因似乎來自不同因素的驅動。第一個案例是房屋貸款銀行北岩銀行，該行玩的是一場危險的遊戲，但不是CDS、CDO等由字母縮寫之類商品的市場中。然而他們同樣銷售重新包裝過的房貸，當市場停滯不前也造成了反向的後果，北岩也有其他問題的存在。其他兩家銀行則相當有趣。HBOS決定加入字母縮寫產品的遊戲而造成了嚴重的後果，也同樣對大量放款信貸控制逐漸減少。蘇格蘭皇家銀行（RBS）也是CDS、CDO等字母縮寫產品的市場參與者，在全球金融危機開展的同一時間，進行了一項最糟糕的收購。所有的實例中，他們的傲慢以懲罰告終，換句話說是驕者必敗。但是在每一個例子中，所有銀行都忽略了銀行業和投資項目評估入門課程的相關基本問題討論，是最高程度的無能。本章中案例研究的順序分別是：

本章內容

案例13.1 北岩銀行

簡介

北岩銀行是一家房屋貸款銀行，歷史可以追溯到1860年代，以住宅金融互助會（building society）的形式經營。業務上接受客戶存款，並借出貸款給房屋購買人，區域業務集中在英格蘭的東北部。直到1980年代的金融業放鬆管制之前，住宅金融互助會的資金來源完全是客戶的存款，一個典型的住宅金融互助會，客戶的存款等於是住宅金融互助會的所有權。1997年，北岩銀行轉型成為一家在倫敦證券交易所公開上市的公司。所有符合資格的北岩銀行存戶，得到500股股票的意外收穫。以每股4.50英鎊發行價計算，價值達到2,250英鎊。同時發行新股向公眾銷售，股份深受市場歡迎，得到三倍的超額認購。

這家房貸銀行沒有像典型英國銀行如駿懋銀行（Lloyds）一樣提供全方位的服務，北岩專注在住宅房屋貸款、商業房屋貸款、買入出租房貸、到無擔保個人貸款。在負債方接受儲蓄帳戶存款，放鬆管制後也從資本市場上借款。

北岩銀行在2001年委任的行政總裁阿普爾加思（Adam Applegarth）的領導下，成就了一個高度成長的故事。在三年的股份上市之後，成為英國的100強公司之一，也是富時（FTSE）100指數成分股。當年38歲的阿普爾加思，是富時100上市公司中第二年輕的CEO。北岩的策略也針對更高的成長。為了達成這個目標，北岩需要提供購房者，比競爭對手更好的房貸條款，也需要得到滿足成長野心的豐沛資金來源。

風險業務模式

傳統上，住宅金融互助會業務的經驗法則，是提供借款人最多年收入二・五倍的貸款，貸款總額不高於房屋抵押價值的75%（貸款成數）。但在2000年房屋價格穩定上漲的環境下，房貸銀行放寬了他們的經驗法則，到三倍借款人年收入，和90%到95%的貸款成數。追求成長目標的北岩，甚至提供了更好的房貸條款，其房貸品牌稱之為「共同（Together）」。房貸總額達到95%房屋貸款成數加上30%的無抵押貸款，共125%。貸款額度可以高達六倍的收入。在當時房價上升的市場狀況，當借款人的房屋上漲25%，他們財產上升的幅度更加可觀。「共同」被高薪利誘的銷售人員熱情地推廣。

資產負債表的另一邊要關注北岩銀行獲得資金以提供出借的能力。北岩保守的競爭對手駿懋銀行（Lloyds TSB），房屋貸款的資金來源中，25%來自銀行間貨幣市場（通常是指倫敦銀行同業三個月拆款市場，以三個月倫敦銀行同業拆息利率LIBOR計息），75%來自銀行存戶的存款。這對北岩來說是過於保守的，阿普爾加思融資的目標是75%來自銀行間貨幣市場，25%來自存款。實際上上述75%數字的達成，是透過50%的證券化，其餘的25%來自三個月LIBOR的銀行間貨幣市場。以雷曼兄弟為例，證券化的過程涉及捆綁包裝房屋貸款，出售後收取佣金。當然如我們第六章中所描述，投資銀行也可以將這些房貸再加上其他債務，包裝成為擔保債權憑證（CDO）來銷售（記得也是以AAA評級）。

借款人看不到房貸的證券化，房貸條款條件保持不變，借款人繼續向原房貸銀行支付利息和返還本金。證券化幫助北岩銀行擴大了房貸部位。每隔一段時間，北岩以證券化方式出售房貸部位，釋放出更多的資金以供應新的房貸。為了彌補兩次證券化之間的資金需求，北岩會透過銀行間貨幣市場向其他銀行借入短期資金。至少在一段時間中，該交易策略是可行的。北岩銀行股價飆升，房屋貸款業務市占率在三年內增加了一倍。

2000年，北岩獲得2.5億英鎊的稅前純益。2005年，這一數字上升到4.94億英鎊。2007年上半年，北岩擁有英國房貸市場20％的占有率，同時對於新承做房屋貸款占有市場最大比重，純利上升到5.87億英鎊，推動股價到每股12.6英鎊，市值超過60億英鎊。除了業務成長之外，阿普爾加思繼續嚴格控制成本，在費用占總收入的基礎上，北岩是同業之冠。作為一個敏銳的運動員，這才是阿普爾加思所喜歡的。

但是警告的信號正在升起。2007年3月，匯豐次級房貸的一個部位組合中，實際拖欠率比先前推估值所用的比率要高得多。2007年4月，美國第二大次級房屋貸款公司的新世紀金融宣告破產。2007年6月，貝爾斯登無法支持旗下所屬的避險基金之一。2007年7月，套息交易（借入低息貨幣，轉以高息貨幣收取利息）經歷了六個標準差的市場移動。在此背景下，有關北岩營運模式的質疑開始出現，業務成長速度能否持續？如果次級房貸開始看起來很有問題，其他證券化包裝類似匯豐銀行2007年3月所揭露的一樣孱弱，對於提供了北岩50％融資來源的房貸證券化會是如何呢？如果房價停止上漲，或者進入反向下跌的階段，由於北岩提供了125％的房屋貸款成數，「共同」的品牌可能會變成北岩的磨石機。

利率也出現問題。北岩的資金有不匹配的期間，明顯以短期借款來支應長期放款。借款和放款也有不匹配的利率。北岩的房貸利率連結英格蘭銀行基準利率，但經由貨幣市場的借款與倫敦銀行同業拆息利率LIBOR掛鉤。後者比基準利率上升的速度要快的多，成本大幅增加。圖13.1總結了這些問題。基準利率與LIBOR之間的不利差距，導致北岩在2007年6月27日發出盈利預警。

緊縮的關鍵時刻

2007年8月一開始，北岩銀行似乎超凡地正常運作，緊接著一

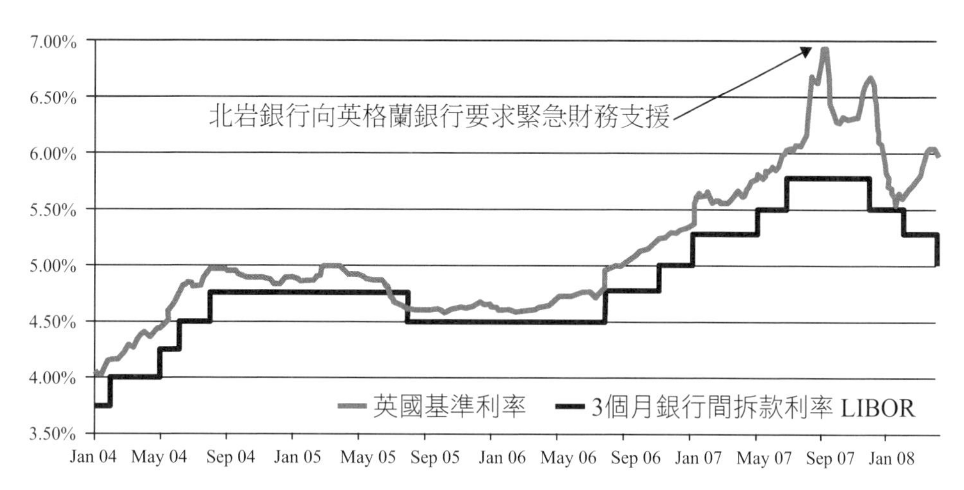

圖 13.1　英格蘭銀行基準利率與 LIBOR
來源：J. C. Rathbone Associates Limited (www.jcra.co.uk)

個重磅炸彈落下。2007年8月9日，銀行間同業拆借市場停止運作，銀行停止借錢給另一家銀行。這種市場狀況由法國巴黎銀行（BNP Paribas）的聲明所引發。這家法國最大的銀行暫停了旗下三個資產擔保證券（ABS）基金的申購贖回。法國巴黎銀行解釋說，由於美國次貸市場的問題，可能不再能夠對基金的價值做出準確的估計。此外，信用違約交換（CDS）也受到金融海嘯的波及，市場推估值由於廣泛可能的破產懷疑，而造成不利的影響，導致市場的完全停止。市場的停頓造成了嚴重的後果。銀行停止向對方放款，懷疑其他銀行持有有毒債券（CDO和CDS）的數量，終於深深影響到北岩銀行，問題顯然來自北岩銀行由短期銀行間貨幣市場借入資金，以及貸款證券化政策的商業模式。其融資模式需要將房屋貸款證券化，而下一次排定的證券化將在2007年9月。還可以進行證券化嗎？如果不行，可能會發生什麼事？

隔天的2007年8月10日星期五，英國金融監理局（FSA）聯繫金融業者，估計凍結的貨幣市場可能會造成危機。北岩也是FSA接觸的公司之一，北岩在下一個工作日8月13日回覆，確認潛在的困難。FSA和北岩銀行於是持續進行討論。隔天的8月14日星期二，討論擴大到三方當局，包括財政部、英格蘭銀行和FSA，並隨時知會英格蘭銀行總裁。

2007年8月15日，報紙上的文章出現了有關北岩銀行的問題，最大的疑問是北岩銀行到底陷入多大的麻煩？北岩的股價由6月的盈利預警已經下跌了12%，當所得到的答案是「很多」之後，又多跌了13%。北岩在銀行間信貸市場流動性危機中大受打擊，其中大部分的資金需求是為了房屋貸款。貨幣市場基本上仍是關閉的，沒有了這個資金來源，北岩就沒有業務。缺乏流動性是房貸市場的一個問題，但北岩銀行的業務模式對流動性的依賴更深。北岩仍然可以透過LIBOR籌集大額資金，但LIBOR跳升至6.37%，這樣做完全是不經濟的。換句話說，扣除成本後，北岩銀行必須將貸款利率定在6.75%以獲得最小的利潤。對手可以削減貸款利率，北岩銀行則幾乎無法控制自己的命運。

8月15日星期三，更詳細的討論隨之而來，財政大臣也被告知。8月16日星期四，北岩銀行主席瑞德里（Matt Ridley）與英格蘭銀行行長討論各種支持行動的可能性。與會者一致認為，北岩航行到極端惡劣暴雨天氣中，它的選擇是有限的。

在此期間，確定了三段式不同的解決方案，亦即：

- 北岩解決其自身的流動性問題，藉由自己的商業模式、自身在短期銀行間貨幣市場的實際行動，以及藉由房貸債務的證券化。
- 北岩銀行取得一家主要銀行的收購意向。
- 北岩銀行由中央銀行收到政府擔保的融資支援措施。

2007年9月10日之前尋求第一種解決方案，但是完全沒有成功。接著尋找一家主要銀行的出價，然後是英格蘭銀行的流動性支持。有關收購的考慮，直到2007年9月10日，有兩家機構表示有興趣，但其中一家很快退出，另一家駿懋銀行（Lloyds TSB）表現出持續的興趣。目前尚不清楚討論和承諾的深度，但收購的條件必須有來自英格蘭銀行的後備融資措施，總額300億英鎊，兩年期間按照市場利率。英格蘭銀行行長並沒有接受這個額外條件，他認為幫助一家銀行透過貸款或擔保以收購另一家銀行，並非是中央銀行的功能，更別說金額達到300億英鎊。9月10日星期一，北岩和三方監管機構同意只剩下了一個選項，來自英格蘭銀行的援助措施。計畫將在接下來的一周中宣布。

1866年以來英國第一次銀行擠兌潮

然而事情並沒有想像中順利。2007年9月13日星期四，BBC商業版編輯皮斯頓（Robert Peston）提前發布了北岩銀行將接受紓困的消息。這個消息引起了眾多的北岩存戶到當地分行提取他們的存款。9月14日星期五群情洶湧，英國到處的北岩銀行分行，提款的人群排到了戶外，人龍愈來愈長，受驚嚇的存戶急著想撤回他們的存款。當然英國央行已經宣布將支持北岩，在拯救行動之前，存戶只想到最簡單的解決方案，「把錢還給我」。驚恐的存戶排隊取回存款的電視畫面，鼓動了其他人同樣如此。一天之內，10億英鎊現金被提領。不久之後的9月17日，當英國財政大臣出面保證銀行存款，市面的恐慌不再。但是英國經歷了自1866年奧倫弗格尼（Overend Gurney）危機以來首次的銀行擠兌，顯然這是另一個故事，金德爾伯格[1]（Kindleberger）和弗格森[2]（Ferguson）有簡要的敘述。

本週較早的2007年9月12日星期三，北岩銀行正式要求作為英國最後貸款人的英格蘭銀行，為貨幣市場籌集資金以替換到期借款的問題，提供流動性支援措施。北岩在最初幾天由英格蘭銀行借到了30億英鎊。

9月17日星期一，憂慮的存戶繼續湧向北岩銀行一些分行，以撤回自己的儲蓄。據報導，自從向英格蘭銀行申請緊急資金，估計又有20億英鎊被提領。中午過後在倫敦，北岩銀行的股價除了上週五的下跌32%，又由438便士下跌到263便士，多跌了40%。當天較晚的時候，英國財政大臣達林（Alistair Darling）宣布，英國政府和英格蘭銀行將為北岩銀行的所有存款提供擔保。宣布之後，北岩股價迅速上升了16%。

2007年11月，許多董事退出北岩董事會。CEO阿普爾加思以看守的角色留任到2007年12月。儘管收到來自各方有條件的收購計畫，北岩銀行宣布所有收購價格都遠低於之前的交易價值和估計現值，沒有任何一家得到認可進行收購。2007年12月，當所有收購計畫都不成功，政府準備緊急立法以將北岩國有化。2008年1月12日，財政部聘請倫敦駿懋銀行前CEO桑德勒（Ron Sandler），在其正式國有化後領導北岩銀行。

2008年2月6日，英國國家統計局宣布以上市公司（如BBC）的方式處理北岩銀行，貸款（約250億英鎊）、英格蘭銀行的延長擔保（約300億英鎊）、加上銀行的房貸部位（550億英鎊），總計1,100億英鎊成為了國家債務的一部分，也反映了北岩被有效國有化的事實。

2008年2月17日，財政大臣達林宣布，北岩銀行實際被國有化。透過英國金融投資有限公司（UK Financial Investments Limited），政府成為北岩的唯一股東，銀行將在桑德勒獨立董事會的管理下，以商業的基礎運作。

2008年2月18日市場開盤前，倫敦證券交易所的北岩銀行普通股和優先股暫停交易，（如有）賠償將會被仲裁。2008年2月22日，北岩正式國有化。2008年3月31日，該行公布了2007年的年度報告，顯示了1.67億英鎊的損失。

2009年10月，歐盟委員會同意了針對銀行重組，意圖最終出售的公司計畫。

出了什麼差錯?

北岩的失敗來自許多的問題。首先，它的業務策略是借入短期資金，借出長期放款。更重要的是北岩貸款出售（originate-to-distribute）的營運模式，表示直到下一回合證券化發生之前，銀行持有次級房貸，也意味著當等待次貸出售時，北岩是脆弱的。當流動性枯竭，房貸的潛在買家不希望購買時，北岩就有了大麻煩。

當貨幣市場凍結，北岩遭受上述問題的雙重打擊。值得一提的是，自2007年初以來匯豐次貸部位和法國巴黎銀行遇上的困難，已經預示了北岩問題的可能性。

此外，95%貸款成數再乘上125%的「共同」房貸品牌，將不可避免地在房價開始下跌後產生問題。由於「共同」的大受歡迎，當危機出現時，留給北岩滿手等待證券化的二流資產，沒人想碰。同時，為了競爭而慷慨的「共同」，成為最孱弱次級房屋貸款借款人申請房貸的首選。

瞄準高增長策略的業務衝刺，當資金緊張而發現自己無法融資擴張時，公司可以變得非常脆弱。對於非金融企業，當業務成長的資金需求超過內部來源的產出（利潤），問題就會發生，於是需要安排來自外部的籌資。北岩的金融業務將資產證券化，隨著證券化市場消化不良的跡象出現，運作便出了問題，北岩的業務模式終於崩潰。

財政部、金融監理局（FSA）和英格蘭銀行等監管部門，應該介入以延緩北岩的崩潰嗎？好吧！FSA承認在2007年9月擠兌事件之前的幾個月中，對北岩銀行的監管是失敗的。英國下議院財政委員會在北岩危機的檢討中，提出了一些關於監管失靈的觀察。例如：

- 有許多有關北岩銀行營運模式所帶來風險的警告信號，由它的快速成長和由2007年2月開始的股價下滑。FSA對北岩採行「監管從事」，但在其籌資策略和風險管理上，未能解決根本上的弱點。
- FSA未能妥善監督北岩，其程序不足以監督業務迅速增長和資源明顯不足的銀行。
- FSA不滿意北岩銀行所進行的壓力測試，但沒有針對這些顧慮與北岩銀行董事會進行溝通。

- FSA對於北岩董事長和CEO不具備任何相關財務的資格，應該及早有更多的關注。
- 結論是，目前關於英國銀行流動性上的監管制度是有缺陷的，需要儘快檢討。

北岩的業務策略，在房屋市場可能反向移動時，需要早期預警系統；需要如剪報13.1中提及似乎欠缺的財務控制；也需要一個CEO可以信任並據此採取行動的風險管理系統，這在北岩中似乎完全不存在。重點是當營運模式的風險愈高，愈需要一個可以信任、可以聽從、同時可以據此行動的風險管理預警系統，也需要CEO的耳朵和信任。在通常情況下，高層管理人員的傲慢驕狂，是企業的剋星，將公司帶向滅亡。

曾經在北岩銀行任職過的華特斯[3]（Brian Walters），具有內部人的優勢，講述的故事中有著更多的細節。

剪報 13.1 金融時報，2010年4月14日 FT

北岩銀行缺乏適當的財務控管

馬斯特斯和戈夫（Brooke Masters and Sharlene Goff）

在經濟繁榮的幾年中，對快速成長房貸機構北岩銀行的批評者經常懷疑，它如何可以維持優秀的低壞帳率，同時如此積極地借出貸款。

現在FSA針對兩名高層管理人員的調查，浮現了這些批評的標示註記。

2007年1月據FSA稱，北岩藉著重新分類，將近2,000個問題房貸隱藏在公開報告的統計數據之外。如果包含這些房貸，銀行在2007年1月的拖欠率，將由0.42%上升至0.68%。FSA說，這項誤報在六個月後，仍然沒有得到糾正。

雖然誤導的數據沒有造成2007年9月最終導致北岩被政府收購的擠兌事件，調查針對前副CEO貝克（David Baker），和前信貸主管巴克萊（Richard Barclay），描繪了一家沒有適當控管的機構。一面承受巨大壓力，一面維持公眾形象和資金流入。

在北岩銀行由天堂掉落的僅僅幾個月前，2006年底房地產泡沫的高峰期，FSA表示，北岩是英國第五大房屋貸款機構。

它提供了渴求信貸的借款人，數倍於收入和高貸款成數的放款。總額占了約四分之一的「共同」貸款，提供了高達近六倍薪資以及高達125%

房屋價值的貸款。

迅速擴張意味著銀行一直未能建立有規模的存款基礎，籌資上只能高度依賴銀行間短期貨幣市場。在其崩潰之前，北岩銀行的房貸資金大約有70%來自貨幣市場，其中的20%固定在大約三個月或六個月的短期間內。

無可避免當2007年底銀行間貨幣市場凍結時，北岩無法重新交涉續借即將到期的債務，銀行的流動性幾乎在一夜之間乾涸。雖然資金的消失折磨了整個銀行業，但北岩銀行首先感受，也最艱辛。

依賴貨幣市場的銀行或有誘因努力維持儘可能乾淨的財務狀況，以及儘可能低的拖欠率。北岩經常誇口說他們的拖欠率，只有房貸理事會銀行會員平均的一半。

任職於房貸經紀商約翰恰克（John Charcol）的布格（Ray Boulger）說，「籌資的代價受到銀行貸款部位品質所影響，關鍵決定因素是貸款部位的拖欠率。」

據FSA，拖欠率報告的一些問題由2005年開始，銀行債務管理單位的工作人員感到「壓力……以達到拖欠率目標」。FSA最後的報告上說，他們為已取得房屋收回令但尚未強制執行的問題貸款，創造了一個新的類別。

那些「有待收樓」的貸款被公開披露的拖欠數據所省略，2006年這類貸款數量大幅增加，不過巴克萊先生要到2007年初才向高層管理提醒這件事。

FSA還提到，對於選擇性「貸款資本化（capitalisation）」過程的廣泛使用，以重生不良貸款，並排除在拖欠率的統計之外，巴克萊先生並沒有對此進行調查。

上述貸款將會重組，任何跳過的利息付款及相應罰款都會加入到所欠的款項之中，並被認定為正常繳款的債務。通常情況下，只要正常繳款重新啟動，這種重組才會發生，但在某些情況下即使沒有達到一般要求，貸款也會被資本化。

FSA表示，每個月有6,870個貸款被資本化，他們當中有許多違反了銀行的抵押貸款政策。巴克萊先生的委任律師拒絕發表評論。

貝克先生的發言人表示，貝克先生原先並不知道有關資本化的問題，他要到2006年12月底才知道有關「有待收樓」貸款的問題。然後他決定給債務單位六個月的時間來解決問題，而不是立即告訴CEO阿普爾加思和董事會。接著他透過網絡直播，在2007年1月將不正確的數字給了投資人和分析師。

貝克先生在一份聲明中說，「我現在了解到這個錯誤應該要去解決而非隱藏，錯誤的報告沒有立即使這些貸款透明化。我做了一個錯誤的判斷，我很後悔。」

現在由政府所擁有的北岩銀行在一份聲明中說，「公司與FSA充分合作，其調查……不會受到任何抵制……公司的領導團隊和風險控制環境已經得到顯著加強。」

FSA表示，無法量化低報拖欠率對投資人造成的影響。案件對北岩銀行股東迫使政府為2008年的收購向他們支付賠償的法律努力，沒有直接的影響。

不過北岩股東行動小組董事會成

員的羅森（Roger Lawson）說，準確的拖欠率數據對於北岩崩潰前不久買進股票的投資人而言，「可能造成一定影響」。

「我們認為這項業務是一個非常健全的業務，我們讀到了他們有比類似的機構更低的違約率。這只是一個因素，但也可能造成影響。」

案例13.2　HBOS

簡介

HBOS是一家英國的銀行和保險公司，現在是駿懋銀行集團（Lloyds Banking Group, LBG）的全資附屬公司，在2009年1月金融危機救援計畫中被接管。在本書寫作時，LBG的57%股權由英國政府擁有。HBOS是蘇格蘭銀行的控股公司，擁有房貸品牌哈利法克斯（Halifax）、HBOS澳大利亞、和HBOS保險及投資集團。

HBOS成立於2001年哈利法克斯和蘇格蘭銀行的合併，令HBOS成為英國第五大銀行，造就相當規模足以匹敵既有的四大英國零售銀行：匯豐（HSBC）、駿懋（Lloyds）、蘇格蘭皇家（RBS）和巴克萊（Barclays）。HBOS也成為曾經由哈利法克斯所保有的，英國最大房屋貸款銀行的地位。

當哈利法克斯在1995年與里茲永久住宅互助會（Leeds Permanent Building Society）合併，並在1997年股票上市，哈利法克斯的確是英國最大的純住宅互助會。2001年與蘇格蘭銀行合併後，房屋貸款仍然是一項非常重要的業務。曾是基金經理和一家重要財富管理公司創始董事的精算師克羅斯比（James Crosby）加入哈利法克斯，並在1999年成為HBOS的CEO。

同年，哈利法克斯延攬了之前為超市公司阿斯達（Asda）零售部門董事總經理的霍恩比（Andy Hornby），主管哈利法克斯房貸業務，這是合併後集團中的新職務。2005年他被拔擢為HBOS首席營運官（COO），並再次在2006年克羅斯比離開集團後接任

CEO。由於對金融服務所作出的貢獻，克羅斯比被敕封為爵士。2001年到2005年間，克羅斯比所主持的HBOS，利潤大幅增加了一倍。在離開的時候他說，「我現在才知道，我早該更勇敢[4]。」隨後發生的事情證明，他可能已經過分大膽了。

商業模式的轉變

鼎盛時期的HBOS，稅前純益達到57億英鎊，市值超過350億英鎊，超過千萬的客戶，英國支票帳戶13%的市場占有率，74,000名員工，1,200家分行，2,580億英鎊的零售存款（2008年6月），占了英國客戶儲蓄總額的15%。在資產負債表儲蓄項目的另一邊中，消費性貸款更是積極地向前邁進。由於專注於買入出租房貸以及豁免就業和收入檢查的自我認證貸款，HBOS的房屋貸款市場占有率達到了20%。HBOS離棄了貸款存款匹配的商業模式，零售和企業存款只占了集團資產負債表上負債的一半左右，其餘的部分來自銀行間貨幣市場和證券化市場。資產負債表由HBOS金融交易部門管理，部門中有債務、衍生商品和外匯交易員。除了其他事項外，也進行房貸的包裝和二度包裝，買賣CDS和CDO，也負責HBOS的籌資和流動資金管理。一項重要的職責是處理HBOS的資金缺口，也就是內部產生資金和需求現金之間的差異。2008年9月，資金缺口達到了2,000億英鎊，年度再融資的需求為200億英鎊。

1998年底，英國前八大銀行持有的存款多過他們向借款人借出的數額。2007年底，貸款多於存款超過了5,000億英鎊，商業模式明顯轉變，原因來自寬鬆的銀行監管和證券化的成長發展。如同美國的投資銀行，造成英國銀行的高槓桿營運，以及對貨幣市場的依賴，以弭平銀行資金缺口。

英國銀行複製了美國投資銀行的技術，包裝自己的房貸、其他不同行業公司的貸款（包括自己部位組合特點的房地產公司）、和自己的私人股權投資借款，而成為擔保債權憑證（CDO），並透過第五章提到的SIV和渠道，銷售給投資人。而且如同美國的銀行，英國銀行也稀釋了之前高度發達而嚴謹的信用分析程序和貸款篩選。捨棄銀行過去發展了幾十年的貸款評估程序的論據是，既然貸款將重新打包成為CDO對外出售，CDO同時保有AAA評級，為什麼還要麻煩而採用費時的貸款信用分析？如果貸款將被出售給第三方，為什麼還要建立並採用高標準的信用分析？這種說法太常被銀行家所提起，最終造成銀行的極負面影響。銀行業有一個貸款的術語，對於拖欠可能成為壞帳的貸款，稱為拖欠貸款（delinquent loan）。我們相信對信用分析的降級，無異於造成銀行業的拖欠，第七章中已有簡短地描述。

與此同時，英國的銀行聲稱藉由交易美國市場上的MBS，利潤增加而且籌資成本降低。英國銀行使用自有和借入的資本，投資在美國MBS上，部分持有，部分重新包裝為CDO，再透過SIV對外銷售。他們辯稱以單一價格借入資金減低籌資成本，再以較高的利率借給購房者。不過由於他們購買了美國MBS，等同取得了對美國房屋市場的風險曝露。由於承擔了更多的風險，英國的銀行毫不奇怪地獲得了更高的投資回報。

由2001年到2006年，英國的銀行以這種方式運作順暢，但這是有風險的，而且具有高風險。無論任何原因，如果對SIV的付款出現問題，或是貨幣市場流動性枯竭，承銷協議將要求銀行承擔SIV所負的支付責任。這些情況發生在2007/08年，美國房地產市場回跌，銀行所依賴為SIV籌資的資產擔保商業票據市場，資金完全乾涸。

算總帳的日子

美國房地產市場問題的第一次警告是在2007年2月，匯豐銀行的交易報告披露了大量次級貸款相關的信貸損失。匯豐在美國有大量的消費信貸業務，市場以業務繼續大步邁進來反應這個消息。

2007年8月，HBOS決定吸納位於其資產負債表以外的融資中介格蘭扁（Grampian）。格蘭扁持有包括大量美國MBS的370億美元資產。但當商業票據市場出現困難時，HBOS基於成本效益考慮，決定自行資助格蘭扁。投資人為此感到驚訝，他們對格蘭扁所知甚少。根據會計準則，HBOS在年度報告中不需要披露格蘭扁。銀行描述這個商業決定「無重大不利影響」。

金融市場在2008年2月受到震驚，在報告2007年度利潤時，HBOS減損7.26億英鎊的MBS價值，並在4月進一步減損28億英鎊。在2008年3月底透露，HBOS持有總值207億英鎊的MBS，其中一半與美國房貸相關。

北岩事件、匯豐問題和HBOS案例，提醒了投資人對英國銀行所面對的風險，例如證券化、短期資金、和CDS/CDO市場的潛在問題。2008年上半年，房價下跌和疲弱的CDS、CDO、MBS市場，人們開始擔心價值的減損將導致銀行沒有足夠的資金來滿足銀行監管機構所要求的水平。 2008年3月，英國銀行股價受到壓力，HBOS、房貸機構聯合萊斯特（Alliance and Leicester），以及B&B（Bradford&Bingley）所受的打擊尤其嚴重。4月間，市場傳言英國銀行將會有現金增資以及盈利預警。

2008年下半年，HBOS的資金需求造成了很大問題。銀行規定要求銀行資本至少要有風險部位值的4%，也就是第一級資本比率。市場狀況相當困難。格蘭扁價值減計後，2008年7月以15億股、每股275便士，現金增資了41億英鎊。全球房地產和信貸市場的問題，以及將有更多資產減損的預期，令HBOS仍在市場的賣出名單上，市場交易對手不願意與HBOS進行交易。2008年9月，HBOS股票賣壓沉重，避險基金被懷疑有針對性的賣出。雷曼倒閉後，HBOS的CDS價格大幅上漲，隱含可能的倒閉。9月12日星期五的股價還有283便士，三個交易日後股價大跌至88便士，六個月前的股價還在450便士。

收購及紓困

2008年9月，HBOS不再可能繼續維持獨立，英國政府認為，不能允許如此規模和重要性的銀行倒閉。政府出面擔保HBOS一些國家（例如愛爾蘭）的存款，在其他地方（例如冰島）將HBOS國有化。當美國的銀行倒閉（雷曼兄弟），機構被援救（AIG），英國政府得出HBOS必須被國有化或被收購的結論也不足為奇。首選的收購合作夥伴是駿懋銀行（Lloyds TSB），一家運行良好的零售銀行和保險集團，具有資金實力和低風險的商業模式。在過去的皮特曼爵士（Sir Brian Pitman），以及自2003年開始由前花旗銀行家丹尼爾斯（Eric Daniels）的領導下，不同於英國的銀行同業，駿懋銀行專注於核心業務，避免涉入投資銀行業務，也不允許交易部門從事高風險業務。2008年6月駿懋的報告中顯示，對於美國次級ABS並沒有直接的風險曝露，只有有限的間接風險在資產擔保的CDO上，對於SIV與資產擔保商業票據存有中度的風險曝露。資金缺口估計為670億英鎊，是HBOS的三分之一，年度再融資需求在100億英鎊的範圍。

HBOS和駿懋銀行傳言已經進行了好幾年有關合併的討論，合併後在英國將有28％的房貸市占率，35％的支票帳戶市占率，和22％的儲蓄帳戶市占率，高市占率可能提高監管機關對於寡占競爭上的關注。

HBOS現在的形勢非常嚴峻。在英國首相和財政大臣的干預，以及FSA的批准後，政府同意豁免對於寡占競爭上的關注。2008年9月27日，HBOS宣布將全數以股票交換由駿懋銀行收購，詳細條款將根據HBOS股價的進一步下跌而修改。HBOS主席史蒂文森（Lord Stevenson）和CEO霍恩比，將在合併完成後離開。

2008年10月13日，英國政府宣布，由於前所未有的金融危機，財政部將注入370億英鎊新資金，救助蘇格蘭皇家銀行（RBS）、駿懋銀行（Lloyds TSB），以及HBOS，以防止金融業的崩潰。但這種半永久性擔保（銀行必須每年支付保費），總額共計4,000億英鎊銀行已發放貸款和持有有毒資產上的損失，令新資金總額看來相形見絀，於是安排了股份的公開配售（基本上是向英國政府配售，但現有的股東也可以參加，但由於發行價高於市場價格，股東其實不可能參加）。令政府擁有合併後的駿懋銀行集團股權達到40%，再加上大量持有每年股息12%的優先股，也是政府擔保計畫的一部分。在類似的擔保計畫下，RBS股權的60%為政府所擁有。

之後隨著市場狀況有所緩解，全球金融市場完全崩潰的可能性大幅下降，駿懋銀行管理人員認為是時候退出必須付出巨額成本的政府擔保計畫和政府的優先股持股。經過進一步的現金增資，退出的計畫達成，政府的持股進一步成為57%。

風險管理

在2002年至2007年的五年間，HBOS的資產基礎幾乎翻了一倍，由3,550億英鎊增加到6,660億英鎊，其中大部分的資產增長由貨幣市場上籌資。這種增長與融資模式，增加了HBOS的風險。2002年至2004年，HBOS的監管風險主管摩爾（Paul Moore），在2008年10月BBC的商業報導節目（*Money Programme*）中接受記者採訪。摩爾先生提到，增長的速度反映了一個新的銷售經營文化。「我認為這是一個重大的變化，改變銀行由老式髒髒舊舊的小店鋪，成為購物中心，成為超市型文化。」他接著說，「零售銀行以極快的速度前進，內部風險及法律部門的功用，就像是試圖以槳來減緩油輪前進速度的感覺。」他進一步透露說，他認為每個人所關注的問題，是企業是否仍在有效的控制之下。

再之後的2009年2月，摩爾向下議院財政委員會繼續他的揭露。他說，「任何沒有被金錢、權力、驕傲所蒙蔽的人，仔細看看就知道有什麼不對勁……[它] 最終只能導致災難性的後果。」他接著說，「不管是什麼具體的、最終的和直接的原因導致金融危機，我堅信所有問題的真正根本原因很簡單，是一個對所有重要方面治理上的徹底失敗。」「這場危機發生的原因，不是因為許多聰明人沒能預見它的到來，而是由於管理階層與駕馭管理階層行為的控管人員之間，完全不夠的分離和不平衡的權力。控管人員指的是財務、風險、法律和內部審計、非執行董事和董事長、外聘會計師、FSA、股東和政治家們。」摩爾先生在他的書面證詞中說：「2004年初，HBOS的監管風險狀況比以往任何時候都高，也應該高於董事會的風險偏好。」摩爾先生還說，他下定決心要讓董事會了解風險，並向董事會提出一項計畫以減少風險。在他的證詞中寫道，「我不得不提出違反FSA規定的許多實際或潛在問題，也必須對不可接受的業務行為提出質疑……[它]必然會令有些人感到不快。」最終摩爾先生向HBOS審計委員會提出他的報告，摩爾先生在不久之後被解職。

FSA發出的一份聲明中表示，「摩爾先生的指控會被認真對待，會有妥善和專業的調查。」回顧第七章，銀行實際風險管理中固有的問題確實是相當複雜。

出了什麼錯？

HBOS用來支援積極成長的資金來源，主要來自短期銀行間市場，忽略了來自集團風險經理的警告。銀行大量投資在曝險於美國房貸市場的CDS和CDO，2007年底和2008年初的損失對其資本適足比率造成風險。2008年7月的40億英鎊現金增資是一個大失敗，只有8.3%的認購率。當2008年9月中旬雷曼破產後，市場感到恐慌，HBOS承受著巨大的壓力，賣壓襲擊迫使股價大幅下挫。

政府決定HBOS應該讓其他銀行收購，否則就應該國有化。首選收購者駿懋銀行在政府提出豁免競爭規則的誘因下受到鼓勵，隨後歐盟委員會決定，這種草率的行為是越權的，並要求分階段出售駿懋。一年之後才被揭露，HBOS在這個時候祕密得到來自政府250億英鎊的貸款。

政府投入40億英鎊成為12%優先股資本，條件是新的駿懋銀行集團在完全償還優先股之前，不能支付普通股股息。HBOS和駿懋股價一度大幅下跌。為了提高資本比率，政府也投入了130億英鎊的普通股股本。駿懋向HBOS所下的賭注，似乎已經損失慘重。在政府的壓力下，一家眾所周知謹慎沉悶的銀行，最終收購了大部分陷入危機的英國銀行，可能除了RBS以外。

案例13.3　蘇格蘭皇家銀行（RBS）

簡介

蘇格蘭皇家銀行（Royal Bank of Scotland, RBS）在國王喬治一世的皇家憲章下，成立於1727年。不同於英格蘭的商業銀行，蘇格蘭皇家銀行被賦予在蘇格蘭發行鈔票的權利，以及透過附屬公司阿爾斯特銀行（Ulster Bank）在北愛爾蘭發行鈔票的權利，阿爾斯特銀行的歷史可以追溯到甚至比RBS更早的1650年。

經過了2007/08年災難性的危機，RBS股權的84％現在由財政部擁有，但政府只有75％的投票權，以保留RBS在交易所上市的資格。

在鼎盛時期，RBS以市值計是全世界第五大銀行，2000年被「富比士」評為全球第十大公司。在崩潰之前，RBS經營各種銀行品牌，在歐洲、北美、亞洲，提供個人及商業銀行業務、私人銀行、保險以及企業融資。在英國和愛爾蘭，其主要的附屬公司包括蘇格蘭皇家銀行（RBS）、國民西敏寺銀行（National Westminster Bank, NatWest）、阿爾斯特銀行（Ulster Bank）、Drummonds和庫茨（Coutts&Co.）。在美國擁有公民金融集團（Citizens Financial Group），由2004年到2009年是中國銀行（Bank of China）的第二大股東，按市值計，中國銀行在2008年2月是世界第五大銀行，此外還擁有不同知名品牌的保險公司。

收購國民西敏寺銀行

1990年代末出現了金融服務行業的整合浪潮。1999年，蘇格蘭銀行（Bank of Scotland）向在英國的對手國民西敏寺銀行（NatWest）提出收購計畫。蘇格蘭銀行計畫賣出NatWest附屬公司包括阿爾斯特銀行和庫茨，來為收購的交易籌資。RBS提交了另一份報價，掀起了一場敵意收購戰，競爭的主要區別在於RBS計畫保留所有NatWest附屬公司。雖然NatWest明顯大過任何一家蘇格蘭的銀行，但由於最近財務表現欠佳，而成為被收購的目標。2000年2月，RBS最終贏得這場收購戰，在英國銀行排名表中上移到僅次於匯豐的第二名。僅在英國，重整和消除功能的重疊，造成了18,000個職位的消失。

投資銀行業務

直到收購NatWest之前，RBS一直遠離投資銀行業務，而在企業貸款、利率交易和外匯買賣上，提供備受推崇的業務。當RBS收購了NatWest，同時承繼了格林威治資本（Greenwich Capital），它是一家美國國債、房貸、和其他資產擔保證券（ABS）的承銷商和交易商。作為NatWest收購計畫的一部分，格林威治原本將快被出售，並計畫將現金返還給股東。RBS取消了這項出售案，並開始計畫建立環球銀行及市場部門（Global Banking and Markets, GBM）。「GBM的策略……由英國開始以英國資本市場的英鎊債券鞏固我們的地位……然後進入歐洲……在歐洲貸款和債券建立我們的位置。然後到美國，一樣建立貸款和債券的地位，最後是亞洲[5]。」

GBM的策略是利用RBS大型商業貸款機構的地位，向客戶出售其他服務，並擴大國際上的觸角。先是以英國為目標，然後建立在法國和德國的營運，向私募股權集團提供貸款，並逐漸擁有歐洲最大的槓桿融資業務。在美國，格林威治提供機會令RBS進入美國國債、ABS、投資級公司債券、和MBS的交易市場。RBS也在全球擴大槓桿融資業務。事實上，RBS積極建立的業務，將自己拖進2007/08年全球金融漩渦的中心地帶，並為此付出了沉重的代價。

卡梅倫（Johnny Cameron）在1998年，由投資銀行DKB（Dresdner Kleinwort Benson）加入RBS。在他的領導下，GBM業務營利在2006年的前六年間，每年平均增長率為17%。2007年3月，GBM的利潤占到RBS集團利潤的40%。卡梅倫誇言，「這是一個巨大的數字，比可口可樂的利潤還大！與例如兩倍大的巴克萊資本等其他銀行相比，我們只用了略多於他們一半的人力，就賺到大約巴克萊資本利潤的兩倍[6]。」當時，GBM是全球第二大次級房貸發行人，加上SIV和其他易燃物，標誌著未來的崩潰。

2007/08年金融危機的驚人損失，破壞了RBS在投資銀行領域的努力。同時在非常時刻不合時宜地收購荷蘭銀行（ABN Amro），這項收購只有為這家蘇格蘭銀行創造了新的問題。如同許多銀行同業，RBS也推動加大槓桿比率（負債對股東權益），放大了損失和問題。

收購荷蘭銀行

在NatWest裁減了18,000職位的RBS CEO古德溫爵士（Sir Fred Goodwin），需要另一個可以大咬一口的項目。他成功地將斧頭揮向NatWest，贏得了「剪刀手弗雷德（Fred the Shred）」的綽號。也許他預計在荷蘭最大的荷蘭銀行以同樣方式整合業務。如同NatWest在被RBS收購前的歷史一樣，荷蘭銀行近期的財務表現同樣停滯，吸引RBS再次踏上收購的征途。在2007年4月至10月，以巴克萊為競爭對手的慘烈收購戰中，包括比利時富通銀行（Fortis）和西班牙桑坦德銀行（Banco Santander）的RBS銀行團，成為得不償失的勝利者。有關收購的細節，以副標題「荷蘭銀行收購案」，出現在富通的案例研究中，不再贅述，讀者可以參考那一節。沒有評論家認為以490億英鎊出價收購，荷蘭銀行是自命不凡。而有一些人認為那是有史以來最糟糕的收購。

在RBS尚未完成荷蘭銀行收購案之前，荷蘭銀行將RBS認為最珍貴的資產，出售給美國銀行（Bank of America），那是總部位於芝加哥的拉薩爾（La Salle）銀行部門。留下來給愛丁堡的RBS，只有表現不佳位於倫敦的投資銀行業務，和亞洲一些小業務。更糟的是當2007年夏天金融風暴來襲，荷蘭銀行明顯無法實現預期的收益。但RBS執意收購，不曾試圖修改收購條款。

當收購交易完成之時，許多銀行股股價在帳面價值附近，令RBS以三倍帳面價值的代價收購，顯得更加的愚蠢。RBS開始掙扎在收購的成本上，和來自荷蘭銀行的有毒資產上。為什麼以RBS為首的銀行團，當荷蘭銀行出售了美國的拉薩爾資產，卻沒有下調收購價，仍然是一個謎。也許可以推測收購時的驚險和激烈，多巴胺驅使的RBS高層等人在追逐獵物的刺激下，遺忘了他們的理性。在收購的情況下，這種事也不是第一次發生。此外，收購還造成RBS的商譽減損了200億英鎊，嚴重影響RBS集團資產負債表上的股東權益，以及銀行最重要的關鍵財務比率。在收購之前，RBS高層對於這個後果應當是瞭若指掌的。蘇皇一荷銀的收購交易案，不尋常地導致不只一個買家的崩潰，比利時一荷蘭銀行的富通（Fortis），被荷蘭政府國有化以避免出現流動性危機。剪報13.2以一個有趣的角度看待RBS和荷蘭銀行的收購交易案，也包含了其他問題。

剪報 13.2 金融時報，2009年8月26日 FT

銀行在新的彼得原理下失勢

約翰·凱（John Kay）

四十年前，彼得博士（Dr Lawrence Peter）毫不謙虛地以「彼得原理」的名稱，闡述了他的想法。每個人終會發現他們所無法勝任的職位。當你擅長做一項工作，你將被提拔，直到你被賦予一個自己完全不擅長的工作。

最近金融機構的失敗，表明了組織上同樣的彼得原理，金融機構會一直多元化到發現他們無法勝任的地步。銀行逐漸擴展活動到較為不熟悉的範圍，直到被無法勝任的活動所絆倒。也令人回想起切爾西住宅金融互助會（Chelsea Building Society），成為房貸欺詐受害人而宣布了重大損失。銀行的問題影響了核心業務。大多數曾經接近破產的金融機構，都經歷過來自外圍活動的大額損失。

多元化經營原則而陷入無法勝任，適用於最大到最小的金融機構。AIG是美國頂尖的保險公司，該公司不只承保信用保險，還是CDS市場最大的交易商。這也就是120人的倫敦金融產品團隊，如何將120,000的公司推到崩潰邊緣

鄧弗姆林住宅互助會（Dunfermline Building Society）的名字，特別喚起了審慎的想法，所在地正是最謹慎的蘇格蘭人安德魯．卡內基（Andrew Carnegie）的家鄉。一個多世紀以來，互助會將蒐集的儲蓄，貸款給謹慎的購房者。當他們決定2007年是積極發展商業貸款的完美時刻時，他們正想著什麼呢？

許珀房地產（Hypo Real Estate）是德國最大的房地產貸款商：很難想像到一個更乏味卻更有利可圖的主導地位。於是銀行買進了一項業務，專門由貨幣市場上籌集資金，再借錢給公共當局。毫無疑問顧問所提供的解釋是，這麼做可以賺很多錢。但是不論解釋是什麼，這是錯誤的，而且導致了歐洲最高昂的銀行紓困。

令人覺得無聊的因素還是非常重要，大部分傳統銀行業務是相當枯燥的。希望找到新挑戰的渴望，是令人欽佩的人格特質。但是允許對CEO的放縱，對股東來說是很昂貴的代價。

公共部門機構通常會限制他們的活動，放鬆管制經常引發昂貴的實驗代價。在英國，許多由私有化帶來的效率收益，都揮霍在多元化上面：我看到高層管理人員花費80%的時間在產生1%營業額和負10%利潤的活動中。但是去布宜諾斯艾利斯狂歡，要比修復水管漏水更令人開心。

去贏得一項你自己都不知道競標什麼東西的拍賣，經常造成自己的損失。由於成功的購買者是願意付出更多的投標人，贏家的詛咒往往伴隨在失敗收購的身旁。於是RBS和巴克萊之間收購荷蘭銀行的競逐，就像是競逐著走上破產法院。對產品的無知也可能是一個問題。當你是新來的而且所知不多，給你的業務通常是沒有人想要的業務。

驅動因素是驕狂。柯林斯（Jim Collins）正當其時的「強者如何隕落」的研究，適用於剛才提到的每一個企業。由於部分業務競爭不是非常大，隨機性也在投機交易中扮演很大的作用，金融服務行業對於驕狂是特別的脆弱。因此，金融機構人員特別容易誤認他們的成功是高超技能的結果，而不是好運。相信過人的天賦能在其他的彩虹底下找到幾盆黃金，是再自然不過的了。除非虛榮完全消失，我預期終將無法勝任的多元化，將持續是商業行為中一個強大的元素。

2008年金融風暴

如果荷蘭銀行帶來的災難還不夠，市場傳聞GBM部門損失極度慘重，GBM大幅減損了所持有的CDS、CDO、和其他有毒資產，導致RBS本身的CDS價格上升，隱含著更高的違約機率。2008年4月，RBS宣布120億英鎊的現金增資籌資案，新資本用以抵消所持有有毒資產59億英鎊的價值減損，並在購買荷蘭銀行的減損之後，支撐資金準備。這在當時是英國企業史上最大的現金增資。該銀行還宣布將考慮剝離部分附屬公司以籌集額外資金，特別是保險業務，但仍不足以填補RBS資產負債表上的缺口。

2008年10月，另一個由英國政府承銷的現金增資失敗後，RBS宣布政府取得股份達到58%，目的是要提高第一級資本。對於未能取得超過最低限度的現有股東的問題，政府發現自己擁有幾乎60%的銀行股本。

英國財政部向RBS、HBOS和駿懋（Lloyds TSB），投入370億英鎊的新資金，以避免銀行業崩潰。然而政府強調，公有化並非標準，銀行將在合適的時機交還給私人投資者。在RBS，政府注入的資金和有毒資產的指定損失，交換了RBS普通股股票，以及12%票面股利的優先股。擔保也是英國政府資產保護計畫（Government Asset Protection Scheme）的一部分，類似美國的問題資產救助計畫（Troubled Asset Relief Program, TARP）。

在這些明顯的失敗後，古德溫爵士提出辭呈並被接受，主席麥基洛普爵士（Sir Tom McKillop）表示，他將會在2009年3月離開。2008年11月，英國地產（British Land）前CEO赫斯特（Stephen Hester）取代古德溫，接手蘇格蘭皇家銀行（RBS）。

RBS在和英國政府之間的談判之後，於2009年1月19日宣布，政府在2008年10月所取得的RBS優先股，將轉換成為普通股。此舉將去除12%的優先股息支付（每年6億英鎊），但政府的股權增加。同一天，RBS公布了交易報告，預計全年交易虧損（減損前）在70到80億英鎊之間。該集團還宣布主要有關荷蘭銀行收購的200

億英鎊商譽減損。總和達到280億英鎊的虧損，成為英國企業有史以來最大的年度虧損。RBS股價一天內下跌了超過66%到每股10.9便士，以一年高點每股354便士為基準，下降了97%。在寫作時（2010年6月），RBS已經由最低點反彈，過去52週股價範圍從每股28便士到59便士。

出了什麼差錯?

歐格[7]（Philip Augar）總結了RBS的崩潰，「這是個令人遺憾的結束。在古德溫的領導下，RBS進行了積極的收購策略，其中包括在1999年敵意收購NatWest，以及在2007年以銀行團參與收購分解了的荷蘭銀行。這些都是在薄弱的資本比率和高槓桿資產負債表下而達成。這種策略在穩定的市場下運作良好，但在2007年翻天覆地的變化下，曝露了市場運行的風險，以及收購主導策略的高度滾動性。荷蘭銀行的交易是壓倒駱駝的最後一根稻草，RBS以頂級的市場價格買進了一家次級的投資銀行。」……「買進的時機再糟糕不過，又碰上下滑的市場，房貸相關的資產減損，和融資的困難情況。」

新任CEO赫斯特是一位備受推崇的銀行家，他承認RBS本身過度擴張。赫斯特計畫重新仔細審視銀行的基本原則，重整成為更專注重點，更不仰賴高度資本，更少風險的核心業務，人力更為精簡的投資銀行業務。

第十四章
發生在歐洲的銀行崩潰

本章內容

簡介

本章中前兩個案例研究針對兩家個別銀行，後兩個案例則為受到影響的兩個國家。銀行案例包括業務主要在荷比盧的富通（Fortis），以及以瑞士為基地的全球性銀行瑞士銀行（UBS）。富通是收購荷蘭銀行銀行團的成員之一，荷蘭銀行收購案，是上一章最後一個案例研究13.3的主要部分。UBS的情況，則是該行成為字母縮寫產品的主要市場參與者之一。第十四章的其他兩個案例，是有關兩個個別國家的銀行狀況。首先是缺乏專業銀行標準、充斥裙帶貸款、加上貨幣的熱錢效應，造成冰島銀行業的大量問題。有些銀行家對基本的經濟學和信用分析一無所知，更別說應用在他們的業務上，這些銀行竟能毫髮無損地存活下來。最後一個案例，愛爾蘭銀行業的興衰是令人驚異的。愛爾蘭的經濟在房地產的熱潮中崛起衰弱，一些金融機構的內部標準似乎非常的糟糕。裙帶貸款和不合標準的監管，個別或混合來看都是致命的因素。按順序，案例包括：

案例14.1 富通銀行

簡介

富通（Fortis）集團的業務包括銀行、保險、投資管理，以比利時、荷蘭、盧森堡三國為基地。富通的銀行業務包括零售、商業及商人銀行，保險產品包括人壽、健康、產物保險，並在阿姆斯特丹、布魯塞爾、盧森堡證券交易所上市。

富通集團是1990年三家金融機構合併的結果，包括荷蘭保險公司（AMEV）、荷蘭銀行集團（VSB），加上同一年隨後合併的比利時保險公司（AG）。富通在1996年從荷蘭銀行手中收購了荷蘭投資銀行Mees Pierson，隨後再作出多項收購，包括1999年的通用銀行（Générale de Banque），將業務拓展到波蘭、土耳其、亞洲、非洲。2006年營利45.6億歐元，市值超過450億歐元。

2007年10月8日，RBS、富通、桑坦德（總部設在西班牙）三家銀行組成的銀行團，宣布成功收購荷蘭銀行。過程中與巴克萊銀行對荷蘭銀行收購案的敵意競逐，由4月進行到10月，收購的細節在下節中詳述。

荷蘭銀行收購案

荷蘭銀行自2005年以來設定的目標，為同業間前五大的股本回報率（ROE）。由於財務上仍然遠遠低於目標，高層開始認真考慮該銀行的出路。這個目標由2000年任命的CEO葛瑞寧克

（Rijkman Groenink）所設定。2000年到2005年，荷蘭銀行股價停滯不前，雖然利潤稍有改善，但仍達不到他們的期望。

2006年的財務數字並沒有改善，營業支出增加的速度超過營業收入增加。不良貸款餘額比去年增加了192%。但由於出售資產所得，淨利潤增加。

過去幾年，活躍的投資人（尤其是避險基金TCI）一直催促荷蘭銀行，或是分割、或是合併、或是將自己放售。2007年2月21日，TCI要求監事會主席調查荷蘭銀行的合併、收購或分割的可能性。TCI認為，目前股價並未反映其相關資產的真實價值。TCI要求主席將所提出的主張放入2007年4月年度股東大會議程上。進展迅速，2007年3月英國巴克萊銀行和荷蘭銀行均證實他們正進行有關合併的雙邊談判。2007年3月28日，荷蘭銀行公布股東大會議程，包括TCI所要求的項目，並建議不要同意公司分割的選項。

2007年4月18日，英國銀行蘇格蘭皇家銀行（RBS）接觸荷蘭銀行並提出交易建議，由包括RBS、比利時富通和西班牙桑坦德（Banco Santander）合組的銀行團，共同向荷蘭銀行提出收購，隨後各自取得荷蘭銀行各區域部分業務。根據該方案，RBS將取得荷蘭銀行在芝加哥的拉薩爾銀行（La Salle）和批發業務，桑坦德取得巴西業務，富通則取得在荷蘭的業務。

2007年4月23日，荷蘭銀行和巴克萊銀行宣布巴克萊銀行收購荷蘭銀行的進一步細節，交易總值670億歐元，建議的一部分是以210億歐元將拉薩爾出售給美國銀行BoA。2007年4月25日，以RBS為首的銀行團提出了自己的報價，如果荷蘭銀行放棄拉薩爾出售給美國銀行的計畫，銀行團願意以總值720億歐元進行收購。股東大會的第二天統計，大約68%的多數股東對TCI所要求提交的建議，投下了贊成票。

有關拉薩爾的提議顯然是刻意的妨礙性策略，是阻礙RBS出價收購的一個方法。RBS正進一步提升美國市場業務，集團現有的美國品牌包括公民銀行（Citizens Bank）和Charter One。2007年5月3日，荷蘭投資者協會（Dutch Investors' Association）在20%荷蘭銀行股東股權的支持下，將案件帶到了阿姆斯特丹的荷蘭商業法院，要求法院頒布對拉薩爾出售的禁制令。法院裁定，拉薩爾的出售是現正進行巴克萊和荷蘭銀行之間合併談判的有效部分，荷蘭銀行的股東應該在股東大會批准其他的可能收購。2007年7月，荷蘭最高法院消除所有可能的不確定性，裁定美國銀行收購拉薩爾銀行可以繼續進行。美國銀行收購拉薩爾銀行，由2007年10月1日起生效。

7月23日，巴克萊向荷蘭銀行提出675億歐元的報價（亦即675億歐元的荷蘭銀行減去拉薩爾銀行價值，加上出售拉薩爾所得到的現金），但仍低於RBS銀行團的報價。巴克萊新的報價是以每股35.73歐元收購，其中37％是現金，但還是低於一個星期前RBS銀行團提出的每股38.40歐元收購價。既然荷蘭銀行已經向美國銀行出售拉薩爾，這些收購價並不包括拉薩爾的業務。RBS銀行團將不得不同意取得荷蘭銀行的投資銀行部門和亞洲的業務，而不是拉薩爾。2007年7月30日，荷蘭銀行撤回對巴克萊銀行收購的支持，巴克萊的報價低於RBS銀行團。荷蘭銀行董事會表示，巴克萊銀行的收購合乎荷蘭銀行的策略布局，但董事會從財務的角度來看，並不支持巴克萊的收購。RBS、富通和桑坦德銀行團的出價高過巴克萊9.8％。2007年10月5日，巴克萊銀行撤回收購提案，清除了RBS為首銀行團收購案進行的障礙，取得了計畫分割的荷蘭銀行。富通擁有荷蘭銀行的荷蘭和比利時業務，桑坦德銀行擁有巴西的雷亞爾銀行（Banco Real）和義大利的安東維內達銀行（Banca Antonveneta），RBS則取得荷蘭銀行的批發部門和包括亞洲的其他業務。

2007年10月8日，荷蘭銀行股東股權的86％接受收購提議，RBS銀行團宣布了勝利。這項成功的收購，超過93％以現金支付。大力支持巴克萊收購的荷蘭銀行管理委員會主席葛瑞寧克決定下臺。

為了籌集收購所需的資金，富通於2007年10月安排了130億歐元的現金增資。2008年4月，RBS公布了英國企業史上最大的現金增資，目標籌集120億英鎊，以抵消失敗投資的59億英鎊減損，並支撐收購荷蘭銀行之後的資本公積。

2008年10月，英國首相布朗宣布英國政府對英國金融體系的援助。英國財政部將投入370億英鎊的新資金到RBS、駿懋（Lloyds TSB）和HBOS，以避免金融崩潰。導致政府擁有RBS 58%的股權，RBS的CEO古德溫爵士辭職。

2009年1月，RBS宣布虧損280億英鎊，其中200億英鎊是來自荷蘭銀行收購案的資產減損。在這個時候，英國政府取得的RBS股權達到了70%。

問題仍然存在。在收購中最早行動的RBS，原先可能會由於拉薩爾出售給美國銀行的消息而撤回收購提案，畢竟RBS聲稱這是他們所想要的資產業務，但他們沒有這樣做。這是個再明確不過的訊號，RBS將不惜一切代價尋求收購的勝利。不去管RBS股東想法的情況，過去屢見不鮮。明確的最高收購價格和有關交易的要求，也應該有明確的說法。無法遵守這些原則，是造成如此眾多收購災難的根本原因。收購的勝利證明了狂妄自大，迅速成為企業的剋星。RBS董事會，特別是董事會中的高層，必須確實了解情勢是否還會更糟。

荷蘭銀行收購案之後富通面臨的問題

收購荷蘭銀行的價格是普遍認為偏高的700億歐元。交易完成後按之前所同意的，富通在比利時、荷蘭、盧森堡三國獲得零售業務活動以及國際投資公司。將荷銀的零售業務整合到富通銀行中，需要荷蘭中央銀行（De Nederlandsche Bank, DNB）的許可，並根據歐盟有關市占率的競爭法規，必須出售荷銀部分業務。富通於是使用荷蘭銀行的品牌名稱，從事在荷蘭的零售業務。為了籌集收購的資金，富通透過現金增資發行新股（現有的富通股東也可認購），以每股15歐元籌資130億歐元。

如同RBS，富通也預期會有來自荷蘭銀行收購的大額減損。付出的代價得到了大量的無形資產，根據會計規則無法放入富通的資產負債表中。減損後，富通陷入無法符合銀行資本標準要求的危險。此外，歐盟法規要求出售部分業務活動，將造成富通3億歐元的損失。

2008年6月隨著金融危機正在發生，富通需要進一步籌集額外83億歐元的股本。於是又有每股10歐元的另一次現金增資。籌措額外83億歐元的資金，部分由消除年度股息，節省15億歐元而來。在此之前，富通CEO沃特隆（Jean Votron）一再表示不會去碰股息。多年來，富通股息的穩定性是其股價的優點之一，人們普遍認為就像家一樣安全（原文）。消除股利動搖了股東的信心，6月26日股價由超過12歐元，下跌到10歐元稍高（公司市值減少超過40億歐元，隨後有更大幅的下跌）。

許多評論家分析荷蘭銀行收購案後認為，富通和RBS管理層忽視了股東權益（總發行股份，加未分配盈餘和公積，並扣除虧損）的影響。投資人感到驚訝，稍早的現金增資之後，這麼快就需要更多的錢。他們並不想投入更多的現金，感覺富通已經變得不太可靠。許多股東利用貸款來買之前現金增資的股份，並計算著股息所得。說他們非常憤怒也不為過。

2008年7月11日，富通CEO沃特隆下臺。富通總市值在當時只有荷蘭銀行收購案之前的三分之一，市值還略低於富通支付荷蘭銀行單獨荷比盧業務所付出的代價。股價繼續走低到10歐元以下。沃特隆的下任CEO福威斯特（Herman Verwilst）還向富通股東保證富通是健全而值得信賴的。監事會主席利本斯（Maurice Lippens）表示，當股價每股9歐元以下時，他個人還買了大量股份。但是當整體市場下跌，富通也不會例外。9月25日星期四，富通股價暴跌至5.5歐元，原因來自於一項傳聞，荷蘭合作銀行（Rabobank）被要求對富通的困境伸出援手。富通和荷蘭合作銀行否認該項傳聞，CEO福威斯特舉行記者會向分析師和股東再次保證。他並沒有提供實際的數字，但重申富通是穩健的，完全沒有理由去相信破產的可能性。然而，股價再次暴跌至大約5歐元。當晚，才剛上任不久的CEO福威斯特下臺，迪爾切克斯（Filip Dierckx）被命名為下任

CEO即將走馬上任。富通股價再次在一個星期內下跌35%。一個笑話在比利時流傳，大家應該等在室內靠近電話，因為下一通電話可能是要你接任新的富通CEO。

富通在11月20日向股東發出通知，開頭提到2008年9月26日星期五的流動性問題，證明是來自於受到富通破產傳聞影響，部分企業客戶的大額提款。9月26日星期五，200億歐元被提領。預計在接下來的星期一，將有額外的300億歐元被提領。該公司宣布，沒有償債能力的問題，只有流動性的問題。

比利時政府懇求富通應該帶進一個強大的合作夥伴，但是說的比做的容易。在初步討論階段，ING向富通出價每股1.50歐元，法國巴黎銀行出價每股2歐元。由於政府自己介入，這些討論提前中止。2008年9月28日，荷比盧三國向富通投資總額112億歐元，富通被正式國有化。據新聞報導，比荷盧政府分別投資47億、40億、25億歐元，到富通分別在比荷盧的部分業務。同時，整合荷蘭銀行零售業務到富通的計畫宣布停止，這些業務將被出售。低於120億歐元的出售，將對富通的第一級資本比率產生不良的影響。

在2008年11月20日的一週中，企業客戶持續大額提款，造成更多的流動性問題。660億歐元的緊急信貸提供，又救了富通一天。

政府持續的爭吵是富通紓困的一個特點，案件一直留在法院處理好多年。儘管如此，資產的銷售仍舊繼續進行。事實上，荷蘭政府於2009年6月，以3.5億歐元出售了富通的保險部門。

2008年10月一個極其複雜的交易中，法國巴黎銀行（BNP Paribas）取得富通比利時和盧森堡銀行業務的多數股權。比利時和盧森堡政府減少投資股權而成為有限制股權的次要股東，以換取法國巴黎銀行的投資股份。政府實際上出售了公司總值110億歐元中的75%股份給法國巴黎銀行，法國巴黎銀行以自身股票作為交換，令比利時政府持有法國巴黎銀行12%股權，成了最大股東。

與法國巴黎銀行的談判並不容易，BNP一直堅持只想要銀行業務部分，而非任何銀行持有的有毒資產。最後，政府股權同意仍由剩餘的富通保留處理這些有毒資產，富通造成的問題還是由富通清理，僅僅將剪除有毒資產的銀行部分出售給法國巴黎銀行。

案例14.2　瑞士銀行

簡介

總部設在瑞士蘇黎世和巴塞爾的瑞士銀行集團（UBS），是一家多元化的國際銀行和金融服務提供商，私人財富管理資產總值全世界第二大，也是歐洲第二大銀行。瑞銀在美國和其他五十多個國家設有零售辦事處。UBS字母縮寫源於前身瑞士聯合銀行（Union Bank of Switzerland），該行於1998年與瑞士銀行公司（Swiss Bank Corporation, SBC）合併。大約38%的員工在美洲、34%在瑞士、15%在歐洲其他地區、13%在亞太地區，業務範圍包括財富管理、投資銀行、資產管理、零售銀行和商業銀行業務。2007年，股票市值為1,510億瑞郎。

在此之前，如同其他許多投資銀行例如RBS，瑞士銀行由於持有大量CDO而蒙受了巨大損失。UBS轉向新加坡政府而得到110億美元新資金，在2008年11月的進一步大額損失後，UBS接受瑞士政府的金融援助。

如上所述，UBS是瑞士聯合銀行（UBS）和瑞士銀行公司（SBC）於1998年6月合併的結果。合併前，SBC透過購買紐約的Dillon Read以及倫敦的華寶（S. G. Warburg），建立了全球投資銀行業務。2000年，瑞銀收購普惠集團（Paine Webber Group），躋身為世界最大私人客戶財富管理業者之一。2003年6月，所有UBS旗下業務以UBS的名稱為單一品牌，瑞銀普惠（UBS Paine Webber）、瑞銀華寶（UBS Warburg）、瑞銀資產管理以及其他品牌，全數更名成為UBS。

可疑的手法

由過去檔案資料提供的金融歷史中，描繪UBS起起落落的過去，以下是一些例子。例如1997年1月，瑞士聯合銀行安全人員梅利（Christoph Meili），發現員工銷毀過去與納粹德國有廣泛交易的附屬公司檔案，這項行為違反了1996年12月通過保護這些資料的瑞士法律。瑞士聯合銀行承認「做了一個可悲的錯誤」，但表示被摧毀的檔案無關大屠殺。刑事訴訟針對存檔人員和梅利，涉嫌違反在瑞士屬於刑事罪的銀行保密制度。這兩個訴訟案都在1997年9月中斷。

1997年，世界猶太人大會向瑞士幾家銀行提起訴訟，以取回二次大戰期間和之前納粹受害者的存款。談判涉及瑞士聯合銀行和競爭對手瑞士信貸（Credit Suisse），導致1998年12.5億美元的和解。

2005年4月，UBS輸掉了一場歧視的訴訟。原告是美國的前法人股票銷售員祖布萊克（Laura Zubulake），她聲稱她的上司暗中破壞並剝奪她的專業職責。在同樣的工作內容中，對待她的方式與對待其他男性同事不同。這個案件中的一個重點，是瑞銀沒有保留相關的電子郵件。聯邦法官對此非常不滿，2005年10月在雙方同意的情況下庭外和解。

2007年2月26日出版的《商業周刊》（*Business Week*）中有一篇文章，指出UBS正在接受調查。原因是有兩個或多個身分不明的避險基金，屬於UBS的交易客戶，額外付錢給UBS僱員以提早得到即將公布的股票評級調整。2007年3月，該公司股票研究部門執行董事與其他來自不同公司的13個人同時被起訴，原因是超過1,500萬美元的內幕交易欺詐。

路透社（Reuters）2008年2月23日發表的一篇文章中指出，巴西檢察官宣布聯邦當局正調查UBS、瑞士信貸和AIG的幾位員工。早在2007年，警方已經逮捕了20人，包括UBS、瑞士信貸和AIG的銀行家。所發現的違法違規行為，包括洗錢、逃稅、銀行欺詐、在沒有銀行牌照下經營銀行業務。

2008年6月，美國聯邦調查局提出正式請求，前往瑞士探究涉及UBS的數百萬美元逃稅案。《紐約時報》（*New York Times*）報導，該案涉及約20,000名美國公民。本次調查的信息顯示，2006年一位UBS客戶因美國逃稅案正在接受調查。接著在2009年2月，美國政府提起訴訟要求UBS透露52,000名美國客戶的姓名，指控該銀行和這些客戶串謀詐騙國稅局（Internal Revenue Services）和聯邦政府合法收取的國家稅項。2009年8月，UBS宣布了一項和解協議，結束了與國稅局的訴訟，和解協議包括揭露了許多違法美國公民的姓名，UBS並支付7.8億美元的罰款和賠償。

對於上述的尷尬事件，UBS積極尋求改變。2010年1月公布了新的行為準則和商業道德準則，所有的員工都必須簽署認可。準則中涉及金融犯罪、競爭、保密、人權和環境問題，規定了對違反者的制裁，包括警告、降職、解僱。瑞銀董事長兼集團CEO認為，該準則是「改變UBS執行業務的方式中，不可分割的一部分。」

金融危機打擊UBS

隨著花旗、RBS、美林，UBS成為CDO市場最積極的參與者之一，而且不只是CDO。進入金融危機，UBS的資產股本比為46.9，美國的銀行平均比為35。瑞銀的進取來自於2005年避險基金部門，Dillon Read Capital Management的成立。該部門透過瑞銀的擴張，於2005年進入證券化業務，成長確實非常迅速。

隨著超高順位債務困難的開始浮現，UBS初步決定經由市場出售風險部位，但隨後被推翻，UBS持有淨CDO風險。為了符合巴塞爾協議，UBS對於高信用評級例如超高順位風險資產，採取了寬鬆的看法。巴塞爾允許銀行使用自己的模型來衡量風險，並估算所需要持有以作為保護的資本準備。瑞銀的風險部門使用風險值和高斯常態分析來模擬風險，與其他許多銀行的情況相同。風險管理模型顯示，超高順位資產即使在最壞的情況下，也不會失去超過2%

的價值。因此，銀行決定只維持少量資金來支持所持有的風險，瑞銀更為積極。UBS高層們意識到，如果他們向單線保險人針對2%的風險買入保險，超高順位資產就有效成為無風險資產。將不再需要持有任何資本，以支持所持有的風險。UBS著手取得極大量的超高順位資產到其資產負債表的交易帳戶上，他們認為完全沒問題。

瑞銀的團隊在CDO上更進一步。UBS內部規則要求對交易性質的資產以市場價格估值，也就是交易帳戶內所持有的資產價值，以目前的市場價格定價。但由於高順位CDO債券很少交易，往往很難取得市場價格。UBS交易團隊決定使用自己的模型，為CDO作出適當的推估值，價格隨著時間的推移將會有所調整。當市場上漲，這類產品產生利潤。這些利潤只是很小的百分比，但在帳面價值500億美元中大部分是CDO超高順位資產之下，整體利潤相當可觀。

如同邰蒂[1]（Gillian Tett）所觀察到，「偶而風險管理人員對超高順位資產的大量增加表示驚訝，但他們的擔憂被排除。保守而官僚的UBS管理人員，在超高順位債券掛上AAA標籤的事實下，公司取得了大量部位。其結果是大量的風險完全消失在銀行內部風險報告之上。」邰蒂引述UBS一名董事的話，「我們只有被風險人員告知，這些資產的AAA信用評級如同美國國債，大家就不再問太多的問題。」

交易帳戶中充斥著CDO風險資產，當市場停滯不前價值下跌，問題迅速膨脹。2008年4月，瑞銀宣布為所持有的CDO和相關美國次貸和其他房貸的投資，減損190億美元，導致UBS信用評級遭到下調。該銀行還表示，將向股東要求增加150億瑞郎的額外資金，以補充第一級資本比率。2008年5月，瑞銀宣布將在2009年中以前削減5,500個工作崗位，以反映經濟危機。

2008年10月，瑞銀宣布已透過與瑞士聯邦的強制可轉債，安排60億瑞郎的進一步新資本。瑞士國家銀行（Swiss National Bank）和UBS簽署了一個協議，由UBS移轉600億美元的缺乏流動性證券及不同資產，到一個獨立的基金中。

2008年11月，瑞銀宣布自2009年起，銀行獎金中不超過三分之一以現金在當年支付，其餘將成為公積準備。股票激勵獎金將在三年後發放，高層管理人員必須持有任何已發放股份的75%。股票獎金也適用於惡意收費，相當於相反的獎金，交易隨後造成的損失將反向扣回之前的獎金。

2009年2月，瑞銀宣布2008年度虧損近200億瑞郎，是瑞士企業史上最大的年度虧損，金額後來調整到210億瑞郎。由於全球金融危機，自2007年以來，UBS已有500億美元減損，削減了11,000個職位。

2009年，瑞銀向大型機構投資人配售2.93億股，進一步加強資本基礎。2009年8月，瑞士政府宣布將出售所持有60億瑞郎的UBS股份，賺得了可觀的利潤。

值得注意的是，UBS在金融危機期間的風險曝露和隨後的崩潰，與美國的花旗和美林，以及英國的HBOS和RBS非常類似。唯一不同的是，只有RBS是由於收購荷蘭銀行，而自行背負所帶來的可怕後果。

案例14.3　冰島銀行業

簡介

冰島是一個人口只有30萬的小國。就在崩潰之前，經歷著15%左右的通貨膨脹，這還不是第一次。冰島除了魚產和溫泉外，還有一些珍貴的自然資源，總經濟產值是盧森堡的三分之一。但在信用緊縮醞釀時期，冰島曾經歷巨大的泡沫，有一段短暫時期國家人均經濟產出高於美國。同時冰島貨幣克朗（krona），被眾多的購買力平價（purchasing power parity, PPP）標準所高估。PPP表示通貨膨脹和貨幣強弱之間的反比關係。從長期經驗看來似乎是吻合的，但也有大量的短期偏差，代表短期貨幣的高估或低估。

2007年初，克朗被評為世界上最被高估的貨幣之一。根據大麥克指數（Big Mac Index），2008年7月大麥克在冰島的成本相當於6美元，相對於在美國的3.57美元。這多餘的貨幣強勢，明顯由熱錢尋求高利息的息差套利交易（carry trade）推動，是個冒險的交易策略。息差套利交易涉及借入低利率貨幣，將錢轉存入高利率貨幣中。然而，基本經濟學認為特定貨幣市場的利率，與實質國際利率以及本地通膨相關。對於沒有外匯管制妨礙貨幣流動的發達經濟體，可以適用下面的公式：

貨幣X的利率 ＝ 國際實質利率（去除通膨）＋貨幣X國家的通膨率

如要更準確的說，方程式等號的右手邊應該還要添加一項「（國際實質利率）×（貨幣X國家的通膨率）」。但由於國際實質利率非常小，上面乘法得出的結果，通常是可以忽略的微小值。

根據上面公式，由於冰島的高通膨率，克朗有著高利率。借貸日圓的低利率來自日圓的低通貨膨脹。以每年2%的利率借入日圓，轉移到冰島收取每年16%的克朗利率，可能會出現一見鍾情的吸引力，將獲得每年14%的利差獲利。但只有在日圓、克朗交叉匯率保持不變的情形下，才能獲得14%利潤，以便以同樣的匯率將克朗換回日圓，以償還借來的日圓。當然如果冰島克朗兌換日圓的匯率升值，每年獲利將超過14%。但是如果冰島克朗兌換日圓貶值呢？如果冰島克朗兌換日圓貶值了14%，整筆交易會是不賺不賠的結果。但請記住在我們的故事中，克朗的幣值被大幅高估。根據PPP（使用大麥克指數），冰島克朗兌換美元可以很容易地貶值40%，兌換日圓也許情況類似，但取決於美元、日圓之間的PPP。總之，風險的存在是明顯的。有很多銀行和避險基金的息差套利交易玩家，借入低利率貨幣轉移到克朗，並希望冰島克朗幣值沒有下跌。顯然息差投機者冒著極大的風險，而且套利交易者需要仔細監控他們投資可能發生的匯兌損失。如果市場看起來對交易不利，交易員必須迅速採取行動。這些是熱錢交易，熱錢可以迅速消失。套利交易者在克朗貶值之前，必須卸掉克朗的部位。了解這樣的交易背景，才能完整理解投機者為何在2008年突然扭轉他們對克朗的看法，以及當時冰島的處境。

冰島吸引了息差套利交易的大量資金以本國貨幣存放，成功的力量令冰島銀行現金充裕。冰島的銀行也以極具吸引力的價格推銷歐元、英鎊等存款帳戶，他們比國際競爭對手提供更高的歐元、英鎊存款利率。

三十多萬英鎊存戶受高利率所吸引，把錢投入到網路銀行英鎊帳戶中（例如冰島國民銀行（Landsbanki）提供的Icesave），忘記了高利率也伴隨著高風險。同時許多一般冰島民眾，收取以克朗計價的工資，借入100%以美元、歐元、日圓的房貸，也許不知道PPP很可能在未來對資產重估價值，房貸以外幣償還將比以克朗償還要付出更大的代價。他們有意識到貨幣不匹配的性質嗎？克朗的工資收入對美元、歐元、日圓的房貸還款，2008年在冰島等待發生的災難比比皆是。

問題的根源

1998年和1999年，冰島將國有銀行私有化，國民銀行（Landsbanki）、格裏特利爾（Glitnir）和考普亭銀行（Kaupthing）加入了冰島股市。2001年，對冰島的銀行解除管制，銀行於是加大債務收購國外業務。

2008年，冰島銀行無法為債務重新融資，造成了冰島的銀行危機。三大銀行持有外債超過500億歐元，也就是每一位冰島居民平均負債16萬歐元，冰島的國內生產總值（GDP）為85億歐元。即使在2008年3月，國民銀行和考普亭銀行存款保險的成本在6至8.5%，甚至高過其他歐洲銀行的存款利率。

冰島銀行以銀行間同業拆借市場，為業務的擴張提供融資。最近的融資來源則如前面所述，來自冰島境外的存款。家庭承擔了相當於213％可支配所得的大量債務，帶動通貨膨脹。冰島中央銀行以最新發行無擔保債為基礎，向銀行發放流動資金貸款，進一步加劇了通膨。換句話說，中央銀行依需求印發鈔票。

2008年9月，消費物價每年上漲14％，政府目標設在2.5％，而冰島中央銀行克朗的利率為15.5％。在2008年9月之前的十二個月中，冰島貨幣供給M3增長了56.5％，每年實質國內生產總值增長5.0％。冰島在泡沫和麻煩之中，克朗幣值被大幅高估。冰島居民處於債務驅動的消費熱潮，2008年息差套利交易反向移動。事實上由2008年1月到9月，冰島克朗兌換歐元下跌貶值了35％以上。

三大冰島銀行由央行、由歐元英鎊美元存款、由銀行同業間市場，取得歐元、英鎊和美元資金。如果冰島銀行以相同到期日和相同貨幣，借入和借出相同的金額，在相同的時間以相同的貨幣，收到的現金流入量等於現金流出量。但銀行遠不及如此的複雜和深思熟慮，他們在計價貨幣、到期日、金額，全都不匹配。持有克朗的淨資產部位，風險不言而喻。高估的貨幣代表著未來的某個時候該貨幣將會下跌貶值。冰島銀行的問題成為三重打擊，以潛在貶值的貨幣持有更多資產，更多以外幣計價的負債，到期日的不一致而需要在銀行間市場續借短期債務。另一個災難等待發生。當金融社會愈來愈意識到潛在的問題，這些災難的發生就變得更加確定。

災難

冰島銀行似乎並不持有次級貸款債權或有毒投資工具，但的確受害於信用違約交換（CDS）。不是持有人，而是成為CDS的參考資產。考普亭銀行英國分行前CEO杜華特臣[2]（Thorvaldsson）評論說，「……當第一個以考普亭銀行為標的CDS出現，信用保險的價格是20個基點或0.20％。如果你持有100萬美元的考普亭債券，你想要對可能的違約取得保險，則需要繳納年費100萬美元的0.20％，或2,000美元。當然CDS價格與債券價格高度相關。如果考普亨的CDS交易價格為0.20%，你可以預料銀行將以倫敦銀行同業拆款利率LIBOR加上0.20%的息差來出售債券……通過支付少數金額，例如上例的2,000美元，避險基金有機會由於考普亨銀行的倒閉而賺得100萬美元。」他繼續說，「 CDS價格也成為以利差為基礎的銀行風險程度指標。理論上聽起來是正確的，但實際上有許多因素影響利差，包括不可靠的人為操控。但利差是對媒體來說很棒的一個量化指標，他們想點出市場所認為冰島銀行的風險有多高。」當然感知到的風險上升，CDS價格就會拉寬。即使在2006年崩潰的幾年前，冰島經歷了一個小型危機，對貨幣和銀行的信心普遍下降，隨後危機名正言順地消失。以「冰島熔解的危機」為標題的報告充斥市場。其他的意見還有，「冰島國內生產總值二・五倍的考普亨銀行資產負債表，被認為過大而國家將無法拯救。」隨著這一切，考普亨銀行的CDS價差擴大至1%以上。避險基金大師們不看好冰島和克朗。亨德利（Hugh Hendry）在2006年接受倫敦泰晤士報（*Times*）的採訪，他希望成為「令冰島破產的人」。

冰島金融機構安然度過了2006年和2007年，他們在2008年卻無法做到。冰島銀行發現無法與世界各地的許多銀行，透過銀行間市場續借到期的短期債務，債權銀行堅持要冰島銀行償還債務，也沒有其他銀行願意借出新的貸款。在這種情況下，銀行通常會向作為最後貸款人的中央銀行要求貸款。但是在2008年的冰島，銀行規模遠遠大於國家經濟，冰島中央銀行和冰島政府無法提供銀行債務償還的保證，令銀行的崩潰變得不可避免。

2008年9月底，格裏特利爾銀行宣布將國有化。接下來的一週，國民銀行和格裏特利爾銀行的控制權交給金融監管局（Financial Supervisory Authority, FME）所委任的接管人員。不久之後，冰島最大的銀行考普亨銀行也被接管。2008年10月6日，總理哈爾德（Geir Haarde）在談到採取緊急措施的需要時評論，冰島經濟在最壞的情況下，可能會與銀行一起被吸進漩渦中，結果可能是國家破產，他進一步確認政府所採取的行動不會讓冰島破產。2008年中，冰島的外債為9.553兆冰島克朗（500億歐元），其中超過80％來自銀行部門。比較2007年冰島的國內生產總值（GDP）為1.293兆克朗（85億歐元）。

冰島克朗緊接著大幅貶值，外幣交易暫停數週。冰島證券交易所總市值下跌了90％以上。正如預期，四個監看冰島的評級機構以負向的前景反映事實，降低該國的信用地位，如表14.1。

表14.1　冰島的主權債務評級

	2008年9月29日	2008年10月10日
惠譽（Fitch）	A＋	BBB－
穆迪（Moody's）	Aa1	A1
日本格付投資情報（R&I）	AA	BBB－
標準普爾（S&P）	A－	BBB

2008年10月8日週三晚間，冰島央行放棄131克朗對1歐元的匯率掛鉤嘗試。10月9日，冰島克朗交易在每歐元兌換340克朗，11月28日克朗稍稍反彈到280克朗對1歐元。但冰島中央銀行每歐元只會給你182.5克朗，與報價差異的原因來自於中央銀行新的外匯管制措施。

新的外匯規則強制冰島居民將外幣存入冰島銀行的克朗帳戶。但是有證據顯示，一些冰島出口商操作非正式的離岸外匯交易市場，在冰島的外匯管制以外交易英鎊和歐元對克朗的外匯，或將外匯保留在英鎊或歐元帳戶內。2008年11月28日，冰島中央銀行實行了一套新的外匯管理條例，禁止未得到中央銀行許可的資金進出冰島。

金融監管局（FME）圈定冰島國民銀行與格裏特利爾銀行的業務範圍。NBI [新國民銀行（New Landsbanki）] 以2,000億克朗股本和2.3兆克朗的資產，成立於2008年10月9日。新格裏特利爾銀行於10月15日成立，1,100億克朗的股本和1.2兆克朗的資產。與冰島退休基金討論出售的考普亭銀行，於10月17日打破持續經營的想法，新考普亭銀行成立於2008年10月22日，股本750億克朗，資產7,000億克朗。三個新銀行的股本來自冰島政府，國有化之後的新銀行，還必須償還前代銀行所轉讓的負資產淨值。

需要國際貨幣基金（IMF）的貸款以撐起冰島疲弱的經濟狀況，據稱冰島的銀行農漁業和沒什麼好提的大多數公司已經在2009年破產。2009/10年冰島人的平均困境，在兩年前是想像不到的。超過25%的房貸違約，政府依賴國外緊急貸款，隧道的盡頭只有很少的光明。

當然在這種情況下通常會有IMF的支持。此外，俄羅斯帶有戰略意義的國際社會援助即將到來。隨著北極冰蓋融化的速度比預期快，2015年之前冰封的海上通道有開通的可能預期，一些研究指出到2040年前，冰蓋可能會在整個夏天中消失。另外，世界上未被發現的石油和天然氣蘊藏量的25%被認為封存在北冰洋之下，礦物質和鑽石也在冰層下。美國、加拿大、俄羅斯、挪威和其他北方國家（包括冰島），對大量的潛在資源有要求擁有的權力。

在離開冰島主題之前，還有來自金融崩潰應吸取的其他教訓，揭露了金融業驚人的業餘玩家程度（甚至與其他金融風暴地區的標準相比）。

裙帶關係

總結冰島業務系統極端的裙帶關係，波伊斯[3]（Boyes）估計國家的金融精英組成僅有30人。他描述了下面有關冰島銀行收購的情況。

1. 冰島銀行利用借來的錢，以可疑的憑據向外商銀行投標；
2. 目標銀行急切地取得所提供現金，聲稱是為了股東的利益，[然後]向FSA或其他監管機構提出疑慮；
3. FSA接觸提供保證的冰島監管機關；
4. 冰島監管人員與冰島銀行家一起參加學校校友同學會。

這種裙帶關係的模式，似乎流行於考普亭銀行所揭露的貸款做法上。2009年8月4日，《每日電訊報》[4]（*Daily Telegraph*）透露外流的公司內部文件，顯示考普亭銀行借出了數十億歐元的款項給關鍵董事和大股東相關的公司。

考普亭銀行的外流文件

極不尋常的考普亭銀行借貸行為，由於這些文件而洩了底，揭露了總額超過64億歐元（54.5億英鎊）的最大貸款，給予僅僅連接6名客戶的公司，有4個人是該公司的主要股東。部分貸款只要求部分或完全沒有抵押品，其中最大的Exista是考普亭銀行的最大股東，持有的股權超過20%。

該銀行還向個人和控股公司借出數百萬英鎊，使他們能夠購買考普亭銀行本身的股票，亦即有效地支撐自己的股價。在網路上流出的205頁文件中，據稱出現了考普亭銀行於2008年9月25日的內部會議紀錄，詳細介紹公司貸款和高調人物如史丹福（Kevin Stanford）、特程谷茲（Robert Tchenguiz）、坎迪兄弟（Candy brothers）和哈拉比（Simon Halabi）。

一些銀行的最大貸款，與下列人物的公司有關：

- 創立Bakkavor食品王國的古德蒙德森（Lydur Gudmundsson），主要在英國僱有2萬名左右員工。古德蒙德森在考普亭銀行以及Exista的董事會中，他和他兄弟奧古斯特（Agust）有關的公司，取得價值18.6億歐元的貸款。
- 一項有關7.912億歐元對Exista貸款的紀錄指出，「大量的貸款沒有抵押擔保，也沒有雙方契約。」
- 特程谷茲是該銀行的最大客戶，是總部位於倫敦的房地產企業家，也是Exista董事會成員。考普亭銀行借出17.4億歐元以資助他的私人投資。
- 零售企業家和英國知名百貨公司House of Fraser董事的史丹福，是考普亭銀行的第四大股東。借得5.19億歐元購買主要是考普亭銀行本身的股票，以同樣股票作為抵押。

此外，銀行第二大股東奧拉伕桑（Olafur Olafsson）擁有的公司，借得6.36億歐元，貸款抵押資產是考普亭銀行本身9.71%的股權。另一位重量級股東是杜華特臣（Skuli Thorvaldsson），借入7.90億歐元購買2,200萬股的考普亭銀行和9,400萬股的Exista。

我們沒有認定上述股東有任何的非法行為，但問題必須站在銀行做法的正確性和商業意識來考慮。顯然信用分析和銀行控制系統，可能是幾乎不存在的。

考普亭銀行出借大筆貸款給客戶購買自家股票的普遍做法，以銀行本身的股票作為抵押，推高股價，表示許多銀行的大股東並沒有完全擁有自己的股份。此外，很少或根本沒有提供大量貸款的抵押品，似乎是偶發的做法。在被洩露的文件中有關信用評級的一段，許多借給關鍵借款人的貸款註記著「例外列表」或「保證金不適用」。一個貸款給Exista的詳細註記中承認，「大部分貸款沒有抵押，也沒有契約。」

此外，許多貸款是所謂的子彈貸款（bullet loan），借款人在貸款到期前，不需支付任何利息，到期時貸款也是經常續借。子彈貸款名詞一個新的含義，通常是指本金在到期時一次付清償還的貸款，而非逐年攤付，但利息仍然逐年支付。

按照《每日電訊報》[5]（*Daily Telegraph*）在8月11日版面的啟示，如表14.2所示考普亭銀行的放出貸款與銀行股東持股量的細分。銀行的做法幾近瘋狂。

表14.2　考普亭銀行的貸款額度與持股

貸款給關聯人物公司或是關聯人物的個人貸款	貸款額度 百萬歐元	考普亭 持股百分比
Exista 和 特程谷茲（Robert Tchenguiz）（倫敦企業家與地產發展商）	3,200	23.0
杜華特臣（Skulli Thorvaldsson）（冰島投資人）	790	2.96

奧拉伕桑（Olafur Olafsson） （冰島交通運輸投資人）	636	9.88
史丹福（Kevin Stanford） （英國零售業企業家）	519	4.3
古德蒙德森（Jon Helgi Gudmundsson） （冰島零售業者）	255	3.7
穆罕默德·阿勒薩尼（Mohammed Binhalifa Al-thani） （卡達的酋長）	194	5.01
		49

解套

是什麼導致冰島的泡沫破滅？為什麼泡沫無論如何也會破滅？最好還是再一次引用金德爾伯格[6]（Kindleberger）對明斯基[7]（Hyman Minsky）的總結。前者比後者更具有可讀性，儘管後者的見解確實更為深入。「根據明斯基，導致危機開始的事件，由對總體經濟系統的一些外源性／外部衝擊『位移（displacement）』開始。這個位移的本質隨著投機熱潮而變化，可能是戰爭的爆發或結束、農作物的豐收或歉收、具有普及影響廣泛採用的發明（運河、鐵路、汽車）、某些政治事件或驚人的財務成功」或失敗。例如息差套利交易的解體，例如銀行的無能比不上勞萊哈台（Laurel and Hardy）、史賓塞（Frank Spencer），或豆豆先生（Mr. Bean）的功勳偉業，或是這樣的比較吹捧了冰島的銀行家？

案例14.4　愛爾蘭銀行業

簡介

愛爾蘭共和國是一個人口約400萬的小國，其中大部分是天主教徒（98%左右）。歐盟成員國，歐元區的創始成員國，1999年1月1日以歐元取代了之前的貨幣愛爾蘭鎊。由2005年到2007年，該國的國內生產總值（GDP）每年大約增長6%。

如同許多其他歐洲國家一樣，愛爾蘭經歷了由1990年代中期開始，並一直持續到2006年的房地產榮景。但是由1980年到1990年，愛爾蘭共和國的實質房價是下跌的。

房地產起飛由1994年開始，三大因素推動了價格的暴漲，首先是人口因素。愛爾蘭在1960年代後期和1970年代出現了嬰兒潮，到1980年代後期對總人口的影響逐漸冷卻，由於經濟停滯造成人口向外遷移。但是隨著經濟從1994年開始起飛，嬰兒潮一代邁向成熟，加上愛爾蘭移民返回自己的家園，導致了年輕成年人口的快速增長，有力地推動了住房需求。第二個因素是迅速上揚的實質可支配收入，這是由於實質工資上升、快速增長的工作職位、和大量減少所得稅率共同造成的結果。工作職位實際上在1994年到2001年之間增加了一半，很大程度是因為已婚婦女投入就業職場。以稅後所得為基準，實質消費能力在1987年和2000年之間增加了50%以上。房價上漲的第三個驅動力是房貸利率的下跌，以及100%貸款成數房貸的日益增加。愛爾蘭加入歐洲貨幣聯盟之後進入歐元區，其實質利率（即扣除通膨的淨值）經常保持在淨的負水平。

有血有肉的數據是，平均實質房價在1994年和2002年之間增加了二・三倍。如果包含一般通貨膨脹率，這個數字是三倍。2003年和2004年，每一年上升的幅度為13%。2000年至2006年之間，價格翻了三倍，雖然2007年略有倒退，凱爾特之虎（Celtic Tiger）正騎在房地產熱潮上。

首都都柏林的平均房價，從1994年的8萬歐元，到2002年的30萬，再到2005年的42萬歐元。都柏林的房價，高於愛爾蘭其他地區大約35%。

銀行背景

愛爾蘭銀行家、監管者、政治家之間的關係，有舒適而親密的歷史傳統，一起打高爾夫、一起聚會、一起騎馬、一起喝酒、一起閒話。羅斯[8]（Ross）在有關當地金融危機的一流著作中，以對於銀行精英和所謂監管者的描繪開始。描繪中以一個生動的短句作為結束，「當地的火山爆發在他們的眼前，愛爾蘭貴族正以美酒佳餚不受干擾的奢華，款待著監管人員。」當然，當地的火山是正在冒泡的金融危機。

為了避免人們認為監管者及被監管者之間的友好是虛構的，羅斯繼續說，「流氓銀行家們並不是在2008年突然來到愛爾蘭，監管人員接受銀行家的宴請也不是什麼新聞。過去就曾有過救助紓困，小派系集團經常奪取對銀行的控制，所有的這些都損害著納稅人的利益。今天的銀行家也不是第一個海盜，創造出傲慢而追求快速致富的文化，他們只是繼承了這些文化。愛爾蘭有可恥的銀行歷史……三十多年來愛爾蘭的銀行醜聞令人詬病……銀行業不誠實的祕密行為到處流行。」兩個例子包括存款利息保留稅（Deposit Interest Retention Tax, DIRT），和開曼群島背對背貸款（back to back loan）。

1986年在愛爾蘭實施的DIRT，要求銀行由源頭預扣支付給存款人的利息所得，並把預扣金額轉交給稅務機關。DIRT允許非居民簽署一份表格，說明他們沒有通常居住在愛爾蘭，就可以不需預扣利息所得。看來填寫表格成為全國性的愛好，1990年代中期，17%的銀行存款由非居民所持有。根據奧圖[9]（O'Toole），財務部正式文件中的參考資料提到，「一半的非居民帳戶是假造的」。財務部估計，1993年非居民帳戶中所持有的金額達到20億愛爾蘭鎊（約18億英鎊）。很容易想像，高淨值愛爾蘭男女精英所持有的財富，稅務機關並沒有真心地想要仔細追究。

這種氣氛也適用在有關開曼群島的技倆。開曼的手法是用來向愛爾蘭稅務當局隱瞞收入和資產，同時提供計算愛爾蘭應納稅款中可以扣除的利息支出。涉及商人銀行吉尼斯馬洪（Guinness Mahon）的開曼信託基金，和同是商人銀行安斯巴赫爾（Ansbacher）的愛爾蘭分公司。利用吉尼斯馬洪的都柏林端作為中介，存入金額再轉到開曼群島存放。安斯巴赫爾在愛爾蘭向原存款人借出與原來存款同樣的金額，被稱為背對背貸款。後者的借款利息支出，是愛爾蘭共和國的可扣除稅項。同時存在開曼群島的存款利息收入，隱藏在愛爾蘭稅務機關之外。據奧圖所稱，存在開曼群島的款項，包括三屆愛爾蘭共和國總理豪伊（Charles Haughey）的存款。毫不奇怪愛爾蘭精英們使用背對背貸款方式逃稅，而愛爾蘭稅務機關也絕不會全心全意地追蹤開曼群島的存戶們。奧圖在他的著作中提到其他祕密不誠實的例子。

愛爾蘭的兩大銀行為愛爾蘭銀行集團（Bank of Ireland Group, BOI）和愛爾蘭聯合銀行（Allied Irish Banks, AIB）。後者不應與最近出現的盎格魯愛爾蘭銀行（Anglo Irish Bank）混淆。兩大銀行較少面臨來自外資銀行的競爭，事實上這些新進外資銀行，只能取得個別利基市場的位置。

2007/08年金融危機之前，許多規模較小的愛爾蘭銀行倒閉，而兩大之一的愛爾蘭聯合銀行，於1985年接受政府救助。以愛爾蘭的標準，愛爾蘭聯合銀行被認為是大到不能倒。羅斯提供了有趣的內容，涵蓋一些相當可疑的小銀行集團。

在進入愛爾蘭金融危機的描述之前，房地產市場的繁榮導致房貸業務的成長是非常明確的。但是大量的房地產相關貸款，不只與自住或出租的物業購買相關，也與房地產開發商和建材企業相關。此外，稅務和歐盟補貼還明顯鼓勵跨國企業將部分業務經營，放在愛爾蘭共和國內。但是如果認為愛爾蘭只有房地產行業，則是完全錯誤的，事實遠非如此。

盎格魯愛爾蘭銀行

「費茲派崔克的崛起與跌落」可以作為本節的副標題。費茲派崔克（Sean FitzPatrick）現在是愛爾蘭共和國家喻戶曉的人物。根據羅斯，「他是個小銀行裡的小個子，小銀行現在成了相當規模的銀行。」他出身卑微，在都柏林大學學院（UCD）研讀商業，之後成為了合格會計師。由於類似的大學和專業背景，他經常被稱為南都柏林的豪伊（豪伊在北都柏林）。雖然兩人之後的路線不同，豪伊三度成為愛爾蘭總理。愛爾蘭總理（Taoiseach）的名詞代表愛爾蘭的第一部長，相當於英國首相或其他地方的總統。豪伊1926年出生，至2006年過世。

費茲派崔克出生於1948年，就像是阿德勒心理學派的特徵，許多小個子男人尋求權力和地位作為自卑的補償。取得專業資格並短暫在會計師事務所執業之後，他加入了愛爾蘭商業銀行（Irish Bank of Commerce），一家在證券交易所上市的小銀行。他是銀行的會計師，隨著銀行透過收購成長，他的工作職責同時加重。職業生涯路徑的持續發展，他成為財務總監，並於1980年，成為該銀行的CEO。1986年，愛爾蘭商業銀行與另一家銀行合併，新創建了盎格魯愛爾蘭銀行，以費茲派崔克為該銀行的CEO。隨著再進一步的收購和房地產行業瘋狂的貸款增長，特別是房地產開發商，盎格魯愛爾蘭銀行看起來就像是個至高無上的成功故事，2007年的利潤達到9.98億歐元。費茲派崔克所建立的事業，由微薄的利潤開始，他現在擁有股票成為董事會主席，薪資53.9萬歐元，當地媒體選他為年度企業家，也給與相符的讚譽。羅斯以豐富的洞察力和技巧，描繪了費茲派崔克和公司多年的成長，值得一讀。

然而盎格魯愛爾蘭銀行以正在開發的房地產，作為房地產貸款的抵押。貸款部位極不平衡，大量集中在幾個所偏愛的客戶上。據羅斯，一家對房地產上了癮的倫敦投資公司，描述盎格魯愛爾蘭銀行是裂縫上的住宅互助會。

2007年是愛爾蘭房地產市場開始清算的重要一年，房價下跌了7.3%。但是愛爾蘭大銀行的股息繼續向上攀升。接著2008年美國和英國的銀行倒閉，3月分貝爾斯登崩潰，不久之後就輪到了有明顯問題的愛爾蘭。

新的人物奎恩（Sean Quinn），是愛爾蘭最富有的人，從一無所有到擁有數十億。1973年，他開始從家族農場的土地下面開採礫石。礫石當然是眾多建材之一，在愛爾蘭起飛的房地產中，是一項很好的業務。奎恩擴大並多樣化他的業務範圍，他的企業集團包括水泥、房地產、玻璃、塑膠、酒店、證券經紀、金融服務、保險，當然還有礫石。值得注意的是，奎恩的業務機構並不是在證券交易所上市的公司，而是一家私人企業集團。2007年初，奎恩大幅投資在盎格魯愛爾蘭銀行，不是透過一般的方式以自己或他人名義登記在銀行的股東名冊上。奎恩以差價合約（CFD）持有投資，差價合約基本上有一個指定時間，時間內如果股價上漲，則投資人收到差價，下跌的話則要求投資者支付差價。

2007年過去2008年到來，由於疲弱的房地產市場，盎格魯愛爾蘭銀行股價下跌迅速。透過差價合約（CFD），奎恩擁有盎格魯愛爾蘭25%的股份，四分之一的公司市值。奎恩轉換60%的盎格魯愛爾蘭CFD為普通股，這麼做的同時，產生了10億歐元的損失。盎格魯愛爾蘭的高層得到消息，猜想奎恩的下一步會怎麼做？如果他賣掉了剩下的差價合約（即10%的盎格魯愛爾蘭股份），對股價會有什麼樣的影響呢？

盎格魯愛爾蘭成功地找到了十個富有的支持者，計畫以4.51億歐元左右的成本包下奎恩的股份。錢從哪裡來？盎格魯愛爾蘭借給他們4.51億歐元。貸款的四分之三以購得的股票擔保，剩下的四分之一以每位支持者的個人資產作為抵押擔保。這十個盎格魯愛爾蘭的支持者被稱之為黃金圈（Golden Circle）。當然這整件事情是違法的，盎格魯愛爾蘭將錢借出去購買自家股票以支持股價。令人難以置信的是，2008年8月，盎格魯愛爾蘭中期年報中的看法極端正面，預估年度每股盈利增加，並聲稱沒有次貸風險曝露，也未持有資產負債表以外的投資工具。

有關全球金融危機愈來愈多不利的消息出現，不論是好是壞，銀行股價一路崩塌。《金融時報》Lex專欄挖苦盎格魯愛爾蘭，以及該行對於房地產市場的風險曝露。來到2008年9月，雷曼兄弟倒閉，世界籠罩著另一次大蕭條的預期。大家的感受幾乎無法形容，由華爾街到大街（Main Street），由倫敦金融城到一般民眾，由雷克雅維克到米蘭，有一種感覺，大家都面臨著深淵。金融災難、經濟崩潰、破產和失業。

費茲派崔克一直祈禱財務救星的出現，他放出與同樣疲弱的愛爾蘭全國銀行（Irish Nationwide Bank）合併的想法。愛爾蘭全國銀行的貸款部位是盎格魯愛爾蘭銀行的15%。費茲派崔克與愛爾蘭財政部長勒尼漢（Brian Lenihan）安排了一次會議，費茲派崔克的想法是藉由合併，以拯救陷入困境的小銀行，加上政府注資以幫助拯救愛爾蘭全國。所得到的答覆是，很好的想法，但還不夠好。反正，合併不算是愛爾蘭財政部長的首要任務。

2008年9月29日，盎格魯愛爾蘭在股市中失去了46%的市值。政府部長們預見了最壞的情況，也就是盎格魯愛爾蘭銀行崩潰，並透過銀行間貸款業務，同時推倒愛爾蘭銀行（BOI）和愛爾蘭聯合銀行（AIB）。BOI放出的貸款餘額大約1,350億歐元，AIB大約1,300億歐元，盎格魯愛爾蘭銀行大約720億歐元，EBS建築互助會170億歐元，愛爾蘭全國則有大約100億歐元的貸款餘額。也許是來自英國北岩銀行的提醒，政府部長們隱隱見到愛爾蘭各銀行外排隊的人龍，存戶們希望儘快拿回他們的存款。為了避免大災難，政府決定保證所有的銀行負債，也就是說，對六大愛爾蘭銀行的存款、銀行間貸款，還有債券債務，由政府提出擔保。股票市場的反應是可以理解的，第二天，盎格魯愛爾蘭上漲了60%（由每股2.30歐元到3.84歐元），BOI和AIB分別上漲了21%和18%。

政府隨後採取緊縮預算，並重新調整愛爾蘭銀行的資本結構。救星終於到來，但是在此之前，2008年愛爾蘭股市市值消失了66%，房地產價格下跌了9%，銀行股在今年成為被拋售的對象。2008年，BOI由每股10.19歐元跌到0.83歐元，AIB由每股15.67歐元掉到1.73歐元，盎格魯愛爾蘭由每股10.94歐元跌到0.17歐元。但是我們的反派英雄呢？

整件事變得更糟。後來才得知費茲派崔克在過去的八年，由盎格魯愛爾蘭銀行借來不在財報中的1.22億歐元貸款。這些貸款沒有出現在盎格魯愛爾蘭的年報中，這些貸款本應出現在年報的董事貸款項目中。當接近每年的9月30日（盎格魯愛爾蘭的會計年底），費茲派崔克將貸款由盎格魯愛爾蘭移到愛爾蘭全國，存放一段很短的時間，然後再轉回到盎格魯愛爾蘭。會計師都沒有發現？

2008年底，市場認為盎格魯愛爾蘭出現了擠兌。雖然否認，但大量提款的傳聞不斷。盎格魯愛爾蘭確實掩蓋了擠兌的事實，安排了來自愛爾蘭人壽銀行（Irish Life and Permanent, ILP）75億歐元的存款。採用的手法是ILP以客戶存款的名義將錢存在盎格魯愛爾蘭，而盎格魯愛爾蘭則反向對ILP作出投資存款。這種方式令盎格魯愛爾蘭的客戶存款基礎在年底膨脹，以掩飾其中的短少枯竭。

政府提供擔保的幾天後，費茲派崔克告訴愛爾蘭廣播公司，「說聲抱歉對我來說是非常容易的。但銀行問題的原因屬於全球性，所以我沒有辦法以任何程度的誠意和禮貌說抱歉，但我還是要說聲謝謝你（愛爾蘭納稅人）。」2010年3月，費茲派崔克因財務不當行為的指控而遭逮捕質問。

毫不令人訝異，盎格魯愛爾蘭在2008年12月18日收到費茲派崔克的辭職。奧圖[10]（O'Toole）挖苦了整個事件，他估計「至少兩代愛爾蘭人將為了封閉精英的盲目愚蠢貪婪而支付代價。」他接著說，「保證所有盎格魯愛爾蘭債務的決定特別令人感到訝異。BOI和AIB等銀行顯然是愛爾蘭實質經濟中重要的部分，而盎格魯愛爾蘭是一個泡沫銀行，是多年的狂妄自大和自我錯覺所空想出來的創作。」奧圖提供意見，「金融監管機構對於發生的事情一定有很好的想法⋯⋯（由）每天到他辦公室有關流動性的報告。」

2009年1月，盎格魯愛爾蘭銀行100％國有化，同時宣布在2009年12月31日之前的十五個月中，虧損達到127億歐元，是愛爾蘭歷史上企業的最大虧損。

愛爾蘭全國

愛爾蘭銀行業和房地產繁榮蕭條的故事中，充滿著不同個性的人物，這些故事出現在羅斯的凱爾特之虎、奧圖、庫柏（Cooper）、墨菲和德富林（Murphy and Devlin），以及麥當勞和謝利登（McDonald and Sheridan）的著作中。人物中還包括芬格爾頓（Michael Fingleton）在愛爾蘭全國的重要客串，該公司是費茲派崔克每年年底用來移轉他與盎格魯愛爾蘭銀行之間的貸款。

被稱為手指（Fingers）的芬格爾頓（Fingleton），於都柏林大學學院（DUC）主修商業。他被小型的愛爾蘭工業建築互助會（Irish Industrial Building Society）聘請，並成為該公司的總經理。1975年，他取得大律師資格。同年，愛爾蘭工業建築互助會更名為愛爾蘭全國，有5位員工和相當於200萬歐元的資產。2004年，該公司擁有85億歐元資產，盈利1.35億歐元，並上升到2007年的3.91億歐元。

芬格爾頓營造個性銀行家的形象，從不放棄任何親近政客的機會，並尋求在媒體上刊登照片。他認為與政客親近是做事的方式之一，媒體則用來為自己和愛爾蘭全國宣傳。建築互助會成為政客、記者、名人房貸的提供者。芬格爾頓經常為有良好關係的人物安排快速貸款，他則獲得通往權力和媒體的私人通道。芬格爾頓和愛爾蘭全國成為家喻戶曉的名字，他也隨時可以上達天聽。

在兩家房屋建築互助會競爭對手的股票，成功公開發行上市時（1994年和1998年），兩家互助會成員由上市得到了意外收穫。投資人試圖辨認出下一個互助會上市目標，就這樣將目光盯上了愛爾蘭全國，存款大幅湧入，希望以15,000歐元成為上市案的合資格存款成員。市場傳言吸引了12.5萬個存戶，資本基礎大幅增加。為了避開太多的投機存戶，愛爾蘭全國要求存戶必須有超過兩年存款期間，以及最低2萬歐元的存款金額。

如果愛爾蘭全國以自己偏好的方式出售給銀行，則需要更改法律。由於法律的阻礙，出售未能實現。直到五年後，這家建築互助會才終於脫離了互助會的地位。2006年，愛爾蘭通過了建築互助會法案，愛爾蘭全國才得以出售，芬格爾頓非常高興。但事情變得困難重重，2007年解體發生。部分潛在收購投標人的冰島銀行，由於需要政府救援，他們的興趣迅速消失。

芬格爾頓有兩個迫切的問題。一個是愛爾蘭全國的投資人，對於何時可以得到他們的意外收穫，變得更加激動。另一個是貸款給房地產開發商的不平衡貸款部位策略，現在看來是災難性的。在過去，這些相同的開發商一直貢獻獲利的成長，現在則轉變成了壞帳的來源。

過去是愛爾蘭媒體寵兒的芬格爾頓，現在成了被詆毀的對象。問題一直被提出，為何原本以投資人存款提供個人購屋貸款的建築互助會，被允許成為房地產開發商的金庫？為什麼芬格爾頓自己支領了數百萬歐元，而愛爾蘭全國卻面臨著全軍覆沒？過去許多虎字輩人物，現在被愛爾蘭媒體描述成為過街老鼠（這是比較有禮貌版本的說法）。

由表14.3可以看出，愛爾蘭全國超過100億歐元的貸款餘額，其中超過80億歐元被歸類為呆壞帳，由愛爾蘭政府在2010年提供100％援助。

援助紓困

當凱爾特之虎失聲，愛爾蘭政府所面臨的問題，是該國主要銀行房屋貸款部位中一大串的壞帳。銀行在市值的下跌中，無法達到資本適足率的要求。銀行需要注資重組，援助計畫分兩階段進行，一個是向AIB和BOI注入資金，兩者都向破產的房地產開發商借出大筆資金，必須短期內進行資本結構重整，同時間國有化盎格魯愛爾蘭銀行。援助的第二階段在2010年3月30日宣布，涉及將必須立即轉移的85億歐元，加上銀行部分稍後的771億歐元貸款，轉移到愛爾蘭的國有銀行國有資產管理局（National Asset Management Agency, NAMA）。85億歐元這一筆金額，反映了1,200份貸款，名目總值160億歐元。而大額（771億歐元）的這筆貸款，預計將於2011年2月前轉移到NAMA，並換取相當於大約430億歐元的政府支持貸款。短期內控制主要愛爾蘭銀行估計造成的影響，如表14.3所示。

當政府援助公布之時，愛爾蘭財政部長勒尼漢向國會表示，銀

表14.3　愛爾蘭共和國2010年的銀行紓困

銀行	總貸款餘額（億歐元）	轉移至NAMA–名目價值（億歐元）	轉移的折扣(%)	政府持有股權2010年援助之前	政府持有股權2010年援助之後
愛爾蘭銀行	135.5	15.5	35	15%	40%*
愛爾蘭聯合銀行	129.0	24.1	43	25%	70%*
盎格魯愛爾蘭銀行	72.3	28.4	50	100%	100%
愛爾蘭全國	10.5	8.3	58	0%	100% †
EBS 建築互助會	17.0	0.8	37	0%	100% †
其他銀行	?	大約 4.0	?		

銀行賣出810億歐元（名目價值）貸款給NAMA。
NAMA 以折扣價付給銀行最多513億歐元政府貸款作為交換。

* 2010年3月31日《金融時報》報導交易商的估計。
† 透過特別股控制。

行在經濟繁榮時期，「作了令人驚駭的貸款決定。」然而他各別挑出BOI，以「強大的未來」作為一縷的希望。他還表示金融監管機構「一敗塗地」。為了保持銀行所需的財務比例，可能還要進一步向股東籌集資金，AIB需要74億歐元，而BOI需要27億歐元。

在我們離開愛爾蘭銀行的主題前，值得一提的是該國2009年的GDP收縮了大約7.1%，2009/10年財政赤字占GDP 11.8%，實施緊縮預算的計畫。要記住愛爾蘭是歐元區成員，在沒有退出歐元區的情況下，單方面貶值是不可能的。緊縮計畫涉及削減工資，增加稅收和削減公共開支，共計合占GDP的6%左右。這是一個野心勃勃的計畫，但是鑒於愛爾蘭經濟的開放性，也許可以成功，但不能期待長久如此。讓我們希望銀行的胡亂行為，永久成為愛爾蘭的過去。也希望讓我們牢記中國的一句俗話，「騎虎難下」。

針對愛爾蘭銀行的主題，還有其他的著作值得一讀。例如，墨菲和德富林[11]（Murphy and Devlin）的《*Banksters*》、麥當勞和謝利登[12]（McDonald and Sheridan）的《*The Builders*》，庫柏[13]（Cooper）的《*Who Runs Ireland?*》。讀者也可以參考剪報14.1。

剪報 14.1 金融時報，2010年6月14日 FT

愛爾蘭的金融教訓

揮霍的政府提供放蕩的房地產開發商慷慨的獎勵，吸引他們對建造業的興趣，以維持政府的稅收收入。毫無頭緒的銀行衝入銀行間批發市場籌集資金，將貸款標準下降後的現金推向地產開發商。恭順的監管機構只是看看。簡單地說，這是播種在2003年和2008年之間，愛爾蘭金融危機的種子，是冰島以外任何國家最嚴重的金融危機。

兩份報告由慘敗的血肉中得出。共同及個別的結論是，這種惡性的循環意味著危機幾乎是完全自己造成的。大部分的愛爾蘭銀行業，尤其是兩個主要的危機受害者，盎格魯愛爾蘭銀行和愛爾蘭全國，甚至在雷曼倒閉之前，就直奔破產的終點。

愛爾蘭中央銀行行長何諾罕（Patrick Honohan）的報告，以及銀行專家雷格林（Klaus Regling）和華生（Max Watson）的報告，令每個參與其中的人讀來感覺不舒服。對危機不掩飾的解讀經常令人有如此的感覺。兩份報告不一定告訴我們什麼是我們所不知道的，凱爾特之虎崩潰的破壞性和壯觀性之類的，但報告提供了冷靜的分析，並幫助做好全面而誠實的計算基礎。

當國家不情願、但必須全面擁抱緊縮預算措施以恢復經濟，由這些處理方法中也有重要的全球經驗教訓。其一是國家以不同的方式經歷金融危機，需要量身訂做的方案以解決問題。其二是監管不足造成的災難。愛爾蘭的監管機構只有不超過兩名人員，參與其負責監管的各大型信貸機構的審慎監督，或許造成了強調過程重於結果的事實。其三是金融危機中完整會計數字的需要。愛爾蘭的例子或許會促使其他國家，考慮為自己的銀行倒閉，提供同樣健全的會計數字。這至少是納稅人應得的。

第十五章 大蕭條

簡介

本章內容

本章試圖總結出大蕭條的一些關鍵環節。本章末所得出的結論，則是大蕭條和2007/08年開始的金融危機，兩者之間的相似性和差異性。

米爾頓·傅利曼和羅絲·傅利曼[1]（Milton and Rose Friedman）以下面的介紹開始他們對大蕭條的分析：「1929年中期開始的蕭條，是美國規模空前的大災難。在經濟觸底的1933年之前，全國收入削減了一半，總產出下降了三分之一，失業率達到前所未有的25%。那次蕭條對世界其他各地同樣是個大災難。當蔓延到其他國家，產出減少，失業率升高，飢餓和苦楚無處不在。在德國，蕭條幫助希特勒取得政權，為第二次世界大戰鋪平了道路。在日本，蕭條加強了軍事集團致力推動大東亞共榮圈。在中國，蕭條導致貨幣貶值，加快了最終的惡性通貨膨脹，確定了蔣介石政權滅亡的命運，將共產黨推向權力的寶座。」艾哈邁德[2]（Liaquat Ahamed）說，「從來沒有其他和平時期的經濟動盪，類似那次大災難所造成的深度和廣度。」

廣為流傳的解釋是，蕭條開始於1929年10月24日黑色星期四，當天紐約股市下跌9%。接著是10月28日黑色星期一，市場進一步下跌13%。然後是隔天的黑色星期二，市場又跌掉12%。經過幾次上下起伏波動，1933年底的股市市值，只剩下1929年市值的六分之一左右。市場的崩潰是明顯的，但是否這就是蕭條的開始？當然其中一個答案是，這要看你對「開始」的定義為何。正如傅利曼[3]指出，「商業活動在股市崩潰兩個月前的1929年8月達到頂峰，當時的商業活動已經明顯下滑。」工業生產在華爾街崩潰的前幾個月前開始下滑，市場的急劇下挫戳破了一個無法持續的投機泡沫。崩潰的直接後果令凱恩斯的「動物本能[4]（animal spirits）」不敢擅動，投資人、商人、消費者心中浮現不確定性而採取規避風險的立場。不願意投資，不願意花錢，渴望保留現金資源，以為突發的緊急情況做準備。

根據傅利曼和施瓦茨[5]（Friedman and Schwartz）的研究工作，圖15.1顯示了一些有趣的數據。緊隨第一次世界大戰之後，美國經歷了一直持續到1921年的經濟衰退。實質收入、貨幣供應，以及工業生產都在下降。但到了1920年代事情有了變化，直到1929年之前，實質收入、貨幣供應，和工業生產穩步上升。這是真正的咆哮20年代（Roaring Twenties）。當然也可以看出，隨著進入1930年代，情況又變得惡化。首先，我們來看看大蕭條前幾年的咆哮20年代。

咆哮的20年代

20年代的咆哮，尤其表現在北美、英國、法國、德國。這個詞讓人聯想起了那十年間社會、藝術、文化的變化。當提到20年代，跳到腦海中的就是爵士樂、鮑勃霍伯的完美女郎、禁酒令和地下酒吧、裝飾藝術，以及最後一項的華爾街崩盤。那個時代以消費產品

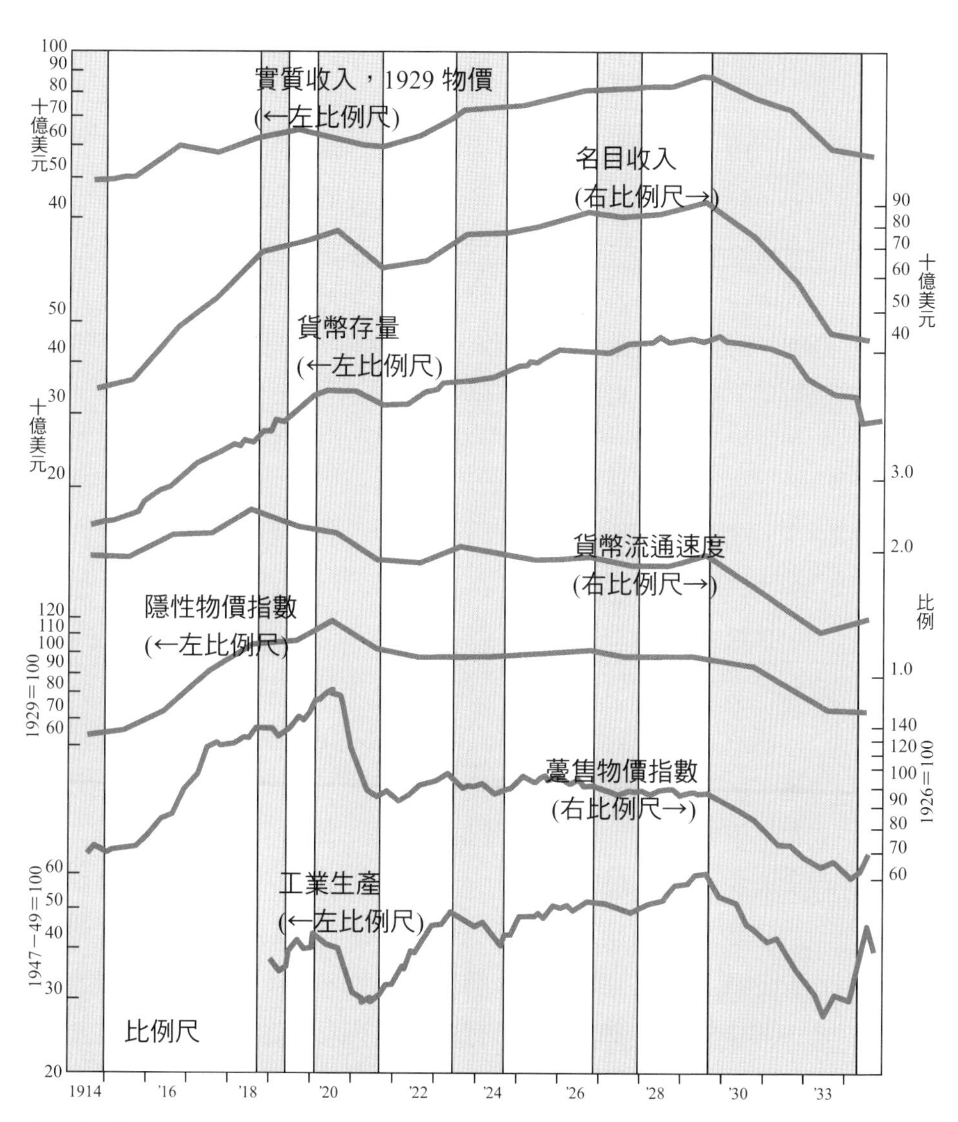

註：灰階部分表示經濟衰退；白色部分表示經濟擴張

圖15.1　1914-33年經濟衰退與擴張下的貨幣存量、收入水準與貨幣流通速度

來源：傅利曼和施瓦茲，「大衰退 1929–33」，普林斯頓大學出版社，1963。

的發明、強勁的工業增長、加速的消費需求、抱負和生活方式的改變而著名。

第一次世界大戰結束後，士兵帶著他們的戰時工資和買來的新產品返回自己的家園。戰後一開始出現一個短暫但大幅度的生產水準下跌，稱為第一次世界大戰戰後衰退。然而當回國的士兵重新投入勞動市場，軍用工廠改造以生產消費品，北美經濟快速反彈回升。由一次大戰一直持續到1921年，美國由民主黨總統威爾遜（Woodrow Wilson）主政。威爾遜之後是連續三屆共和黨政府，所有這三屆政府與企業之間都有著密切的關係。1921年，哈定總統（Warren Harding）上臺，經濟陷入衰退，伴隨著20%失業率和高通膨。哈定提議減少國家債務，減低稅負，保護農業利益，削減移民數量。哈定在1923年死於任內，由於過早離世而沒能親眼目睹這些措施的全部影響。他的政策變化為1920年代的繁榮奠定了基礎。

一次大戰之前，最高邊際稅率為7%。為了籌集戰爭所需資金，1916年邊際稅率提高到77%，而1925年將最高稅率調降至25%。哈定和繼任柯立芝（Calvin Coolidge）政府的主要倡議之一，是對富人所得稅的削減，大減稅在柯立芝總統任期內達成。哈定和柯立芝兩位總統的經濟政策目標，訂為十年的可持續成長。

兩位總統的經濟政策，將美國由嚴重的經濟衰退拉回到持續的復甦。聯準會以設定相對低的利率和低的資產準備率來擴張信用。貨幣供應在1923年至1929年期間，實際上增加了大約60%。這是一個偉大的經濟繁榮時期。

通過大規模生產技術，中產階層開始買得起新科技產品。1920年代，汽車、收音機、電影的銷售，以及化學工業的產出狂增。其中非常重要的是汽車行業。一次大戰之前，汽車還是奢侈品。1920年代，量產的汽車在整個北美到處可見。1927年，福特的T型車在結束生產之前共賣了1,500萬輛。汽車造成的影響相當廣泛，公路建設、汽車旅館、休息服務站、二手車商等行業大幅成長，也令鄉鎮城市得以擴展邊界，提供新的住房。

無線電廣播的成長足以媲美，成為大眾行銷的源頭，影響了大眾文化的興起。雖然電影出現於1895年，但在1920年代，好萊塢才蓬勃發展，發展出新的娛樂形式，蓋過了老式雜耍。看電影又便宜又方便，電影院前總有排隊的人龍，1927年出現了奇妙的有聲電影。

新技術引導新基礎設施的拓展，道路建設是汽車產業的重要支持。塵土飛揚的一般道路升級成了高級公路，也修建了高速公路。美國湧現了多餘的金錢，並渴望把它消費掉。從圖15.1可以看出，1921年到1929年的實質收入增長了大約55%。所有這一切推動了消費者商品的市場行銷。電氣化的速度在戰爭期間放緩，而戰後在美國和歐洲已經逐漸普及。許多行業捨棄燃煤改用電力，新的發電廠持續修建以生產更多的電力。電話線在美國各地縱橫交錯，許多地區第一次安裝了地下管線和現代化的下水道汙水系統。基礎設施建設項目的資金，主要來自中央和地方政府的協助。所有的這一切催生了城市化。與此同時，美國付清了戰爭債務，並減少稅負。

由1925年起，日益的富足表現在佛羅里達土地的熱潮。加爾布雷思[6]（Galbraith）提到，「在1920年代中期，邁阿密、邁阿密海灘、珊瑚閣市（Coral Gables）、北至棕櫚灘的東海岸、和其他面向墨西哥灣的城市，充滿著巨大的佛羅里達房地產榮景。佛羅里達的熱潮包含了所有投機泡沫的經典元素……佛羅里達的冬季氣候，要比紐約、芝加哥、明尼阿波利斯好得太多。更高的收入和更好的交通使得佛羅里達愈來愈容易親近……經過1925年對財富的輕鬆取得，將愈來愈多人帶到佛羅里達，增長的數字令人滿意。每個星期都有更多的土地被細分開發。所謂海邊住宅的宣傳，開始鬆散地成為距離海濱5英里、10英里、甚至15英里遠。新開發的郊區與城鎮的距離，遙遠得令人驚訝……然而到了1926年的春天，推動價格上漲所需的新買家數目開始下跌。」是因為購房者逐漸意識到，離海岸幾英里遠稱不上是真正的海濱嗎？加爾布雷思繼續說，「以漂亮的價格賣了土地的農民開始責怪自己，如果遲一點賣的話，可以用雙倍、三倍、四倍的價格出售。現在這些農民有時卻因為連串的違約，而把賣出了的土地回收。佛羅里達的繁榮是20年代氣氛的第一個跡象，神的旨意是要美國的中產階級變得富裕。但是這種氣氛在佛羅里達房地產崩潰後還留存了下來，實在是不簡單。」加爾布雷思提醒我們，佛羅里達州土地的交易，以買方只需付出10%的價值為基礎，「交易是文件上的交易，不是土地本身，而是以特定價格購買房地產的權利。通過首付10%價格得到的購買權利是可以出售的，賦予了投機者因價值增加而有高額的利益。當土地地段的價值上升，投機者可以轉售權利文件，得到一開始所支付的10%加上上漲的價格。」但是只要土地價值下跌10%，原來的投機買家將失去付出的一切。佛羅里達的土地熱潮在1926年結束，成了洩了氣的泡沫。

20年代美國的其中一個特點實在相當怪異，這個自由的國度竟然否定酒類的生產、銷售、進口、出口。這個禁令根據美國憲法第十八條修正案，並在1920年生效，以試圖緩解各種社會問題，稱之為禁酒令。禁酒令的推出由教會和禁酒聯盟所支持。禁令期間對飲酒的持續慾望，證明了禁酒令是犯罪組織肥沃利潤的來源。卡彭（Al Capone）和福星盧西安諾（Lucky Luciano）等黑道大亨的名字浮現腦海。美國許多名門家族，在禁酒令的幾年中由非法酒吧賺得了他們的財富。這些都只是酒吧，非法的酒吧，營運上普遍與犯罪組織和酒類走私有關。美國特工突襲這類場所，逮捕的都是普通市民和走私販，很少能捉到幕後大老闆。酒吧生意有利可圖，而且在全國各地蓬勃發展。各酒吧以食物、現場樂隊、表演等差異化行銷來自我宣傳。酒吧經營者賄賂警方，以換取不被打擾或突襲前的預先警告。禁酒令一直持續到1933年，是咆哮20年代的另一種表現形式，讓這個年代更令人感到興奮。

也許狹隘的禁酒令導致了許多偉大作家暫時的自我放逐，尤其是那些嗜酒人士。海明威（Ernest Hemingway）和費茲傑羅（Scott Fitzgerald）都長時間撤離到歐洲。遺憾的是費茲傑羅44歲去世，但他在巔峰時期時寫下了《了不起的蓋茨比[7]（*The Great Gatsby*）》和《溫柔夜色[8]（*Tender is the Night*）》，是美國最偉大的小說家之一。如果你還沒有讀過的話，這是兩本佳作。當你欣賞這些小說的結構和費茲傑羅的風格，嚐的是咆哮20年代的風味。

在我們離開這咆哮的十年主題之前，有必要討論一下與佛羅里達土地泡沫有關的保證金交易。在經濟繁榮時期，股市令相當數量的美國人愈來愈魂縈夢牽。保證金交易是股票經紀商所引進的一種技術，使客戶只需要投入10%的股票價值來購買股票，吸引了普羅大眾投入股市，可能有15%的美國公民都持有股票。1926年至1929年間，股市向上竄升近400%，寬鬆的信用條件顯然促成了這次的起飛。投資於上市公司的投資信託基金也深受投資人歡迎，投資信託基金發明並使用槓桿。投資人投資基金只需要10%的保證金，再假設投資信託的資金中，70%來自銀行借款，30%來自股東。當市場進入反向調整階段，我們可以看出一個潛在的問題，而這正是如同在1929年所發生的情形。如果70%來自銀行借款的投資信託基金，價值1,000的投資組合下跌了30%，基金將不得不出售一切，以剩餘的700償還銀行借款。投資信託基金價值300的股票權益完全消失。如果投資信託基金的實際投資者，首付10的保證金以購買100的股票（即10%的保證金），哦天啊，現在投資者僅僅持有不值錢的股票，而且還倒欠了90（他只付了10%的保證金）。你也許會說，如果投資人在兩年前以25而不是以100的價值買了股票，這不會是一個問題。在這種情況下，投資人除了擁有不值錢的股票，還是倒欠了22.5，所以仍是一個問題。而且事實上大多數投資人都是最近才進入股市。順便一提，如果你認為投資信託基金的投資組合價值不太可能迅速下跌30%，請再想想，真的不太可能嗎？本章第一頁就提到了華爾街股市崩盤時，股市在一天內就下跌了9%、13%、12%，在1929年10月不到一個星期內發生。

投資信託基金還經常投資於其他的投資信託基金上，使情況變得更糟。太多的保證金交易造成了債務的倒置金字塔，一推就倒。地鐵上的仁兄發現了債務的奇妙之處，了解了債務和槓桿如何運作，卻不喜歡所得到的教訓。咆哮的20年代將以砰的一聲作為結束，還是崩潰？

華爾街崩盤

在我們進入華爾街崩盤的主題之前，我們先來簡短討論一下

20年代的美國總統。柯立芝總統任期之後，華爾街崩盤發生在胡佛（Herbert Hoover）總統的任期內。共和黨的柯立芝總統在同為共和黨總統的哈定去世後接任總統，他在秩序與繁榮的基礎上，輕易地贏得選舉。第一次在無線電臺轉播的總統就職典禮，就是1924年2月12日柯立芝的就職。從圖15.1可以看出，柯立芝的任期是美國的一個鼎盛時期。有些人認為他的政府是經濟和社會成功的一個時期，有些人則認為是多餘的。他的任期由1923年（雖然在1924年宣誓就職）至1929年3月4日。1920年代大部分由柯立芝總統主政，這段期間被許多美國人認為是人生中最美好的時光。他當選後不久，贏得了小而保守政府的聲譽。柯立芝傳記作者之一的富斯[9]（Claude Fuess）認為，「他體現了中產階層的精神和希望，可以了解他們的渴望並表達他們的意見。他表現了平民的天才，是對他實力最有說服力的證明。」其他人例如費雷爾[10]（Ferrell）、格林伯格[11]（Greenberg）、麥考伊[12]（McCoy），則批評柯立芝自由放任的風格。他的名聲在雷根政府時期被重新評估，參見索貝爾[13]（Sobel）和格林伯格[14]（Greenberg），但有關他總統任期的評價依然存在分歧。部分人認可，部分人則認為他的政府未能監管和控制經濟，請再次參考格林伯格[15]（Greenberg）。

胡佛在柯立芝之後入主白宮。在1928年的總統選舉前，輕鬆地贏得了共和黨的提名。在當時國家的繁榮下，他取得選舉的壓倒性勝利。

華爾街在1929年崩盤，距他上任還不到六個月，胡佛希望以農業補貼和公共工程來克服這個困境。比較之前三十年，他的四年總統任期中，確實開展了更多的公共工程。大幅增加稅收以滿足預算需求，沒有令他得到選民的愛戴，也沒能解決經濟問題。我們現在回到1929年的華爾街崩盤。

華爾街股市由1926年到1928年經歷了巨大的漲幅，市場指數上升了近400%。正如我們之前所提到的，銀行和經紀商寬鬆的信用引發了搶購狂潮，如同佛羅里達的土地榮景。但在1929年10月，市場恢復了理智。

通常被稱為黑色星期四的1929年10月24日當天，市場開始全面滑落，股市連續五天暴跌。黑色星期四的發生是問題的第一個跡象。當時證券交易所每個交易日通常大約有400萬股的股票交易，黑色星期四有創紀錄的1,290萬股易手。顯示市場價格的系統無法及時跟上交易量，可能是導致恐慌性拋售的原因。在某一個時間點上，所顯示的股價落後市場將近90分鐘。當天結束，大盤跌了33點或9%。

下一個市場的大幅調整發生在1929年10月28日，也被稱為黑色星期一。黑色星期四之後的星期五，市場稍為和緩，投資人在週末產生少量安全感，認為市場可能出現反彈。然而市況再次在黑色星期一中迅速惡化，大量的交易對資訊的流動造成壓力。在黑色星期一中，成交量接近925萬股。市場信心快速蒸發，當天市場以下跌13%收盤。

1929年10月29日黑色星期二這一天，許多人認為是對咆哮20年代的最後一擊，大蕭條由此開始。黑色星期二創下了1,640萬股交易，股價顯示落後了將近3個小時。隨著市場復甦希望的破滅，恐慌性拋售不斷，市場再次下跌了12%。

在接下來的一個月中，市場持續下跌，直到1932年7月才到達谷底。道瓊斯指數由1929年高點的381點變成41點，下跌了近90%。二十二年後，指數才又攀升到1929年的水平。

為什麼在泡沫破滅後，股價會下跌得如此之快？而一般情況下，泡沫形成於價格的穩定上漲。當一開始有漏氣的現象，速度與充氣時大致對稱。然而當跌幅增加，下降的速度就變得不再對稱而加速向下。這種情況出現在以大量的借貸來支持上升的買盤。隨著價格的下跌，無論是保證金追繳，或是抵押品價值變得達不到銀行貸款的要求，借款人都會被迫賣出持有部位。帕博和奧利弗[16]（Pepper and Oliver）對於這個過程中的階段，總結了所處的各個位置，依強度順序列出為：

- 借款人被迫出售資產。

- 人們開始破產。
- 其他人看到破產的痛苦，開始緊縮開支。
- 銀行蒙受壞帳損失。
- 銀行對於新貸款申請的態度謹慎。現有貸款的壞帳已經帶來夠多的麻煩，最不想要的就是來自新貸款的壞帳。貸款處理人員害怕危及自己工作，必須對新貸款持謹慎態度。
- 新貸款的需求和供給同時消退。
- 壞帳大量增加，銀行可能缺乏資本提供新的貸款。
- 壞帳繼續大量增加，銀行缺乏足夠資本維持目前業務，可能必須取消現有貸款，收回資金。
- 銀行的壞帳消滅了銀行全部資本，導致銀行倒閉。
- 銀行倒閉造成存戶的存款損失。

這個過程，既說明了市場下跌的強度，也一定程度上解釋了泡沫破滅之後，很容易造成經濟活動力的下降。

大蕭條的開展

大蕭條是嚴重的全球性經濟蕭條，由1929年橫跨了十年到第二次世界大戰。事實上，大蕭條發生的期間各國不同。大多數國家由1929年左右開始，一直持續到1930年代後期，甚至是1940年代初。這是有史以來時間最長、程度最深，最具全球性的20世紀經濟蕭條。

大蕭條對每一個國家的窮人和富人，都造成了災難性的影響。所得稅收入、利潤、價格下跌，國際貿易重挫了60%左右。美國失業率上升到25%，一些國家甚至上升到33%。世界各大城市受到重創，尤其是那些依賴重工業的大城，許多國家停止建設。農業同樣受苦，由於需求暴跌，農作物價格下跌了大約60%，而且農業領域很少有工作的替代來源。農業、採礦、伐木等第一產業的相關領域完全被摧毀。對於許多國家來說，大蕭條所帶來的不利影響，一直延續到第二次世界大戰開始。

雖然有些人認為，大蕭條開始於美國股市由1929年10月24日黑色星期四，到下周黑色星期二的突然崩潰，也有其他人認為是起源於咆哮20年代的過激行為。我們則認為是後者。

經濟受苦。1930年5月，汽車銷量已經下降到低於1928年的水準。圖15.1可以看出，30年代為美國經濟帶來了壞消息。名目收入下降，實質收入同樣下降，工業生產減少，貨幣流通速度下降，價格下跌。

如果你欠了100，而且同時間有通貨膨脹，你的實質債務下降。如果你欠100，同時間有通貨緊縮（負通膨），你的實質債務增加。負債的房屋擁有人肯定會失去信心，失去他們的動物本能。隨著消費者信心不足，工業生產顯著下降（參看圖15.1），企業家的動物本能當然也會下挫。不幸的是，這似乎一直是胡佛政府所面臨的情況，當時有通貨緊縮螺旋、大宗商品和農業價格下跌、美國的失業率將近25%（1932年）。

美國經濟的下滑，是拉低其他國家經濟的一個關鍵因素。試圖以保護主義政策和報復性關稅來支撐個別國家的經濟，加劇了全球貿易的崩潰。持續的下降在1933年3月見底。那麼華爾街崩盤的原因和影響究竟為何？

在華爾街的崩盤之後，幾家銀行倒閉。此外請記住，投資人以今天10以後90的基礎購買股票。隨著股價的下降，銀行和經紀公司以90%要求追繳保證金。為了滿足保證金追繳，投資人不得不賣出股票，進一步壓抑了市場。銀行減損壞帳，停止放出貸款，現金枯竭，工資無法支付，僱員被裁減。如果央行增加貨幣供應，一些最壞的影響可以得到緩解。但是央行沒有這麼做。如圖15.1所示在1930年代，美國的貨幣存量實際上是下降的。這是個經常被引用為大蕭條造成的原因之一，但也還有其他原因，讓我們一個個檢視。廣泛地說，有兩個主要的原因。

首先有凱恩斯經濟學相關的需求導向理論。有些人指出是國際貿易的崩潰，以及消費不足和投資過度而導致早期的泡沫。現在的大規模信心喪失，導致消費和投資支出減少，總體需求下降，貨幣政策和財政政策沒有幫助，需求長期保持在低水平。加上恐慌和通貨緊縮，經濟在缺乏政府的幫助下連遭重擊而持續向下。

其次是貨幣主義者認為，大蕭條以普通的經濟衰退開始，但由於貨幣當局政策的失誤，特別是美國中央銀行，造成了貨幣供應的萎縮，加劇了經濟形勢，使衰退轉變成為大蕭條。再加上一個事實，債務的通縮造成借款人更多的實質債務，這是個嚴重的問題。

進一步探討，凱恩斯[17]（John Maynard Keynes）在他的《就業、利息與貨幣的一般理論（*The General Theory of Employment, Interest and Money*）》一書中認為，經濟中較低的總支出，帶來收入和就業的大幅下滑。在這種情況下，經濟以低經濟活動和高失業率達成平衡。凱恩斯的解決方案很簡單，政府在經濟放緩時以赤字預算維持充分就業，彌補私營部門的不足，以維持正常水平的生產。凱恩斯呼籲各國政府增加政府支出或降低稅負。

隨著大蕭條的推移，1932年到1945年的民主黨總統羅斯福（Franklin D. Roosevelt），開始嘗試以公共工程、農業補貼，以及其他措施以重新啟動經濟，但他從來沒有完全放棄平衡預算的嘗試。這些措施可能對經濟有所改善，但羅斯福所花的錢還不足以使經濟走出衰退，直到二次大戰開始。

許多人認為，1930年後國際貿易的急劇下降，惡化了大蕭條的情勢，特別是對顯著依賴外貿的國家。大多數經濟學家部分歸咎於1930年美國的斯穆特－霍利關稅法（Smoot-Hawley Tariff Act），建立了保護主義的關稅壁壘。來自如德國和英國其他國家的報復措施，降低了國際貿易，也造成美國的經濟衰退向世界各地輸出。外貿僅僅占了美國整體經濟活動的一小部分，並集中在如農業等少數幾個領域，但外貿對其他國家是一個更大的因素。美國1921年到1925年應稅物品的平均進口關稅稅率為26%。在斯穆特－霍利關稅法下，稅率在1931年到1935年躍升至50%。美國的出口由1929年的超過50億美元，下降到1933年的17億美元，價格同時下滑，出口實物的實際數量下降了一半。影響最嚴重的是包括小麥、棉花、菸草、木材等農產品。農產品出口的崩潰導致許多美國農民拖欠貸款，引發小村鎮銀行的擠兌。這是大蕭條早期的特點。史坦貝克（John Steinbeck）的著作《憤怒的葡萄[18]（*The Grapes of Wrath*）》，傳達大蕭條時期農民的困境，是一本了不起的小說。

債務緊縮是大蕭條的另一個大不利因素。費雪（Irving Fisher）認為，大蕭條的主要特點是過度負債和通貨緊縮。對於費雪[19]而言，寬鬆信用和過度負債是資產泡沫和投機時代的特徵。他介紹了在債務和通貨緊縮條件下互相影響的九個因素，製造了從繁榮到破滅的機制。這些因素臚列如下：

1. 債務清算和強迫出售。
2. 當支付銀行貸款時，貨幣供給收縮。
3. 資產價格下跌。
4. 更大的企業淨資產下跌促成企業破產。
5. 利潤的下滑。
6. 由於貿易和就業，產量減少。
7. 悲觀和喪失信心。
8. 囤積資金。
9. 在通縮的情況下，名目利率下滑，實質利率上升。

回顧大蕭條前，購買股票的10%保證金要求；股票經紀公司對投資人每一美元的交存，借與9美元。當市場下跌，經紀商往往無法收回這些貸款。由於借款人拖欠債務，同時存戶試圖提取存款，銀行開始不支倒閉，引發了多重的銀行擠兌事件。沒有使用政府擔保和聯準會的銀行規定以防止這類恐慌，或者是用了卻是無效。在華爾街股市崩盤後，1930年的頭十個月，744家美國銀行倒閉。1930年代共有9,000家銀行未能存活下來。面對不良貸款和日益惡化的未來前景，倖存下來的銀行對放出貸款變得更加保守。銀行建立資金準備，只放出更少的貸款，加劇了通縮的壓力，惡性循環加速螺旋式的下滑。

奇怪的是，債務清算的速度跟不上所造成的價格下降。互相踐踏的整體效果，令清算價格降得更低。個人為減輕債務負擔所付出的努力，卻有效增加了他人的負擔。整個過程實際上令蕭條更加惡化。大蕭條的影響在債務緊縮方面，的確是非常顯著。

貨幣主義者認為，導致大蕭條的原因主要來自於貨幣緊縮，而貨幣緊縮則是來自美國聯準會的差勁政策和銀行體系持續的危機。這種觀點認為，聯準會允許貨幣供應量由1929年至1933年縮減了三分之一，從而將正常的經濟衰退改變成為大蕭條。傅利曼和施瓦茨[20]（Friedman and Schwartz）認為，就在華爾街崩盤之前的經濟向下，只要聯準會以合理邏輯的立場採取措施，就只會是另一次的經濟衰退。由於放出信用的數量由法律所限制，法律要求信用必須有部分黃金來支持，所以聯準會當時沒有採取足夠的行動。這方便讓我們繼續談談金本位。由於現在沒有金本位的廣泛教授，從基本開始解釋將是有用的。

金本位

一次大戰前的國際貨幣體系以金本位（gold standard）運作。當時，各國接受黃金和英鎊兩種主要資產為國際債務做清算。所以，黃金／英鎊本位的名詞可能更為合適。

多數主要國家以金本位制度運行，國家的貨幣單位以黃金的特定重量來定義。金本位下，國庫中的黃金，可以用來交換國家的紙鈔、硬幣。

1英鎊可以轉換為113.0015格令（grain）純金，而1美元可以轉換為23.22格令。1英鎊的含金量可以有效定義為1美元黃金含量的113.0015/23.22倍，或是4.8665倍。透過黃金等值，1英鎊價值4.8665美元。這一數額的美元被稱為英鎊的「面值（par value）」。

當一個國家的央行，有責任以黃金換取等值貨幣發行時，則稱該國為金本位國家。英國在1914年之前就採取金本位，任何人都可以到英格蘭銀行要求以黃金兌換鈔票。英國自1914年脫離金本位，但在1925年重返修改過的「金塊本位（gold bullion standard）」。個別銀行鈔票不再可以兌換成黃金，但是400盎司的金條可以與英格蘭銀行互換鈔票。其他國家若不是採用金塊本位系統，就是採用金匯兌本位制（gold exchange standard）。在金匯兌本位制下，央行以黃金標準將本國貨幣交換其他國家貨幣，而不是以黃金本身。1931年，英國放棄了金本位制。

金本位是均衡國際貿易古典經濟理論的基石。金本位下的國家貨幣，以固定比例自由兌換黃金，使得所有國際債務以黃金為標準清償結算。國際收支順差導致黃金流入中央銀行，使央行能夠擴大國內貨幣供應，不必擔心沒有足夠的黃金以滿足央行發行貨幣的負債。貨幣數量的增加傾向推高商品價格，降低出口競爭力，導致出口貨物的需求減少，於是國際收支順差餘額下降。在國際收支逆差的情況下，情況則反向出現。黃金外流伴隨著相對應的貨幣供應量收縮，導致出口的競爭加強，自動調整逆差情況。

第一次世界大戰對國際貨幣體系造成了嚴重影響。英國由於戰時的國際收支赤字，在當時也不願意提供黃金以結算國際收支，因而被迫放棄金本位。這也許開始減少了許多人對英鎊作為國際準備資產的信心。

當時90%的國際貿易以英鎊支付，許多其他國家也暫時放棄了金本位，但都沒有像英國的行動這般引人注目。英國政府了解英鎊和英國機構在國際金融中的重要性，也希望儘快回到金本位。1920年和1921年美國的經濟衰退，加上戰時的通貨膨脹以及隨後的通貨緊縮，因而延遲了金本位的回歸。隨後美國經濟開始復甦，英國也有一定程度的復甦。德國馬克的幣值，由1921年5月的60馬克對1美元，到1923年底的4.2兆馬克對1美元。在災難性的惡性通貨膨脹之後，德國也逐漸復甦，並在1924年重新回到金本位。值的一提的是，1923年10月，德國的惡性通貨膨脹率為月率29,500%。如果按複利計算，每天的通膨率為20.9%，價格在3.7天就會上漲一倍。弗格森[21]（Adam Fergusson）描述了德國在魏瑪共和時期的惡性通貨膨脹。

主要國家於1920年代中期所重返的金本位，與一次大戰之前存在的金本位有所不同。主要的區別是不再以黃金和英鎊兩者作為國際儲備資產，而是同時採用幾個不同資產。美國和法國在國際金融中的地位變得更為重要，美元和法郎也被用來作為國際金融準備。

另一個重要的區別是，一次大戰前成本和價格的靈活性在新制下不再存在。這對以戰前價值回到金本位基礎的英國非常重要。英鎊在國際上被高估。但只有在相對成本和價格下降的情形下，英鎊才得以長期維持之前的面值。當缺乏成本和價格的靈活性之下，市場對英鎊的信心惡化，最終導致英國在1931年放棄金本位。大多數其他國家也跟隨英國而離開金本位。

美國於1922年實施進口管制，並於1930年再次實施。極度依賴出口的國家發現他們的收入急劇下降，失業率不斷攀升，消費下跌。他們既不能由他們的出口，也無法由他們的儲備，取得進口必要物資所需的資金。

世界經濟體系中緊張而不穩定的國際貨幣，倒金字塔型的平衡基於相對較小的黃金持有，貨幣結構確實虛弱。這些國家沒有持有足夠黃金的緊張情況，造成金匯兌本位制國家的困難。此外，金本位國家的緊張，造成黃金儲備流向另一個國家的壓力，容易促進金融危機。許多經濟學家相信，當時黃金的供給，不足以支持當時的國際金融結構。

在不同的國家，匯率與成本結構不符。英國回到之前英鎊的面值，無疑是一個錯誤。法國在1920年代法郎貶值的幅度太大，基本面存在失衡，而現有系統不足以克服。面對高估的貨幣陷入深深的蕭條中，英國的一個反應是放棄金本位，並允許英鎊兌換其他貨幣的匯率自由浮動。

富蘭克林．D．羅斯福

本章前段簡短描述了1920年代的美國總統。繼胡佛在白宮的任期與當時的美國經濟大蕭條，總統寶座由共和黨轉到民主黨。

羅斯福在1932年贏得了他四任總統任期的第一次選舉。他看著美國走入第二次世界大戰，在戰爭結束之前不久，在任內因腦溢血而離世。

在他的第一任期（1933-1936）中，羅斯福推行新政（New Deal），這是個對大蕭條作出反應的一系列經濟計畫，計畫集中在3R原則：救濟、復甦、改革（relief, recovery and reform）。3R代表對失業和貧困的救濟，嘗試復甦經濟到正常水準，以及改革金融體系以防止大蕭條重演。

選舉過後羅斯福採取的措施之一，是令美元對黃金貶值，提高黃金價格由每盎司20.67美元到35美元，並停留在這個價位共三十五年。緊急銀行法（Emergency Banking Act）賦予他控制外匯交易的權力；他要求美國公民交出所有的黃金和金券，除了稀有硬幣以外。

1933年以後，經濟有些復甦，但復甦速度緩慢，1937/38年出現了另一次衰退。實質GDP要到1937年才回到大蕭條前的水準，直到1942年才趕上大蕭條前的趨勢。在以往經濟衰退的最壞時點，失業率很少達到勞動力的10%。在大蕭條期間，失業率在1933年超過25%，在直到1939年的六年間，失業率一直高於15%。一直要到1941年12月美國參加第二次世界大戰後，失業率才開始大幅下降。

總結

在有關大蕭條的討論內容中，最有趣的事情是1929年10月之前的醞釀期，與最近的金融危機醞釀期是如此顯著而強烈的類似。而崩潰之後發生的後續，則是次次不同。表15.1中我們試圖闡明這

表15.1　咆哮20年代和隨後大蕭條的主要特徵

1929年10月以前
• 信用供應的擴張
• 危險債務產品的出現，信託投資和保證金交易
• 實質收入增加
• 貨幣存量增加
• 工業生產增加
• 股市繁榮達到泡沫的規模
• 工業生產逆轉對系統的衝擊
1929年10月以後
• 崩潰
• 銀行倒閉
• 貨幣供應量短缺，1930年至1933年還要再更短缺
• 通貨緊縮
• 保護主義
• 廣泛失業

種相似性，並與圖1.1做出對比。

兩次金融危機的醞釀期，在特定關鍵經濟方面有著驚人的相似。例如，兩者都有信用的擴張，強勁的增長，實質收入上升，大蕭條醞釀時期股票的榮景，和最近金融危機之前住房價格的榮景。兩者都有對於系統的衝擊，1929年工業生產的逆轉而導致股市的退卻，2007年則是房價的逆轉導致信用違約交換（CDS）合約部位的瘋狂平倉。崩潰之前，兩者都出現危險的債務產品，1929年出現槓桿投資信託基金和寬鬆的保證金交易，2007年則是銀行機構發行的有毒債務加上擴散的個人債務。

崩潰後發生的後果則各有不同。在較早的大蕭條中，出現了大規模的銀行倒閉，貨幣供應量縮減，通貨緊縮，保護主義和普遍的失業。而在2007/08年危機中，各國政府似乎得到來自30年代的教訓，銀行被救助扶持，資金投入金融體系以克服信用緊縮，盡一切努力以避免通縮、保護主義和過度失業的重新降臨。

在有關更早期1907年恐慌的著作中，布魯納和卡爾[22]（Bruner and Carr）觀察到一些特徵，與之後的兩次崩潰相類似，這些是：

- 複雜的交流中很難看出發生了什麼事情。相互的聯繫也由一個市場傳染到另一個市場；
- 崩潰前的強勁增長；
- 金融體系過多的債務；
- 掌權人物無法做出必要的舉動令系統回歸正確運行，事實上他們善意的行動使事情變得更糟。我們認為這種看法在1907年和1929年是正確的，但不是在2007/08年，除非政府在注入資金之後引發通膨，否則該是投入的速度還不夠快；
- 意想不到的經濟衝擊造成個人前景的突然逆轉；
- 由樂觀轉向悲觀，隨之而來的信心喪失，產生螺旋式下滑。同樣對於最近的挫折，政府採取了相當迅速行動，阻止可能的更壞情況；
- 集體行動的失敗，顯示政策已不足以應付經濟挑戰。在最近的危機中再次有可能發生，但最糟糕的情況已經被政府的及時行動所避免。

在離開大蕭條的主題之前，應該來回顧一下米爾頓和羅絲．傅利曼[23]（Friedman and Friedman）的觀察，「並不是積極地以超乎平常的大量擴大貨幣供應以抵消收縮，聯邦準備系統允許貨幣數量從1930年起緩慢下降。1930年底到1933年初，貨幣數量下降了大約三分之一。相比之下，到1930年10月之前貨幣數量的下降似乎是溫和的，只有2.6%……比較所有衰退的發生期間或之前，這是較大的下降，除了一些更早期的經濟衰退。股市崩盤與1930年貨幣數量緩慢下降的綜合效應，造成了相當嚴重的經濟衰退。即使經濟衰退在1930年末或1931年初結束，如果沒有發生貨幣崩潰，它還是會被列為紀錄上最嚴重的經濟衰退之一。」

我們希望傅利曼和施瓦茨[24]（Friedman and Schwartz）的研究工作（以上述內容為基礎），帶給大家應該要記住的一個教訓。在經濟衰退中，不應該削減貨幣供應量，否則可以將經濟衰退變成蕭條。提醒一下，經濟衰退通常被定義為連續兩季實質GDP出現負增長，蕭條的鬆散定義則是長時間異常的低度經濟活動和異常高的失業率。

如果讀者想要知道什麼樣才夠資格稱為大蕭條，我們認為大蕭條象徵著連續多年的蕭條。我們找不到大蕭條在經濟學教科書中的定義。有趣的是，歷史上曾經出現比30年代更糟糕的大蕭條。剪報15.1提醒了我們這一點。

剪報 15.1 金融時報，2009年12月23日 FT

稱這個叫經濟衰退？至少不是黑暗時代

韋特柏金斯（Bryan Ward-Perkins）

當我們面對不確定並擔憂新的一年，我們至少可以自我安慰我們不是生活在距今1600多年前，西元410年開始的時代。那一年，羅馬被攻陷，羅馬帝國放棄了捍衛不列顛。雖然這標誌著「英國歷史」光輝的開端，盎格魯撒克遜蠻族開始對低地不列顛的殘酷征服，同時也是經濟衰退的開始，這個衰退令最近的危機失色。

紀錄第五世紀不列顛的經濟指標相當不足，只能由考古中獲取，但指標是一致且極端的蒼涼。在羅馬帝國之下，全不列顛受益於金銀銅三種金屬先進的鑄幣技術，保證了豐富的交換媒介，潤滑了經濟行為。在第五世紀的第一個十年，新硬幣在大陸的皇家鑄幣廠，不再到達不列顛。不列顛進行了一些嘗試以期望在當地生產出替代品，這些努力很快被放棄。由西元420年左右開始的三百年，不列顛的經濟在沒有貨幣的情況下運作。

核心製造以類似的方式下滑。武士、貴族為了彰顯財富和地位，有某部分高檔金屬製品的生產得以持續；但是純粹功能性產品的產出水準則令人吃驚的變化，一切變得更糟。羅馬不列顛早已經開始享受大量簡單鐵器產品，羅馬墳場發現的文獻記載著許多鞋底有釘的靴子和棺材釘。而這一切就像是硬幣一樣，消失在五世紀初，也沒有過去工業生產大量有吸引力和功能性的滾輪拉坯陶器。由五世紀初開始的二百五十年，拉坯輪車這種最基本的工具，旋轉陶坯而使陶製容器有著薄壁和光滑的表面，這類工具完全消失於不列顛。餘下的容器，只能用手來塑型。而且燒製時，不是羅馬時期的窯，而是放在開放式的火堆旁。

我們並不確實知道這一切對農村人口數量的意義為何，這是由於從第五到第八世紀的人們只有少數貨品，非常困難從考古紀錄中找到證據，但我們確實知道這對城市人口的影響。羅馬、不列顛有著城鎮間的密集網絡，範圍從較大而且具有行政職能的聚落如倫敦和賽倫塞斯特（Cirencester），到沿著公路、水路成長的小型商業中心。西元450年，所有這些都消失了，或者是正要絕跡。坎特伯雷（Canterbury）是不列顛唯一的城鎮，從羅馬時代延續到現在，建立了良好而持續的聚居地，更令人印象深刻的是該城建於五至七世紀的木屋，而非它真正的城市性格。同樣直到八世紀，如倫敦和撒克遜南安普頓（Saxon Southampton）貿易城鎮的（再）出現，城市生活才回到不列顛。

由第五世紀開始的二或三百年間，不列顛的經濟回到西元43年羅馬人入侵以來，從沒有經歷過的水平。第五世紀的崩潰，最令人吃驚的特徵是它的突發性和規模。當離開羅馬帝國時，我們可能不會感到驚訝，不列顛已經回到了類似前羅馬鐵器時代的經濟。但是南不列顛在羅馬人入侵前，就已經是一個經濟上相當複雜先進的地方，比較第五和第六世紀的不列顛：南不列顛有本地的銀幣鑄造；陶器行業生產拉坯輪車容器，並廣泛銷售；甚至當地聚落一開始就被視為是城鎮。第五和第六世紀並不存在著這樣的事；一直要到第八世紀，不列顛經濟才真正爬回到克勞狄烏斯皇帝（Emperor Claudius）入侵之前的水平。何時不列顛才終於回到羅馬時代經濟複雜的最高點，不可能有任何信心確定，但大約是遲至西元1000年或1100年左右。如果是的話，後羅馬時期的經濟衰退持續了六百到七百年。

我們可以從這個悲慘的故事中取得一些安慰，到目前為止，我們自己的問題都還是小巫見大巫。但是幸災樂禍從來都不是個令人非常滿意的情緒表現，在這種情況下更是全然錯置的。羅馬不列顛經濟崩潰的原因，如此的戲劇性應該讓我們停下來思考。幾乎可以肯定的是，經濟崩潰的突發性和災難性規模，是由羅馬時代所達成的經濟複雜性和專業性所造成。羅馬不列顛的人口增長，習慣向幾英里外專業生產商購買使用的陶器、鐵釘，以及其他基本生活用品。這些生產商也同樣依靠廣泛的市場，以維持他們的專業生產。當不安全感在五世紀到來，這令人印象深刻的紙牌房子塌了，居民沒有他們想要的商品，也沒有在本地生產所需要的技能和基礎設施。花了數百年才能重建足以比擬羅馬時期的專業和交換網絡。

經濟愈複雜就愈脆弱，災難性的解體就愈可能出現。我們的經濟當然與羅馬不列顛的複雜性，程度上完全不同。我們使用的陶器和金屬製品，可能不只是在幾英里的遠處製造，而是在地球的另一邊，而且我們主要的交換媒介是電子式的，有時我們甚至完全搞不清楚機制為何。如果我們的經濟真正崩潰，其後果將令五世紀的不列顛經濟崩潰，像是個平凡的野餐。

第十六章
政府對危機的反應

本章內容

簡介

本章嘗試勾勒出政府在金融危機之後，如何應對所面臨的問題。雷曼兄弟倒閉後緊隨而來，基本上是銀行間拆借凍結的信貸緊縮，將全球金融體系帶到崩潰的邊緣。美國聯準會、英格蘭銀行和歐洲央行的反應是迅速，而且具戲劇性。有關救援目標的實際問題包括如下：

- 結束恐慌；
- 重啟銀行間拆借，以恢復正常資金流動；
- 防止經濟活動崩潰；
- 確保銀行擁有足夠的資本；
- 為持續的復甦奠定基礎；
- 注入貨幣刺激以提供足夠的流動性，防止通貨緊縮；
- 提供財政上的刺激，以維持需求並防止或減輕經濟衰退的影響。

所有上述目標均需要大規模的政府干預。簡單地說，政府的干預涉及對問題的大灑金錢，之後再去清理。在寫這本書的時候（2010

年6月），政府干預的第一部分已經完成，第二部分即將到來。我們依次來看看美國、英國和歐元區的政府干預。但我們不打算重複包括在第十二、十三、十四章，有關個別銀行救助計畫的具體內容。

美國的反應

美國設計了許多計畫方案以支持銀行系統，第一個付諸實踐的是TARP［問題資產救助計畫，Troubled Asset Relief Program）］。TARP的目的，是允許美國財政部購買或保證高達7,000億美元的不良資產。不良資產或有毒資產的定義包括信用違約交換（CDS）、住宅和商業抵押貸款、和聯準會認為有關金融市場穩定的任何證券、債務、或其他金融工具。而TARP買入的標的，必須是2008年3月14日或之前發出的資產。美國財政部可以向銀行及其他金融機構，購買流動性較差或難以估價的資產。

TARP以市價收購，不容許銀行回收不良資產已經產生了的損失。美國政府官員預計，一旦這些資產恢復在市場上交易，價格將趨於穩定並最終恢復上漲。對不良資產未來收益的想法，是基於下面的假設，這些資產價格的下跌來自超賣，而不是潛在的廣泛違約。TARP計畫被設計為推動市場交易的循環操作。財政部原先計畫動用的限額為2,500億美元，如果有必要擴大的話，就必須得到總統和國會同意。該計畫也要求金融機構在向美國財政部出售資產的同時，必須向財政部發出認股權證或高順位債券。TARP的一個重要目標，是鼓勵銀行恢復對銀行間、對企業、對消費者的貸款，回到危機之前的水平。

在財政部長保爾森原來所提出的計畫中，政府將購買銀行所持有的不良資產，當市場復甦之後，再出售給私人投資者或企業。當保爾森會見英國首相布朗，布朗正計畫採取不同的策略，試圖挽救深陷信用緊縮的英國，保爾森原先的計畫被擱置。英國已經開始藉由購買普通股和優先股，將資金投入銀行之中，以清理銀行的資產負債表。這似乎比TARP計畫更具吸引力，因為儘管財政部願意支付目前的市場價格以收購這些不良資產，但銀行可能因為損失將會被實現鎖定而拒絕出售。這裡的關鍵是，即使在依市值定價的會計原則下，一些商業銀行資產負債表中所持有的資產，帳面價格仍非目前的市場價格，因此如果不能以帳面價格賣出，出售資產將迫使銀行實現其財務帳目上的損失。

對於進一步保證花旗和美國銀行的債務，以及隨著時間推移而增加對其他商業銀行的保證，美國政府選擇提供現金向銀行注資，並換取銀行的優先股份。銀行等金融機構方面，則安排了對現有股東的現金增資，以得到更多的資金注入。

第十二章中已經詳細說明了政府對AIG、房利美和房地美的救助，以及貝爾斯登和雷曼兄弟的破產崩潰。

依市值定價的會計原則有所放寬之後，銀行繼續持有有毒資產。在2009年春天對美國商業銀行的壓力測試，以及2009年5月公布調查結果之後，情況有所改善。正式名稱為SCAP的監理資本援助方案（Supervisory Capital Assessment Program），適用於十九家主要銀行。其目的是測試銀行能否承受嚴重的經濟下滑，量化在最壞的情況之下銀行所需的資金數目，並迫使他們籌集更多的資金。但SCAP最重要的成果，是恢復了部分金融體系的信心，或許這是隱藏的計畫目標。由於政府認證了銀行的財務狀況，而且按該計畫結果所要求的，銀行將必須籌集資金，政府可以預期沒有進一步的救市必要。

隨著貝爾斯登、雷曼、美林、華盛頓互惠、美聯等銀行，加上眾多非銀行房貸機構的退出，金融界的競爭減少。倖存者可以獲得更大的市場占有率，並獲得更高的費用收入和盈利率。此外，聯準會將廉價資金注入經濟。所有的一切都意味著更高的收入和更低的成本，更別說能保有持續的獎金。

低利率之下，銀行以非常低的成本取得來自存戶的資金，藉由銀行間市場彼此取得低利貸款，通過聯準會貼現窗口得到便宜奧援，能夠以低利率出售債券，可以以資產擔保證券與聯準會交換現金。可以向房利美和房地美出售房屋貸款，而房利美和房地美也可以向聯準會出售所持有債權。

這麼多的現金可以隨時提供給銀行，銀行完全用不完。由於短期利率低於長期利率，銀行業的基本法則成了借入短期和放貸長期，是必定成功的漂亮公式。銀行開始有能力由目前的業務進行資金重組，並償還政府的緊急融資。

壓力測試的結果和緊急的援助，明確表明了政府不會讓大銀行倒閉的想法，政府會讓接受救助的銀行，維持像往常一樣的管理和結構。銀行可以一切照舊，如果形勢有變，華盛頓是強硬的靠山。雷曼倒閉所造成的恐慌情緒，確立了絕對的信念，政府不會讓其他主要銀行出問題，道德風險隨之增加。隨著經濟觸底反彈，銀行更容易賺錢。美國政府不僅對著問題投入金錢，有人會說，政府還給了華爾街一張空白支票，而且只要求很少的回報。銀行內還是相同的一批人，獎金文化同樣存在，華爾街和華盛頓之間的旋轉門還是暢通。大多數銀行都收到了免死金牌。

美國政府拯救銀行系統的總成本估計在1.5兆到2兆美元之間，遠遠低於早先所做的預估，下降的原因可能是由於市場有所改善。儘管拯助美國金融體系需要巨大的成本，但是讓金融體系崩潰的成本肯定更高。

英國的反應

英國政府採取對銀行注資，而不是向陷入困境的金融機構購買不良資產，這個行動影響了美國政府以類似的計畫更換了TARP。但是如同大西洋另一邊的鄰居一樣，英國也注意到本章第一頁所勾勒的要點。由於恐慌的金融情勢和銀行間拆借停滯的信用緊縮，明顯需要重新恢復市場的信心。

2008年9月，雷曼的倒閉癱瘓了銀行和市場。銀行不知道他們放款對象的其他銀行，持有有毒資產的損失和風險曝露到達什麼樣的程度，以及有毒資產相關衍生工具的同樣問題。冰封的市場不只有流動性的問題，信心也完全消失殆盡。沒有人知道銀行，即使是大銀行，能否維持償債能力，而且也不知道未確認的虧損是否超過股權資本。

2008年秋天，在滿足巴塞爾新資本協議的第一級資本比率要求上，世界各地的銀行面臨著雙重問題。銀行股價和市值暴跌，對風險的敏感程度急劇上升。銀行需要移走資產負債表上的風險，或是增加更多的股權資本，或者兩者兼有。2008年10月10日星期五，道瓊斯指數在一個星期內失去了22%。下跌的規模讓人聯想起1929年10月的華爾街股市。

一些監管機構要求銀行增加股權資本。其他情況銀行自己以現金增資要求現有股東，以提高股權資本。在英國，確實發生在所有的四大銀行，巴克萊、滙豐、駿懋和蘇格蘭皇家身上。

在某些情況下，政府對可能失敗的現金增資承銷，自己投入資金購買配售股份。英國政府在駿懋收購HBOS之後的救援，最終擁有43%的駿懋股權，也擁有84%的RBS股權。政府所陳述的意圖，是希望將有關股票在適當時機向公眾出售。納稅人最終可能必須承擔，政府最初對股權的收購價以及最終向公眾的銷售價，兩者之間差額所帶來的任何損失；儘管目前看來政府買在較低價位，獲利的結果似乎還算是個合理的預期。即使政府投入了大量新資本，還是有好幾個月的時間中，市場仍然懷疑這樣是否足夠。有一部分是由於對有毒資產最終損失程度有著持續的不確定性，部分原因則是監管機構在壓力下，進一步提高銀行的資本充足率要求。

一個更重要的問題是，銀行本身熱衷於對他們高度槓桿的資產負債表實施去槓桿化。銀行希望使用任何新的股權資本，無論是來自現有股東或政府，以減少他們的債務。而不是對零售和批發客戶增加放款，以增加其持有資產。潛在借款人的財務狀況，比較僅僅幾個月前的情況，似乎風險更大，信用程度更低。現在英國政府要求商業銀行對外放貸，但是在新的預算緊縮氣氛下，客戶的貸款要求經常不太健全。

面對危機，各國政府試圖提供巨大的貨幣刺激，加上部分的財政刺激措施，藉著削減利率和公開市場操作進行。後者的正式名稱是量化寬鬆（quantitative easing, QE），儘管媒體喜歡簡單地稱之為印鈔票。

英國的英格蘭銀行削減利率，由2008年10月的5%，到2009年3月的0.5%，短短的半年內減少了4.5%。美國（起步較早）的聯準會，在2007年夏末到2008年年底一個較長的時間框架下，利率下調了5%。這個解決方案並不直接開放給歐元區的16個獨立國家，不過在法蘭克福的歐洲央行，較為謹慎地將利率降低了3%。該年早些時候，歐洲央行實際上在2008年7月提高0.25%利率到4.25%。參見圖16.1。

就像政府的其他幾種措施一樣，利率需要一段時間才會反應到經濟上，大約是十二個月到十八個月之間。如果發生大家普遍關注的通貨緊縮，即使名目利率0.5%或甚至是零，實質利率仍然可以很高。一個明顯的問題是，一旦名目利率達到零，當局將無法進一步減低利率來調控經濟。更何況從歷史上看，一些國家都出現過

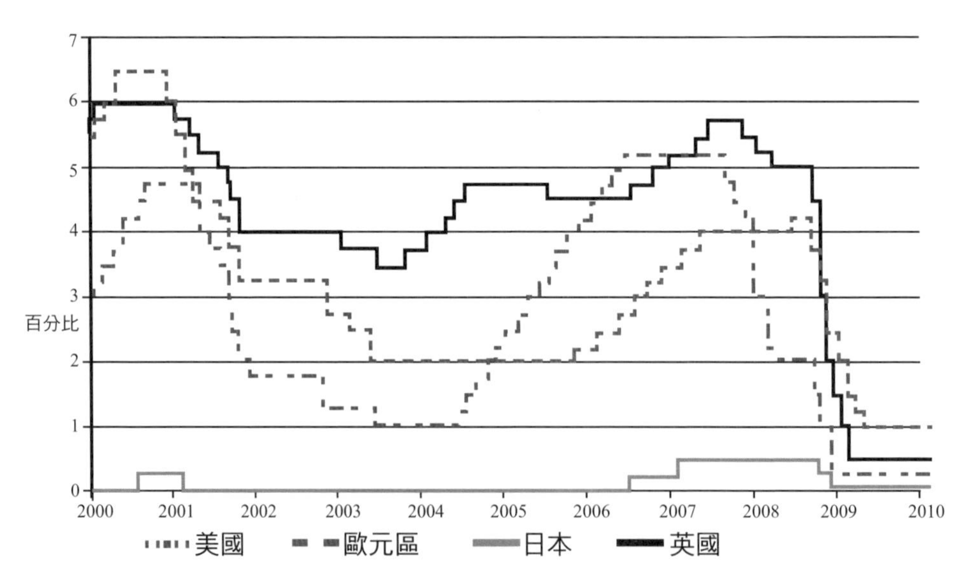

圖 16.1　官方利率 2000–2010年

負利率的情況。

量化寬鬆指的是中央銀行提供現金，購買政府公債和銀行金融機構持有的其他債務。目的在提高銀行的放貸能力，儘管銀行對於放貸的意願仍然不明朗。在美國，量化寬鬆這類刺激所涉及的金額為8,000億美元（超過GDP的5%），在英國則有2,000億英鎊（大約GDP的13%）。當時美國全年GDP大約14兆美元，英國的GDP大約1.5兆英鎊。

量化寬鬆的目的也在於抵消通貨緊縮的威脅。通縮會導致實質債務（以及企業支付實質工資）的增加，造成民眾在持續價格下跌的預期下推遲消費支出。同樣地，量化寬鬆也需要一段時間才能發揮經濟效用。雖然QE一定會提振資產價格和股市，即使在計畫開始的多年之後，還是很難檢測到QE對消費支出產生了多大的影響。當然，評估政府行動帶來多大影響的其中一個問題，是要釐清如果沒有政府所採取的行動，將會發生什麼後果。

一個可能的擔心是，當貨幣流通速度回升，政府當局是否願意和能夠在正確的時間，逆轉這整個過程。這個擔心在金融危機之後消失，沒有這方面的謹慎，量化寬鬆可能會推高通膨，程度也許相當大。綜觀歷史，通貨膨脹一直是一種誘人的方式，以減輕過多的債務負擔而令政府支持度增加。憤世嫉俗者或是現實主義者提醒我們，除了更加富裕之外，通貨膨脹和隨之而來的貶值（在這些情況下，借款人的債務是當地貨幣）和／或違約，是受歡迎並經常使用的方式，以逃避政府債務。

認為政治領導人刻意要創造通貨膨脹，是不必要的憤世嫉俗？是否存在延遲停止量化寬鬆的政治誘惑？既然只有極少數的官員有這項問題的實踐經驗，這些問題應該很難有正確的答案。

在英國，政府削減加值型營業稅（VAT），由2008年12月的17%，十三個月內削減到2009年年底的15%，一般咸認造成了120億英鎊（小於GDP的1%）的浪費。即使零售商支持削減，當零售商面對季節性高庫存而有困難面對規避風險和缺乏信心的顧客，如此小量零售價格的下降，很容易淹沒在零售商所提供的其他巨大折扣上面。此外，對耶誕節旺季幾乎是一夜之間改變數百項商品價格的要求（然後在過了年的新年銷售旺季中回調價格），對零售商而言是個不受歡迎的分心。另一方面，這種對零售客戶現金流量枝節上的幫助，將至少持續到2009年以後，表現出某種姿態。

歐元區的反應

1999年1月1日，歐洲單一貨幣歐元在11個歐盟國家中推出，隨後有部分其他國家加入。歐元區的原始成員國分別是奧地利、比利時、芬蘭、法國、德國、愛爾蘭、義大利、盧森堡、荷蘭、葡萄牙、西班牙。兩年後加入這個單一貨幣區的是希臘，最近的新成員為斯洛維尼亞（Slovenia）、塞浦路斯、馬爾他和斯洛伐克（Slovakia），截至2010年6月共有16個成員國。

所有歐元區的原始成員國逐步淘汰各自舊有貨幣，2002年1月1日舊有貨幣由歐元所取代。在這一天，歐元紙幣和硬幣推出，舊有的各國紙幣和硬幣不再流通。歐元區成員國共享歐洲央行（ECB）所設定的單一利率，當然還有單一匯率。ECB負責歐元區國家的貨幣政策，但不包括財政政策。

我們需要引入部分經濟學有關購買力平價（purchasing power parity）簡單的理論。簡單地說，該理論認為，匯率的變動是以好的方面來調整通貨膨脹率。舉一個例子，假設貨物的運輸不需成本。假設美元／英鎊匯率是1.70美元等於1英鎊，在英國標價10英鎊的零件，美國生產的零件售價應當是17美元，與英國的售價相當。如果上述是最初的情況，假設通貨膨脹在英國和美國分別為8%和4%，零件的價格（假設他們隨通膨率移動）將分別為10.80英鎊和17.68美元。然而考慮到這些相對的通貨膨脹，匯率的變動將確保持續的競爭力，於是匯率將成為1.6370美元（17.68/10.80）兌換1英鎊。

有許多對購買力平價理論的保留意見。首先，個別商品和服務的價格，不管是以零售價格、批發價格、或其他價格來衡量，很少完全符合一般通貨膨脹而變動。此外，最有相關的指標是根據出口價格的購買力平價。

再度重申，購買力平價認為匯率變動以抵消兩國通膨率之間的差異。因此如果A國比其貿易夥伴存有更高的通膨率，前者的匯率應該會貶值以抵消這種相對性。如果A國的匯率下跌而且精確地抵消了通膨差異，則實質有效匯率維持不變。購買力平價認為，實質有效匯率會隨著時間而保持不變。

但是在經濟學中通常的情況下，會出現一個問題。由經濟統計數據對證據進行驗證時，購買力平價長期而言表現得相當不錯。但在短期內則有較大的偏差，偏差大到以購買力平價來預測短期匯率走勢完全行不通。話雖如此，用來作為長期的預測工具似乎得到證據的支持。綜上所述，購買力平價認為，匯率變化以抵消兩國通膨率之間的差異。

這對歐元區所帶來的訊息很簡單。由於歐元區成員國有一個共同的貨幣，使用歐元的國家應該要有共同的通貨膨脹率。如果通貨膨脹率不同，可能會出現一個情況，低通貨膨脹率的成員國將有更低的成本，比其他高通膨率的歐元區夥伴有更多的出口。如果通貨膨脹率的差異相對較小，這個問題也許不會太大，但如果差異加大，就會造成經濟問題。

當共同貨幣被提出，舊有國家貨幣到歐元的轉換率，設定在確保相互競爭力的水平。用術語來說，這個比率是一個均衡匯率。雖然經濟學家有些微不同的觀點，均衡匯率通常會造成國家經常帳戶餘額為零的結果（技術上說，雖不精確，亦不遠矣）。意味著商品和服務的出口和進口將是（大致）相等。順便一提，一些國家的情況對這個理論有其他的問題。例如，挪威擁有足夠的石油和天然氣出口，大到可以無視購買力平價的含義。也有不少國家有類似情形。

總之，要維持歐元區的平衡，不同國家必須有大致相似的通貨膨脹率。但現實上在一個國家內，無可避免有著不同的通貨膨脹率。英格蘭東南部的通貨膨脹率可能與東北部有所不同。紐約的通貨膨脹率可能與中西部也有所不同。實際生活費成本和工資水平可以有很大的不同。但是我們可以預期，實際通貨膨脹率差異不會太大。

回到在歐元區通膨的實際情況，問題的規模就相當明顯。德國在2000年到2008年間，勞動力成本上升了7%，愛爾蘭同期為34%，西班牙、葡萄牙、義大利為30%，希臘和荷蘭為28%，法國則為20%。在此期間，德國出口減去進口的貿易順差數字為1.261兆歐元，而西班牙則有5,980億歐元的逆差，希臘的逆差數字為2,730億歐元。

如果我們追蹤歐元區成員國的實質有效匯率，由歐元計畫的一開始到2009年年底，情況得到舒緩。記得實質有效匯率的得出，來自實際匯率相對外國價格與房價指數。也要記住，如果購買力平價維持，實質有效匯率將保持不變。圖16.2顯示了歐元區特定國家的

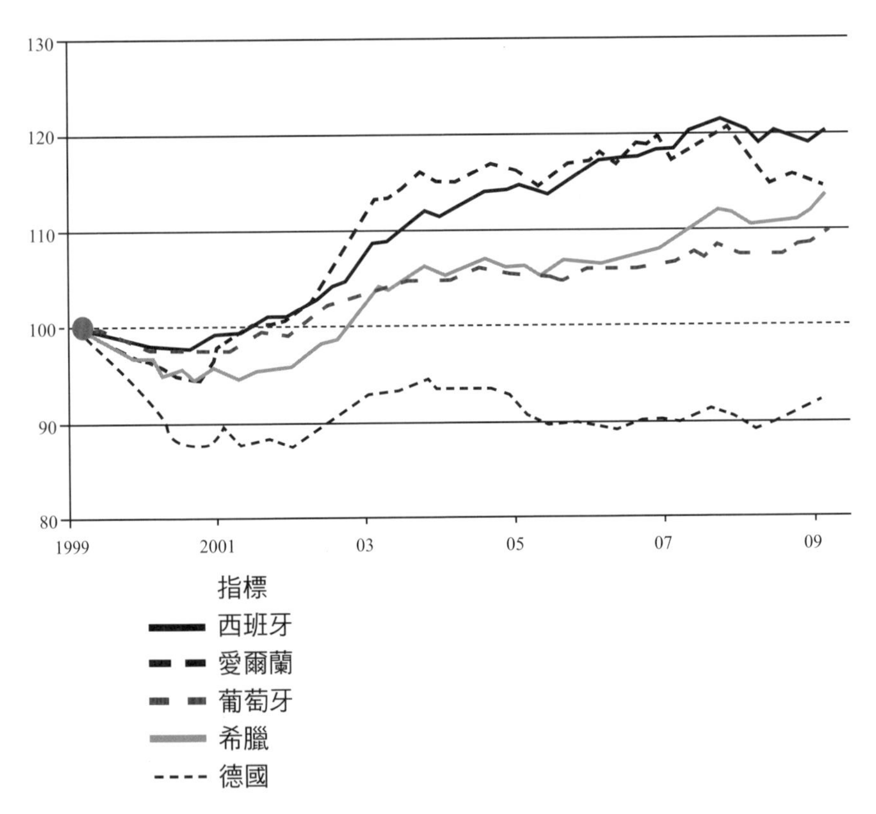

圖 16.2 實質有效匯率 1999–2009年

來源：歐洲中央銀行

實質有效匯率。從圖中可以得出結論，西班牙、愛爾蘭、葡萄牙、希臘在歐元匯率之下，比德國來得高的通膨率令這幾個國家的競爭力下滑，德國則控制通貨膨脹而維持比歐元區夥伴更強的競爭力。

歐元區國家相對競爭力位置的影響，可以在圖16.3中看出，顯示了由1999年到2009年，出口占GDP的百分比。顯然德國一直是贏家，希臘特別一直是個失敗者。

進一步的列表顯示了所有這一切的效果，經常帳餘額占GDP的百分比，和各國預算赤字（政府資金流入相對流出）占GDP的百分比。表16.1還顯示了美國、英國以及部分歐元區國家，最近一年的消費價格上漲、失業率、利率。表16.1列出的國家中，希臘和西班

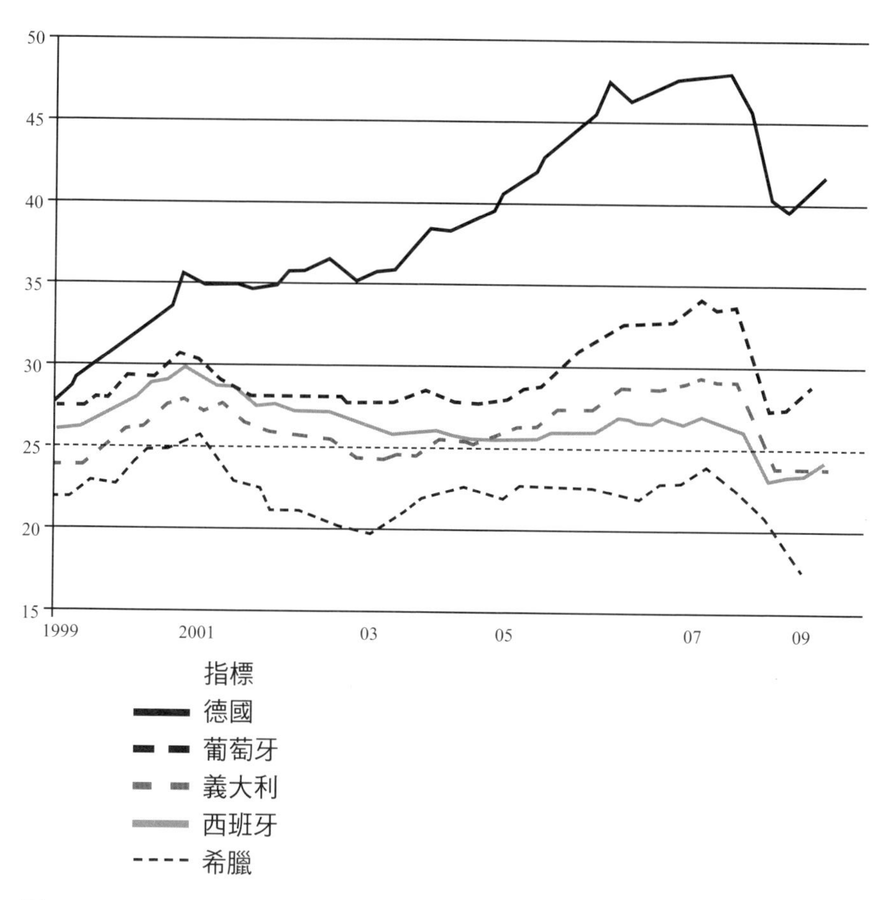

圖 16.3　貨物與服務出口（占GDP%）

來源：Thomson Reuters Datastream

牙的困境以高預算赤字數據而凸顯出來，英國與美國也同樣如此。德國和荷蘭的國際收支經常帳戶的正值也相當明顯。而且在歐元區十年期利率方面，各國也有一些大的差異。相當有趣，既然歐元區國家有相同的貨幣，利率都由歐洲央行設定，為什麼較長期利率的分歧會如此之大？畢竟短期利率完全相同，德國的長期利率不是應該與希臘的長期利率一樣嗎？答案是肯定的……但是如果有某些奇特現象發生，像是希臘退出歐元區。如果真的發生這種情況，希臘又回到舊有的國家貨幣德拉克馬（drachma），有很大機會德拉克馬將對歐元貶值，再次使希臘的出口恢復競爭力。希臘的市場利率高於其他歐元區成員國，是因市場預期希臘脫離歐元區的發生嗎？還是對希臘政治風險額外的市場保費？也許都有一些，可能更多的是希臘退出歐元區的預期。順道一提，歐元區以外的歐洲國家確實有自由貶值貨幣的奢豪特權，例如英國就以貨幣貶值幫助自己作為經濟問題的解決方案。

表16.1編制的時間，剛剛在歐元區同意對希臘的拯救方案之後，希臘正經歷著最高程度的借貸危機。在表中日期的幾個星期前，希臘的十年期利率達到14%，隨後滑落到7.7%。

回到前段提到的希臘拯救方案，市場上透過信用違約交換（CDS）合約，對希臘的債務是否違約或離開歐元區，進行投機和賭博。希臘的主權債務危機也蔓延到葡萄牙、西班牙、愛爾蘭，以及其他地方。

2010年5月7日，歐元區孱弱國家的政府債券殖利率大幅上升，外國對這些國家融資的停止是一個真正的威脅。銀行對這些歐元區國家風險曝露的憂慮也開始提高，P葡萄牙、I義大利、G希臘、S西班牙這些歐元區國家被統稱為歐豬四國（PIGS），也被稱為地中海俱樂部（Club Med）。如果歐豬國家的縮寫為PIIGS，則名正言順地包括另一個I，愛爾蘭。

本身不是一個國家的歐元區，沒有經濟框架的設計以應付這類問題。但是就目前而言，歐盟財長們迅速採取行動以遏制危機，他們同意建立一個價值高達5,000億歐元的穩定基金，其中包括600億歐元資金來自可以快速籌集的歐盟債券。只要沒有超過歐盟的預算上限，可以在三年間隨時出售。這個部分必須得到如英國等歐盟成員國的批准，英國不使用歐元，但是如果穩定基金的金額沒能全數償還，英國納稅人將會蒙受損失。穩定基金來自IMF的補助金額則達到2,500億歐元。

此外，歐洲央行表示將購買政府債券以回復市場平靜。歐洲央行也重開2008年秋季與美國聯準會、英格蘭銀行、加拿大央行、和瑞士國家銀行的信用額度。

金融市場回應正面。2010年5月10日，德國股市收盤上漲了5%以上，法國股市則上漲了近10%；大量曝險於希臘的大型法國銀行，從救援擔保中顯著受益。十年期希臘國債殖利率由超過12%，大幅下滑至低於8%。情況類似的愛爾蘭、義大利、葡萄牙、西班牙國債殖利率也大幅下跌。

然而，救援計畫還是存有相關懷疑，缺乏許多更細緻的細

表16.1　各國經濟數據（2010年5月底資料）

	消費者物價增長 %	失業率 %	利率		經常帳餘額對GDP %	預算赤字對GDP %
			3個月%	10年%		
奧地利	+1.9	4.9	0.70	2.99	+1.6	-5.0
比利時	+1.8	11.6	0.70	3.16	-0.1	-6.0
法國	+1.7	10.1	0.70	2.91	-2.1	-8.4
德國	+1.0	7.8	0.70	2.64	+5.3	-5.6
希臘	+4.8	12.1	0.70	7.70	-7.0	-10.2
義大利	+1.5	8.3	0.70	4.01	-2.6	-5.3
荷蘭	+1.1	5.6	0.70	2.88	+5.5	-6.2
西班牙	+1.5	19.1	0.70	4.20	-3.9	-11.5
歐元區	+1.5	10.0	0.70	2.59		-7.1
美國	+2.2	9.9	0.29	3.23	-3.3	-11.0
英國	+3.7	8.0	0.72	3.54	-1.0	-12.8

節。該計畫只為陷入困境的政府爭取多一些時間，以削減預算赤字並採行必要的結構改革，以改善失去了的出口競爭力。如果失敗的話，未來可能會有更多的麻煩。我們不認為有人提到最後這一點，歐元區可能需要進一步的銀行救援資金。況且歐元區的現有成員，十多年後是否仍將是歐元區成員，都還是一個爭議點。

問題的可能解決途徑包括：

- 高通膨國家繼續預算緊縮計畫。最好的情況是造成社會緊張，最糟的情況是造成政治動盪，現有政府被推翻，也就是革命；
- 高通膨國家退出歐元區，恢復到原有的國家貨幣。資本市場會有短期震盪，但還是會平息下來；
- 可能會有一個政治上可以被接受的中途之家，體質較孱弱的歐元區國家可以採用一個新的「軟歐元」，是對現有「硬歐元」貶值的新歐元。我們猜想，這將最終導致較弱的歐元區成員國回歸本國貨幣；
- 歐元的新加入被暫時擱置，也許永久擱置。

我們可以直接排除了以下的一個可能性，德國等強勢國家，以連續幾年的高通貨膨脹，趕上歐豬各國過去出現的情況。理論上是可行的，但實際上則極不可能，想都不敢想。

這些傷害造成壓力而削減整個歐盟計畫，是不是同樣不可想像呢？需要注意的是，我們用的詞是削減，而不是放棄。反對偶像崇拜者早已對計畫的擴張表示懷疑，他們的聲音現在更響亮了。如果計畫被削減，將會是一件壞事嗎？

緊急援助的範圍

政府為了拯救銀行，投入的總金額十分巨大，包括資本注入、資產購買、債務擔保（可能只有部分需要），但不包括可能在任何情況下都不被要求的存款保證，表16.2（2010年1月編制）列出這些數據。由於包括債務擔保，表中顯示的數字會高於本書其他地方對政府援助的統計。應該牢記的是，所載的統計數據是在變動的環境下所記錄。新事件不斷發生，但一些數據，尤其是占GDP的百分比上，還是顯示非常驚人的結果。在此標準下，愛爾蘭在聯盟中處於頂尖位置，對閱讀過第十四章案例研究的讀者而言，這並不令人意外。當我們想起金融服務業是英國經濟中最大的部門，而其中兩家主要銀行同為市場龐大的參與者，銀行既不明白市場，也無法控制曝險程度，那麼英國排在表中的第二個位置也不是那麼令人驚訝了。英國問題得到緩解，是由於英國大部分債務比其他國家債務的到期日更長，令英國得到更多的時間來解決問題，貸款債權人可能不會立刻敲他的大門。順便提一句，表中不包含所有國家的數字。我們相信如果將冰島包括進來，英國在聯盟中將下降一名，也許愛爾蘭也會。

顯然一開始影響銀行的金融危機，成為了經濟危機，導致全球經濟衰退，並隨著主權國家違約風險，發展成為政治危機。政府將會及時把錢回收嗎？未能做到這一點的話，政府將造成通貨膨脹嗎？縱使通膨令債務更容易償還，我們還是有點擔心。魯比尼和達斯（Roubini and Das）也是，參看剪報16.1。沃夫（Martin Wolf）也是，參看剪報16.2。

表16.2　一些國家的政府援助計畫（包括債務擔保，但不包括存款保障）

國家	占GDP%	10億美元
愛爾蘭	244	648
英國	69	1,476
瑞典	49	196

表16.2（續）

荷蘭	43	339
斯洛維尼亞	39	18
奧地利	37	139
芬蘭	30	75
西班牙	26	374
加拿大	22	361
德國	20	669
挪威	20	71
美國	18	2,684
南韓	16	160
葡萄牙	15	34
希臘	12	39
盧森堡	8	4
法國	7	183
比利時	6	27
丹麥	6	19
日本	4	225
義大利	3	73

表列顯示2010年1月的數據

剪報 16.1 金融時報，2010年6月1日 FT

主權階段危機的解決方案

魯比尼與達斯（Nouriel Roubini and Arnab Das）

歷史上最大的金融危機正從私營部門蔓延到主權實體。最好的情況下，歐洲經濟復甦將受到影響，歐元的崩潰將減少與主要貿易夥伴的成長。最壞的情況下，單一貨幣的解體或一波無序的違約潮，可以令金融體系瓦解並促成雙底衰退。

怎麼會這樣？開始於1970年代的金融自由化和金融創新，放鬆了對公共和私營部門的信用約束。在發達經濟體中的家庭，實質收入增長乏力，但可以藉由債務而消費原先所負擔不起的。更寬鬆的監管、日益頻繁而昂貴的危機得到日益頻繁而昂貴的政府和IMF救助，以及1990年代以來寬鬆的貨幣政策，消費文化更加強化。2000年以後，信貸和置產民主化的政治支持加劇了這一趨勢。

典範的轉變被用來合理化由債務推動的全球經濟增長模式：由冷戰轉變到華盛頓共識；新興市場重新整合融入全球經濟；高增長低通膨組合的舒適經濟環境；泛歐洲貨幣聯盟之前集中的大肆宣傳；和快速的金融創新。

其結果是赤字國的消費狂歡，順差國的出口激增，並由後者供應融資需求。全球產出和增長、企業盈利、家庭收入和財富、公共收入支出，均暫時遠高於平衡。一廂情願的想法使資產價格達到荒謬的高度，將風險溢價下壓到難以置信的低點。當資產和信用泡沫破滅，很顯然世界面臨的經濟增長速度下限，比我們原來依賴的還要低。

現在各地政府重新利用槓桿，以吸收私營部門的虧損和啟動私營部門的需求。但是公共債務最終還是私營部門的負擔：政府向私人收入和財富徵稅，或通過通膨或直接違約等最終的資本徵費。最終政府必須減債，否則公共債務暴漲，將促成進一步更深的公共和私營部門危機。

歐元區的主權債務危機已經發生在危機的最前線。希臘是第一個在邊緣的國家，愛爾蘭、葡萄牙、西班牙緊隨其後。尚未產生流通性不足的義大利，則面臨償債能力風險。即使法國和德國的赤字已經在上升，英國開始了預算削減。最終日本和美國也將不得不削減。

在危機初期，各國政府齊聲採取行動，以恢復市場信心和經濟活動。二十國集團在2008-09年的崩潰後聯合起來；我們同在一艘船上，一艘快速下沉的船上。

但在2010年，各國急著重申自我，缺乏了各國間的協調：德國單方面禁止股票賣空，美國追求本國的金融部門改革。順差國不願意刺激消費，而逆差國建立不可持續的公共債務。

歐元區提供了一個不應對系統性危機的具體教訓。當他們在2008年依照國家邊界瓜分了泛歐的銀行，成員國開始各自反應。經過希臘大量的情緒性漠視和拒絕，各國領導人展開壓倒性的武力展示；7,500億歐元的援助提振了僅維持一天的信心，但是規則開始不受控制。合法化國家援助的「不救市」免責條款，適用於天災，而不是人為的債務。歐洲央行在堅稱不會買債的幾天後開始購買政府債券。法德軸心的緊張是顯而易見的。

不是各自為政的局部反應，對於這一全球性問題，我們需要全面的解決方案。

首先，歐元區必須行為一致。必須放鬆管制並自由化，在南方國家實施改革，在北方國家促進需求，以恢復活力和增長；寬鬆貨幣政策以防止通貨緊縮並提升競爭力；實施主權債務重組機制，限制來自紓困的道德風險，並停止歐元區的擴張。

其次，債權人需要打個盹，債務人需要做出調整。償債能力的問題需要大量的工作。希臘是冰山的一角；西班牙和歐洲其他地方的銀行站在及膝的壞帳上，而美國住宅和全球商業物業的問題依然存在。

第三，財政的可持續性必須恢復，重點在收入和支出、老齡化相關成本、和未來衝擊應急措施的時間表和方案，而不是對財政規則。

第四，現在是時候進行徹底的金融改革。目前所陳列的方案大多是不足夠或不相關的。大型金融機構必須被拆開；它們太大、相互關聯，也複雜到無法管理。投資人和客戶必須可以在專業的公司中，找到他們所需要的所有傳統銀行、投資銀行、避險基金、共同基金和保險服務。我們需要強有力地回到格拉斯－斯蒂格爾法案。

最後，必須重新平衡全球經濟。赤字國家需要增加儲蓄和投資；盈餘國家需要刺激消費。赤字國家的財政和金融改革必須放鬆對產品、服務、勞動力市場的管制，以增加在盈餘國家中的收入。

剪報 16.2 金融時報，2010年5月29日 FT

金融衝擊和財政餘震的ABC

馬丁．沃夫（Martin Wolf）

「爸爸，危機結束了嗎？」

「還沒有呢，波比。你只要看看有關市場動盪的新聞。」

「為什麼還沒有結束呢，爸爸？」

「這場危機由2007年8月開始，2008年秋天最為嚴重。按歷史的標準衡量，對於這麼大的危機，延續的時間不算太長。」

「不算太長嗎，爸爸？你不是說過，你叫它做『非傳統政策』的擔保和注資，央行的印鈔，還有政府的借款已經解決了危機？」

「波比，你不夠專心，」爸爸有點不耐煩地回答，「我說的是，這些行動將阻止危機轉變成為蕭條。像以前一樣，我是對的。」

波比親切地微微一笑。

「別傻笑了，」他的父親說，「以富裕的西方國家來說，他們的產出在去年下跌了3.3%，是第二次世界大戰以來最糟的表現。你知道戰爭的，是吧？」。

「哦是的。我們在學校至少研究過三次。」

「嗯，經濟合作與發展組織（OECD），我知道這個名詞很饒舌，OECD這週曾提到，富裕國家今年的產出可能會增長2.7%。」

「如果這是真的，」男孩回答，「為什麼所有人都在講『不穩定』？這是怎麼回事？」

「你知道地震後的餘震吧。財政危機可以是金融危機的餘震，然後輪到財政危機造成金融餘震。」

波比開始發現這個主題出乎他意料的有趣。「那麼爸爸，這是如何運作的呢？」

「這個嘛，想想看2007年到09年金融大地震之前發生了什麼事：有房地產價格的大幅上升以及建築熱潮；有私人債務的暴增；金融複雜性也大幅增加。所以當房地產價格下跌，我們有很大的恐慌。但是還有其他兩件事情的發生：政府得到比他們預期更多的收入，也花掉了其中大部分；政府也很容易借到錢，太過容易。」

「在新的歐元區中各國政府發現，他們可以像德國政府一樣取得大量借款。家庭和企業也能夠以類似德國的有利條款借款，因此他們消費和建造房子。順境中，工資也大幅上升。」

波比打了個哈欠，他的父親繼續。

「那麼危機過後發生了什麼嗎？財政赤字膨脹到和平時期從未見過的水平，特別是受泡沫影響的國家，美國、英國、愛爾蘭和西班牙。財政危機的威脅浮現。」

「餘震的觸發，是希臘對其財政狀況撒謊有關，其次是歐元區的無法回應：德國人對於應該救助不負責任浪蕩公子的想法非常憤怒；其他人則認為德國人死板冷酷。於是當需要對經濟上的憂慮作出回應時，歐洲人犯了和美國人同樣的錯誤：他們讓危機跑在他們前面。」

「但他們還是救了希臘，」男孩說，「那麼為什麼還有這些動盪？」

「重點是，投資人並不全是笨的，他們知道這些都是暫時的補丁；他們知道希臘債務正在惡化中；他們知道歐洲周邊其他國家將很難脫離困境；他們知道歐元區成員國之間的團結是不穩定的；他們知道德國人非常生氣；而且他們知道資本不足的銀行對主權債務風險非常脆弱。所有這一切都使得歐元看來似乎是個變糟的賭注，因此歐元的價值下跌。」

「我了解，」波比回答，「但是幫不到歐元區嗎？」

「幫得到，」他的父親同意，「可是會進一步惡化其他地區的前景，例如英國和美國。然後也會擔心這些國家會有龐大的財政困難。市場現在似乎並不介意，但是看法可能改變。更糟的是，他們不知道該擔心什麼：最後會成為通縮、違約、通膨、金融震盪、或是所有的這些狀況？市場像小孩一樣，無法預知。」

波比決定不回應爸爸的戲弄。他若有所思地問道，「那麼接下來會發生什麼？」

他的父親說：「如果我知道，我就不會是一個單純的經濟記者。」

波比笑了：熟悉的一句話。

父親沒有留意到。「也許美國和大型新興市場，尤其是中國，成長的氣勢帶著世界穿越衝擊。OECD認為前景是『中度令人鼓舞』。」

「另外你也可以說，大規模的財政赤字是無法持續的，在歐元區和英國的試圖遏制，會造成新的經濟衰退和政治動盪。我們也才剛剛開始減少私人債務，這將需要好多年時間。銀行實在太大，而且有太多的可疑資產在他們的資產負債表上。同時，小而弱的新興市場國家無法成為世界的火車頭。雖然我並不同意，但有些人擔心中國經濟過熱，或遭受太大的資產價格泡沫。再有就是北韓和伊朗的地緣政治不確定性。總之，由於所有的不確定性，市場是不穩定的。」

波比又發現了熟悉的一面：他的父親往往看到悲觀的一面，而他的母親喜歡指出，父親可能是錯的。

他的父親下了結論，「不管怎

樣，這些餘震很可能持續多年，同時對財政的擔憂可能影響金融部門的信心，然後再重來一次。它也會影響你：西方政府未來幾十年來都會缺錢。這將是相當悲慘的。但是你可以學習中文，往東走。」

波比呻吟著，這聽起來像辛苦的工作。他靜靜地移往床上。什麼樣的噩夢會令他輾轉難眠？

第十七章 教訓與主要問題點

本章內容

簡介

本章一開始，是來自我們分析得出的普遍經驗教訓。其次是對金融危機中不同參與當事人的警告，提供了對政府、銀行、監管機構、家庭貸款人和學界的相關建議。本章的最後，則概述了主要的問題點，值得詳細的討論並採取可能的行動。

金融風暴

金德爾伯格[1]（Charles Kindleberger）對市場的狂熱和崩潰的學術研究中，以標題為「金融危機：多年生耐寒植物」的章節作為開始。他很清楚，金融危機是世界經濟一個平常的特徵。萊因哈特和羅格夫[2]（Reinhart and Rogoff）記錄了經濟繁榮和蕭條的規律性，他們所分析的系統，是一個經常失靈的系統。正如我們在第九章和第十一章中所指出的，金融危機的醞釀與形成是被廣泛的接受。在這樣的背景下，金融失靈似乎是出自集體的失憶。或許是沒有人願意結束參與其中的快感；又或許是來自貪婪的推動，當面對懷疑時轉而置若罔聞。

金德爾伯格[3]指出，「金融危機與景氣循環中的高峰有關」，我們沒有理由不同意。他接著說，「市場一般運作良好，但有時也會出錯。當市場出錯，政府需要干預，以提供市場穩定這項公共財。」文字的最後，金德爾伯格告訴我們，「經濟學家認為他們知道如何處理金融危機：丟錢進去，危機結束後，再清理乾淨……中央銀行是可以創造貨幣，當中央銀行承擔最後貸款人的責任，問題通常是技術性，而不是政治性的。」我們同意金德爾伯格的建議。有關究竟是技術或是政治問題的看法上，這在美國似乎是個政治問題，共和黨和民主黨的政黨政治性質，對於首選的行動存在著必然的分歧。

經濟中有關泡沫的問題，加爾布雷思[4]（Galbraith）指出，「繁榮與蕭條被認為是景氣循環中可預測的現象」。說得沒錯，但如果所謂可預測指的是，可以指出由繁榮到蕭條轉型的大致日期，這就肯定是非常困難的。第九章的總結中，泡沫依循著一條相當平坦的路線。不妨來回顧凱恩斯[5]（Keynes）的一段話，「投機就像是企業洪流中的小小泡沫，也許沒有多大害處。但如果企業成為投機漩渦中的泡沫，情勢就變得嚴重。」從我們銀行倒閉的案例研究中所有的四個例子，這似乎已經以某種方式發生。引用凱恩斯的一段話，對政府、銀行、監管機構、商界人士，本身就是一個需要牢記的教訓。但事實是，大家都希望維持在有錢有勢的愉快感受下，都希望譴責或忽視對此持懷疑態度的人。

根據我們的經驗，當你重複地聽到「這一次不同」、「新典範」、「新經濟」、或「我們戰勝了景氣循環」，或者一些新的變體，我們就會知道正在經歷的美好時光無法持續，泡沫的破滅就在不遠處。在泡沫時代的假設是，金錢可以用來衡量資本主義者的成就，導致金錢與卓越智慧相關的必然結果。在這一點上，加爾布雷思[6]（Galbraith）的話值得參考，「我們將擁有不尋常智慧與領導大型金融機構之間，強制地聯結起來……控制愈大量的資產及收入，人們就假定他們對金融、經濟、社會有更深入的看法。」他接著說，「只有在壯觀崩潰後真相的浮現……金融天才只出現在墜落之前。」

由蕭條到繁榮然後再重複，政府、商業與投資銀行、中央銀行和監管機關，做法上一直重複著錯誤，無論是對經濟、貸款、控制、遊說的感受度，以及債務和金融創新。所有上述各方以及經濟界、學術界的重要教訓之一，是明斯基（Minsky）透過景氣循環財務模型[7]的重要性。模型出現在第十一章，我們現在對他的模型再做了一些增補。在繁榮時期，銀行競爭過熱，寬鬆監管的環境下一切都太過容易，實質利率成為負值，銀行貸款上的不守紀律包括寬鬆的信用分析，以及貸款過度集中於幾個工商業務上。裙帶關係的貸款，也是不成熟市場中銀行業的一個特點。即使在發達市場，銀行業債務如同一些非金融企業，達到了無法接受的水平。在景氣的高峰期，整個畫面是一個可怕的借貸狀況和糟糕的銀行內部控制，不只發生在零售和批發銀行業。貸款銀行降低了他們的審核標準，特別是在次級房貸上，房貸業務達到狂歡的程度。加爾布雷思[8]（Galbraith）注意到，「金融世界為不斷的發明歡呼，出現的新版本愈來愈不穩定。所有的金融創新都是以某種形式，在或大或小實際資產的充足下，建立對債權的擔保。」

在寫這本書時作者愈來愈意識到，銀行操縱股東，根據可疑的未實現甚至尚未實際發生的短期盈利，使他們（銀行高層）由公司獲利中收到完全不成比例的回報。不當獎金結構的普遍性是令人驚訝的，鼓勵銀行取得過度風險，有助於獲得高額銀行獎金，但可能會導致銀行的清算和股東權益的完全消失。史迪格里茲[9]（Stiglitz）簡潔地說，「銀行員工的誘因，不符合其他股東和社會更普遍的目標。」我們在第十一章對這個問題簡要提供了幾個具體實例。

天真的會計規則，輕忽地允許結構性投資工具和類似的槓桿基金，不必出現在資產負債表上。銀行利用這些工具，隱瞞了真正的槓桿比率，促成了金融體系的危機。銀行對外公布的帳目允許採用膨脹了的資產價值（參見第八章），卻在內部管理帳戶中立即認列長期交易的利潤，內部管理帳戶的數字是用來計算獎金數目（同樣參見第八章），會計制度明顯地存有許多問題。違法的重大金額帳面美化，是會計規則制定者另外一個嚴重的教訓。

監管機構的主要教訓在於風險的監控。在最近的崩潰中，監管機構的失敗是顯而易見的。我們同意波曾（Pozen）的意見[10]，金融風險的監控，應該集中在四個關鍵因素，「房地產的價格膨脹、具有極高槓桿的機構、資產負債不匹配、和機構中快速增長的產品。」所有這些經驗教訓，至今都與李多慈（Ritholz）所述金融大災難的成分[11]是一致的，其中包括：

- 槓桿的大量使用；
- 過度冒險；
- 寬鬆監管的濫用；
- 資產負債表外會計；
- 無能的風險管理；
- 短視（和貪婪）的激勵；
- 相互關聯和複雜性，造成任何決策者聽力範圍內的「系統性風險」尖叫聲。

這些因素的同時存在，不可避免地意味著，系統正等著某種衝擊而造成顯著幅度的爆破。

崩潰發生之後來到下一個階段，銀行精英們試圖將事故的責任推給其他機構或銀行市場以外的力量，例如次級房屋貸款的放款人和借款人。早晚都會浮現的真理，早早就指出銀行明顯可疑而危險的策略（參閱第十一章）。這個階段過後，出現相互對抗的兩派改革和監管思想，華爾街贊成自我規管或輕度監管，而政府則偏好重度監管和過度要求。

還有出自其他作者分析而得的其他教訓。例如布魯納和卡爾[12]

（Bruner and Carr）探索了1909年崩潰的關鍵驅動因素，並與最近的風暴做出比較。七種驅動力都明顯相關2007/08年的金融危機，雖然最後一個元素，集體行動的失敗，似乎在最近的一次崩潰中沒有如此明顯，特別是如果這個詞代表著政府在事件發生後有沒有採取足夠行動。確實在這一次，政府相當迅速而果斷地採取他們的救援方案，似乎已經從大蕭條中學到了很多教訓。布魯納和卡爾的關鍵驅動因素，第十六章中列出更多的細節。這些因素包括：

- 複雜性使得事件性質不透明；
- 強勁增長；
- 過量債務
- 不利的領導；
- 預期不到的經濟衝擊；
- 由樂觀轉向悲觀；
- 集體行動的失敗。

史迪格里茲[13]（Stiglitz）從最近的危機中蒐集資訊，提出了七條原則，以有效的刺激計畫來推動經濟走出困境。讀者會記得金德爾伯格認為，經濟學家處理危機的方式是投入資金、危機結束、清理乾淨。對於如何進行現金注資，史迪格里茲文章的建議是：

- 要快。必須急切得到資金，迅速投入經濟。
- 要有效。要有大爆炸的效應。每花一塊錢，應該引起就業和產出的大幅增加。史迪格里茲提醒我們，「每花費一美元而增加的國家收入，稱之為乘數：在標準的凱恩斯分析中，政府支出多增加一美元，國家產出將增加超過一美元。」乘數效應可能是短期的，效果也可能延遲。史迪格里茲解釋說，「平均而言，美國經濟的短期乘數為1.5左右。如果政府花了10億美元，GDP今年將增加15億美元。長期乘數會比較大。並非所有的消費都具有相同的乘數：對外國承包商的支出……具有低乘數，因為消費大部分發生在美國境外；對富人的減稅也是，他們將賺到金額的大部分存了起來。失業救濟金的增加有很高的乘數，因為突然發現自己沒了收入，幾乎會花掉所收到的每一塊錢……花錢救銀行而沒有得到回報，或把錢交給最富有的一群美國人，幾乎沒有乘數效應……」

- 應該要解決國家的長期問題。
- 應該把重點放在投資。刺激計畫會增加國家赤字，但刺激的結果會令該國長遠來看體質更好，短期來看增加產出和就業。
- 應該要公平。史迪格里茲指出，美國中產階級近幾年所得到的待遇，比金字塔頂部那一群人要差遠了。在他看來，刺激政策應該針對較不富裕的群體。當然，所謂的公平是主觀的看法。
- 應該處理危機造成的短期緊急事件。史迪格里茲這麼說，「在經濟低迷時期，各國經常用盡資金，不得不開始裁員。失業就失去醫療保險。掙扎著支付房貸的人，如果失去了工作或家人生病，可能會付不出每月還款。一個設計良好的刺激計畫，應該僅可能處理這些問題。」
- 應該將刺激計畫針對潛在失業率增加的地區。

我們贊同這些原則和建議。

本節最後我們必須重申最近金融危機的重大教訓，在第十章和第十一章中的所有警告，關於在肥尾金融市場使用高斯常態分布模型、效率市場假說和理性的經濟人。在這些問題上我們一直長久地欺騙自己。如果我們認為未來不會出現另一場金融危機，我們也是在欺騙自己。市場的記憶永遠是短暫的。

我們以摘要的形式，依照不同的當事人作為標題，中肯地重申危機的教訓。

政府的教訓

毫無疑問，政府在金融危機的醞釀中，犯了重大錯誤。我們在前章中已經詳細闡述。現在適合以要點的方式來總結政府的重大教訓如下：

- 金融危機並不是個新的現象。政府再次摘下了集體眼光，無法察覺他們的到來。危機出現在景氣循環的高峰期。如果要避免危機的發生，此時需要最大的關注和行動。
- 市場一般運作良好，但偶爾也會失靈。當市場失靈，需要政府的干預以恢復市場穩定。
- 必須透過注資進入市場以在危機中恢復穩定，但是同樣重要的是事後的有效清理，以避免過度通貨膨脹的必然結果。此外在過去，資金投入系統往往導致政府債務增加的問題。雖然在許多情況下可以有及時的還款，但也經常以通貨膨脹來減少債務的實質價值。違約的情況也經常發生，我們很難去建議各國政府採取這種方式。
- 政府喜歡受到歡迎。對支持度的渴望應該會讓政府意識到，必須在宴會進入狂歡失控前，搬開雞尾酒大盅。
- 當企業成為投機漩渦中的泡沫，要多次關注。低效率企業到處都是，糟糕的資源分配，政府需要遏制這些情況。當這些情況變得明顯，就是泡沫最後階段一個很好的指標。一個衝擊可以很快將它平息。
- 當心「這次不同」四個字和之前提過的其他標語。一聽到，就要肯定地把雞尾酒大盅帶走，要快。
- 當銀行和商業世界的資產負債表上的債臺高築，平均債務對權益比率遠遠超出了規範，金融創新傾巢而出，無疑是繁榮失控的前兆，必須立即採取行動。但由於親切說客持續的禮物、馬屁精和逢迎者的吹捧，以及對自我華麗修辭的信仰和創造成功經濟的角色，政治家往往很難採取必要的糾正路線。是時候要小心注意。

- 各國政府絕不能忘記明斯基（Hyman Minsky）的金融模式，而且應該去遵循。
- 本章中史迪格里茲的建議列表，是為了拯救船難的明智忠告。
- 我們還建議整個周期中的保守經濟政策，包括為雨天準備的審慎國家財政儲備。在通膨的措施方面，注意通貨膨脹所有方面的定義，包括建築費用成本以及更常見的方面，以提供經濟更全面的面貌。
- 利率設置在過低的水平，雖然是政府支持度的良好來源，卻很可能創造失控的房屋市場和股票市場，絕對會加重經濟問題。利率過低是什麼意思？我們認為正確利率的適當指標可以由下列公式得出：

通膨率＋ 1～2％

- 這是公平價值無風險利率一個合理的指引。對於企業和個人的借款人，借款利率要加上進一步的風險因素，以反映借款人的狀況和償債的可能性。當然也有許多將上述指引忽略的時候。例如當預期經濟衰退或蕭條，風險溢價可能會大大降低。
- 需要有對於銀行和金融機構的明確規定。保有多個監管機構，免掉了系統性失敗的最終責任，又不能強化經濟保持穩定步伐。不同監管機構之間的差距或漏洞可以很容易失去有效的控制，最終只會互相指責對方。聽起來是不是很熟悉？這件事就發生在2007/08年的危機中。
- 金融體系的信心是必須的。各國政府必須在一切可能的場合追求金融體系信心。
- 各國政府必須避免鼓勵將房貸借給信用不佳的借款人。這種做法違反了貸款人和借款人應遵守的紀律，將會造成未來災難的發生。

- 忽視政府行動可能造成的意外後果將是危險的，道德風險就是一個很好的例子。銀行可能必須被援助，但銀行可能因為知道這一點，而去承擔過高的風險。鼓勵借款給低FICO分數的借款人是另一種危險。由信用不佳的借款人承擔太多的風險，當出現輕微的市場動盪，可能產生過多的問題。這樣的例子不勝枚舉。所有都根源於讓政府受到歡迎的政策，卻很有可能造成未來的金融問題。

銀行的教訓

- 維護貸款的紀律幾乎不用再提。但是裙帶貸款的盛行，尤其是在較不成熟的市場中，令一些銀行成了需要救援的對象。
- 信用分析太過重要，絕對不能走捷徑；對個別客戶和行業的曝險也極為重要，不能不熱心地持續提及。
- 絕對不能允許銀行債務再回到危機前的水平，必須控制負債對股東權益比率。任何措施都不可以催生金融危機的重演。
- 必須防止可怕的銀行貸款和可怕的控制模式。在景氣循環高峰期中，薄弱的內部貸款標準和控制，無論是在企業貸款或個人房貸方面，已經一次又一次的發生。
- 所有以可疑短期利潤為基礎，按獲利比例發放的銀行獎金，應予以停止。這需要由銀行自己進行，如果不這樣做可能會加快政府的強制監管。如果發生這種情況，銀行只能怪自己。
- 金融繁榮的一個特點，是以薄弱資產為高負債提供變體擔保基礎的金融創新。銀行之間彼此出售有毒資產，將包裹丟給另一個更笨的傻瓜，直到音樂停止。這種高風險策略（可能受到高昂交易獎金所驅動），很可能在淚光中收場。不正當的獎金結構可能推動了這種做法。銀行不能永遠希望政府一直幫助他們擺脫困境，下一次政府也許不願意這樣做。

監管機關的教訓

- 需要控制資產負債表外的會計處理和結構性投資工具，監管機構需要高度警惕地來回巡邏。
- 需要以對待銀行的方式，對影子銀行機構的負債對股東權益比率進行同等的監管。業務像銀行，就要接受類似銀行的監管。
- 考慮禁止投資銀行進行不是為客戶而是為自己帳戶的自營交易。
- 必須關注按市價計值會計準則的濫用。
- 企業和銀行財務報表中，重大金額的帳面美化必須予以取締。
- 監管機構必須注意膨脹的房地產價值、高財務槓桿、資產負債不匹配、和快速增長的金融產品和機構。上一次的風暴中監管機構沒有做到，為了不造成下一次更大的危機，監管機構的做法必須要有改進。
- 李多慈潛在金融危機的七大因素，所有監管機構必須隨時牢記。這些因素在本章中已經引用。
- 評級機構在金融危機的醞釀期，必須永遠不再表現出類似未受教育的不專業行為。評級機構的活動應該接受監管機關審核（也許每五次評等審核一次），成本由中央政府向評級機構徵收的費用來支應。
- 必須忽略輕度監管、自我監管和進一步開放的呼聲。

房屋貸款人的教訓

- 違約的家庭房貸借款人，在許多國家中受到極為輕率的對待。借款人應該要當心，因為政府和放款人不能也不應該為借款人接手處理他們付不起的房貸，清理票據借款。下一次他們不會這麼做。
- 騙子貸款是2007/08年金融危機的一個特點。這是一種犯罪行為，也極其愚蠢，特別是如果政府在下一次不再援助這些騙子。
- 家庭借款人不應該假定事情不太可能出錯，應該要有一些儲蓄以備不時之需。房價也可能反轉，不可能只是單向前進。借款人要提高警惕，不可以在房價年復一年上漲的假設基礎上，投入過大的財務承諾。也要記住房價反轉的一年，將有可能成為經濟遇上麻煩的一年，就業風險增高，必須小心遭受雙重打擊的可能。

學術界的教訓

- 經濟學和金融學的課堂中，長期傳授學生以常態分布為基礎的市場模型。雖然這些模型可以適用在大多數情況下，但是當危機發生時，模型的預測完全失敗。必須告誡所有學生令他們了解模型的脆弱。我們不能一成不變地將常態分布應用於金融市場，請記住市場的肥尾特性。
- 經濟學和金融學的課堂上，多年來與學生討論了效率市場假說和理性預期。這些模型在一流大學和商學院中受到極高的崇敬，然而許多著名教授卻幾乎沒有提及這些模型在現實世界金融市場中的實際檢驗。
- 在我們有關決策進行的研究中，理性經濟人是另一種誇張的說法。行為金融學領域的研究工作已經顯示出，選擇最大化的行動方針，針對未來結果，無視過去成本（既定成本）的冷邏輯，可能是世界應該如何運作的方式。但這絕對不會是現實中一致的運作方式。

- 經濟模型的建立，驅逐了非線性和偏離值而聚焦於線性模型，將許多的研究推向瑣碎。布依特[14]（Willem Buiter）創造了「線性化和瑣碎化」的短語。加上同意接受基於短期數據（如同CDS的情況下）的研究，商學院和大學的研究資源有可能被濫用在追求瑣碎而不切實際的論點。商學院中，研究最終關心的始終是現實世界的運作，而不是追求美麗而簡化的演繹，看來很簡潔但測試時無法符合實際的經驗數據，於事無補。布依特警告，要記住線性化和瑣碎化的模型，排除了異常的偏離值。嚴格追求非線性以及偏離值性質，是非常值得投入大量時間的研究。

主要問題點

表17.1中，在採取行動以限制未來金融危機的發生，我們提出了一些需要解決的重大問題。從表中可以看出，我們列出了二十個這樣的問題與領域。在表中我們有三個行動列，一個是基於極端風險的追求（右側列，這幾乎是本書所有的討論標題，這場危機中發生了的事件），對比規避風險的姿態（左欄中，一般而言比絕對必要來得更多的防守），和中間一欄顯示的一般中庸情況。

我們並非建議所有提出的問題，在同一個時刻，應該根據中間路線的標準來實施。我們要說的是，有很多的問題需要我們來仔細考慮。值得記住的是，「什麼也不做」的路線選擇永遠存在，而且是易於防守的。我們還建議，良好的監管應該在成本效益分析的標準下設置。使用打樁機來打開胡桃殼不是一個推薦的選項。

我們會建議特別最重要的是信用違約交換（CDS）市場。CDS可以讓投機性公司用來空頭攢壓債務工具，可能威脅承擔債務責

表 17.1　主要問題

問題	極端風險規避	中庸	極端風險追求
(1) 信用違約交換（CDS）	必須有保險利益。實際上降低CDS市場到只有保險市場，只作避險，而非投機。	所有的CDS合約通過結算所處理，就像是金融期貨的情況。作為金融期貨，隨著即時市價而要求保證金。要求銀行持有100%的1級資本作為CDS部位的後盾，從而限制風險。	不做改變。
(2) 格拉斯－斯蒂格爾類似法案	重新提出作為大到不能倒問題的一部分解決方案。投資銀行沒有最後貸款人的手段保護。由於投資銀行更容易倒閉，必須以更嚴格的控制來監管。	銀行選擇如何分割。只有商業銀行可以有最後貸款人的援助。投資銀行必須有比較高的財務比率要求。	不做改變。
(3) 分拆銀行	立刻進行。根據上述第（2）點，無論是商業銀行或投資銀行，依大小標準適用於所有銀行。	根據大到不能倒的說法。比較極端風險規避的左列做法，只分拆更為大型的銀行。	不做改變。
(4) 影子銀行系統	如果機構看起來像銀行，就像銀行一樣監管它。	和左列相同。	不做改變。
(5) 銀行獎金	設上限或禁止。絕對最大值。 獎金數目依據集團或部門獲利，兩者之中的較小值。可以與右列中庸做法合併。總獎金依據已實現損益與保守原則的損益表數字。	和左列相同設上限。或對非常高的獎金發放，施加非常高的邊際稅率，例如超過100萬美元，邊際稅率上升到80%。	不做改變。

表 17.1 主要問題（續）

問題	極端風險規避	中庸	極端風險追求
(6) 追溯獎金稅	根據2007年往前追溯三年已發放的獎金。每年獎金支付超過100萬美元。國際間協調。	不採取行動	不做改變。
(7) 評級機構	為避免利益衝突，將評級機構國有化。	定期隨機審核個別評等。審核比例達到1比5。	不做改變。
(8) 徵費或最後貸款人稅	徵費根據銀行承擔的風險水平。徵費也用以支付2007/8年危機中產生的成本。國際間協調。	和左列相同。	不做改變。系統無徵費。
(9) 次級房屋貸款	使用FICO的標準定義次級房屋貸款。最高貸款金額設定在75%貸款成數和三倍收入。禁止首年優惠利率的貸款，禁止自我認證貸款。貸款決策需要獨立審議。禁止貸款中介機構。	比較極端風險規避，有稍微寬鬆的標準。不允許首年優惠利率的貸款，不允許自我認證貸款。各國政府有必要停止試圖藉由對信用較差或少數族裔提供貸款，以提高政府支持度。這是造成前次危機很大的驅動力，也是需要學到的教訓。	不做改變。
(10) 包括CDO和CLO的證券化	禁止。	可以禁止次級房屋貸款和其他次級貸款的證券化，但最好要求銀行保留部分用以證券化的貸款，大約10%至15%部位。代表只有85%到90%的貸款部位，可以將其證券化。	不做改變。

表 17.1　主要問題（續）

問題	極端風險規避	中庸	極端風險追求
(11) 會計原則	禁止任何顯著金額的帳面美化（包括回購105或類似方式），例如營業額的1%或3%，以較低者為準。禁止資產負債表外會計。將所有SIV包括在會計帳上。更仔細地考慮市值定價會計規則。實施特別的中期審計，以確保合規。	和左列相同。	不做改變。
(12) 銀行負債對股東權益比率	緊縮和設定更高的標準。特別的定期審核。	特別對投資銀行有更嚴格的控制。	不做改變。
(13) 衍生性商品	除遠期外匯和一些簡單的交換交易，要求所有衍生工具有金融期貨相同的交易結構和類似的保證金規則。	要求衍生工具市場廣泛的監管，除了一個或兩個例外，適用於私人市場以及公開交易市場。與極端風險規避大致相同。	不做改變。
(14) 風險監控	指定一個機構，著重在系統性失靈的關鍵預測指標，例如高槓桿、虛胖房地產和股票價格、資產負債不匹配、和快速增長的產品和機構。	和左列相同。	不做改變。
(15) 銀行貸款	監管機關進行審核，並隨機抽查貸款業務的程序和部位狀況，聚焦於客戶群體風險、行業類型和國家風險。監管機關同時冷卻多餘的房地產貸款，見下項。	和左列相同。	不做改變。

表 17.1　主要問題（續）

問題	極端風險規避	中庸	極端風險追求
(16) 準備資產的要求	重新引入資產準備的要求，當接近出現繁榮的情況，銀行必須存放央行所規定的金額。	和左列相同。這種做法是過去銀行體系的一部分，仍然是一些國家的做法。	系統不做改變。
(17) 銀行祕密或審慎準備金	銀行在經濟榮景時期，可以將一部分的利潤撥為祕密或審慎準備，在經濟不景氣時，能夠有更好的生存機會。	和左列相同。這種做法是過去銀行體系的一部分。	系統不做改變。
(18) 存款保障	政府擔保的個人零售存款達到非常高的上限水平。個人存戶受到保護。企業存戶也得到保護。政府擔保費用來自對銀行徵費。	政府擔保的個人零售存款到非常高的上限水平。企業存戶擔保上限水平在低得多的水平。政府擔保費用來自對銀行徵費。	不做改變。
(19) 遊說	是否有可能完全停止遊說？很可能不會。	對國會的遊說必須登記並申報利益，並據而審核以及行動。當產生遊說時，不允許對該問題投票。	不做改變。
(20) 監管	存在許多監管當局而沒有單一機構在層級結構的頂點。不同監管機構之間權力的三不管地帶，可能造成相當危險。	雖然監管機構的數量增加，最終的責任（在監管層級結構的頂部）必須由指定的單一機構承擔，可能是央行，但也可能是其他。	不做改變。

表 17.1　主要問題（續）

問題	極端風險規避	中庸	極端風險追求
(21) 銀行國有化	100%國有化所有銀行。	讀者可能會認為銀行國有化是一個笑話。在先進國家，這並不是一個長期的選擇，但在一些低度發達市場，這是一個一般做法，以確保市場流動性。	不做改變。
(22) 投資銀行和自營交易	禁止。投資銀行只能代表客戶交易。如果他們希望交易的話，把交易業務分割出去成為獨立的避險基金。	分割自營交易成為獨立的避險基金，不再是銀行的一部分。避險基金可以有獨立的市場報價。	不做改變。
(23) 歐元	孱弱的歐元區成員退出單一貨幣。短期對資本市場造成影響，但是影響終將消退。	孱弱的歐元區成員國採用「軟歐元」，相對目前的「硬歐元」貶值。也許這將是一塊墊腳石讓孱弱的歐元區成員國退出歐元。	不做改變。除非緊縮措施成功，否則將會非常危險。

任企業（或國家）的生存。就在寫這章之前，市場對希臘CDS的摜壓，令希臘在債券市場借貸成本於七天的時間內，由大約5%拉高到16%。原因是CDS價格和實際債券借貸利率之間，有套利空間的聯繫。套利的確應該把兩者綁在一起。想像一個類似的情況，一個公司X正經歷困難時期，但還是有機會生存下去。X公司需要新的貸款而計畫發行債務。然而，一家投資銀行聽到謠言，得出的結論是X公司的生存正在風雨飄搖中。該投資銀行在CDS市場向X公司債券信用進行空頭摜壓。這樣做的結果令市場其他參與者察覺到這是一個暗示，X公司比以前所認為的更為接近違約。造成CDS保險成本的上升，並透過套利機制，X公司的債務融資成本也同時增加。可能原定5%殖利率的債務發行計畫，看起來可能支持X公司的生存。但是如果市場對CDS的投機推高X公司債務成本到例如12%，X公司的生存可能會受到威脅。有些人可能會認為這只是另外一種資本主義運作的方式。其他人可能會說，這似乎是實體經濟受到金融市場投機活動驅動的一個跡象。X公司的未來將聚集財富或是投機壓力？我們在其他地方已經說過，通用汽車和克萊斯勒的救助，看起來有部分是被類似的短期情勢所推動。

當市場提供保險機制可以用來避險，當CDS成為金融危機主要的禍首，而且很可能一再這樣。我們不相信在這些情況下，CDS的存在是可以被合理化的。該產品是一種隱喻的核子裝置。我們會希望立法機構應該防止普通人在核子武器所在地四處遊蕩。那麼為什麼銀行可以？這無疑是整個監管討論中最迫切的問題，以防止重蹈2007/8年的崩潰。剪報17.1強化了這一觀點。

剪報 17.1 金融時報，2010年3月1日 FT

是時候禁止非避險目的CDS交易

沃爾夫岡．明肖（Wolfgang Münchau）

我一般不喜歡提倡禁令。但是我不明白為什麼我們仍然允許無標的證券所有權的CDS交易。特別是在歐元區，目前受到了一連串的投機性攻擊，廣泛禁止所謂的裸CDS（naked CDS），應該是連考慮都不用考慮的正確決定。

下大賭注看空歐洲國家（最近是

希臘）政府償債能力，裸CDS是首選的工具。美國聯準會主席伯南克上週表示，聯準會正在調查「高盛及其他公司有關希臘衍生商品安排上的一些問題。」他說，使用CDS來穩定政府是「適得其反的」。不幸的是，CDS是合法的。

CDS是雙方協商的場外交易合約，提供買方標的證券捆綁的信用保險。一個典型的捆綁是1,000萬歐元的希臘政府債券。為了得到違約時的保險，CDS買方支付賣方保險溢價，價值以基點（basis points）表示。上週四，8年期希臘債券的CDS合約報價為394個基點。這意味著買方每年以394,000歐元的成本，提供五年中對希臘債券違約的保險。如果希臘違約，買方獲得1,000萬歐元或相等價值。違約的構成要根據一個複雜的法律定義。

購買裸CDS，意味著你對沒有實際擁有的債券購買信用保險，這是純粹的投機賭博，沒有社會上或經濟上的利益。在這一點上，連強硬的投機者都同意。特別是因為裸CDS在所有CDS交易中占了很大一部分，禁止裸CDS就跟禁止銀行劫案的立場一樣有強力的立論依據。

在經濟上，CDS作為保險的原因很簡單，當標的證券違約時，他們提供買方對債券違約的補償。保險監管上普遍接受的原則是，你只能對你實際擁有的可能損失進行保險。保險並不意味著賭博，而是一種工具，讓保險買家降低不可估量的風險。即使是最自由主義的極端分子也不會接受，你可以購買隔壁房子的房屋保險，或是你老闆的人壽保險。

從技術上講，CDS不歸類為保險，而被歸類為交換（swaps），因為CDS契約牽涉到現金流的交換。對CDS的遊說著重在這些技術特點，以現狀作為防禦。但這是一種誤導。即使是傳統型保險合約也可以被看作是一種交換，也是因為涉及到現金的交換。但是沒有一個正常人，會使用保險合約類似交換的特性為藉口，而不去規範保險業。不同於保險，CDS是可交易合約的事實，不會改變基本的經濟合理性。

現代金融產品的整個概念，是複製其他傳統投資工具的現金流，以提供更好的條件。出售CDS就像是購買債券。購買CDS是賣空債券的一種方式，或是對債券違約投保。但是這並不改變一個事實，一旦去掉複雜的技術機制，最終的產品還是一種保險，即使是比標準契約更靈活的保險契約。

我聽說過遊說組織的另一種說法是，裸CDS讓投資者可以更有效地進行避險。這好比說，搶劫銀行會為搶犯帶來好處。另一個反對禁止的理由，是難以督察。毫無疑問，對於涉及複雜技術如CDS複雜產品的禁止，評論家可能低估問題。這是可以想像的，例如該行業可能會很快找到合法的途徑繞過這樣的禁令。再一次，我們不會因為很難捉到劫匪，而考慮將搶劫銀行合法化。

那麼，為什麼我們會如此謹慎？從與監管機構和立法機構的談話中，我懷疑他們並非總是熟悉這些產品。這算是客氣的說法，而且他們可能害怕去規管他們不了解的東西。他們明白，或自以為他們明白什麼是避險基金。限制避險基金，他們可以用來對他們的選民宣傳。避險基金並非這場風暴的中心，但他們是一個政治上適合的目標。禁止沒有人能理解的、由醜陋大寫字母縮寫為名的產品，似乎是不必要的艱難工作。

我不想誇大禁令的效果。這種投機既不是全球金融危機的根本原因，也不是歐元區經濟局勢緊張的根本原因。但是裸CDS在造成金融體系的不穩定中，發揮了重要和直接的作用，直到現在都還是。股東和員工都受益於公共救援方案的銀行，現在反倒使用CDS來投機摜壓政府信用。

政治上的回應在哪裡？德國人希望把它帶到二十國集團，他們不想要單方面地採取任何舉動。法國財長拉加德（Christine Lagarde）最近被引述說：「我們從這場危機中得到的教訓，絕對是要再考慮多一次主權〔CDS〕的有效性和穩固性。」

再考慮多一次？我懷疑當他們第一次看到的時候，到底是什麼樣子。

下一個重要的問題是有關格拉斯－斯蒂格爾法案的重新實施，將投資銀行和商業銀行分拆開來。贊成重新實施的論據，是承擔大量風險的投資銀行部門，有可能將同集團內的商業銀行業務部門完全消滅。這發生在2007/08年的危機中。這裡的論點，闡明在表17.1中的第（3）點。如果縮小所謂大到不能倒的銀行規模，也許格拉斯－斯蒂格爾法案就沒那麼重要。或者另一種方法，可以將投資銀行從商業銀行中分割出來。

影子銀行體系是我們的下一個大問題。在2007/08年金融危機的醞釀期，影子銀行在許多國家的監管之外。然而，他們對崩潰有很大一部分的影響。將影子銀行納入監管的理據是明確的。明確的建議很簡單，如果看起來像一家銀行，就要像銀行一樣地規範。

需要解決獎金的問題。正如我們早先指出，過度冒險和不正常獎勵制度，在華爾街和倫敦金融城一直是顯而易見的問題。在我們看來，這將是銀行應該自己解決的問題。 如果銀行不這樣做，政府當然應該出面。銀行已經有大量的時間去規劃獎金制度，不該讓不對稱的獎勵製造出系統性風險。既然銀行沒有這麼做，是時候由監管機關採取行動。那麼應該使用什麼公式？在依市場價值定價會計規定之前，兩個一般會計原則是實現原則和保守主義。實現原則有關利潤的實現確認，在通常情況下，利潤會在出售或交易全部完成後認列。保守主義的想法，是無論實現或未實現的所有損失，應該先對利潤沖減。銀行（和其他地方）根據利潤計算獎金份額時，應該透過會計的實現原則和保守主義。如果這些方法被運用在獎金的計算，獎金支出會比較合理。當然，利潤實現的發生是真正與第三方的交易銷售，而不是回購（repo）類型的交易。還記得回購嗎？他們出現在第十二章中雷曼兄弟的案例研究。總之，對於獎金目的的市價定價會計應該被擱置。這應該不只適用於金融機構，還包括所有企業。以用來決定總獎金數目，以及在員工之間決定如何分配。高層人員根據員工貢獻，了解應該如何發放獎勵。有關一些市場中最大額的獎金支付，我們必須說，反正很難花光3億美元，反正富爾德看起來從沒開心過。收到3,000萬美元並享用這筆錢，額外的2.7億美元除了擁有吹噓的權利外，所帶來的效用不會還是這麼的棒。

在離開有關獎金的主題之前，有沒有一個國際協調的回溯稅，適用於2007年之前三年期間所有的銀行獎金？也許適用於每年收到超過100萬美元獎金的所有人身上。當然隨著時間的經過，這種稅項變得不太可能被實行。

接下來輪到評級機構。他們在2007/08年金融危機的醞釀期中，有糟糕透了的做法，沾染了明顯的利益衝突。我們無法想像他們的無能會被重複。然而，還是要有強大的依據以做出更好的監督。表中風險規避極端的國有化，應該不會是一個可能的選擇。但是對評級邏輯和決定標準的定期隨機檢查，則肯定可以讓大家對評級系統的信心回復。向評級機構或用戶徵收的費用，可以用來支付審計檢查的成本。

救市徵費是表中下一個可能的提議。如果銀行繼續承擔愈來愈高的風險，會愈來愈有理由做出這樣的要求。下一個大問題是次級房屋貸款。我們希望大家已經學到最近危機中所汲取的教訓，但這樣的假設肯定是自找麻煩。根據表中的標準，某些監管的形式可以很容易用相對較低的成本達成。

在2007/08年金融危機中，次級貸款和CDS的證券化特別地發揮了重要作用。從表17.1可以看出，將低品質債權資產維持在證券化組合之外的針對性目的，可以很容易地實現。方法是要求貸款發起銀行，留下部分貸款債權，其餘才提供作為證券化的部分組合成分。貸款發起銀行大概留下10％到15％債權，意味著只有85％到90％債權將用於證券化。但是有一種較強的替代方式。既然危機發生之前，CDO的成分都是一些劣質的多樣化債權組合，像是商業貸款、住宅貸款、信用卡債務、汽車貸款、學生貸款等，其中的許多屬於次級貸款，對他們禁止或至少使他們更加規範和透明（如果可能的話），得到例如魯比尼和米姆[15]（Roubini and Mihm）一些評論家的倡議。

會計規則在這個危機中當然不是無辜。儘管銀行和金融機構明確表達了憂慮和保留，但還是決定轉為依市價計值的會計規定。他們表達了自己的憂慮，依市價計值會造成利潤和股東權益的大幅振盪，這可能意味著當市場在最低水平時，銀行可能需要推出要求股東出錢供股的現金增資計畫。雖然我們仍然擔心銀行的會計報告，但我們懷疑依市價計值的會計規定會不會消失。此外，還有一些擔憂有關尚未實現的利潤（轉化為現金或應收帳款）被包括在損益表和資產負債表上。更直接的方式，還有違法的重大金額帳面美化，資產負債表外會計，把所有的結構性投資工具和類似工具計算進來。

此外，也值得考慮向所有銀行和所有看起來像銀行的機構（例如影子銀行機構），緊縮對比率控制的要求。

衍生工具具有風險，可以被用來去除風險，也可以被用來增加風險。要馴服這些野生動物，就值得要求更多的審慎調查。值得考慮要求所有衍生工具（最簡單的除外），必須根據金融期貨的交易規則，雙方透過交易所交易，結算所在中間根據即時價值重估做出保證金要求。

可以成立一個風險監測機構，主要聚焦於潛在系統性失靈的情況。對於銀行的貸款部位，定期隨機地查核。

作者在60年代（1960年代，不是1860年代，我曾經不只一次向比我更有幽默感的學生解釋）成為合格會計師，並記得銀行業環境的兩個特點。這兩個特點在表中的編號為（16）和（17），是資產準備要求和審慎的銀行準備（又稱為祕密準備），兩種機制總結在表中。前者使政府可以隨時將雞尾酒大盅由過分放縱的銀行中移開，要求他們增加在央行的存款，從而降低他們的放貸能力。後者的建議允許銀行由他們的收入中，撥出一部分作為祕密準備，以備不時之需。屬於一種平滑穩定年度利潤的形式？是，但也是審慎的做法。

對於是否應該透過政府擔保以對散戶投資者提供保護，也應該對批發存戶提供一定程度的保障，產生了一部分的懷疑。多數國家已經有這樣的制度，在愛爾蘭銀行的案例研究中我們注意到，保護可能高達100％。

雖然銀行對政客的遊說非常明顯，特別是在美國，特別是對於共和黨人，但是遊說不能違法。也許需要對遊說做出非常詳細的登記。

表中還出現了其他兩個項目。我們認為如果要避免模糊的控制，需要一個全面的監管機構。眾多機構有不同的職權範圍，沒有一個單一機構負責總體控制，是一個等待發生的災難。在英國，當警鐘在2007/08年危機之前沒有響起，各個監管機構仍在持續爭吵誰該負責。將整體的監管責任交給中央銀行，可能是最明智的做法。他們應該比其他機構了解更多的經濟事件，而且央行通常對系統有很大的影響力。

在我們的表中，銀行國有化被當作一個選項提出，這不是一個玩笑。在美國、英國、法國、荷蘭、德國等，我們看不出有什麼問題。但是，作為一個長期的手段以取得良好的流動性，在較不發達的國家中，可能是一個嚴肅的問題。

也值得考慮禁止投資銀行自營交易，也就是為自己的帳戶交易，而不是為他們的客戶。如果他們希望以自己的帳戶進行交易，應該要分割交易業務成為一個獨立的實體，不屬於投資銀行擁有，實際上是一個獨立的避險基金。如果有市場報價，投資人可以透過購買股份投入資金。這些業務將不獲最後貸款人的擔保或流動性支持。

緊接著的小節中，我們提出了歐元區的問題。對立即的問題，提出了各種解決方案，在表17.1中重申。

隨後政府必須面對的主要問題之一，是他們的退市策略。對著問題拋出大量金錢，會造成更多的困難接踵而至，例如：

- **巨大的預算赤字**。隨著經濟的復甦，必須好好處理。
- **公共債務的嚴重惡化**。這裡的問題是長期持續的償債義務，一些國家潛在的債務管理問題，最壞情況下是違約。
- **大量未償還的政府和中央銀行貸款**，反映了提供給信貸市場的支持。可能會在適當的時候，向其他地方的金融體系出售。
- **廣泛的擔保**。大概等同於公共債務，也必須要解除。在這段期間，應該會吸引實際的價格。
- **部分國有化的銀行系統**。當市場有所改善，這些投資可能會出售給投資者。

短期而言，政府財政將透過增加稅收、減少補貼、財政緊縮措施、（最壞的情況下）可能的貨幣貶值（雖然必須避免保護主義）、公共部門削減開支、重新安排重大基礎建設、削減政府資助機構、推行政府企業以及房地產私有化，再加上一些其他行動，來自我加強。當然當讀者看著這本書時，表17.1中所提到的全部或部分問題，可能已經納入成為法律。

過去的危機影響了全球權力的變化。詹姆斯[16]（Harold James）認為，大蕭條加速了英國的下滑和美國的崛起。這場危機是否會以美國的犧牲，造成遠東的崛起？很顯然，沒有肯定的答案，但它是值得考慮的。

最後，我們轉向另一個大問題。像經典的偵探故事，偵探在最後揭開了謎底。現在，我們希望你們有了自己的判斷。政府、類似你我的個人借款人、銀行、次貸借款人、監管機構，到底誰是最可能的犯罪嫌疑人？誰應該承擔最多罪過？你認為是銀行還是政府？作者認為，銀行有他們的自我毀滅武器，信用違約交換（CDS）。而世界各地的政府，以寬鬆的經濟條件，創造了經濟繁榮時期，並且維持了太長時間，就像美國政府在華爾街的崩潰和大蕭條之前所做的一切。到底他們什麼時候才會學到教訓？

後記

簡介

任何一本試圖捕捉當代歷史事件的著作，都不可避免隨時有被事件超越的危險，本書也不例外。因此需要這個簡短的後記，著重於自從這本書主體的寫作以來，四個主要事件的發生，加上對歐元區的最新消息。四個事件按照時間順序為

- 在美國的杜德－法蘭克（Dodd–Frank）華爾街改革與消費者保護法案（2010年6月）。
- 歐洲銀行壓力測試（2010年7月）。
- 巴塞爾第三協議（2010年9月）。
- 愛爾蘭銀行的最新消息（2010年9月）。

我們依序介紹上面各點，然後再到歐元區。

本章內容

杜德－法蘭克（Dodd–Frank）華爾街改革與消費者保護法案

該法由美國眾議院的法蘭克（Barney Frank）和參議院銀行委員會的杜德（Chris Dodd）所提出。在2010年7月21日由總統歐巴馬簽署成為法律。

金融危機引發了改變美國監管制度的廣泛呼籲。2009年6月，美國總統歐巴馬推出了一項提案，為「全面改革美國金融監管體系，自大蕭條以來從未見過的改造規模。」歐巴馬總統的原始提案主要包括：

- 監管機構的整合，取消國家儲蓄機構的特許，並引進一個新的監督委員會以評估系統性風險。
- 金融市場的全面監管，包括衍生工具透明度的增加（即為將他們轉移到交易所統一交易）。
- 消費者保護的改革，包括新的消費者保護機構，以及一般金融產品的統一標準，同時加強對投資人的保障。
- 應對金融危機的工具。包括結構上補強現有的聯邦存款保險公司（FDIC），允許破產公司有序的清算，和建議聯準會在財政部授權下，可以在特殊情況下延長信貸。
- 各種措施針對提高國際標準和合作。這裡的建議包括改善會計，並加緊對信用評級機構的監管。

2010年1月，美國總統歐巴馬在上述建議之外，加上沃克爾規則（Volcker Rule）。此規則將禁止收受存款銀行進行自營交易（以自己的名義交易買賣）。這些銀行將被允許在私募股權和避險基金上，投資最多3%的第一級資本，以及作為避險用途的交易。

立法所標榜的目的，是要「藉由改善金融體系可靠性和透明度，以促進美國的金融穩定，結束大到不能倒的現況，保護美國納稅人的援助金額，保護消費者遠離金融服務業務的濫用，以及其他目的。」該法案建立嚴格的標準和監管，以保護經濟和美國消費者、投資人和企業，不再用納稅人資金來救助金融機構，提供幫助穩定經濟的先進預警系統，對高層薪酬和企業治理建立規則，去除導致金融危機的漏洞。創造一些新的金融監管機構，所有新的和舊有的機構需要定期向國會報告。新的監管機構包括金融穩定監督委員會（Financial Stability Oversight Council）、金融研究辦公室（Office of Financial Research），和消費者金融保護局（Bureau of Consumer Financial Protection）。

解散儲蓄機構管理局（Office of Thrift Supervision），將職責轉移到其他機構，包括聯邦存款保險公司（FDIC）和聯準會。一些非銀行的金融機構也必須由聯準會監督。

法案的大多數規定，在總統簽字十八個月後生效。這個時間表反映了各種規則需要時間以正式成立。這些措施包括：

- **消費者權益保護**。新的消費者金融保護局，是要解決房屋貸款、信用卡及其他貸款的不當銷售。
- **衍生性工具**。櫃檯買賣的衍生性工具交易，將強迫透過集中的電子交易結算所交易，以增加透明性。非金融公司以避險目的使用衍生工具合約，將可豁免。強迫銀行分拆部分衍生商品交易業務到分支機構。
- **決議授權**。如果一家機構面臨著即將發生的周轉不靈，或對廣泛的金融體系構成威脅，政府將能夠控制並清算該機構。可以削減股東股權，解僱高級管理人員，由政府對行業所徵收的徵費，向債權人償還債務。
- **系統性風險的監管**。監管機構之一的金融穩定監督委員會，由財政部長擔任主席，將辨識出對系統性有重要影響的公司，監察市場的泡沫。被確立為對系統性有重要影響的公司，將面臨更嚴格的資本、槓桿比率和流動性標準，並在周轉失靈的事件發生時，必須對其進行援助。
- **沃克爾規則**。將強迫銀行分割自營交易業務，但可以保留避險基金和私人股權投資公司的股權。以前美國聯準會主席沃克爾（Paul Volcker）的名字命名，他指出，銀行不應該涉入賭博活動，而同時又得到政府對存款的保障。

- **銀行徵費**。美國政府在五年內，對資產超過500億美元的銀行和資產超過100億美元的避險基金，徵收徵費到190億美元。由於經營風險的不同，根據風險加權，一個大型共同基金比較一個小型避險基金，可能會支付較少的徵費。徵費的目的是為了增加預算來源。得到的款項可以用於減少聯邦赤字。

由於該法案的複雜性，針對衍生性工具有超過百項規則。直到2011年7月，有些方面還需要監管機構進一步討論的細節。對於衍生性工具，尚未決定的問題包括：

- 誰有資格作為交換（swap）的交易商？在交換的交易方面，銀行的角色為何，石油集團衍生性商品交易的部分，小型交易公司？應該持有多少資金？
- 什麼類型的交換交易應該採取中央結算？監管機構應該大規模強制結算不同類別的金融工具，還是採取逐案的方式。銀行可以允許擁有自己的結算公司嗎？
- 允許手機交易或是電子交易？大額交易需要立即報告嗎？哪些有關交易的訊息應該向公眾公布？
- 交換的交易商和投資人應該將多少數據資料傳遞給監管機構，需要以多快的速度？誰有權得到這些訊息？

很明顯，有大量的工作需要去做。

有趣的是，杜德－法蘭克法案包括對告密者的激勵機制，可以向舉報人支付數百萬美元的檢舉報酬，可能會導致對美國上市公司和華爾街銀行的指控激增。美國證券管理委員會（SEC）本身也預期，在七位數獎金的誘惑下，來自高層員工和第三方的內幕指控將會增加。

歐洲銀行壓力測試

2010年7月，歐洲銀行監管委員會（Committee of European Banking Supervisors, CEBS）對九十一家歐洲銀行實施壓力測試，以了解當歐洲發生雙底衰退以及低於歐盟預測經濟3%的偏差下，尋求建立銀行的預估表現，這是一個相當溫和的悲觀情境預估。好消息是，八十四家銀行通過測試。雖然在壓力情況下會造成2010/2011年5,660億歐元的損失，但所有的歐洲大型銀行均通過測試。七家未通過測試的銀行，不是已經倒閉，就是西班牙和希臘體質較弱的銀行。

CEBS只測試銀行交易部位，並沒有提到歐洲銀行業的主權債務風險。也許監管機構認為歐洲主權債務沒有違約的風險。在歐元區的債務危機下，這種想法非常勇敢，也許也是非常魯莽的。

七家周轉失靈的銀行需要籌集新的資本，或者已經這麼做了，將他們的第一級資本比率提高到6%或以上。在過去一年中，美國十九家銀行進行壓力測試，有十家無法通過測試，被要求提高750億美元的新資本。

歐洲做法的主要目的，是為了強調不確定性對維持銀行業健全所產生的影響。由於在相對偏低要求的假設下，值得懷疑這類測試是否能夠發現任何新的東西。

巴塞爾第三協議的資本要求

發表於2010年9月，巴塞爾新規則將依照風險加權資產的百分比，要求銀行持有更多的資本。關鍵要求載列於圖A.1。

除了新的資本要求，核心一級資本的定義也比以前接受的形

式，變得較為嚴格，例如遞延稅項資產就被排除在新定義之外。本

普通股權益（各類扣除後）占風險加權資產的百分比

	巴塞爾第二協議	巴塞爾第三協議
最低要求 強制性的。銀行的資本必須能夠達到這個水準，否則將無法運作。	2.0%	4.5%
保護緩衝 不作為銀行運作的必要條件。但是比率低於7%的銀行，在支付股息和紅利方面將受到限制。監管機構希望銀行資本要維持在這個水準之上。		2.5%
逆週期緩衝 正在討論中的細節。國家監管機構在市場開始繁榮，為了有效對抗泡沫，而採取增加的資本要求。		0-2.5%
系統性群體的緩衝 如何處理造成全球風險超大型銀行資本要求，正在考慮中的幾種提議其中一項。如果獲得通過，可能對最大型的銀行增加1%至2%資本要求。		1-2%*

圖 A.1　巴塞爾第三協議資本要求

來源：《金融時報》，2010年9月13日，© 金融時報公司

普通股權資金比率（%）

最低要求加上保護緩衝

最低要求

7
6
5
4
3
2
1
0

2013　14　15　16　17　18　19

圖 A.2　巴塞爾第三協議實施時間表

來源：《金融時報》，2010年9月13日，© 金融時報公司

質上，一級資本是普通股和保留盈餘。

有趣的是，銀行高層最大的夢魘，關於2012年之前實施巴塞爾第三協議，並沒有出現在新的規則中。相反地，要到2019年1月1日才會完全生效，見圖A.2。他們的遊說似乎再次見到成效。

也難怪筆者認為，風險權重資產仍然是一個有缺陷的概念。除非低檔債務的證券化，總是要求100％流動資產的支持。

愛爾蘭銀行的最新消息

2010年9月底，愛爾蘭財政部長勒尼漢（Brian Lenihan）發布了最新消息，這不是個開心的故事。愛爾蘭承諾進一步向受災的金融部門注資，擔憂升高，拯救銀行的總成本可能上升到500億歐元（430億英鎊），超過2009年愛爾蘭國家收入的三分之一。

愛爾蘭政府在已經推出的一系列緊縮措施之上，承諾進一步削減公共開支。財政部長承認了駭人的成本，用以清理國家在房地產推動的熱潮崩潰之後所留下的爛攤子。他說，該國已注入銀行和建築互助會大約326億歐元。他補充說，盎格魯愛爾蘭銀行將獲得額外的64億歐元，再為意外的損失另外籌資50億歐元，愛爾蘭全國建築互助會將進一步獲得27億歐元。這是故事的結局嗎？當然不是。等待歐盟或IMF的救助方案，還是退出歐元區？

歐元區危機

除了第十六章中的細節，我們添加了兩個圖表，總結歐元區經濟體的困境。（譯者按：限於中文版版權授權問題，無法列出圖A.3與圖A.4。煩請讀者自行取得相關資料。）第一個圖A.3是歐盟執行委員會所預測，各國在2010年的預算赤字占各國GDP百分比。歐豬國家所面臨的問題是不言自明的。第二個圖A.4顯示2010年年初的實質有效匯率。讀者會記得，實質有效匯率與一個國家的貨幣被高估或低估的程度有關。歐元區有可能出現，相對高通膨的國家，無法以貨幣的貶值來補償。

反之亦然。圖A.4告訴我們，以愛爾蘭為例，如果愛爾蘭恢復到舊有本國貨幣愛爾蘭鎊（而不是歐元），愛爾蘭鎊需要貶值13%，以回到歐元區國家平均實質有效匯率。同樣地，西班牙貨幣將需要貶值11%。相比之下，德國貨幣需要升值5%左右。

如果有人認為歐元區處於危機之中，作者會同意。如果有人認為歐元的消失指日（或年）可待，作者也會同意。現在的問題是歐元還能撐多久？這裡充滿著燃料，足以點燃一整個全新的金融大火。

最後幾句話

立法者已經在金融危機之後做了一些改變。在寫這本書的時候，他們沒有拆除炸彈中最關鍵的引信，也就是信用違約交換（CDS）。現在應該對燜燒的主權債務加添柴火，而非次級房屋貸款。我們呼籲現在就採取行動，不要等到為時已晚。在寫這本書的時候，主權債務援救方案正在設計中，以避免主權債務違約，目的是反過來避免更多的銀行由CDS造成虧損。

參考資料

第一章　2007/08年金融危機概述

1. Viral V. Acharya and Mathew Richardson, *Restoring Financial Stability*, John Wiley and Sons, Inc., 2009
2. Paul Mason, *Meltdown*, Verso, 2009
3. Vince Cable, *The Storm*, Atlantic Books, 2009

第二章　政府與金融危機

1. Thomas Hobbes, *Leviathan*, Oxford World's Classics, 2008 (first published 1651)
2. Thomas Hobbes, *Leviathan*, Oxford World's Classics, 2008 (first published 1651)
3. Jean-Jacques Rousseau, *The Social Contract*, Oxford World's Classics, 2008 (first published 1762)
4. Charles P. Kindleberger, *Manias, Panics, and Crashes*, 3rd edition, John Wiley and Sons, Inc., 1996 (5th edition by Charles P. Kindleberger and Robert Z. Aliber)
5. Carmen M. Reinhart and Kenneth S. Rogoff, *This Time is Different*, Princeton University Press, 2009
6. Simon Johnson, 'The Quiet Coup', *The Atlantic Magazine*, May 2009.
7. Simon Johnson and James Kwak, *13 Bankers*, Pantheon Books, 2010
8. Simon Johnson and James Kwak, *13 Bankers*, Pantheon Books, 2010
9. Simon Johnson, 'The Quiet Coup', *The Atlantic Magazine*, May 2009

第三章　個人金融、住房與金融危機

1. Raghuram G. Rajan, *Fault Lines*, Princeton University Press, 2010

第四章　銀行業務

1. Philip Auger, *The Greed Merchants*, Penguin Group, 2005
2. John Kay, 'What a Carve Up', *Financial Times*, 1/2 August 2009
3. Frank Partnoy, *F.I.A.S.C.O*, Profile Books, 1997
4. Geraint Anderson, *Cityboy*, Headline Publishing Group, 2008
5. Robin L. Marris, *The Economic Theory of Managerial Capitalism*, Macmillan, 1964

6. Quoted from Robin L. Marris, 'Profitability and Growth in the Individual Firm', *Business Ratios*, Spring 1967
7. Frank Partnoy, *F.I.A.S.C.O*, Profile Books, 1997
8. Michael Lewis, *Liar's Poker*, Hodder and Stoughton, 1989
9. Geraint Anderson, *Cityboy*, Headline Publishing Group, 2008
10. Seth Freeman, *Binge Trading*, Penguin, 2009
11. Tetsuya Ishikawa, *How I Caused the Credit Crunch*, Icon Books, 2009
12. William Golding, *Lord of the Flies*, Faber and Faber, 1954
13. Satyajit Das, Traders, *Guns & Money*, Revised edition, FT Prentice Hall, 2010
14. Kevin Dowd and Martin Hutchinson, *Alchemists of Loss*, Wiley, 2010
15. Laurence J. Kotlikoff, *Jimmy Stewart is Dead*, Wiley, 2010
16. Tim Congdon, 'Central Banking in a Free Society', Institute of Economic Affairs, Monographs, Hobart Paper 166, 2009

第五章　次級貸款的放款人與借款人

1. Richard Bitner, *Confessions of a Subprime Lender*, John Wiley and Sons, Inc., 2008
2. Frank Partnoy, *F.I.A.S.C.O*, Profile Books, 1997

第六章　信用違約交換與有毒資產

1. John Kenneth Galbraith, *A Short History of Financial Euphoria*, Whittle Books, 1990
2. Larry McDonald, *A Colossal Failure of Common Sense*, Ebury Press, 2009
3. John C. Hull, *Risk Management and Financial Institutions*, 2nd editon, Pearson, 2007
4. Gillian Tett, *Fool's Gold*, Little Brown, 2009
5. Felix Salmon, 'Recipe for Disaster: The Formula that Killed Wall Street', *Wired Magazine*, 23 February 2009
6. David X. Li, 'On Default Correlation: A Copula Function Approach', *Journal of Fixed Income*, 9, pp 43–54, 2000
7. Simon Johnson and James Kwak, *13 Bankers*, Pantheon Books, 2010
8. Frank Partnoy, *F.I.A.S.C.O*, Profile Books, 1997
9. Benoit B. Mandelbrot, *The (Mis)Behaviour of Markets*, Profile Books, 2005
10. Nassim Nicholas Taleb, *The Black Swan*, Penguin Group, 2008

11. Pablo Triana, *Lecturing Birds on Flying*, John Wiley and Sons, Inc., 2009

12. International Monetary Fund, *Global Financial Stability Report*, IMF Publications, April 2010

13. John Cassidy, *How Markets Fail*, Penguin Group, 2009

14. Michael Lewis, *The Big Short*, Penguin Group, 2010

第七章　銀行貸款與控制機制

1. Roger H. Hale, *Credit Analysis*, John Wiley and Sons, Inc., 1983

2. Michael Hammer and James Champy, *Reengineering the Corporation*, Harper Collins, 1993

3. Benoit B. Mandelbrot, *The (Mis)Behaviour of Markets*, Profile Books, 2005

4. Nassim Nicholas Taleb, *The Black Swan*, Penguin Group, 2008

5. Pablo Triana, *Lecturing Birds on Flying*, John Wiley and Sons, Inc., 2009

6. Yves Smith, *Econned*, Palgrave Macmillan, 2010

第八章　金融監管

1. Charles P. Kindleberger, *Manias, Panics, and Crashes*, 3rd edition, John Wiley and Sons, Inc., 1996

2. Carmen M. Reinhart and Kenneth S. Rogoff, *This Time is Different*, Princeton University Press, 2009

3. Nouriel Roubini and Stephen Mihm, *Crisis Economics*, Allen Lane, 2010

第九章　景氣循環、榮景、破滅、泡沫與詐欺

1. In fact, real returns have varied. Looking at actual achieved returns from Treasury bonds and gilt edged securities, real returns in the USA and UK both achieved around 1 per cent over the last century. However, real returns pre-1980 were very low – not even 0.5 per cent – and post-1980 they were much higher (nearer 3 per cent). These data are extracted from Elroy Dimson, Paul Marsh and Mike Staunton, *Triumph of the Optimists*, 2002, Princeton University Press. Elsewhere (see Jeremy J. Siegel *Stocks for the Long Run*, 4th edition, McGraw Hill, 2008) real returns for the USA are recorded as around 1 per cent for the period from World War II to 2006, again with much higher real returns from the mid-1980s to 2006. Siegel records real returns from government fixed-interest investment from 1871 to 2006 at just above 2 per cent. If we were to look at index-linked government securities, our figure of 1 to 2 per cent is about right.

2. This accords with Irving Fisher, *The Theory of Interest*, Augustus M. Kelley, 1930

3. John Maynard Keynes, *The General Theory of Employment, Interest and Money*, Macmillan Paperback,1964 (first published in 1936)

4. D. R. Myddelton, *They Meant Well*, Institute of Economic Affairs, 2007
5. George A. Akerlof and Robert J. Shiller, *Animal Spirits*, Princeton University Press, 2009
6. John G. Matsusaka and Argia M. Sbordone, 'Consumer Confidence and Economic Fluctuations', *Economic Inquiry*, 33(2), 1995
7. Charles P. Kindleberger, *Manias, Panics, and Crashes*, 3rd edition, John Wiley and Sons, Inc., 1996
8. Hyman P. Minsky, *Stabilizing an Unstable Economy*, McGraw Hill, 2008 (first published by Yale University Press, 1986)
9. Stephen Vines, *Market Panic*, 2nd edition, John Wiley and Sons (Asia Pte) Ltd., 2009
10. John P. Calverley, *When Bubbles Burst*, Nicholas Brealey, 2009
11. Stephen Vines, *Market Panic*, 2nd edition, John Wiley and Sons (Asia Pte) Ltd., 2009
12. Stephen Vines, *Market Panic*, 2nd edition, John Wiley and Sons (Asia Pte) Ltd., 2009
13. Frederic Mishkin, 'Not all Bubbles Present a Risk to the Economy', *Financial Times*, 9 November 2009
14. Charles Mackay, *Extraordinary Popular Delusions and the Madness of Crowds*, Wordsworth Editions Limited, 1995 (first published 1841)
15. Charles P. Kindleberger, *Manias, Panics, and Crashes*, 3rd edition, John Wiley and Sons, Inc., 1996
16. Charles P. Kindleberger, *Manias, Panics, and Crashes*, 3rd edition, John Wiley and Sons, Inc., 1996
17. Bethany McLean and Peter Elkind, *The Smartest Guys in the Room*, Penguin Books, 2004
18. Mimi Swartz and Sherron Watkins, *Power Failure*, Doubleday paperback edition, 2004
19. Howard M. Schilit and Jeremy Perler, *Financial Shenanigans*, 3rd edition, McGraw Hill, 2010
20. Edward Chancellor, *Devil Take the Hindmost*, Penguin Group, 1999
21. Niall Ferguson, *The Ascent of Money*, Penguin Group, 2008
22. Harry Markopolos, *No One Would Listen*, John Wiley and Sons, Inc., 2010.
23. Erin Arvedlund, *Madoff: The Man who Stole $65 billion*, Penguin, 2009

第十章　金融理論

1. Niall Ferguson, *The Ascent of Money*, Penguin Group, 2008
2. Bethany McLean and Peter Elkind, *The Smartest Guys in the Room*, Penguin Books, 2004
3. Mimi Swartz and Sherron Watkins, *Power Failure*, Doubleday paperback edition, 2004
4. Howard M. Schilit and Jeremy Perler, *Financial Shenanigans*, 3rd edition, McGraw Hill, 2010
5. Eugene Fama and Kenneth French, 'The Cross-Section of Expected Stock Returns', *Journal of Finance*, 47(2), June 1992

6. Robert A. Haugen, *The New Finance*, 4th edition, Prentice Hall, 2010
7. Benjamin Graham and David L. Dodd, *Security Analysis*, McGraw Hill, 1934. More recent edition by Benjamin Graham, David L. Dodd, Sidney Cottle and Charles Tatham, McGraw Hill
8. Frank H. Knight, *Risk, Uncertainty and Profit*, (first published in 1921), Harper Torchbooks, New York 1965.
9. Nouriel Roubini and Stephen Mihm, *Crisis Economics*, Allen Lane, 2010
10. Benoit B. Mandelbrot, *The (Mis)Behaviour of Markets*, Profile Books, 2005.
11. Pablo Triana, *Lecturing Birds on Flying*, John Wiley and Sons, Inc., 2009
12. John Lanchester, *Whoops*, Penguin Group, 2010
13. Fischer Black and Myron Scholes, 'The Pricing of Options and Corporate Liabilities', *Journal of Political Economy*, 81(3), pp 637–59, 1973
14. Nassim Nicholas Taleb, *The Black Swan*, Penguin Group, 2008
15. Pablo Triana, *Lecturing Birds on Flying*, John Wiley and Sons, Inc., 2009
16. Robert Haugen and Nardin Baker, 'Commonality in the Determinants of Expected Stock Returns', *Journal of Financial Economics*, pp 401–39, 1996
17. S. Benartzi and R. Thaler, 'Myopic Loss Aversion and the Equity Premium Puzzle', *Quarterly Journal of Economics*, 110(1) pp 73–92, 1995
18. Brad M. Barber and Terrance Odean, 'The Courage of Misguided Convictions', *Financial Analysts Journal*, 55, November–December, pp 41–55, 1999
19. D. Kahneman and A. Tversky, 'On the Psychology of Prediction', *Psychological Review*, 80, pp 237–51, 1973 and D. Kahneman and A. Tversky, 'Prospect Theory: An Analysis of Decisions Under Risk', *Econometrica*, 47, pp 263–91, 1979
20. R. H. Thaler (ed.), *Advances in Behavioural Finance*, Volume II, Princeton, NJ, Russel Sage Foundation, 1993
21. Hersh Shefrin, *Beyond Greed and Fear*, Harvard Business School Press, 2000
22. Andrei Schleifer, *Inefficient Markets*, Oxford University Press Inc., 2000
23. James Montier, *Behavioural Finance*, John Wiley and Sons Ltd., 2002
24. Richard A. Posner, *A Failure of Capitalism*, Harvard University Press, 2009

第十一章　其他學術理論

1. John Cassidy, *How Markets Fail*, Penguin Group, 2009

2. Gillian Tett, *Fool's Gold*, Little Brown, 2009
3. John Kenneth Galbraith, *A Short History of Financial Euphoria*, Penguin Group, 1994 (first published by Whittle Books)
4. Solomon E. Asch, 'Effects of Group Pressure upon the Modification and Distortion of Judgement', in H. Guetzkow (ed) *Groups, Leadership and Men*, Pittsburgh, PA, Carnegie Press, 1951
5. Stanley Milgram, *Obedience to Authority: An Experimental View*, HarperCollins, 1974
6. Craig Haney, Curtis Banks and Philip G. Zimbardo, 'Study of Prisoners and Guards in a Simulated Prison', *Naval Research Review*, 9, pp 1–17, 1973 and Craig Haney, Curtis Banks and Philip G. Zimbardo, 'Interpersonal Dynamics in a Simulated Prison', *International Journal of Criminology and Penology*, 1, p 69–97, 1973
7. Karen Ho, *Liquidated*, Duke University Press, 2009
8. Pierre Bourdieu, *Outline of a Theory of Practice*, Cambridge University Press, 1977
9. Gillian Tett, *Fool's Gold*, Little Brown, 2009
10. Steve Fraser, *Wall Street*, Faber and Faber, 2005.
11. Michael Lewis, *Liar's Poker*, Hodder and Stoughton, 1989
12. Frank Partnoy, *F.I.A.S.C.O*, Profile Books, 1997
13. Geraint Anderson, *Cityboy*, Headline Publishing Group, 2008
14. Tetsuya Ishikawa, *How I Caused the Credit Crunch*, Icon Books, 2009
15. Alex Preston, *This Bleeding City*, Faber and Faber, 2010
16. Philip Auger, *Chasing Alpha*, The Bodley Head, 2009
17. Jonah Lehrer, *The Decisive Moment*, Canongate Books Ltd, 2005
18. Adam Smith, *The Wealth of Nations*, Chicago University Press, 1977 (originally published 1776)
19. Adolf A. Berle and Gardiner C. Means, *The Modern Corporation and Private Property*, Transaction, 1932
20. M. C. Jensen and W. H. Meckling, 'Theory of the Firm: Managerial Behaviour, Agency Costs and Ownership Structture', *Journal of Financial Economics*, 1976 (3)
21. John Cassidy, *How Markets Fail*, Penguin Group, 2009
22. George Akerlof and Paul Romer, *Looting: The Economic Underworld of Bankruptcy for Profit*, NBER Working Paper No. R1869, available at Social Science Research Network
23. John Kenneth Galbraith, *The Economics of Innocent Fraud*, Allen Lane, 2004
24. Paul Samuelson, *Foundations of Economic Analysis*, Harvard University Press, 1983 (originally published

1947)

25. Robert Lucas, quoted in Kenneth Arrow in William Breit and Barry T, Hirsch (eds) *Lives of the Laureates*, 4th edition, MIT Press, 2004
26. John Muth, 'Rational Expectations and the Theory of Price Movements', *Econometrica*, 29, 1961
27. Willem Buiter, 'The Unfortunate Uselessness of Most "State of the Art" Academic Monetary Economics', www.ft.com/buiter
28. Joseph A. Schumpeter, *Capitalism, Socialism and Democracy*, Routledge, 2010 (originally published in the UK in 1943)
29. Hyman P. Minsky, *Stabilizing an Unstable Economy*, McGraw Hill, 2008 (first published by Yale University Press, 1986)
30. Robert J. Barbera, *The Cost of Capitalism*, McGraw Hill, 2009
31. Kevin Dowd and Martin Hutchinson, *Alchemists of Loss*, Wiley, 2010

第十二章　美國的銀行失靈

簡介

1. Alistair Milne, *The Fall of the House of Credit*, Cambridge University Press, 2009
2. Andrew Ross Sorkin, *Too Big to Fail*, Penguin Group, 2009
3. Henry Paulson, *On the Brink*, Headline Business Press, 2010

案例12.1 貝爾斯登

4. William D, Cohan, *House of Cards*, Penguin Group, 2009

案例12.2 雷曼兄弟

5. Larry McDonald, *A Colossal Failure of Common Sense*, Ebury Press, 2009
6. Allan Sloan and Roddy Boyd, 'How Lehman Brothers Veered Off Course', *Washington Post*, 3 July 2008

案例12.3 美國國際集團（AIG）

7. Gillian Tett, *Fools Gold*, Little Brown, 2009
8. Gillian Tett, *Fools Gold*, Little Brown, 2009
9. Gillian Tett, *Fools Gold*, Little Brown, 2009
10. Iain Dey, 'London Trader Quizzed over AIG', *Sunday Times*, 27 June 2010, p B3

第十三章　英國的銀行失靈

案例13.1 北岩銀行

1. Charles P. Kindleberger, *Manias, Panics, and Crashes*, 3rd edition, John Wiley and Sons, Inc., 1996 (5th edition by Charles P. Kindleberger and Robert Z. Aliber)
2. Niall Ferguson, *The Ascent of Money*, Penguin Group 2008
3. Brian Walters, *The Fall of Northern Rock*, Harriman House Ltd., 2008

案例13.2 HBOS

4. Quoted in the *Financial Times*, 28 July 2006

案例13.3 蘇格蘭皇家銀行（RBS）

5. Philip Auger, *Chasing Alpha*, The Bodley Head, 2009
6. Philip Auger, *Chasing Alpha*, The Bodley Head, 2009
7. Philip Auger, *Chasing Alpha*, The Bodley Head, 2009

第十四章　歐洲的銀行失靈

案例14.1 富通銀行

No references

案例14.2 瑞士銀行

1. Gillian Tett, *Fool's Gold*, Little Brown, 2009

案例14.3 冰島銀行業

2. Armann Thorvaldsson, *Frozen Assets*, John Wiley and Sons Ltd., 2009
3. Roger Boyes, *Meltdown Iceland*, Bloomsbury Publishing, 2009
4. 'Kaupthing Loan Book Details Culture of the Collapsed Bank', *Daily Telegraph*, 4 August 2009, p. B4
5. 'Bank Finance Icelandic Style', *Daily Telegraph*, 11 August 2009, p B1
6. Charles P. Kindleberger, *Manias, Panics, and Crashes*, 3rd edition, John Wiley and Sons, Inc., 1996
7. Hyman P. Minsky, *Stabilizing an Unstable Economy*, McGraw Hill, 2008 (first published by Yale University Press, 1986)

案例14.4 愛爾蘭銀行業

8. Shane Ross, *The Bankers*, Penguin Group, 2009
9. Fintan O'Toole, *Ship of Fools*, Faber and Faber, 2009
10. Fintan O'Toole, *Ship of Fools*, Faber and Faber, 2009
11. David Murphy and Martina Devlin, *Banksters*, Hatchette Books, 2009
12. Frank McDonald and Katy Sheridan, *The Builders*, Penguin Books, 2008

13. Matt Cooper, *Who Runs Ireland?* Penguin Group, 2009

第十五章　大蕭條

1. Milton Friedman and Rose Friedman, *Free to Choose*, Martin Secker and Warburg, 1980
2. Liaquat Ahamed, *Lords of Finance*, William Heinemann, 2009
3. Milton Friedman and Rose Friedman, *Free to Choose*, Martin Secker and Warburg, 1980
4. John Maynard Keynes, *The General Theory of Employment, Interest and Money*, Macmillan Paperback, 1964 (first published in 1936)
5. Milton Friedman and Anna Schwartz, *The Great Contraction 1929–1933*, Princeton University Press, 2008
6. John Kenneth Galbraith, *The Great Crash 1929*, Hamish Hamilton, 1955
7. F. Scott Fitzgerald, *The Great Gatsby*, Charles Scribner and Sons, 1925
8. F. Scott Fitzgerald, *Tender is the Night*, Charles Scribner and Sons, 1934
9. Claude M. Fuess, *Calvin Coolidge: The Man from Vermont*, Little Brown, 1940
10. Robert H Ferrell, *The Presidency of Calvin Coolidge*, University Press of Kansas, 1998
11. David Greenberg, *Calvin Coolidge*, The American Presidents Series, Times Books, 2006
12. Donald R. McCoy, *Calvin Coolidge: The Quiet President*, Macmillan, 1967
13. Robert Sobel, *Coolidge: An American Enigma*, Regnery Publishing, 1998
14. David Greenberg, *Calvin Coolidge*, The American Presidents Series, Times Books, 2006
15. David Greenberg, *Calvin Coolidge*, The American Presidents Series, Times Books, 2006
16. Gordon Pepper with Michael J. Oliver, *The Liquidity Theory of Asset Prices*, John Wiley and Sons Ltd., 2006
17. John Maynard Keynes, *The General Theory of Employment, Interest and Money*, Macmillan Paperback, 1964 (first published in 1936)
18. John Steinbeck, T*he Grapes of Wrath*, Penguin, 2000 (originally published in 1939 by the Viking Press)
19. Irving Fisher, 'The Debt-Deflation Theory of Great Depressions', *Econometrica* 1(4), 1932 and Irving Fisher, *Booms and Depressions: Some First Principles*, Adelphi, 1937
20. Milton Friedman and Anna Schwartz, *The Great Contraction 1929–1933*, Princeton University Press, 2008
21. Adam Fergusson, *When Money Dies*, Old Street Publishing, 2010 (originally published in 1975 by William Kimber & Co. Ltd)
22. Robert F. Bruner and Sean D. Carr, *The Panic of 1907*, John Wiley and Sons, Inc., 2007
23. Milton Friedman and Rose Friedman, *Free to Choose*, Martin Secker and Warburg, 1980

24. Milton Friedman and Anna Schwartz, *The Great Contraction 1929–1933*, Princeton University Press, 2008

第十六章　政府對危機的反應

無參考資料

第十七章　教訓與主要問題點

1. Charles P. Kindleberger, *Manias, Panics, and Crashes*, 3rd edition, John Wiley and Sons, Inc., 1996
2. Carmen M. Reinhart and Kenneth S. Rogoff, *This Time is Different*, Princeton University Press, 2009
3. Charles P. Kindleberger, *Manias, Panics, and Crashes*, 3rd edition, John Wiley and Sons, Inc., 1996
4. John Kenneth Galbraith, *A Short History of Financial Euphoria*, Whittle Books, 1990
5. John Maynard Keynes, *The General Theory of Employment, Interest and Money*, Macmillan Paperback, 1964 (first published in 1936)
6. John Kenneth Galbraith, *A Short History of Financial Euphoria*, Whittle Books, 1990
7. Hyman P. Minsky, *Stabilizing an Unstable Economy*, McGraw Hill, 2008 (first published by Yale University Press, 1986)
8. John Kenneth Galbraith, *A Short History of Financial Euphoria*, Whittle Books, 1990
9. Joseph Stiglitz, *Freefall*, Penguin Group, 2010
10. Robert Pozen, *Too Big To Save*, John Wiley and Sons, Inc., 2010
11. Barry Ritholz, *Bailout Nation*, John Wiley and Sons, Inc., 2009
12. Robert F Bruner and Sean D. Carr, *The Panic of 1907*, John Wiley and Sons, Inc., 2007
13. Joseph Stiglitz, *Freefall*, Penguin Group, 2010
14. Willem Suiter, 'The Unfortunate Uselessness of Most "State ofthe Art" Academic Monetary Economics', www.ft.com/buiter
15. Nouriel Roubini and Stephen Mihm, *Crisis Economics,* Allen Lane, 2010
16. Harold james, *The Creation and Destruction of Value,* Harvard University Press, 2009

英文詞彙表

ABCP See Asset-backed commercial paper.

ABS See Asset-backed security.

Adjustable rate mortgage (ARM) A mortgage whose interest rate adjusts to a new rate based on prevailing market rates at the time of adjustment.

Alt-A mortgage A loan to a home buyer who may be creditworthy but does not meet the standards for a conforming mortgage. For example, the borrower may not be able to provide the required documentation.

American option An option which may be exercised on any business day within the option period. American options are traded all around the world – not just in the USA. The term American has no geographic connotation here.

APS See Asset Protection Scheme.

Arbitrage A purchase of foreign exchange, securities or commodities in one market coupled with immediate resale in another market in order to profit risklessly from price discrepancies. The effect of arbitrageurs' actions is to equate prices in all markets for the same commodity. Term now loosely used to include buying and selling almost-similar securities. This is termed risk arbitrage and it is not riskless.

ARM See Adjustable rate mortgage.

Asset-backed commercial paper (ABCP) This is similar to commercial paper, but it is issued by conduits or structured investment vehicles holding loans, structured credit securities or other credit assets. See Commercial paper.

Asset-backed security (ABS) A debt security collateralised by a pool of assets, such as mortgages, credit card debt, corporate debt or car loans.

Asset Protection Scheme (APS) Arrangement between UK government and major banks under which the government underwrote financial crisis losses beyond a certain level.

Asymmetry of Information Parties to a transaction may possess different amounts and/or different qualities of information about the transaction.

At the money An option when the value of its underlying security is equal to the option strike price.

Balance of payments A financial statement prepared for a country summarising the flow of goods, services and funds between the residents of that country and the residents of the rest of the world during a particular period.

Basel Accords A set of international agreements adopted by the Basel Committee on Bank Supervision providing guidelines on capital and asset levels in banks.

Basis point One basis point equals one hundredth of one percentage point – that is, 1 basis point = 0.01 per cent.

Beta A measure of the sensitivity of an asset to changes in the market. A beta of 0.5 means that on average a 1 per cent change in the market implies a 0.5 per cent change in the value of the asset. See also Systematic risk.

Big Mac Index An index of foreign exchange rates based upon the prices of Big Mac burgers around the world. Published and updated regularly in The Economist magazine. There is also an iPod index. See Purchasing power parity.

Billion One thousand million.

Bistro Also called BISTRO. Broad Index Secured Trust Offering. The term initially used by J. P. Morgan bankers in their redevelopment of the credit default swap.

Black and Scholes model A model that provides a means by which to value option contracts. It involves using information on the underlying asset, the strike price, volatility, time to expiry and the interest rate.

Bond A promise under seal to pay money. The term is generally used in relation to the promise made by a corporation, either public or private, or a government to pay money, and it generally applies to such instruments with an initial maturity of one year or more.

Bond rating A grade given to a bond by a credit-rating agency based on an evaluation of the bond issuer's ability to pay the bond's interest and repay capital on time.

Bonus issue An issue of shares to existing shareholders, usually in some set proportion to their holding, but requiring no payment. This has the effect of increasing the company's issued capital and is normally made possible by the capitalisation of reserves. Sometimes known as a scrip or capitalisation issue.

BPR See Business process re-engineering

Business process re-engineering (BPR) The analysis and design of workflows and processes within an organisation.

Bullet A straight debt issue with repayment in one go at maturity.

Callable bond A bond with a call provision giving the issuer the right to redeem the bonds under specified terms prior to the normal maturity date.

Call option A contract giving the holder the right, but not the obligation, to buy a specified security at a specified price on or within a specified time.

CAPM See Capital asset pricing model.

Capital adequacy The minimum amount of capital that bank, non-bank financial intermedi- aries and other financial market operators must maintain in proportion to the risks that they assume.

Capital asset pricing model (CAPM) Model in which expected returns increase linearly with an asset's beta.

Capital requirements The amount of capital a bank is required to hold, relative to its average assets, to meet its obligations and absorb unanticipated losses.

Capital structure The distribution of a company's issued capital as between bonds, deben- tures, preferred and ordinary shares, earned surplus and retained income.

CAPM See Capital asset pricing model.

CBO See Collateralised bond obligation.

CDO See Collateralised debt obligation.

CDO squared A CDO containing other CDOs.

CDS See Credit default swap.

Central bank The entity responsible for overseeing the monetary system of a nation or group of nations. Central banks generally influence the money supply and interest rates and act as a bank of the government, managing gold and foreign exchange reserves and act as a lender of last resort.

Chapter 7 bankruptcy The section of the US bankruptcy code applied when a company is liquidated and all of its assets are sold to repay its debtors.

Chapter 11 bankruptcy protection The section of the US bankruptcy code that allows an indebted firm to obtain protection from its creditors while being reorganised.

Chapter 15 bankruptcy The section of the US bankruptcy code applicable when an insolvency involves debtors and assets in more than one country. Used in the case of Bear Stearns funds because their bankruptcy proceedings involved assets in the Cayman Islands, where the funds were registered. Chapter 15 prevented debtors pursuing these assets simultaneously through the US courts.

Clearinghouse An entity responsible for settling and clearing trades, collecting and maintaining margin and reporting data on trading.

CLO See Collateralised loan obligation.

Collateral Security placed with a lender to assure the performance of an obligation. Assuming that the obligation is satisfied, the collateral is returned by the lender.

Collateralised bond obligation (CBO) A tranched security backed by a portfolio of corporate bonds.

Collateralised debt obligation (CDO) A type of asset backed security that is backed by diver- sified securities such as loans and credit default swaps and it derives its cash flow from these sources. The asset backing is often split into tranches with different rights in terms of interest receipt and redemption.

Collateralised loan obligation (CLO) A credit structure using tranched securities of different seniorities and involving a portfolio of loans.

Commercial bank A bank which takes deposits from customers and lends to customers.

Commercial paper (CP) Basically an IOU from a company. Short-term paper, of maturity up to one year, issued by a company. The issue of commercial paper usually requires an underwriting facility from a commercial bank standing ready to purchase the paper, if necessary. Without such underwriting to guarantee the ability to refinance the commercial paper, then it can be difficult to get investors to hold commercial paper.

Commodity Futures Trading Commission (CFTC) CFTC is an independent agency with the mandate to regulate commodity futures and option markets in the USA.

Common stock A US term meaning ordinary share.

Community Reinvestment Act US Federal law designed to encourage commercial banks and savings associations to meet the borrowing needs of all segments of the community, including low-income areas.

Conduit An off-balance sheet vehicle established by a bank, often in a tax haven, to hold and/or have passed through it asset-backed and mortgage-backed securities. Their losses are theoretically borne by the bank setting them up.

Conforming loan A mortgage that does not exceed the amount of the maximum loan limits and meets the requirements set by Fannie Mae and Freddie Mac.

Conservatorship A US term for an arrangement whereby an entity or person is appointed by a court to make legal decisions for a company or for a financial institution.

Contingent obligation An obligation that a bank or company may have to fulfil depending on future events, for example a guarantee – perhaps in the event of credit losses.

Copula A way of formulating a distribution with many variables such that relationships can be represented – a multivariate distribution.

Correlation A standardised statistical measure of the dependence of two variables.

Cost of capital The rate of return expected by a party providing finance.

Counterparty risk In a contract, the risk to each party that the other party, the counterparty, may not honour its contracted obligation.

Country risk Corporate goals of multinationals and the national aspirations of host countries may not be congruent. The essential element in country risk is the possibility of some form of government action preventing the fulfilment of a contract or the endangering of an asset held overseas. Covers political as well as economic risk.

Coupon The regular payment made to an investor in a bond or similar security.

Covered bonds Bonds backed by mortgages or cash flows from other assets.

CRA See Credit rating agency.

CRA See Community Reinvestment Act.

Credit crunch A situation where banks become so fearful that they stop lending. Used in the financial crisis of 2007/8 when banks became so suspicious of the creditworthiness of other banks that they ceased lending to one another.

Credit default swap (CDS) A contract that entitles the protection buyer to a payment if there is a default on a bond or other type of debt obligation. To enable the contract to continue, the protection buyer pays an annual premium to the seller. Rather similar to insurance but there are differences. Both parties to a credit default swap may sell on their rights and obligations in a secondary market. Credit default swaps normally have a finite life. To be technically 100 per cent correct, the definition could be as follows. A credit default swap is an instrument which gives the holder the right to sell a bond for its face value in the event of a default by the issuer.

Credit rating agency An entity that analyses and rates the creditworthiness of debt and bonds issued by companies or countries as well as similar financial products. The main ones are Moody's, Fitch and Standard and Poor's.

Credit score A quantified estimate of a potential borrower's creditworthiness (see FICO).

Credit spread The difference between the market rate of interest paid on a safe and widely traded bond, such as those issued by the US Treasury or the UK or German governments, and the relatively higher rate of interest paid on a riskier bond of the same maturity. Riskier bonds offering high-credit spread include corporate bonds.

Current account As used in the balance of payments, it is that section that records the trade in goods, services, interest and dividends among countries. Also refers to a bank account where amounts are withdrawn on demand.

Current account balance (surplus or deficit) The amount of a country's total exports of goods and services plus interest and dividend payments exceeds or falls short of its total imports of goods and services plus interest and dividends.

Debenture In the UK, a fixed interest secured loan which can be for a fixed maturity or irredeemable. There are two main types: mortgage debentures, which are secured against a specific asset of the issuer; and floating debentures, which are secured against the entire asset base of the issuer.

Debt capacity The total amount that a company is capable of borrowing.

Debt security A security, such as a bond or note, representing an obligation of the security's issuer to make payments as specified in the debt contract.

Debt-to-income Usually, the ratio of a mortgage loan divided by the borrower's annual income

Default The failure to make on-time contractual payments of principal and/or interest or the failure to meet other obligations as specified in the debt contract. In other words the act of breaching a covenant or warranty in a loan agreement.

Default risk The chance that a borrower will not pay in full on the contractual due date interest or principal on a loan.

Deflation A general decline in prices.

Deleveraging Repayment of debts with the purpose of reducing the proportion of debt in a capital structure.

Department of Housing and Urban development (HUD) A cabinet-level agency in the USA whose mission is to increase homeownership, support community development and increase access to affordable housing.

Deregulation The removal or relaxation of the barriers or rules that have previously restricted the scope of securities trading and the nature of the operations undertaken by financial institutions.

Derivatives Financial instruments, such as options, whose price is dependent upon, or derived from, the price of one or more other securities or assets.

Devaluation A decline in a currency exchange rate. With a fixed exchange rate system, it is effected in one go by government decree.

DCF See Discounted cash flow

Discounted cash flow A quantification exercise in which expected cash flows in different time periods are converted to value now by applying a process based upon expected interest rates, inflation and risk.

Dividend A distribution of a portion of a company's earnings to shareholders. It is determined by the company's board of directors.

ECB See European Central Bank.

Efficient Market Hypothesis (EMH) Theory that security prices reflect publicly available infor- mation, although there are different grades of efficient market.

EMH See Efficient markets hypothesis.

Equity Ownership interest after debts are subtracted.

Equity Risk Premium The excess of the required rate of return on equities over that required on a risk-free security.

Escrow account Monies held in a separate specified account to pay obligations or potential obligations but not to be used for any other purpose.

Euro The currency unit of 16 European Union nations – see Eurozone.

European Central Bank (ECB) The European Central Bank determines monetary policy for the participating member states in the eurozone.

European option An option that can be exercised on the specified expiration date of the option only. Such options may be traded in the USA and elsewhere. The term European has no geographical connotation in this case.

Eurozone The area covered by the 16 European Union countries which use the euro as their currency, namely Austria, Belgium, Spain, Finland, France, Germany, Greece, Ireland, Italy, Luxembourg, Malta, the Netherlands, Portugal, Slovakia, Slovenia and Spain.

Exercise To carry out a transaction, usually applied to the options market.

Exercise price The price at which an option may be exercised (aka Strike price).

Exploding ARM A form of adjustable rate mortgage widely offered to subprime borrowers in which the interest rate is set at an adjustable rate for the first two or three years of the mortgage and then switches to a relatively high fixed rate.

Face value The money value of a security as stated by the issuer. Not to be confused with market value. Interest and dividends are usually payable as a percentage of face value (aka Nominal value).

Fair market value (FMV) An estimate of the amount that would be received if an asset were sold.

Fair Value Accounting (FVA) The use of a market price to establish the balance sheet amount of some assets and liabilities.

Fannie Mae See Federal National Mortgage Association (FNMA).

Fat tail distribution A distribution in which the tail events are much more likely to occur than those of a normal distribution curve.

Fed See Federal Reserve System.

Federal Deposit Insurance Corporation (FDIC) An agency in the USA that insures US banks and thrifts. It is the regulator of all state-chartered banks that are not members of the Federal Reserve System.

Federal funds rate The interest rate charged by a bank when lending its balances at the Federal Reserve to another bank.

Federal Home Loan Mortgage Corporation (Freddie Mac) Freddie Mac is a publicly chartered corporation in the USA with a mission to provide liquidity, stability and affordability in housing backed lending. It was set up and privatised in 1968 to provide competition for Fannie Mae.

Federal National Mortgage Association (Fannie Mae) A US-government agency set up in 1938 and privatised in 1968 with the same mission as Freddie Mac.

Federal Reserve discount window A facility of the Fed to allow banks and other eligible financial institutions to obtain short-term loans.

Federal Reserve System (Fed) As the central bank of the USA, the Fed conducts the nation's monetary policy, supervises both state-chartered banks that are Fed members and all bank holding companies, maintains the stability of the financial system, and provides financial services.

Federal Trade Commission (FTC) Enforces certain consumer protection laws and tries to prevent anticompetitive business practices in the USA.

FICO Fair Isaac Corporation. Provider of credit worthiness rating scores for individuals.

Financial Accounting Standards Board (FASB) The organisation responsible for setting accounting standards for company financial statements in the US.

Financial bubble A prolonged increase in prices of stocks and shares, real estate, or other assets, which is reckoned to be unsustainable since it is not well founded on fundamental factors or fundamental analysis.

Financial Industry Regulatory Authority (FINRA) FINRA is the self-regulatory organisation for securities firms doing business in the USA. It was created from the National Association of Securities Dealers and the regulatory unit of the New York Stock Exchange.

Fiscal policy Government spending and tax policies.

Fitch A credit rating agency.

Fixed-rate mortgage A mortgage whose interest rate does not change during its life.

Fixed-income security An investment that offers a return in the form of payments and it involves the same amount as interest in all years.

Freddie Mac See The Federal Home Mortgage Corporation (FHMC).

FT-SE100 A real-time weighted arithmetic average of the equity market capitalisations of the 100 largest UK companies on the London Stock Exchange.

Fundamental analysis A branch of security analysis based upon attempts to value securities in accordance with estimated future profits and cash outturns.

FVA See Fair Value Accounting.

G8 See Group of Eight.

G10 See Group of Ten.

G20 See Group of Twenty.

GAAP See Generally accepted accounting principles.

GDP See Gross domestic product.

Generally accepted accounting principles US GAAP are the rules for company accounting statements applicable to US companies.

Ginnie Mae See Government National Mortgage Association.

Glass-Steagall Act A USA statute, enacted in 1933 and repealed in 1999, that prohibited commercial banks from engaging in investment banking activities and setting certain other regulations.

Gold standard A monetary agreement under which national currencies are backed by gold and gold is utilised for international payments.

Goodwill The intangible value of an ongoing business over and above the value of its tangible net assets.

Government National Mortgage Association (Ginnie Mae) Ginnie Mae is a US government- backed corporation that guarantees to investors the timely payment of principal and interest on securities of federally insured or guaranteed loans.

Government sponsored enterprises (GSEs) Shareholder-owned corporations, like Fannie Mae and Freddie Mac, or government agencies like Ginnie Mae, chartered by the US Congress to promote stability, liquidity, and affordability.

Gramm-Leach-Bliley Act The US act of 1999 that repealed the Glass-Steagall Act.

Greenspan Put The monetary policy pursued by the US Federal Reserve Bank under Alan Greenspan's

Chairmanship from 1987 to 2006. When confronted with financial crises, the Fed came to the rescue by lowering the Fed Funds rate, often producing negative real yields. The Fed put liquidity into the market to prevent further financial deterioration. This was done repeatedly, for example after the October 1987 stockmarket drop, the Gulf War, the Asian Crisis, the LTCM problem, the bursting of the dot.com bubble and the 9/11 attacks.

Gross domestic product (GDP) The market value of goods and services created or provided within a country for a specified period of time – usually 12 months.

Group of Eight (G8) Eight major industrial nations whose ministers meet on a periodic basis to discuss and agree on economic and political issues. It comprises Germany, France, Italy, the United Kingdom, Canada, Russia, Japan and the United States.

Group of Ten (G10) Ten major industrial countries – Germany, France, Belgium, the Netherlands, Italy, the United Kingdom, Sweden, Canada, Japan and the United States – that agreed in 1962 to stand ready to lend their currencies to the IMF. The Group of Ten has taken the lead in subsequent changes in the international monetary system.

Group of Twenty (G20) The G20 is a group of 20 finance ministers and central bank governors from 20 countries who meet periodically to discuss key issues in the international financial system.

Haircut The difference between the amount of money lent in a repo contract and the true market value of the security sold and then repurchased. This represents the amount of protection offered to the lender of the money. A haircut of 10 per cent means that the lender is safe from financial loss, should the security not be repurchased, as long as the value of the security falls by not more than 10 per cent.

Hedging An investment strategy designed to reduce or eliminate certain specified risks.

Hedge fund An investment fund attracting high net worth investors and pension funds where investors hope to make money from the returns, including capital gains, on the fund's high-risk investments. Hedge funds charge their investors fees and use leverage, market knowledge, trading skills, mathematical models, near-arbitrage (called risk arbitrage) and other techniques to achieve their returns.

Historic cost accounting The method of accounting by which assets are valued at their original purchase price less depreciation or a permanent impairment to value.

Hubris Pride or arrogance. In Greek tragedy, an excess of ambition or pride ultimately causing the transgressor's ruin.

IASB See International Accounting Standards Board.

IFRS See International Financial Reporting Standards.

Illiquid A security or a market that is lacking activity.

Illiquid market A market in which active trading is absent or barely present and hence market prices may be out-of-date, unreliable or unavailable.

Inflation A general increase in the prices of goods and services in an economy.

Inflation target A policy aiming to keep inflation around a specified level. It usually involves the central bank in raising interest rates if core inflation exceeds a specified percentage over a specified period of time.

Initial Public Offering (IPO) When shares in a company are first sold on the stock market.

Instrument A generic term for securities, ranging from debt to negotiable deposits and bonds.

Insurable interest In insurance, the requirement that the insured must possess an insurable interest. This means that the insured would suffer a loss if the event that is being insured were to occur.

Inter-bank rate The rate at which banks offer and bid for funds between each other.

Interest rate Annualised rate of compensation for borrowing or lending money for a time period. It comprises three parts, namely a real requirement, an inflation premium and a risk premium to compensate for the perceived risk that the borrower may default. Interest rates may be fixed rates or floating rates. With the latter, the rate alters, maybe daily, maybe weekly, maybe monthly.

Interest rate risk Broadly, the risk that the value of a fixed-income asset will fall in value due to a rise in interest rates.

Intermediary company A vehicle company used as a conduit for the transfer of funds between fellow affiliate companies.

Internal risk models In-house mathematical models used by financial institutions to determine the riskiness of their investments.

International Accounting Standards Board (IASB) The IASB is an independent standard- setting board whose mission is to develop a set of high quality and understandable financial reporting standards for companies in all countries.

International Financial Reporting Standards (IFRS) A set of accounting standards for financial statements that is now used in over 100 countries.

International Monetary Fund (IMF) The IMF is an organisation of over 180 countries, working to foster monetary co-operation, financial stability, international trade, economic growth and reduced poverty around the world.

In the money A call option when its strike price is less than the value of the underlying security price. Also a put option when the strike price is higher than the current price of the underlying security.

Intrinsic value The difference between the strike price of an option and the current market price of the underlying security where the option has value.

Investment bank An institution that acts as an underwriter for companies and others, advises on issuing securities, making acquisitions and divestments, offers investment advice and may deal in securities on its own account.

Investment grade A bond rated BAA or above by Moody's or BBB or above by Standard and Poor's and BBB or above by Fitch.

Investment grade bond Bond rated at least BAA by Moody's or BBB by Standard and Poor's or Fitch.

IPO See Initial Public Offering.

Junk bond Debt that is rated below investment grade. Usually it carries a relatively high interest rate and yield.

Lender of last resort A concession given to a select number of financial institutions whereby their central bank agrees to provide them with funds if they should get into difficulties.

Leverage Borrowing, financial gearing, either by individuals, households or by corporations. The leverage ratio represents the proportion of debt in a company's mix of debt and equity. Financial leverage is measured by the ratio of debt to the sum of debt and equity.

LIBOR See London inter-bank offered rate.

Liar loan A loan, based on deliberately or negligently incorrect information, supplied by the borrower or mortgage broker and accepted by lenders in mortgage lending. Usually occurs in the subprime area.

Liquidity risk The risk that a security or other asset cannot be readily traded hence making meaningful market prices difficult to obtain.

Listed security A security that is quoted and traded on a major stock exchange.

Loan loss reserve Monies set aside by a financial institution to cover projected losses on loans.

Loan-to-value ratio (LTV) The ratio of the amount of a mortgage to the value of the home securing the mortgage loan.

London inter-bank offered rate (LIBOR) The interest rate at which prime banks offer deposits to other prime banks in London. This rate is often used as the basis for pricing loans where the lender and the borrower agree to a mark-up over LIBOR. The total of LIBOR plus the mark-up is the effective interest rate for the loan.

Long position The ownership of an asset usually with the expectation that the asset value will rise.

Long term In bond markets, bonds with initial maturities of more than seven years. In terms of company balance sheets, debts with a maturity of more than one year.

LTV See Loan-to-value ratio.

Margin call In futures contracts and in other similar situations, a requirement to provide more margin (that is, more money).

Market capitalisation Market value of a company's outstanding shares. Price per ordinary share (or common stock unit) multiplied by the number of such shares in issue.

Mark-to-market (MTM) Under fair market value accounting, assets are valued on the basis of their current fair market price or other market indicators. Mark-to-market is this process of valuation.

Mark-to-model The valuation of an asset based on internal assumptions or estimates based on a financial model rather than current market prices.

Market risk (systemic risk) Risk that cannot be diversified away.

Maturity The date on which the principal of a bond must be repaid according to the bond contract.

Maturity structure The expression used to describe the borrower's repayment obligation. The term may be used either in relation to a specific loan or to describe the composite repayment obligation arising from a company's total portfolio of obligations.

MBS See Mortgage-backed securities.

Medium term In bond markets, bonds with initial maturities of between three and seven years. In money markets, maturities of more than one year.

Merchant bank An old-fashioned UK term for an investment bank.

Million One thousand thousand.

Monetary policy The actions of a government or central bank or other authority to influence the money supply and interest rates.

Money markets The different markets where money is borrowed and loaned short term, for periods of up to one year.

Monoline An insurance company that specialises in insuring financial securities, such as municipal bonds or structured credits.

Moody's A credit rating agency.

Moral hazard The situation that arises when a person or institution is totally insulated from risk and, consequently, has no incentive to prevent such a risk.

Moral obligation A strong obligation, though not legally binding, such as the moral obligation of the US government to rescue Fannie Mae and Freddie Mac.

Mortgage Loan secured on property.

Mortgage-backed securities (MBS) Securities supported by the cash flows from pools of mortgages.

Mortgage prepayment Making payments on a mortgage before they are due.

Mortgagee The mortgage lender. That is the party that holds the mortgaged property as security for the mortgage loan.

Mortgagor The mortgage borrower. That is the party that mortgages the property to secure a mortgage loan.

MTM See Mark-to-market.

Mutual fund A pooled vehicle, run by investment managers, that invests collected funds from savers in securities such as stocks, bonds, or money market instruments.

Nationalisation When a national government buys out or otherwise eliminates all shareholders of a company and assumes total ownership.

Negative amortization loan A loan whose monthly payments do not cover the interest due on the loan. The interest shortfall is added to the loan's principal.

Negative equity Where the amount owed under a mortgage or other loan outstanding exceeds the current market value of the property forming the security.

Nemesis In Greek mythology, the goddess of retribution and vengeance. Without a capital letter, any agency of retribution and vengeance.

Net position The overall position given by subtracting short positions (liabilities) from long positions (assets).

NIMBY Not in my back yard.

NINJA See NINJA loan.

NINJA loan A mortgage where the borrower is someone with No Income, No Job, No Assets.

Nominal value See Face value.

Nonagency mortgage-backed security Mortgage-backed security underwritten or guaranteed by financial institutions other than government sponsored enterprises.

Nonbank lenders Providers of credit that are not banks, for example, some credit card companies, some mortgage lenders and so on.

Non-performing loan A bank loan where the borrower has stopped paying interest and is therefore in default.

Non-recourse loan Loan under which the borrower has no personal liability for unpaid amounts. So, if the loan defaults, the borrower's loss is limited to the equity in the relevant asset, for example a house.

Normal distribution curve A curve in which the first standard deviation includes 68.2 per cent of its area and the first two standard deviations include 95.4 per cent of its area and it has a bell shape (aka bell curve).

OECD See Organisation for Economic Co-operation and Development.

Off-balance sheet Assets and liabilities held by firm X via a separate legal vehicle whose assets and liabilities do not appear on the balance sheet of firm X.

Office of the Comptroller of the Currency (OCC) Charters, regulates and examines all national banks in the USA.

Office of Federal Housing Enterprise (OFHEO) The Federal housing finance agency of the USA. It was the regulator of Fannie Mae and Freddie Mac.

Office of Thrift Supervision (OTS) The OTS charters, regulates and examines thrift organis- ations in the USA.

Official reserves Holdings of gold and foreign currencies by the official monetary institutions of a country.

Open Market Operations Process by which central bank buys or sells government securities from or to others (usually banks or financial institutions) in order to affect money supply.

Opportunity cost The rate of return on the best alternative investment available, or the highest return that will be foregone if funds are invested in a particular project or security.

Option A contract providing the holder with the right but not the obligation either to buy from or sell to the counterparty a given number of securities at a specified price at or over a specified time.

Option premium The price paid to the seller of an option contract for the rights involved. The price is usually paid up-front.

Organisation for Economic Co-operation and Development (OECD) An organisation that provides inter-governmental discussion in the fields of economic and social policy. It collects and publishes data and makes short-term economic forecasts about its member countries.

Originate To issue a mortgage or other type of loan.

Originate-to-distribute Issuing or making a mortgage or loan with the intent of selling it on to another party (aka originate to sell).

Originate-to-hold Issuing or making a mortgage or loan with the intent of holding it to maturity.

Originate-to-sell See Originate-to-distribute.

OTC See Over-the-counter derivatives.

Out-of-the-money A call option when its strike price is greater than the current price of the underlying security. It also applies to a put option when its strike price is less than the current price of the underlying security. In other words, the option has no intrinsic value.

Over-the-counter derivatives (OTC) Derivatives whose terms are privately negotiated, or made to measure, rather than standardised. OTC derivatives do not trade on established exchanges.

Parity The official rate of exchange between two currencies.

Permanent impairment A permanent reduction in the fair market value of an asset.

Plain vanilla An issue of securities that lacks any special features. It is just the basics.

Policy rate The target for short-term interest rates set by a country's government or central bank.

Ponzi Scheme Fraudulent investment scheme, where apparent returns to early investors are financed, partly or wholly, by new monies subscribed by later investors. Named after US swindler Carlo Ponzi.

PPP See Purchasing power parity.

Preferred stock A form of capital that pays a fixed dividend each year, as opposed to common (or ordinary) shares for which the directors use discretion about whether to pay dividends and at what rate.

President's Working Group on Financial Markets (PWG) The PWG co-ordinates USA policies in the financial area. Headed by the Treasury Secretary, its members include the Chairman of the Fed, Chairman of the SEC, and the Chairman of the CFTC.

Prime loan Loan to high-quality borrower. In mortgage market this, broadly, means a borrower with a FICO score above 620 or 640.

Prime mortgage A high-quality mortgage that meets the credit, documentation, and other standards set by Fannie Mae and Freddie Mac.

Prime rate A US banking term to indicate the rate at which banks are prepared to lend to borrowers of the highest standing.

Private equity fund A pooled investment vehicle that buys control, or substantial amounts, of companies in an effort to increase their value and sell them on at a higher price.

Protectionism Policy of tariffs or other protection against import of goods from abroad.

Purchasing power parity (PPP) The hypothesis that, over time, the difference between the inflation rates in two countries tends to equal exchange rate changes between the currencies of the countries concerned. Does not work in the short term. Tends to be a long-run phenomenon. It is used to estimate equilibrium exchange rates.

Put option A contract giving the holder the right, but not the obligation, to sell a specified amount of an underlying asset at a specified price within a specified time. If the writer of the put option is not hedged, the writer can lose the whole amount of the option.

QE See Quantitative easing.

Quantitative easing (QE) An open market operation in which a central bank buys securities from or loans money to banks. The aim is to increase money supply and stimulate lending and spending in the economy. Expression coined in Britain following the financial crisis of 2007/8.

Random walk A term implying that there is no discernible pattern of travel. The last step, or even all the previous steps, cannot be used to predict either the size or the direction of the next step.

Rational expectations A concept implying that the market forms expectations in a way that is consistent with the actual economics and structure of the market. The prices that result in the market place represent an average of all investors' expectations.

Real effective exchange rate A rate calculated by adjusting the home country's actual nominal effective exchange rate by an index of the ratio of average foreign prices to home prices. If purchasing power parity is holding, the real effective exchange rate would remain constant.

Real exchange rate The value of a currency in terms of real purchasing power. It is calculated by comparing the price of a hypothetical market basket of goods in two different countries, translated into the same currency at the prevailing exchange rate. It is useful in measuring the price competitiveness of domestic goods in international markets.

Real return The rate of return of an asset after adjusting for inflation.

Recapitalisation A change in the mixture of a company's debt and/or equity with the intent of making the company stronger and more stable.

Receivership A type of company bankruptcy in which a third party, the receiver, is appointed by a court or by creditors to run the company and reorganise it for the benefit of creditors.

Recession A fall in real gross domestic product for two successive quarters.

Repo See Repurchase agreement.

Repurchase agreement (repo) A form of short-term borrowing in which institutions sell securities to investors or to one another and buy them back, usually the following day, at prede- termined prices basically reflecting prevailing interest rates.

Reserve requirements or reserve asset ratio The amount, usually expressed as a percentage, of different types of deposit or eligible asset which banks must hold with their central bank.

Resolution Trust Corporation (RTC) The RTC was a USA government-owned asset management company for liquidating assets of insolvent savings and loan associations (S&Ls).

Revaluation An increase in the spot value of a currency (UK parlance). A change – either an increase or a decrease – in the spot value of a currency (US parlance).

Rights issue A new issue of shares in a company to existing shareholders and to be subscribed, in cash, to raise equity capital. Shareholders who do not wish to take up their rights to subscribe cash for the new shares can sell the right to them in the market. If the shareholder neither takes up the rights nor sells them in the market, the company will do this on the shareholder's behalf and give the proceeds to the shareholder.

Risk Chance of possible loss where future outcomes can be estimated. Contrast with uncertainty.

Risk premium Expected additional return for making a risky investment rather than a safe one.

Risk-weighted assets (RWA) A bank's assets weighted according to perceived credit risk. Thus, corporate loans would have a higher risk rating than government securities.

Run on the bank A large number of bank depositors withdraw their funds simultaneously and the bank's resources cannot cover the withdrawals.

RWA See Risk-weighted assets

S&P 500 See Standard and Poor's 500 Index.

Sarbanes-Oxley Act of 2002 (SOX) A statute passed after the Enron and Worldcom failures, which increases standards of corporate governance, in such areas as internal controls and financial statements.

Savings and Loan Association (S&L) A depository institution, also called a thrift, which specialises in taking deposits, making mortgages and real estate loans in the USA.

SEC 10-K The 10-K report is an annual report which the SEC requires from companies issuing securities in the USA.

Secondary market Market for securities in which investors can deal securities on a 'second- hand basis'.

Securitisation The process under which cash flows from assets are packaged into securities and sold on to investors. Packaging assets and liabilities such that they can be sold and traded in markets allows the financial institution that originates a loan – a mortgage, an auto loan, etc. – to sell it on to other investors, thus freeing its capital for alternative uses.

Securities and Exchange Commission (SEC) An agency in the USA responsible for enforcing the federal law on securities, regulating the securities industry and protecting investors.

Short A UK government bond with a maturity of less than five years.

Short position Selling shares, borrowed rather than owned, with the expectation that the share price will fall and the borrower of shares will be able to buy them back and make a profit. The sale of non-owned shares creates the short position.

Short selling Borrowing shares and selling them now with the expectation of a fall in price enabling them to be bought back at a lower price to create a profit.

Short term In bond markets, bonds with initial maturities of less than two years. In company balance sheets, debt with a remaining maturity of less than a year.

Sight deposits Current accounts, overnight deposits and money at call. Deposits with longer maturities are term deposits.

SIV See Structured investment vehicle.

S&L See Savings and Loan Association.

Solvency ratio The ratio of a bank's assets to its liabilities, used to assess its ability to meet its obligations. The higher the ratio, the sounder the bank.

Sovereign debt The loans outstanding in respect of individual countries, usually negotiated by their governments.

Sovereign risk The risk of government default on a loan made or guaranteed by it.

SOX See Sarbanes-Oxley Act of 2002.

Special purpose entity (SPE) A separate legal and accounting entity from the bank or company sponsoring it, usually created for a particular investment purpose, but which is moved off the balance sheet of the bank or company sponsoring it.

Special-Purpose Vehicle (SPV) A legal entity set up as a device to acquire and hold assets off its balance sheet, usually prior to selling them to third parties. Putting the assets into the SPV takes them off the balance sheet of the selling entity. Used to window-dress the accounts – especially by investment banks prior to and during the crisis. Also widely used by Enron.

Specific risk Another name for unsystemic risk.

Spread The difference between two prices or rates, such as the bid and offer prices of a security (aka bid-ask spread). It is also used to refer to the yields of two bonds of differing credit quality when the term credit spread is used.

SPV See Special purpose vehicle.

Standard and Poor's A credit rating agency.

Standard and Poor's 500 Index (S&P 500) An index of 500 US stocks. Its movement reflects the general level of stock prices of large publicly traded US companies.

Standard deviation The positive square root of the variance. This is the standard statistical measure of the spread of a sample.

Stock warrants Right to purchase a specified number of shares at a specific price within a specified time frame.

Strike price The price at which an option may be exercised (aka exercise price).

Structured finance A method used to transfer risk through the use of complex techniques, structures and separate entities. Embraces the securitisation of mortgages and credit card debt.

Structured investment vehicle (SIV) An off balance sheet vehicle usually established by a bank, often in a tax haven, to hold and/or have passed through it asset-backed and mortgage- backed securities. Their losses would technically not be borne by the banks setting them up – but in practice, in the crisis, they were for the banks' account.

Subordinated debt Corporate debt that ranks below all other debt with regard to claims on company earnings and claims on assets in bankruptcy.

Subprime mortgage A mortgage made to a borrower who does not qualify as being suf- ficiently credit-worthy enough to qualify for a prime mortgage and who, consequently, pays a higher interest rate.

Systemic risk Risk posed to the entire financial system by the possible collapse of an intercon- nected financial institution, or a particular financial product, for example credit default swaps.

Systematic risk The volatility of rates of return on stocks or portfolios in relation to changes in rates of return on the whole market. Also known as market risk, it stems from such non-diversifiable factors as war, inflation, recessions and high interest rates. These factors affect all firms simultane- ously; hence this type of risk cannot be eliminated by diversification. See also Beta.

TAF See Term auction facility (USA).

TARP See Troubled Asset Relief Programme (USA).

Tariffs Taxes imposed by a country on goods imported into it.

Tax haven A country or state that imposes little or no tax on companies or individuals residing there or doing business there.

Teaser rates Low initial rate of interest on a loan, which lasts for a short period, maybe two years, then rises sharply.

Term auction facility (TAF) A USA term for the Fed's auction of term funds to depository institutions with the intention of addressing elevated pressures in short-term funding markets.

Term deposits Deposits, including certificates of deposit, for terms longer than sight deposits. See sight deposits.

Term loan or credit A bank advance that is for a specified period of time.

Term structure An explanation of the framework for establishing money-market interest rates based upon cash flows and maturity or holding periods.

Tier 1 Capital Ratio Requirement for capital adequacy under the Basel Accords. The ratio between a bank's capital and its risk-adjusted assets.

Thin A market with low trading volumes and poor liquidity.

Thrift A depository institution, also called a savings and loan association, which specialises in taking deposits, offering home mortgages or other real-estate loans.

Time value The value of an option taken as the difference between the premium and the intrinsic value. Time value decreases as the expiry date comes nearer.

Toxic asset The term is best illustrated by an example using a credit default swap. With no default or only a low probability of default, a CDS might have a positive value of, say, 100 based on the expected income stream from insurance-like premiums. But with defaults looming, the worth of the CDS could alter and acquire a negative value as the probability of having to pay out under the CDS exceeds the probability of receiving inflows (the insurance premiums). The asset, previously worth 100 in this example, may become a liability worth minus 500. The description toxic asset, also known as toxic debt, is truly justified.

Toxic debt See toxic asset.

Traded option An option that is itself tradable on a securities market.

Tranche One of several levels to a security with different risk/reward characteristics for each level.

Treasury bill or T-bill A UK or US government short-term debt instrument normally issued at a discount.

Treasury bond A long-term government bond.

Treasury note A US government coupon security with a maturity of not less than one year and not more than ten years.

Trillion One thousand billion.

Troubled Asset Relief Program (TARP) A US government programme to purchase assets and equity from distressed financial institutions in order to strengthen the financial firm concerned.

Umbrella regulator A regulator in charge of an entire sector of the economy, or comprising all regulators of that sector.

Uncertainty Lack of knowledge about the future such that probabilities cannot rationally be estimated. Differs from risk where probabilities can be estimated.

Underlying asset The asset on which an option or warrant is based.

Undervalued A security (also a market) whose price is considered to be lower than that indicated by fundamental analysis.

Underwater mortgage A mortgage in which the outstanding mortgage balance due exceeds the current market value of the property securing the mortgage.

Underwrite Undertake to buy unsubscribed securities on a given date at a particular price, thus guaranteeing the full proceeds to the borrower.

Unique risk (residual risk, specific risk, unsystematic risk) Risk that cannot be eliminated by diversification.

Unsecured bond Bond that entitles the holder to no recourse to specific assets in the case of default.

Unsystematic risk That part of a security's risk associated with random events which do not affect the economy as a whole. Also known as specific risk, this refers to such things as strikes, successful and unsuccessful marketing programmes, fire and other events that are unique to a particular firm. Such unsystematic events can be eliminated by portfolio diversification.

Value at risk (VAR) A single number estimate of how much a bank, financial institution or company can lose due to the price volatility of the assets it holds, for example, a fixed rate bond or an unhedged currency payable/receivable. More precisely, it defines the likelihood of potential loss not exceeding a particular level, given certain assumptions.

VAR See value at risk.

Variance of the probability distribution The expected value of the squared deviation from the expected return.

Volatility The variability of movements in a security's price.

Window A time during which certain deals can occur because of particular market conditions. For example, it may be possible to issue certain types of security because of ruling investor sentiment that is not expected to last.

Window dressing An accounting device used to make financial ratios look better. For example assume a firm with assets of 100, debt of 60 and equity of 40. Its debt to equity ratio is 60 to 40, that is, 1.5. If, just before the year-end, the firm uses some assets temporarily to repay debt but to reverse the transaction immediately following the year end, its debt to equity ratio at the year-end falls. Assume the amounts involved in the window dressing are 30 of assets and 30 of debt, then the year-end figures are assets amounting to 70 financed by debt of 30 and equity of 40. The debt to equity ratio has now fallen and is 30 to 40, that is, 0.75. The ratio has been cut in half. An apparently much more respectable ratio – but really just smoke and mirrors.

World Trade Organisation (WTO) The WTO is an international organisation that sets and enforces rules designed to facilitate cross-border transactions in goods and services.

Yield The amount of interest payments as a percentage of the amount lent or borrowed.

Zero-sum game A game, or market, in which the sum of the gains made by winning players is equal to the sum of the losses of losing players.

中英對照表

經濟名詞

可調利率房貸	adjustable rate mortgage, ARM
空頭摜壓	bear raid
建房互助會	building society
建房互助會同業公會	building society association, BSA
商業週期／景氣循環	business cycle
業務流程再造工程	business process re-engineering, BPR
資本資產定價模型	capital asset pricing model, CAPM
導管機構	conduit
消費者物價指數	consumer price index
債務包裹	debt package
債務股本比	debt to equity ratio
確定給付制退休金計畫	defined benefit pension scheme
確定提撥制退休金計畫	defined contribution pension scheme
貼現窗口融資	discount window lending
可支配所得	disposal income
道瓊斯工業股價指數	Dow Jones index of industrial shares
效率市場假說	efficient markets hypothesis
肥尾	fat tail
國內生產總值	Gross Domestic Product, GDP
國民生產總值	Gross National Product, GNP
習性	habitus
家庭總可支配收入	total household disposable income
通膨率	inflation rate
倫敦銀行同業拆款利率	London Interbank Offered Rate, LIBOR

安全邊際	margin of safety
非銀行金融機構	non-bank financial institution, NBFI
常態分布	normal distribution
公開市場操作	open market operation
貸款留置模式	originate-to-hold model
貸款出售模式	originate-to-distribute model
龐茲騙局	Ponzi scheme
實質利率	real interest rate
接管	receivership
存款準備金比例	reserve requirement
現金增資	right issue
儲蓄比例	savings ratio
證券化	securitization
外溢性	spillover
備用貸款	stand-by loan
結構型投資工具	structure instrument vehicle, SIV
次級房貸	subprime mortgage
家庭總可支配收入	total household disposable income
銀行間貨幣市場	wholesale money market

金融商品名詞

資產擔保證券	asset-backed Securities
擔保債權憑證	collateralized debt obligation, CDO
信用違約交換	credit default swap, CDS
房貸抵押擔保債券	mortgage backed security, MBS
住宅房貸擔保證券	residential mortgage backed security, RMBS
合成擔保債權憑證	synthesized collateralized debt obligation

人名

阿克洛夫	George Akerlof
安德森	Geraint Anderson

所羅門．阿希	Solomon Asch
歐格	Philip Augar
白芝霍特	Walter Bagehot
貝克	Nardin Baker
班克斯	Curtis Bank
巴貝拉	Robert J. Barbera
本納茨	Shlomo Benartzi
伯利	Adolf Berle
布萊克	Fischer Black
布克史塔伯	Richard Bookstaber
波陀	Roger Bootle
布迪厄	Pierre Bourdieu
布拉伯	Ron den Braber
巴菲特	Warren Buffet
布依特	William Buiter
凱博	Vince Cable
卡西迪	John Cassidy
凱恩	Jimmy Cayne
喬菲	Ralph Cioffi
科茨	John Coates
科恩	William D. Cohan
郭謨	Andrew Cuomo
達斯	Satyajit Das
迪爾切克斯	Filip Dierckx
多德	Kevin Dowd
艾爾金德	Peter Elkind
法瑪	Eugene Fama
弗格森	Niall Ferguson
弗蘭奇	Kenneth French
弗雷澤	Steve Fraser

費里曼	Seth Freeman
福爾德	Nick Fuld
加爾布雷思	John Kenneth Galbraith
高汀	William Golding
古德溫爵士	Sir Fred Goodwin
葛拉漢	Ben Graham
葛林斯班	Alan Greenspan
哈爾德	Geir Hilmar Haarde
哈尼	Craig Haney
海耶克	Friedrich Hayek
豪根	Robert Haugen
亨德利	Hugh Hendry
何凱倫	Karen Ho
霍布豪斯	L. T. Hobhouse
霍布森	J. A. Hobson
胡欽生	Martin Hutchinson
石川	Tetsuya Ishikawa
詹森	M. C. Jensen
卡納曼	Daniel Kahneman
約翰・凱	John Kay
金德爾伯格	Charles P. Kindleberger
金默文	Mervyn King
奈特	Frank Knight
克里寇夫	Laurence J. kotlikoff
蘭徹斯特	John Lanchester
萊勒	Jonah Lehrer
李文斯頓	Levenstein
劉易斯	Michael Lewis
李祥林	David X Li
利本斯	Maurice Lippens

盧卡特	James B. Lockhart III
盧卡斯	Robert Lucas
唐納德・麥肯齊	Donald MacKenzie
馬多夫	Bernard Madoff
曼德爾布羅	Benoit Mandelbrot
麥克戴德	Bart McDale
麥克萊恩	Bethany McLean
米恩斯	Gardiner C. Means
梅克林	W. H. Meckling
默頓	Robert C Merton
米姆	Stephen Mihm
米爾格	Stanley Milgram
米爾恩	Alistair Milne
明斯基	Hyman Minsky
蒙蒂爾	James Montier
穆爾斯	Peter Moores
穆斯	John Muth
奧拉伕桑	Olaf Olafsson
歐思邦	George Osborne
帕特洛伊	Frank Partnoy
保爾森	Henry Paulson
裴勒	Jeremy Perler
庇古	Arthur Cecil Pigou
波斯納	Richard Posner
普雷斯頓	Alex Preston
丹・奎爾	Dan Quayle
拉江	Raghuram Rajan
萊因哈特	Reinhart
羅格夫	Rogoff
羅默	Paul Romer

魯比尼	Nouriel Roubini
羅伯特・魯賓	Robert Rubin
薩繆爾森	Paul Samuelson
賽茨	Hector Sants
薛利	Howard Schilit
休斯	Myron Scholes
熊彼特	Joseph Schumpeter
施瓦茨	Alan Schwartz
施萊弗	Hersh Shleifer
席勒	Robert Shiller
亞當斯密	Adam Smith
史諾	John Snow
索爾金	Andrew Ross Sorkin
史佩克特	Warren Spector
斯沃茨	Mimi Swartz
塔勒布	Nassim Nicholas Taleb
塔尼	Matthew Tannin
特程谷茲	Robert Tchenguiz
泰勒	R. H. Thaler
湯斯	Edolphus Towns
特里亞納	Pablo Triana
杜華特臣	Thorvaldsson
特沃斯基	Amos Tversky
福威斯特	Herman Verwilst
沃特隆	Jean Votron
沃特金斯	Sherron Watkins
金巴多	Philip Zimbardo

書名

《華爾街》	*Wall Street*
《搶錢大作戰》	*Boiler Room*

《拜金一族》	*Glengarry Glen Ross*
《崩解邊緣》	*On the Brink*
《老千騙局》	*Liar's Poker*
《城市男孩》	*Cityboy*
《超級交易員》	*How I caused the Credit Crunch*
《交易狂歡》	*Binge Trading*
《門口的野蠻人》	*Barbarians At The Gate*

金融機構與中央銀行

認可家園房貸控股	Accredited Home Lender Holdings
美國國際集團	American International Group, AIG
美國銀行	Bank of America
英格蘭銀行	Bank of England
貝爾斯登	Bear Stearns
巴黎銀行	BNP Paribas
博龍資產管理公司	Cerberus Capital Management
花旗	Citigroup
全國金融	Countrywide Financial
瑞士信貸	Credit Suisse
鄧弗姆林建房互助會	Dunfermline Building Society
歐洲央行	European Central Bank, ECB
房地美	Federal Home Mortgage Corporation, Freddie Mac
房利美	Federal National Mortgage Association, Fannie Mae
紐約聯邦準備銀行	Federal Reserve Bank of New York
美國聯邦儲備基金	Federal Reserve Funds
富通銀行	Fortis
冰島格裏特利爾銀行	Glitnir
高盛	Goldman Sachs
安泰	ING
國際貨幣基金組織	International Monetary Fund, IMF
摩根大通	J. P. Morgan Chase

拉薩爾銀行	La Salle
雷曼兄弟	Lehman Brothers
駿懋銀行	Lloyds
倫敦商品交易所	London Commodities Exchange
倫敦國際金融期貨選擇權交易所	London International Financial and Futures Options Exchange, LIFFE
倫敦證券交易所	London Stock Exchange, LSE
美林	Merrill Lynch
摩根史坦利	Morgan Stanley
全國建房互助會	Nationwide Building Society
新世紀金融	New Century Financial
北岩銀行	Northern Rock
蘇格蘭皇家銀行	Royal Bank of Scotland, RBS
西班牙桑坦德	Santander
英國金融投資公司	UK Financial Investments Limited
瑞士銀行	UBS
維多利亞房貸融資	Victoria Mortgage Funding
美聯銀行	Wachovia
華盛頓互惠銀行	Washington Mutual Bank

國家機構與法案

英國資產擔保證券保證計畫	Asset-backed Securities Guarantee Scheme
英國資產保護計畫	Asset Protection Scheme, APS
美國消費者金融保護局	Bureau of Consumer Financial Protection
美國經濟分析局	Bureau of Economic Analysis, BEA
美國勞工統計局	Bureau of Labour Statistics
美國資本購買計畫	Capital Purchase Program, CPP
美國商品期貨交易委員會	The Commodities Futures Trading Commission, CFTC
美國社區再投資法案	Community Reinvestment Act, CRA
英國消費者保護及市場管理局	Consumer Protection and Markets Authority

美國商務部	Department of Commerce
英國打擊經濟犯罪局	Economic Crime Agency
美國經濟穩定緊急法案	Emergency Economic Stabilization Act of 2008
美國財務會計準則委員會	Financial Accounting Standards Board , FASB
美國聯邦存款保險公司	Federal Deposit Insurance Corporation, FDIC
美國聯邦房貸	Federal Home Loan
美國聯邦住宅貸款抵押公司	Federal Home Loan Mortgage Corp, FHLMC
美國聯邦住房企業財務安全和穩健法	Federal Housing Enterprises Financial Safety and Soundness Act of 1992
美國聯邦住宅金融局	The Federal Housing Finance Agency, FHFA
美國聯邦住宅金融委員會	The Federal Housing Finance Board, FHFB
美國聯邦國民房貸協會	Federal National Mortgage Association, FNMA
美國財務會計準則委員會	Financial Accounting Standards Board, FASB
英國金融政策委員會	Financial Policy Committee
英國金融監理局	Financial Services Authority, FSA
冰島金融監管局	Financial Supervisory Authority, FME
美國金融穩定監督委員會	Financial Stability Oversight Council
美國金融穩定計畫	Financial Stability Plan
美國格拉斯－斯蒂格爾法案	Glass-Steagall Act
美國政府國民房貸協會	Government National Mortgage Association, Ginnie Mae
美國政府資助機構	Government-Sponsored Enterprise, GSE
美國房屋業主貸款委員會	Home Owner's Loan Committee, HOLC
美國住宅暨經濟復甦法	Housing and Economic Recovery Act
美國住房和城市發展部	Housing and Urban Development, HUD
英國投資管理監管組織	Investment Management Regulatory Organisation, IMRO
美國麥法登法案	McFadden Act
英國貨幣政策委員會	Monetary Policy Committee
愛爾蘭國有資產管理局	National Asset Management Agency, NAMA
美國財政部金融管理局	Office of the Comptroller of the Currency
英國公平交易局	Office of Fair Trading

美國聯邦住宅事業監理局	Office of Federal Housing Enterprise Oversight, OFHEO
美國金融研究辦公室	Office of Financial Research
英國國家統計局	Office of National Statistics
美國金融管理局	Office of the Comptroller of the Currency, OCC
美國儲貸機構監理局	Office of Thrift Supervision, OTS
美國個人投資管理局	Personal Investment Authority, PIA
英國審慎監管局	Prudential Regulation Authority
英國嚴重欺詐辦公室	Serious Fraud Office
美國證券管理委員會	Securities and Exchange Commission, SEC
英國證券及期貨管理局	Securities and Futures Authority, SFA
美國特殊流動性計畫	Special Liquidity Scheme, SLS
美國監理資本援助方案	Supervisory Capital Assessment Program
美國問題資產救助計畫	Troubled Asset Relief Program, TARF
美國民權委員會	US Commission on Civil Rights, USCCR
美國財政部	US Department of the Treasury

五南圖解財經商管系列

※ 最有系統的圖解財經工具書。
※ 一單元一概念，精簡扼要傳授財經必備知識。
※ 超越傳統書籍，結合實務精華理論，提升就業競爭力，與時俱進。
※ 內容完整，架構清晰，圖文並茂．容易理解．快速吸收。

圖解行銷學
／戴國良

圖解管理學
／戴國良

圖解作業研究
／趙元和、趙英宏、趙敏希

圖解國貿實務
／李淑茹

圖解策略管理
／戴國良

圖解人力資源管理
／戴國良

圖解財務管理
／戴國良

圖解領導學
／戴國良

圖解會計學
／趙敏希
馬嘉應教授審定

圖解經濟學
／伍忠賢

圖解企業管理(MBA學)
／戴國良

出 版 者：五南圖書出版股份有限公司
地　　址：106台北市大安區和平東路二段339號4樓
電　　話：(02)2705-5066　　傳　　真：(02)2706-6100
網　　址：http://www.wunan.com.tw

國家圖書館出版品預行編目資料

金融風暴的第一本教科書／Adrian Buckley著；梁維仁譯. 一一臺北市：五南，2013.03
面；　公分.
譯自：Financial crisis : causes, context and consequences
ISBN 978-957-11-7030-5（平裝）
1.金融危機　2.金融政策
561.78　　102003072

1FS4

金融風暴的第一本教科書

Financial crisis: causes, context and consequences

作　　者 — Adrian Buckley
譯　　者 — 梁維仁
發 行 人 — 楊榮川
總 編 輯 — 王翠華
主　　編 — 張敏芬
責任編輯 — 侯家嵐
文字編輯 — 陳俐君
封面設計 — 盧盈良
出 版 者 — 五南圖書出版股份有限公司
地　　址：106台北市大安區和平東路二段339號4樓
電　　話：(02)2705-5066　　傳　　真：(02)2706-6100
網　　址：http://www.wunan.com.tw
電子郵件：wunan@wunan.com.tw
劃撥帳號：01068953
戶　　名：五南圖書出版股份有限公司

台中市駐區辦公室/台中市中區中山路6號
電　　話：(04)2223-0891　　傳　　真：(04)2223-3549
高雄市駐區辦公室/高雄市新興區中山一路290號
電　　話：(07)2358-702　　傳　　真：(07)2350-236

法律顧問　元貞聯合法律事務所　張澤平律師

出版日期　2013年3月初版一刷
定　　價　新臺幣550元

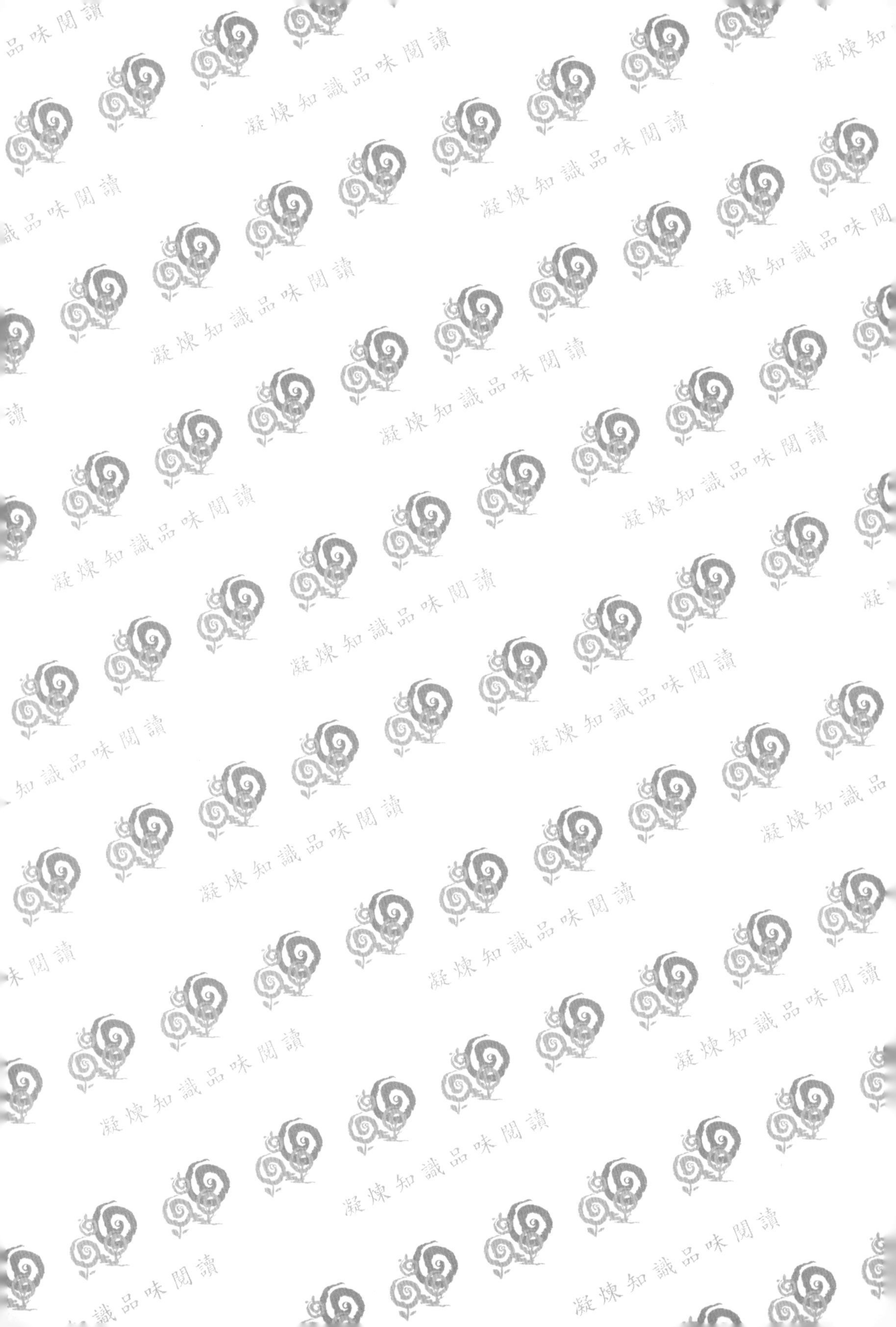
凝煉知識品味閱讀

凝煉知識品味閱讀